国家社科基金重大项目"构建全民共建共享的社会矛盾纠纷化解机制研究"（15ZDC029）阶段性成果

EMPIRICAL RESEARCH ON THE PEOPLE'S JURY SYSTEM (2004-2014)

The middle H province was taken as the analysis sample

人民陪审员制度实证研究（2004—2014）

以中部H省为分析样本

廖永安　刘方勇　等○著

中国人民大学出版社
·北京·

前　言

中国自清末引进西方司法制度之始，便有陪审之议，然直至 20 世纪中叶才得以制度化，其后的发展也可谓"一波三折"。20 世纪末以来，国家投入了较之以往不可比拟的立法、司法与财政资源，以改革完善人民陪审员制度。2004 年 8 月，全国人大常委会通过了《关于完善人民陪审员制度的决定》（以下称《决定》），这是新中国成立以来第一部关于人民陪审员制度的单行法律。从国家资源的投入以及动员的层面来看，在我国动员型的政治体制下，这一上升到国家层面并在相关领域进行了较广泛动员的改革，获得预期的收益至少是值得期待的。然而，《决定》实施以来，人民陪审员制度在实际运行中依然存在价值认同不高、制度运行失范、效能发挥有限等问题，有关人民陪审员选任、参审、管理等方面存在的弊端和漏洞屡屡见诸报章，不仅影响了陪审制度价值的彰显，也制约了陪审员作用的更大发挥。人民陪审员制度的改革，似乎与司法领域乃至其他领域的改革一样，逐渐演变为一个纯粹"中国式"的问题。虽然我们努力建构陪审制度的中国话语体系，但是在过于关注制度独特性的同时，也逐渐脱离了制度的普世价值轨道，甚至连制度的基本价值认同都还是一个问题。始于百年前的"陪审之议"，为何历经百年依然没有定案？陪审制度的中国价值与坐标究竟何在？这些问题的确发人深省。由此也迫切需要对《决定》实施以来制度运行的新特点、新情况、新问题进行梳理，迫切需要对制度改革的实践效果进行检验和评估；迫切需要对价值理念、职权配置、制度构建以及配套制度建设等进行深入研究，以澄清相关理论争议，准确定位陪审员制度的中国价值和坐标，推动适合国情社情民意的司法民主化进程。

湘潭大学法学院人民陪审员制度研究团队，多年来一直持续开展对人民陪审员制度的实证研究，本书的出版即团队的系列研究成果之一。2011年，由湘潭大学法学院十余名博士、硕士研究生组成的 H 省陪审制度暑期观察团，选取位于中部 H 省省会、东部、中北部、北部、西部、西南部、南部的 7 个不同地域、不同经济发展水平的县级行政区，开展多维度、立体化、全方位的实地考察，历时两个月，环 H 省一周，行程万余里。采取问卷调查、上门访谈、座谈、查阅案卷、庭审观摩等多种形式，查阅样本法院各类案卷 2 万余册，采集社会公众、当事人、律师、人民陪审员、法官、公诉人等六个目标群体样本问卷 7 000 余份，走访人大、法院、检察院、司法局、律师事务所、法律服务所等上百家单位，访谈了有关单位相关负责人数百名，召开了 7 场人民陪审员座谈会。在此基础上，通过后期研究、分析，遂成此书，以期能更客观、更全面地分析我国人民陪审员制度的运行现状，并据此提出具有建设性意义的立法建议。全书分为两篇。第一篇：个案实证篇，分别对中部 H 省 L 市、A 县、T 县、F 县、X 县、Y 县、R 区等 7 个样本地区贯彻执行《决定》的情况进行全面的实证分析，涉及人民陪审员选任、参审、管理等方面；第二篇：专题实证篇，基于 7 个样本地区的整体考察情况，对人民陪审员遴选机制、参审机制、培训机制以及人民陪审员的自我认知等进行了实证分析。

本书通过系统、全面的实证考察，充分展示了人民陪审员选任、参审、合议、管理等机制的运行实况，反映了人民陪审员在审判、执行、化解矛盾纠纷方面的功能作用及面临的困境，揭示了人民陪审员自身及与人民陪审员相关的社会各群体对人民陪审员制度的评价和认知状况，在某种意义上至少可以反映出我国中部地区人民陪审员制度的运行现状。选择中部作为实证分析样本，主要是考虑其代表性。因为正处于工业化转型阶段的中部地区，区别于先发的东南部，也有别于后进的西部，其社会经济转型更能体现转型中国的整体状况，使反映的问题、样本的意义更具有普遍性。比如，尽管该地区的城镇化进展迅速，其城乡二元结构与传统意义上的城乡二元差别存在明显差异，但该地区城乡二元社会结构尚未根本扭转，具有鲜明的时代特征，所反映的问题更具现实意义。此外，由转型及转型的速度所决定，该地区的发展态势显然又符合社会经济发展的一般趋势，也有助于我们以发展的眼光预判未来。而选择中部一个省级行政区作为实证分析样本，首先是考虑样本的规模性，尤其是定量分析的规模性。一般认为，适当的规模性有助于保证分析的准确度。此前，这一领域的研究也极少以省级行政区作为实证分析样本。其次是考虑样本的多样性。多样化的样本能更加周延地反映制度运行中存在的问题，可以更好地反映出所要研究问题的总体特征。而在一个省级行政区内应可以找到各种不同的实地调查样本。事实上，也确实如此。之所以选择 H 省作为实证分析样本，首先是因为该省符合选取样本应考虑的代表性、规模性、多样性。其次是因为研究的便利性，研究的成本和时间必须予以考虑。再次是因为研究的有效性。研究的有效性取决于研究资源的调配能力以及资源主体的支持度。这类问题在该省较容易解决。之所以选择一个地区而不是一个法院作为样本，是因为尽管法院确实在陪审制度运行中发挥着关键作用，但从严格意义上而言，人民陪审毕竟不是法院的"陪审"，不仅制度运行牵涉人大常委会、司法行政机关甚至财政部门等有关机关和部门，而且更根本的是与该地区的民众息息相关，仅仅将法院作为考察对象显然不能覆盖制度的全部内涵。

本书是集体智慧与团队协作的结晶，也得到了很多人的帮助和关心，在此一并致谢。参与本书撰稿的作者还有湘潭大学法学院讲师、博士后黄艳好，硕士研究生陈道勇、吕宗澄、黄茂锟、刘乐、张博舒、谢蔚珍、李璇炜、姜湛、伍飞辉、钟洁。除本书作者外，湘潭大学法学院博士研究生张庆霖、侯元贞、熊英灼以及硕士研究生滕拓、王是知、周梁、唐双燕、章千慧、曹晓霞、罗小玉等参与了实地调研。湘潭大学法学院硕士研究生王雪石子、彭倩、李琛璨、陈逸飞、聂莹子、张莹、吴宇琦等，参与了调研后期的数据录入、访谈资料整理等工作。在本书编写过程中，湘潭大学法学院博士研究生段明、蒋凤鸣等协助进行了编写工作，作出了重要贡献。湘潭大学法学院硕士研究生吴翔宇、胡东骄、刘美君、苏若男、骆朋爱以及本科生张悦、孙露、杨倩文、夏梓秋、于莹莹、梁琳、梅枫、周爱青、陈美丽、熊依婷、陈澍萱、周慧雅等协助校对了本书文稿。此外，本书也得到了湖南省教育厅和"法治湖南建设与区域社会治理"协同创新中心的大力支持，是湖南省教育创新平台项目"我国人民陪审员制度改革之再改革"（12K053）成果和协同创新中心平台建设成果。

本书旨在为学术界和实务界充分认识和反思现行人民陪审员制度提供来自一线的第一手素材，也为全国人大常委会、最高人民法院、司法部等单位进一步完善人民陪审员制度提供基础资料和实践经验。尽管团队成员竭尽所能，但是错误难以避免，敬请各位读者批评与指正。

廖永安

2018 年 2 月

目　录

第一篇

个案实证篇

第一章　H省东部L市人民陪审

一、L市及其法院概貌

L市属省直管市，位于H省东部偏北，毗邻江西省，距省会60公里。该市地域东西宽105.8公里，南北长80.9公里，总面积5 007平方公里。市辖4个街道、26个镇、7个乡，总人口138万人。该市经济以鞭炮烟花、生物医药、纺织服装、花卉苗木等产业为支撑。该市已连续几届进入全国百强县。在第十一届全国县域经济百强县（市）排名中，该市位居全国第64位，中部第3位，H省第2位，竞争力状态相对稳定。2010年该市生产总值（GDP）556.76亿元，完成财政总收入33亿元。该市人民法院设15个内设机构、5个人民法庭和1个专业审判庭；有法官和其他工作人员225名，90％以上的法官及其他工作人员具有本科以上学历。该院2004年被最高人民法院确定为全国法官助理制度改革试点单位，先后被授予"全国优秀法院""全国模范法院"等荣誉称号。

二、样本解构：理想与现实的距离有多远

不论作何种猜测，决策者显然抱着美好的愿景，视陪审员制度为"保持司法制度人民性的重要内容，是司法大众化一种重要的制度安排"，是"人民群众在司法领域依法管理国家事务的一种最重要、最直接的形式"，意图"通过陪审这座桥梁，动员和组织人民群众以陪审员的身份参与案件审判活动，让普通群众协助司法、见证司法、掌理司法，充分体现司法的民主功能，可以更集中地通达民情，反映民意，凝聚民智，在更大程度上实现人民民主"[1]。因此，不论对制度复苏的原

---

[1]　杨维汉，郑良.让普通群众协助司法、见证司法、掌理司法——最高人民法院常务副院长沈德咏谈陪审员制度［2017－08－03］.http：//www.gov.cn/jrzg/2010-05/14/content_1606276.htm.

因作何种判断，决策者显然是从理想的角度来推动陪审员制度改革。问题在于，理想与现实的距离到底有多远？由于现行制度①主要围绕陪审员从哪里来、去做什么、怎么做、如何做好这几个方面来构造，对应于陪审员遴选、参审、管理三个问题，我们也不妨从这三个方面着手来作一番检验。

（一）遴选：广泛性还是精英化

由于承载着"大众化"司法的价值目标，在陪审员遴选中，理想的状态显然"应当注意兼顾社会各阶层人员的结构比例，注意吸收社会不同行业、不同职业、不同年龄、不同民族、不同性别的人员，以体现其来源的广泛性和代表性"②。然现实又如何呢？

1. 来源：草根还是精英

样本地区共有陪审员 70 名。对于一个正在进行工业转型的地区而言，该地区的城镇化进展迅速，但目前农民依然是这个地区人口的多数。从调研的情况来看，该市陪审员中，尽管一些乡村干部依然具有农民身份，但真正意义上的农民并无一人（见图 1-1）。与当地私营经济较为发达的现状不相称的是，该市陪审员中来自企业、个体工商户界别的为 8 人，仅占 11%（见图 1-1）。该市陪审员中，高达 71% 的人来源于党政机关、社区、乡村干部，其中社区、乡村基层干部占 51%。如果加上事实上参照公务员管理的事业单位的陪审员，则比例高达 82%（见图 1-1）。显而易见，在该市的陪审员中，真正来自所谓"草根"阶层的可谓少之又少，占主体地位的仍然是党政机关干部、基层干部等所谓的"社会精英"群体。由于法官与公务员同是公权力的行使者，不仅身份完全等同，而且立场几乎一致，过高的公务员比例显然稀释掉了"大众化"的成分。

2. 结构：单一还是多样

在陪审员学历结构方面，有研究成果表明，全国绝大多数省（区、

---

① 《决定》颁布后，最高人民法院与司法部联合颁布了《关于人民陪审员选任、培训、考核工作的实施意见》（法发〔2004〕22 号，以下简称《实施意见》），专门制定了《关于人民陪审员参加审判活动若干问题的规定》（法释〔2010〕2 号，以下简称《参审规定》）、《关于进一步加强和推进人民陪审工作的若干意见》（法发〔2010〕24 号，以下简称《若干意见》）等规范性文件或司法解释。上述规范性文件基本上以人民陪审员选任、参审、管理为主轴，对人民陪审员制度进行了较为全面的规定。本书相关具体内容，以实证调研获取的第一手资料为依据，从选任、参审、管理三个角度全面、客观梳理出《决定》颁布后人民陪审员制度实施的基本情况。

② 最高人民法院《若干意见》第 7 条规定。

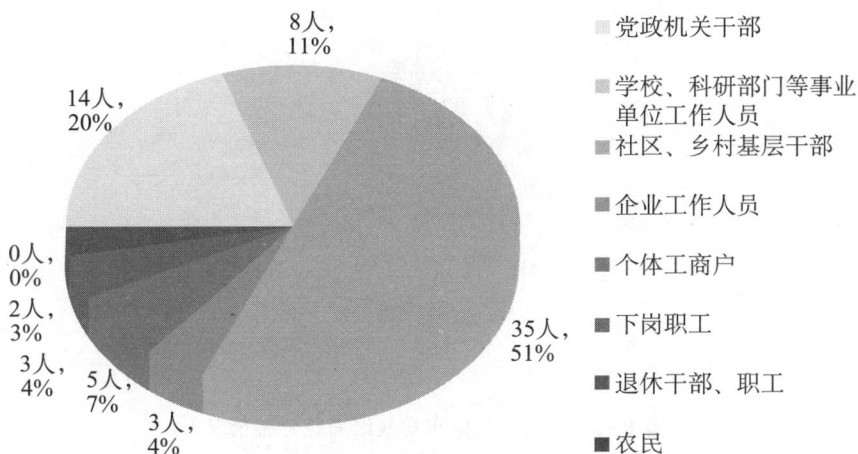

图 1-1　L市人民陪审员职业分布情况

市）大专以上学历的陪审员比例都在 80% 以上，有的甚至接近 100%。①
L市陪审员中，大学本科学历的有 14 人，占 20%；大学专科学历的 37
人，占 53%；高中学历的 15 人，占 21%。大学专科以上学历的陪审员占
73%，基本上印证了该研究成果（见图 1-2）。

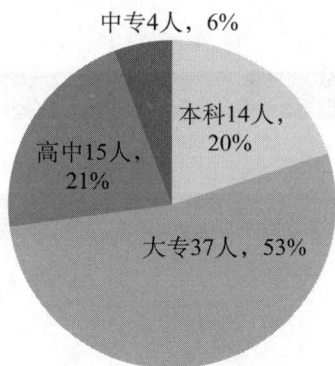

图 1-2　L市人民陪审员学历分布状况

从政治面貌来分析，该市陪审员中超过 70% 为中共党员（见图 1-
3）。从年龄结构上来看，该市陪审员主要是由 40 岁以上的公民担当主力
军，占总人数的比例为 62.86%。值得注意的是，51 岁以上的陪审员有
15 名，占总数的 21.43%（见图 1-4）。此外，如前文所述，该市陪审员
主要来源于干部。

---

① 廖永安，刘方勇. 社会转型背景下陪审员制度改革路径探析. 中国法学，2012（3）.

团员 4人，6%

群众13人，
18%

民主党派2人，
3%

党员51人，73%

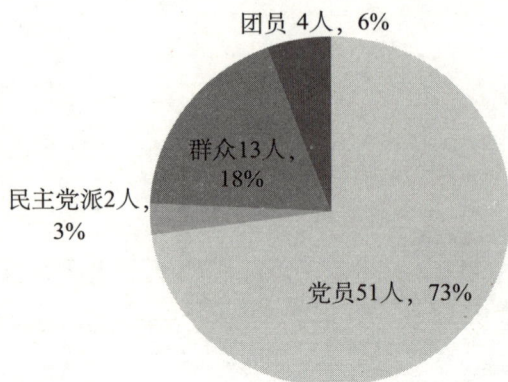

图 1-3 L市人民陪审员政治面貌分布情况

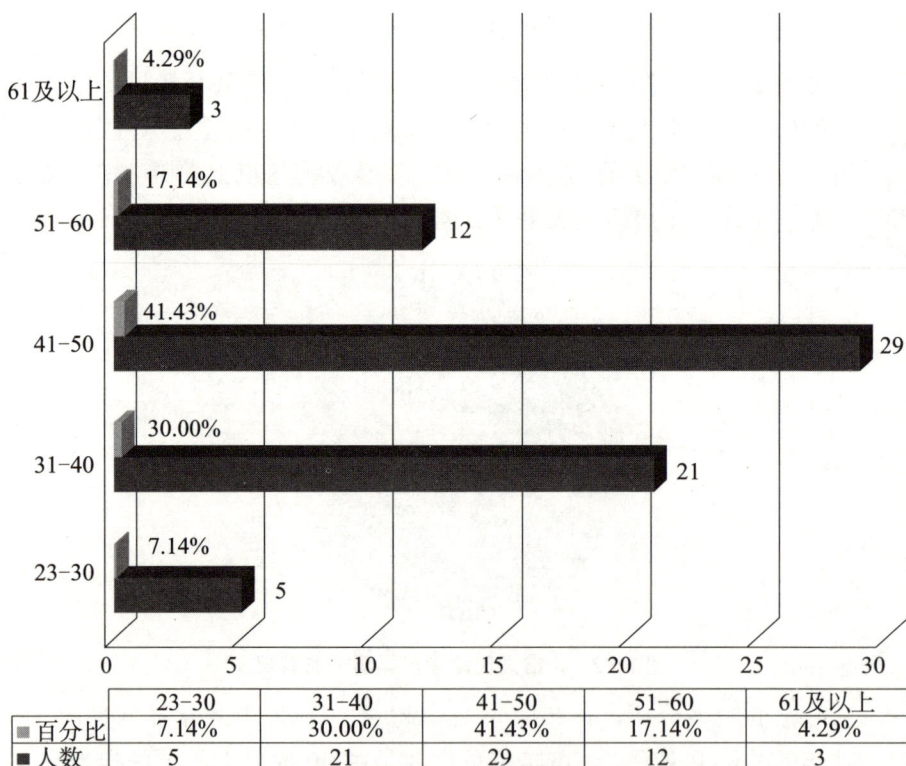

	23-30	31-40	41-50	51-60	61及以上
百分比	7.14%	30.00%	41.43%	17.14%	4.29%
人数	5	21	29	12	3

图 1-4 L市人民陪审员年龄结构分布图表

依据这些指标，如果要给该市陪审员群体画像，则高学历、干部、党员、40岁以上，应是要表现的最主要的脸谱信息。由此可见，除年龄结构尚不明显外，该市陪审员结构呈现较为单一的趋向，而多样性尚不足。而由多样性不足所决定，改革所追求的代表性、广泛性必然大打折扣。

3. 选任：海选还是指定

根据《决定》规定，符合条件的公民可以自主申请担任陪审员。由于赋予个人申请权，尽管设置了遴选门槛，但在一定范围内实行"海选"仍然是可行的。而在民主的旗帜下，"海选"也应是保证陪审员来源广泛性和代表性的利器，只是现实并非如此。根据陪审员问卷调查①结果，受访陪审员中由单位或组织推荐的比例超过67.4%，自己主动申请的仅占25.6%（见表1-1）。之所以推荐产生方式大行其道，我们在访谈中了解到，没有较多的合适人选主动申请报名是一个比较现实的原因。不仅"海选"难推行，法院还不得不动员有关单位推荐，或者动员中意人选报名。在与该院有关负责人的访谈中我们了解到，确有个别主动申请人出于社会责任感和服务意识，期望参与审判并借以实现自我价值，但这并不普遍；同时也不能排除主动申请人是为了给自己争取某种身份符号或拓宽自己的社会交往渠道，更有甚者是为陪审补助而来。

在这种情况下，所谓"推荐"也就演变成了指定。而为了尽可能体现陪审员来源的广泛性，该市法院在选任陪审员时部分实行了"定向选择"或"指定选任"，即指定从特定行业、特定行政区域等产生指定数额的陪审员，在一定程度上人为增强了陪审员来源的广泛性。如该市法院在确定陪审员员额时，至少给每个乡镇、街道办事处分配了1名陪审员指标。只是这种指令性色彩浓厚的人为干预措施与陪审员遴选的随机性显然并不合拍。

表1-1② 请问您是通过何种方式当选为陪审员的？（人民陪审员卷）

		频率	百分比	有效百分比	累积百分比
有效值	自己主动申请的	11	25.6	25.6	25.6
	单位或村委会、居委会等基层组织推荐的	29	67.4	67.4	93.0
	当选两次，一次是自己主动申请的，一次是被推荐的	3	7.0	7.0	100.0
	合计	43	100.0	100.0	

---

① 由于L市陪审员分布较散，对陪审员的调查，采取两种方式进行：就近召集部分陪审员进行座谈并进行不记名问卷调查，共召集14名陪审员进行座谈并收回调查问卷14份；采取邮寄方式进行不记名问卷调查，向未参加座谈会的其他56名陪审员邮寄调查问卷，实际收到邮寄回的调查问卷29份。合计收回陪审员调查问卷43份。受访陪审员中，有社区、乡村基层干部15人、党政机关干部7人、事业单位工作人员7人、离退休干部、职工4人、私营业主3人、其他人员7人。大体上反映了该市陪审员的来源情况。

② 本书数据大多数均采用SPSS软件运算，类似表格均由SPSS软件自动生成，表格标题为调查问卷之问题，如有括号标注，为作者添加说明。

（二）参审：实质性还是虚无化

一般而言，陪审员"实质性参与审判"，是指陪审员在案件的审理中能运用自己的常识与经验真正地影响裁判的形成，与此相对应的就是通常所言"陪而不审""合而不议"的问题。根据《决定》第1条规定，陪审员依法参加人民法院的审判活动，除不得担任审判长外，同法官享有同等权利。依法参加审判活动既是陪审员的权利，又是陪审员的义务。在《决定》实施之前，陪审员难以实质性参与案件审判一直是我国陪审员制度的"硬伤"，《决定》实施之后的情况又如何呢？

1. 关于参审频率

《决定》施行以来，各地陪审员参与审判的"量"可谓不少。根据国务院新闻办发布的《中国的司法改革》白皮书公布的数据，2009年、2010年、2011年全国陪审员参审案件量分别为632 006件、912 177件、1 116 428件，占一审普通程序案件的比例分别为26.51%、38.42%、46.50%。在考察中，我们查阅了L市法院2009年度刑事、民事案件案卷以及2006—2010年行政案件档案①，发现：该市法院2009年审结的3 868件民事案件中，采用普通程序审理的有985件，占23.91%，其中适用陪审审判的案件有328件，占全部普通程序案件的33.3%；2009年审结的724件刑事案件中，采用普通程序审理的有250件，占34.53%，其中适用陪审审判的案件有247件，占全部普通程序案件的98.8%（见表1-2）；该市法院2006年至2010年共审结行政普通程序案件158件，其中适用陪审审判案件30件，占总数的18.99%（见表1-3）。总体而言，陪审率指标相当可观，尤其是刑事案件，陪审率接近100%。通过查阅档案，我们掌握了该市法院陪审员2009年度参审率的具体情况。该市陪审员2009年参审案件最多的为276件，占总参审量的25%，参审数排名2至4位的陪审员参审率分别为16.12%、15.31%、14.49%（见表1-4）。也就是说，该市法院的4名陪审员就参审了70%的案件。同时，该市陪审员2009年参审过1次以上案件的陪审员实际上只有25名，还有35名陪审员（该年度陪审员共60名）从来没有参加过陪审。就陪审员个人的参审频率来看，L市法院主要的参审任务是由其中个别陪审员完成的。

①　通过查阅案卷，收集该市法院相应年度刑事、民事、行政案件年度结案数、采用合议制审理案件数、适用陪审审判结案数、适用陪审案件调解结案数、上诉数、改判数、发回重审数以及陪审员个人参审数等数据，实地考察该院陪审审判具体适用情况和效果以及陪审员个人实际参审情况，并到该市法院审管办收集该院近年来刑事、民事、行政案件收结数、上诉率、调解率、发回重审、改判率，以作比较。

表 1-2　　　　　L市法院2009年民事、刑事普通程序案件统计分析表

案件类型	查档案总数	合议案件数	合议庭组成方式			适用陪审案件			
			三名法官	一法二陪	二法一陪	调解	上诉	改判	重审
民事	3 868	985	657	209	119	83	48	14	1
刑事	724	250	3	243	4	6（刑事附带民事）	42	7	
总计	4 592	1 235	660	452	123	89	90	21	1

表 1-3　　　　　L市法院2006年至2010年行政普通程序案件统计分析表

采集日期	年度	合议案件数	合议庭组成方式			适用陪审案件		
			三名法官	一法二陪	二法一陪	调解	上诉	改判
20110712	2009	34	28	6	0	0	0	0
20110715	2006	23	23	0	0	0	0	0
	2007	43	43	0	0	0	0	0
	2008	21	21	0	0	0	0	0
	2010	37	13	3	21	5	8	0
总计		158	128	9	21	5	8	0

表 1-4　　　　　　　L市法院陪审员参审案件情况统计分析表①

陪审员序号	总计	比例
1	276	25.02%
2	178	16.14%
3	169	15.32%
4	160	14.51%
5	84	7.62%
6	65	5.89%
7	61	5.53%
8	21	1.90%
9	19	1.72%
10	10	0.91%
11	9	0.82%
12	8	0.73%
13	7	0.63%
14	7	0.63%
15	6	0.54%

---

①　根据查档的民事、刑事、行政案件统计，该比例是指在查档总数1 103个参审人次当中，每个陪审员参审案件的比例。需要说明的是，根据表1-2、表1-3、表1-14"合议庭组成方式"项统计的该市法院2009年参审人次应为1 085人次，与本表数据有稍许差异。由于这些数据均是采取一案一查的人工查档、人工计数、人工统计的原始方式获取的，真实性毋庸置疑，但存在误差在所难免。

续前表

陪审员序号	总计	比例
16	6	0.54%
17	4	0.36%
18	2	0.18%
19	2	0.18%
20	2	0.18%
21	2	0.18%
22	2	0.18%
23	1	0.09%
24	1	0.09%
25	1	0.09%
合计	1 103	100%

2. 关于参审方式

根据制度的理想设计，庭前阅卷、庭中发问、庭后评议既被视为陪审员实质性参审的主要方式和途径，也被视为陪审员实质性参审的主要评价指标。而实际情况如何呢？

（1）关于庭前阅卷。根据陪审员问卷调查结果，有 46.5% 的陪审员自认为每次参审都会在庭前查阅卷宗、了解案情，有 18.6% 的陪审员认为经常会，而 34.9% 的陪审员自认从来没有或者偶尔会庭前阅卷（见表 1-5）。

表 1-5　　　请问您一般在庭前查阅卷宗、了解案情吗？（人民陪审员卷）

		频率	百分比	有效百分比	累积百分比
有效值	每次都有	20	46.5	46.5	46.5
	经常	8	18.6	18.6	65.1
	偶尔	10	23.3	23.3	88.4
	一次也没有	5	11.6	11.6	100.0
	合计	43	100.0	100.0	

相较而言，在对 53 名法官的问卷调查中[①]，只有 36.6% 的法官认为陪审员每次在庭前均阅卷或经常阅卷，有 63.4% 的法官认为从来没有或者很少（见表 1-6）。调查呈现的结果似乎正好相反，原因何在？陪审员自身认知与法官认知存在差异当属必然，而陪审员专业户与较少参审的陪

① 法官问卷调查，采取深入调研地法院民庭、刑庭、行政庭、立案庭、审判监督庭以及人民法庭，针对在职审判岗位法官开展不记名问卷调查并回收问卷的方式进行，共成功访问在职法官 53 人，其中民庭 15 人、刑庭 8 人、人民法庭 7 人、行政庭 5 人。受访的法官中，任职 20 年以上的有 15 人，占 28.3%；15 至 20 年的 13 人，占 24.5%；10 至 15 年的 4 人，占 7.5%；5 至 10 年的 9 人，占 17.0%；5 年以下的 12 人，占 22.7%。

审员的认知也应该是存在差异的。在与陪审员、法官的访谈中获悉，在开庭当日之前，陪审员专程来查阅案卷的几乎没有，利用开庭前的间隙翻翻案卷，这还有可能。在座谈中，有位陪审员这样说道：

> 大部分情况是，上午8点或8点多到了那里就开庭了，我争取的是在开庭之前问清楚是哪个案子，有机会我就先看一下。如果是上午，去早点还有时间看案卷，像下午去早了没上班，一上班就只剩几分钟就开庭了，案卷是在法官或书记员那里，看了就耽误时间了。

如果陪审员能按约来陪审，利用开庭前的间隙，有些法官也会主动给陪审员简单介绍一下案情或者主动提示陪审员翻看案卷。不过，此类情况并非常态。因为陪审员能否如约而至，现在已然成为新的问题。在很多地方，由于陪审员"爽约"，法院不得不另行组成合议庭重新排期开庭，甚至引起当事人的误解和不满。因而，不论陪审员阅卷能"阅"出什么，至少在样本地区，陪审员庭前阅卷并不常见。

表1－6　据您所知，陪审员通常在庭审前是否查阅案卷、了解案情？（法官卷）

		频率	百分比	有效百分比	累积百分比
有效值	每次都有	7	13.2	13.5	13.5
	经常	12	22.6	23.1	36.6
	很少	31	58.5	59.6	96.2
	一次也没有	2	3.8	3.8	100.0
	合计	52	98.1	100.0	
缺失值	99①	1	1.9		
	合计	53	100.0		

（2）关于庭中发问。以该市为例，在对62名当事人（仅针对民事案件当事人）的电话访问②中，有29名当事人认为陪审员在庭审中没有发问，占46.8%；9名当事人认为很少发问，占14.5%；只有10名当事人认为通常会问，仅占16.1%。在被采访的53名法官中，有2名法官认为陪审员没有问过，占3.8%；32名法官认为很少发问，占60.4%；只有18名法官认为通常会问，占34%。根据检察官问卷调查③结果，在受访

---

① 99为问卷数据录入时缺失值的代码。

② 在该市法院的协助下，通过查阅该院2009年民事案件卷宗，获取到当事人通讯方式等个人信息。随后以纪检监察部门回访的形式电话访问当事人，共成功得到62名当事人的配合，收回问卷调查62份。回访的当事人案件中，原告胜诉的占38.7%、原告败诉的占16.1%、原告有胜有败的占9.7%，另有35.5%的当事人官司胜败情况不明朗。

③ 检察官问卷调查采取到调研地检察院公诉部门进行不记名问卷调查并回收问卷的方式，共成功访问该市检察院公诉科9名检察官，其中科长1人、检察官2名、助理检察官6名，收回公诉人问卷9份。受访的检察官均表示，在其公诉的案件中，经常有陪审员参与审判。这与我们在调研中了解到的刑事案件陪审比率较高的情况是相匹配的。

的 9 名公诉人中，有 6 名认为很少发问，占 66.7%；只有 3 名认为通常会问，占 33.3%。而从 59 名律师的问卷调查①结果来看，有 10 名律师认为陪审员没有问过，占 16.9%；44 名认为陪审员很少发问，占 74.6%；只有 5 名认为陪审员通常会问，仅占 8.5%。在 43 名陪审员的问卷调查中，有 1 名明确回答没有问过，占 2.3%；有 18 名回答很少发问，占 41.9%；有 24 名回答通常会问，占 55.8%（见图 1-5）。从各个相关主体反馈的情况来看，超过 60% 的当事人、律师以及法官、检察官，认为陪审员在庭审中很少发问。不过，陪审员自己认为在庭审中通常会发问的也接近 60%，但也有超过 40% 的陪审员认为自己在庭审中很少发问甚至不发问。

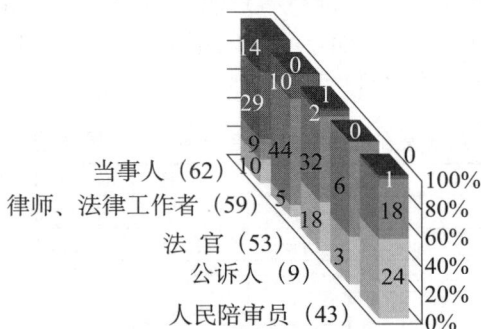

	当事人（62）	律师、法律工作者（59）	法 官（53）	公诉人（9）	人民陪审员（43）
■缺失（或者不知道）	14	0	1	0	0
■没有问过	29	10	2	0	1
■很少发问	9	44	32	6	18
■通常都问	10	5	18	3	24

图 1-5　L 市庭审中陪审员发问情况统计表

（3）关于庭后合议。在合议时，发表相关评议意见是陪审员的一项重要职权，我国相关法律文件甚至对评议时发表意见的顺序都作了规定。②根据问卷调查的情况，受访的陪审员中，有 71.8% 的陪审员每次参审都会参加合议；有 5.1% 的陪审员一次都没参加，只在合议笔录上签字或由他人代签；另有 23.1% 的陪审员有时参加合议、有时在笔录上补签字

---

①　到律师管理机构收集当地律师事务所、法律服务所地址、电话以及律师（含法律工作者）名录，到所在律师事务所、法律服务所开展不记名问卷调查并回收问卷，共收回律师问卷 59 份，其中律师 35 份、法律工作者 24 份。受访的律师中，执业年限在 5 年以下的占 33.9%、5 至 10 年的占 20.3%、10 至 15 年的占 25.4%、15 至 20 年的占 11.9%。

②　见《参审规定》第 8 条。

（见表1-7）。可见，大部分陪审员参加合议的权利能够得到保障。不过，对于还有近三成的陪审员合议的权利得不到保证，我们认为值得反思。从某种程度上而言，这既反映了主审法官职权履行的不到位，也反映了法官对陪审的态度。从另一项问卷调查的结果来看，受访的法官中，有98.1%认为在大多数情况下陪审员赞同法官的评议意见多一些，其中32.7%的法官认为陪审员几乎都赞同（见表1-8）。

表1-7　　　　　　　　**请问您是否参加过合议？（人民陪审员卷）**

		频率	百分比	有效百分比	累积百分比
有效值	每次都参加	28	65.1	71.8	71.8
	一次也没参加，只在合议笔录上签字或由他人代签	2	4.7	5.1	76.9
	有时参加，有时在笔录上补签字	9	20.9	23.1	100.0
	合计	39	90.7	100.0	
缺失值	99	4	9.3		
	合计	43	100.0		

表1-8　　　　　　　　**通常情况下，陪审员对法官的评议意见？（法官卷）**

		频率	百分比	有效百分比	累积百分比
有效值	几乎都赞成	17	32.1	32.7	32.7
	赞成的多一些	34	64.2	65.4	98.1
	赞成和不赞成的比例相当	1	1.9	1.9	100.0
	合计	52	98.1	100.0	
缺失值	99	1	1.9		
	合计	53	100.0		

这一结果与陪审员的问卷结果几无差异。在受访的陪审员中，有97.4%的陪审员在通常情况下会赞同法官的意见，其中有25.6%的陪审员认为几乎都赞同法官的意见（见表1-9）。不过，也有陪审员与法官意见相左但最终采纳陪审员意见的案例。

案例一：

某陪审员：2007年，有一个未成年人在邻居家入室盗窃，当时有个女孩子在里面，他盗窃被女孩子发现之后，就把女孩子捆起来了，女孩子就叫人抓他。入室盗窃进行反抗，就转化成了抢劫，要判10年以上。我参加陪审，提出要判缓刑，法官说不行，我和另一陪审员找到了主管院领导，说了我们的看法。如果严格按照法律，要判 10 年刑，未成年人至少也是 3～10 年，绝对不能够判缓刑。通过我们和领导共同努力，最终把案子定下来，只判了 3 年，缓 3 年。当时案子宣判的时候，他和他的妈妈都是眼泪双流，我们对他进行了法庭教育，告之他一定要记住这次的教训，好好做人。

问：作出这种判决的主要依据是什么？

某陪审员：站在我们老百姓的角度，对于一个还在读初中未成年的孩子，判他一个 5 年、6 年的，他这一辈子就毁了，社会影响也不好。再说，他还是个未成年人，有悔罪的表现，且没有造成严重的后果，所以就判 3 年，缓 3 年，在法律允许的范围内打个擦边球，也还是可以。我们注重的还是人情。

表 1-9　　　　　通常情况下，您对法官的评议意见？（人民陪审员卷）

		频率	百分比	有效百分比	累积百分比
有效值	几乎都赞成	10	23.3	25.6	25.6
	赞成的多一些	28	65.1	71.8	97.4
	赞成和不赞成的比例相当	1	2.3	2.6	100.0
	合计	39	90.7	100.0	
缺失值	99	4	9.3		
	合计	43	100.0		

3. 关于参审效果

在有些学者的论述中，由于"陪而不审""审而不议"等现象的存在，对于陪审员实质性参审的正面评价似乎已经偏离了主流价值形态，对陪审制度的正面肯定往往主要集中在调解协商、专门领域的知识提供等方面，在一些地方，对陪审员积极参与执行也予以了正面评价①，果真如此吗？

（1）关于参与审判。从考察的情况来看，确保陪审员实质性参审的主要方式——庭前阅卷、庭审发问、庭后合议，在实践中几乎形同虚设，陪审员参审的实际效果到底如何？是否因为其不阅、不问、不议，就真的如外界普遍认为的"陪"而不审呢？还是不阅、不问、不议，也能实现其部分价值目标呢？已经接受过或参与过陪审审判的各相关主体的认知或可为观察视角。在我们通过电话访问的 62 名当事人中，只有 24.6% 的当事人认为有陪审员参审对裁判结果有一定影响，认为没什么影响以及不知道的

————————

① 彭小龙. 人民陪审员制度的复苏与实践：1998—2010. 法学研究，2011（2）.

多达75.5%，其中明确回答没什么影响的有32人，占52.5%（见表1-10）。

表1-10 您觉得有陪审员参与审理，对官司的结果是否有影响？（当事人卷）

		频率	百分比	有效百分比	累积百分比
有效值	有一定影响	15	24.2	24.6	24.6
	没什么影响	32	51.6	52.5	77.1
	不知道	14	22.6	23.0	100.0
	合计	61	98.4	100.0	
缺失值	99	1	1.6		
合计		62	100.0		

相比较当事人，法官、律师、公诉人等法律专业人士的认知是否有不同呢？在我们采集的59份有效律师问卷调查样本中，多达66.1%的律师明确表示有无陪审员参审对裁判结果没有任何影响。只有27.1%的律师认为有一定的影响，与当事人的认同程度基本上一致（见表1-11）。

表1-11 请问您觉得有没有陪审员参审，对裁判结果影响大吗？（律师卷）

		频率	百分比	有效百分比	累积百分比
有效值	有一定影响	16	27.1	27.1	27.1
	没什么影响	39	66.1	66.1	93.2
	不知道	4	6.8	6.8	100.0
	合计	59	100.0	100.0	

在对检察官的问卷调查中，只有3名检察官认为有一定影响，占33.3%，5名检察官认为没什么影响，占55.6%（见表1-12）。

表1-12 请问您觉得有没有陪审员参审，对裁判结果影响大吗？（检察官卷）

		频率	百分比	有效百分比	累积百分比
有效值	有一定影响	3	33.3	33.3	33.3
	没什么影响	5	55.6	55.6	88.9
	不知道	1	11.1	11.1	100.0
	合计	9	100.0	100.0	

受访的53名法官中，有30名认为当事人对陪审案件的满意度与没有陪审员参与时的情况差不多，占61.2%（见表1-13）。

表 1 - 13　　　您认为当事人满意有陪审员参审案件的结果吗？（法官卷）

		频率	百分比	有效百分比	累积百分比
有效值	满意，基本都能服判息诉	15	28.3	30.6	30.6
	不满意，上诉、申诉情况更多	1	1.9	2.0	32.7
	与没有陪审员参与的情况差不多	30	56.6	61.2	93.9
	不知道	3	5.7	6.1	100.0
	合计	49	92.5	100.0	
缺失值	99	4	7.5		
合计		53	100.0		

如此看来，当事人与法律专业人士的认知基本上是一致的，"陪"或"不陪"几乎没有差别，陪审员实质性参审的价值还没有得到广泛的认同。

在提供专业知识领域方面，我们在该地的考察中并没有获取"专家陪审员"在一些案件处理上以专业能力赢得尊重的案例。但通过对法官、检察官、律师的问卷调查，我们发现法律职业共同体普遍对专业陪审员专门领域知识的提供抱有较高的期待。在问及"您认为有专业陪审员参审会不会更有利于查明案件事实"时，受访的法官、检察官中超过80%认为会，只有15.1%的法官、11.1%的检察官认为不一定。相对而言，律师的认同度要低一些，受访的律师中有33.9%认为不一定，6.8%的律师认为不会，但认为会的有59.3%（见图1-6）。

根据该市法院提供的资料，该市法院从2009年开始创新陪审员参与方式，在执行程序中引入陪审员参与，建立陪审员参与执行异议审查制度，使陪审员既"陪审"又"陪执"。该市法院规定凡是执行异议的审查裁决必须由审判员和陪审员组成合议庭，对执行程序中的其他裁决原则上应该有陪审员参与。根据该院提供的数据，2009年1月到2010年9月，该院执行裁判庭共审查裁决执行案件56件，当事人明确表示对裁决无意见的42件，启动复议程序的仅2件，无因执行裁决不公导致上访现象发生。没有参与强制执行的案例（见表1-14）。

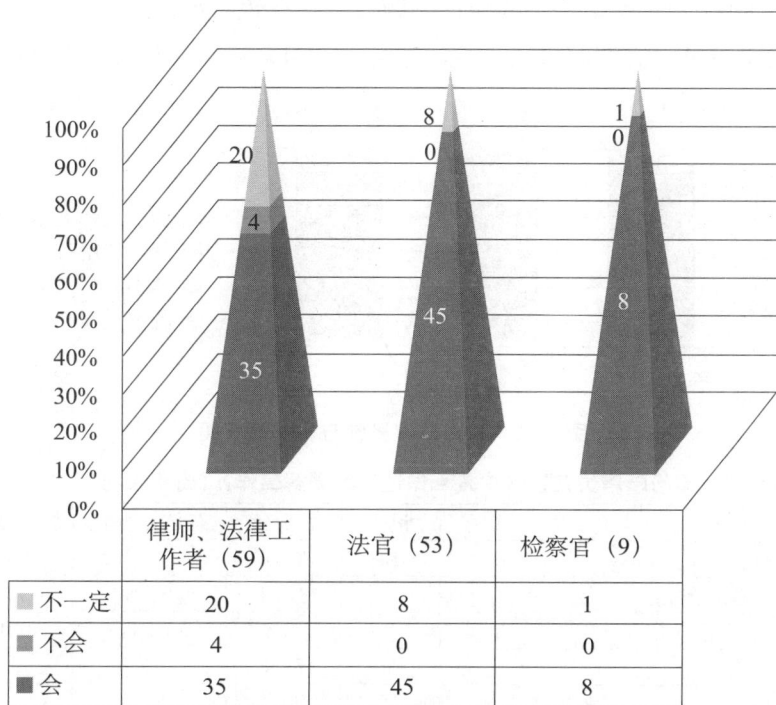

	律师、法律工作者（59）	法官（53）	检察官（9）
■ 不一定	20	8	1
■ 不会	4	0	0
■ 会	35	45	8

图 1-6　专业陪审员参审是否更有助于查明案件事实统计分析图表

表 1-14　　　　　　　　　L 市人民法院执行异议案件统计表

采集日期	年度	档案数	合议案件数	合议庭组成方式			调解	上诉	改判	重审	申请复议
				三名法官	一法二陪	二法一陪					
20110715	2009	44	23		23						
	2010	22	12		10	2					1
	2011 上半年	15	3		2	1	2				1

（2）关于参与调解

由于"陪而不审"的问题存在，是否如一般学者所认为的，陪审员转而在调解协商方面发挥了显著作用呢？通过考察，我们发现上述结论也许有些想当然。

在陪审员是否参与调解方面，在我们访问的 53 名法官、59 名律师、43 名陪审员中，认为陪审员经常参与调解（调解过多次、每次都调解）的分别有 18 名、7 名、25 名，分别占 34%、11.9%、58.1%；认为陪审员很少参与调解（偶尔调解过）的分别有 31 名、36 名、8 名，分别占 58.5%、61%、18.6%；认为陪审员从来没参与过调解的分别有 2 名、16 名、8 名，分别占 3.8%、27.1%、18.6%（见图 1-7）。通过电话采访的当事人中，有 47 名当事人对此问题进行了有效回答，其中有 30 名当事人认为陪审员没有调解过，占 63.8%，另有 14 名当事人认为调解过，占 29.8%（见表 1-15）。

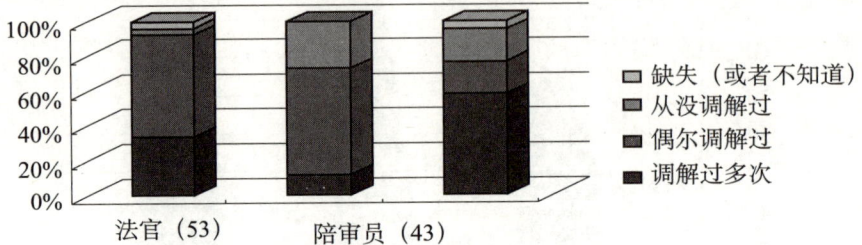

图 1-7 L 市陪审员参与调解情况图

表 1-15 请问陪审员在诉讼中是否做过您的调解工作？（当事人卷）

		频率	百分比	有效百分比	累积百分比
有效值	调解过	14	22.6	29.8	29.8
	没调解过	30	48.4	63.8	93.6
	不记得了	3	4.8	6.4	100.0
	合计	47	75.8	100.0	
缺失值	99	15	24.2		
	合计	62	100.0		

从问卷调查的情况来看，法官和律师对此问题的看法趋向一致，60% 左右的法官和律师认为陪审员很少参与调解，但在经常参与调解、从不参加调解这两个问题上的看法呈现两极化，超过 30% 的法官认为陪审员经常参与调解，而接近 30% 的律师更趋向认为陪审员从不参与调解。从对陪审员的问卷调查情况来看，陪审员的看法与法官、律师的又有很大差异，接近 60% 的陪审员自认为会经常参与调解，而各有接近 20% 的陪审员自认为偶尔参与调解和从不参与调解。在对当事人的电话采访中，由于考虑到当事人往往可能只有一次诉讼的经历，在问卷设计上，只设计了调解过、没有调解过、不记得了三个选项，结果 47 份有效问卷中，认为陪审员做过调解工作的不到 30%，没有调解过的超过 60%。如划分为经常参与调解与很少参与调解（包括从不调解）两种类别，法官、律师、当事人的判断基本上是趋向一致的，超过 60%（分别为 62.3%、88.1%、63.8%）的受访人认为陪审员很少参与调解，而在受访的陪审员中，也有接近 40%（为 37.2%）的陪审员自认为很少参与调解。

在陪审员参与调解的效果方面，我们查阅了该市法院 2009 年 3 868 件民事案件的案卷，适用陪审审判的案件只有 328 件，其中调解结案的案件有 83 件，调解成功率为 25.3%（见表 1-2）。法官与陪审员在促成调解的过程中，谁发挥的作用更大尚很难判断，但至少可以确定一点，陪审员在调解协商方面发挥的作用不会高于这一比率所衡量的调解效果。如果法院提供的数据具有可信度，那么这一比率与该院 2006—2008 年民事案件的平均调解率大致接近，但与 2009 年相比则有差距，低于平均调解率近 17 个百分点（见表 1-16）。[①] 与 2010 年的数据相比，亦是如此。考虑到基层法院适用普通程序的案件基数相对较小，以 L 市法院 2009 年的民事案件为例，只有约 25% 的案件适用普通程序，也就是四个案件中只有一个适用普通程序，加之适用普通程序的案件案情可能更为复杂，调解的难度可能更大，陪审案件调解成功率适当低于整体调解率应该是符合逻辑的。如果陪审员参审案件的调解率并不高于全部由职业法官组成的合议庭审理案件的调解率，是不是也可以认定为有没有陪审员参与，实际上对促成调解并无研究意义上的实质作用？从对 L 市法院考察的情况来看，这是完全可能的。从问卷调查的情况来看，在对法官的调查中，只有 26.4% 的法官认为陪审员较之法官更易于促成当事人达成调解协议，多达 66% 的法官认为并不一定，另有 7.5% 的法官明确回答不会（见表 1-17）。

从访谈的情况来看，无论是与法官的面对面访谈，还是与陪审员的座谈，陪审员参与调解并促成调解的事例还比较鲜见。但也不是没有，有 1 名陪审员在座谈时就谈及他在调解协商方面发挥作用的经历，只不过是在一起行政诉讼案件中。

案例二：

某陪审员："我参与过一个工伤事故的调解，原告诉劳动社会保障局，当时被害人被聘请到一个水泥厂，工作两天，也没有签劳动合同。但是有一天中午，被害人在骑着摩托车去上班的路上，被一辆无牌照的车撞死了。因工致死要确定工伤，这个案件诉到法院。按照有关的法律法规，被害人因为无证驾驶，是有过错方，有违法的行为在里面，就不能认定为因工致死。我觉得，这个人是家庭的主要劳动力，只要确认他是因工死亡，就能给这个家庭带来一些帮助。作为陪审员，基于社会良知，我觉得还是应该调解。我把意见向审判长和法官表达以后，他们都非常尊重我的意见，非常热情地邀请我和肇事者

---

① 此表根据 L 市法院提供的数据绘制。

单位一起协调，后来达成 10 万元经济补偿的协议。这件事我自己也非常满意，一方面，我的意见被法官采纳，另一方面，也解决了被害人家庭的部分经济负担。"

表 1 - 16　　　　　L 市人民法院 2006—2010 年收结案统计总表

	收案数				结案数				上诉率	上诉案件中发改率	民事调解率
	民事	刑事	行政	总数	民事	刑事	行政	总数			
2006 年	2 507	630	33	3 170	2 367	630	33	3 030	7.10%	16.80%	24.76%
2007 年	2 939	672	40	3 651	2 761	668	39	3 468	6.25%	23.04%	24.77%
2008 年	4 065	683	32	4 780	3 724	668	30	4 422	7.96%	20.70%	24.70%
2009 年	4 650	636	40	5 326	4 299	631	38	4 968	9.96%	14.90%	42.05%
2010 年	4 549	845	44	5 438	3 725	843	43	4 611	8.20%	15.40%	41.98%

表 1 - 17　　　您认为陪审员较之法官是否更易于促成当事人达成调解协议？（法官卷）

		频率	百分比	有效百分比	累积百分比
有效值	是	14	26.4	26.4	26.4
	否	4	7.5	7.5	34.0
	不一定	35	66.0	66.0	100.0
	合计	53	100.0	100.0	

（三）管理：业余性还是职业化

从管理的角度而言，陪审员管理涉及选任、参审、培训、日常管理等多个方面，由此衍生出如何选任陪审员、如何选定陪审员参审、如何培训陪审员、如何对陪审员进行日常管理等问题。陪审制度改革以体现司法"大众化"为导向，与之相匹配，陪审员的管理必然要以保持陪审员的"平民性"、业余性特征为依归。但在事实上，陪审员无论是选任、参审、培训、管理都越来越与职业法官的模式趋同，不仅以选法官的方式选陪审员，以用法官的方式用陪审员，还以管法官的方式管陪审员。从实地考察的情况来看，甚至有过之而无不及，呈现明显的法官化趋向。

1. 遴选管理的"法官化"。从选任主体来看，尽管《决定》明确由基层人民法院会同同级司法行政部门共同进行审查。但从实证考察的情况来看，司法行政部门并不热衷，除象征性地参与陪审员资格审查外，选任主体的角色主要由法院担当。与法官选任相比，由于没有干部人事制度的羁绊，法院在选任陪审员的过程中自主性、操控性更强，甚至于想选哪个就是哪个，既可选这个，又可选那个。也因为这种几乎完整的操控性，陪审员的"平民性"更容易湮没在这种指标、那个计划中。前文所述法院在陪审员选任中分配指标以完成"指令性计划"的例证即可凸显法院在陪审员选任过程中的强势地位。

2. 参审管理的"法官化"。在陪审员抽选方面，来自最高人民法院的数据显示：5年来，全国虽有半数以上的基层法院实行了陪审员"随机抽取"方式①，但"陪审专业户"或"陪审员固定配置"等现象仍然相伴相随。以样本地区为例，该院70名陪审员均采取固定配置到庭的方式，每一个审判业务庭固定分配2～15名陪审员（见表1-18）。这种固定配置到庭的模式，既可以方便对陪审员进行管理、使用，也可以使陪审员成为所在审判庭或法庭审判力量的后备军。

表1-18　　　　　　　　L市人民法院陪审员配备表

所在法庭	陪审员配备人数
民一庭	6
民二庭	6
刑庭、林业审判庭	9
行政庭	2
审判监督庭	2
A人民法庭	6
B人民法庭	15
C人民法庭	9
D人民法庭	8
F人民法庭	7
合计	70

3. 培训管理的"法官化"。从考察的情况来看，该市法院每年均会组织各种形式的培训，让陪审员能够获得培训的机会。在受访的陪审员中，超过半数声称参加过3次以上的培训，其中有7人称参加过5次以上培训，另有3人称从来没有参加过培训（见表1-19）。培训往往是专业性很强的业务培训，目的是要提高陪审员的履职能力，包括司法审判技巧乃至庭审驾驭能力。不仅要进行岗前培训②，还要进行日常任职培训。③虽然在广度和深度上不如职业法官，但就培训的形式、目的和课程设置等方面来

---

① 王斗斗. 最高法力求陪审员既审又判. http://www.legaldaily.com.cn/bm/content/2010-05/18/content_2147670.htm? node=20733. 访问日期：2017-08-20.

② 最高人民法院《若干意见》第27条规定的岗前培训内容为：学习"社会主义法治理念、法官职业道德、中国司法制度、审判纪律、司法礼仪、廉政规定以及法律基础知识、审判工作基本规则等"。

③ 最高人民法院《若干意见》第29条规定："任职培训的形式和方法应当根据人民陪审员的特点和实际情况确定，除了采取集中授课培训外，还可以采取有针对性的庭审观摩、案例教学、模拟演示、电化教学、巡回教学等方法，以及组织人民陪审员对热点、难点、重点案件进行专题研讨等。任职培训不得少于20个学时。"

看，陪审员的培训与职业法官培训几无二致。

表 1 - 19　　请问您在当选为陪审员后，参加过几次培训？（人民陪审员卷）

		频率	百分比	有效百分比	累积百分比
有效值	从来没有	3	7.0	7.1	7.1
	1 次	5	11.6	11.9	19.0
	2 次	10	23.3	23.8	42.8
	3 次	12	27.9	28.6	71.4
	4 次	3	7.0	7.1	78.5
	5 次	2	4.7	4.8	83.3
	5 次以上	7	16.3	16.7	100.0
	合计	42	97.7	100.0	
缺失值	99	1	2.3		
合计		43	100.0		

4. 日常管理的"法官化"。对陪审员的日常管理，《决定》虽没有明确规定，但在这次调研中我们发现，法院一般都是按照对法官的要求来对陪审员进行管理的，比如将陪审员参加审判活动的到位率、参审案件的数量与质量、审判作风等纳入对陪审员的工作实绩考核中。尤其有趣的是，法院一般还对优秀陪审员进行表彰。这种管理模式具有明显的职业化倾向，陪审员的身份也渐渐趋同于法官而成为"编外法官"。

三、现象解读：理想为何难以照进现实

尽管在现实司法环境下，陪审员制度的价值定位可能有更多的政治考量，但是，展现司法的"大众化"功能，至少应是陪审员制度复苏与实践最主要的价值目标。在这样的背景下，一项以体现"司法人民性"为导向、以"大众化"为目标的改革，为何在推行中却面临着人民"敬而远之"的尴尬境地？为什么民众不愿意当陪审员？为什么当事人不愿意采用陪审审判？为什么陪审员会"陪而不审"？着实有必要对其展开进一步的探究。

（一）为什么不当陪审员

从考察情况可知，不仅普通老百姓很少有人愿意主动申请担任陪审员，而且相当数量的陪审员缺乏参审的积极性，不少陪审员几乎没有参审过 1 个案件。为什么不愿意当陪审员呢？

1. 制度认知缺失使不知。尽管国家投入了大量的资源改革完善陪审员制度，并动用宣传之利器大力鼓与呼，然而，实践反馈的信息表明，民众对陪审员制度认知还存在严重缺失。在调研中，我们对当地民众进行随

机抽样调查①，结果显示，多达40.8%的成年公民从来没有听说过陪审员制度，其中11.9%的受访民众虽然没听说过陪审员，但听说过国外的陪审团（见表1-20）。

表1-20　　请问您以前听说过我国的陪审员制度吗?（社会公众卷）

		频率	百分比	有效百分比	累积百分比
有效值	听说过	281	45.8	47.2	47.2
	没听说过	243	39.6	40.8	88.1
	虽然没听说过陪审员，但听说过国外的陪审团	71	11.6	11.9	100.0
	合计	595	97.1	100.0	
缺失值	99	18	2.9		
	合计	613	100.0		

　　而听说过陪审员制度的民众，主要还是通过媒体、法院宣传以及影视文学作品等途径了解到的（见图1-8）。

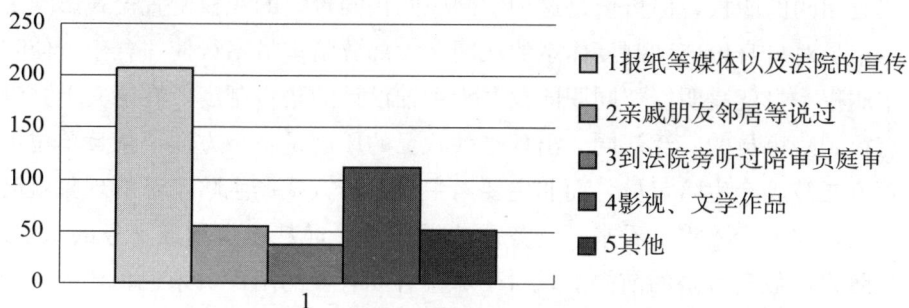

图1-8　公众通过哪种途径了解陪审制度?

　　既然都没听说过，对陪审员制度就更谈不上了解、认同以及适用了。我们在考察中还了解到，即便是听说过的，不少人也是仅仅听说过，陪审员到底是干什么的、担任陪审员的条件等，相当一部分人解答不出。由于认知程度不高，实践中甚少有人主动申请担任陪审员的现象就不难理解了。

　　2. 资格条件设置过高使不能。《决定》第4条第2款规定："担任人民陪审员，一般应当具有大学专科以上文化程度。"尽管没有强制性规定

---

　　① 公众问卷调查，采取到抽样地点（人口密集区、社区、集镇等）随机面向成年公民开展不记名问卷调查并回收问卷的方式进行，在该市成功访问到613名成年公民，其中有：党政机关干部8人、事业单位工作人员61人、社区和乡村基层干部8人、退休干部和职工14人、公司及企业工作人员85人、私营业主174人、城镇无固定职业居民41人、农民及农民工64人、其他职业125人，另有33人没有表明身份。共收回有效公众问卷613份。

陪审员一定应当具有大学专科以上学历，但也表明在陪审员的资格条件设定上，似乎天然的具有精英化导向。国家统计局的数据表明，截至 2010 年 11 月，全国人口中具有大学文化程度（指大专及以上）的人口为 1.2 亿，占全国总人口的比重仅为 8.93%。① 客观而言，由于在学历条件上设置了门槛，符合理想选任条件的候选人少之又少，实际上剥夺了相当多民众担任陪审员的机会，也使陪审员来源的代表性、广泛性成疑。就样本地区而言，全市 138 万人口，如以全国平均水平计，样本地区人口中具有大学文化程度的仅有区区 12 万人。该地区现有 70 名陪审员，如以全市总人口计，相当于每 2 万人口中才能产生 1 名陪审员；如以受大学教育的人口计，则相当于每 1 700 余人中就要产生 1 名陪审员。这些抽象的代表比例表明，在陪审员员额确定的前提下，将陪审员遴选限定在一定的范围内，在很大程度上减损了陪审员的代表性。

3. 陪审价值认同成疑使不欲。尽管相关制度规定赋予陪审员与法官几近相同的职权，但恰恰是这种"同职同权同责"的职权配置模式影响了陪审员对自身价值和制度体系的认同。大部分陪审员不行使、怠于行使陪审职权本身就表明以"同职同权"为主轴设计的陪审制度，在事实上并没有得到陪审员的广泛认同。出现这种状况的原因是：一方面，依赖单位推荐方式被动产生陪审员，而非主要以主动申请方式产生陪审员的现象就已表明，在不少陪审员看来，任务或荣誉的意义远甚于权利或义务的意识。在陪审员数量有限的前提下，对于那些有职有业的陪审员来说，要完成指定的陪审任务确实要占用大量时间精力，是不太可能完成的任务。工审矛盾难以克服，经常性的缺席就纯属无奈。另一方面，虽说陪审员是有职有权，但"陪审员由于本身法律知识的限制不能把握法律精神的实质，又由于对案件事实的不确切认定，使陪审员在法官面前会表现不同程度的拘谨，对于法官权威的专业知识有一种敬畏心理，并且自然产生一种权威趋从心态，所以在谈论裁判时，只能听凭法官决定"②。即便是高学历的陪审员在专业与精深的法律问题面前，仍然抱有"小学生"心态，使其要做到尽职尽责确实有些勉为其难。自身价值体现不出来，参与的积极性当然会打折扣。而那些"被职业"的陪审员，倒是乐于"被职业"，甚至是主动寻求以此为业，因为在他们看来陪审确是有利可图的。这些陪审员要

---

① 国家统计局. 2010 年第六次全国人口普查主要数据公报（第 1 号）. http://www.stats.gov.cn/tjfx/jdfx/t20110428_402722253.htm. 访问日期：2017-04-29.

② 左卫民，周云帆. 国外陪审制度的比较与评析. 法学评论，1995（3）.

么已经退休，要么没有固定工作，闲着也是闲着，而参与案件审理，虽然一天只有几十块钱的补助，但积少成多，陪审多了，也是一笔不少的收入。在一些经济不发达地区，这笔收入甚至是可观的。正因如此，个别地方法院甚至将陪审员作为安置干部未就业家属的一种途径，陪审员"职业"的吸引力由此可见一斑。

（二）为什么不选择陪审

在对该市62名当事人、53名法官、9名公诉人、59名律师（共计183名）的调查中，分别有45名当事人、49名法官、8名公诉人、59名律师（共计161人）认为陪审程序是由法院主动启动的（见图1-9），占总人数的87.98%，而认为由当事人启动陪审程序的微乎其微。其中，在我们通过电话访问采集的62份有效当事人问卷中，只有7名当事人是自己主动申请启动陪审程序的，另有2人在律师建议下主动申请启动陪审程序，多达83.3%的当事人接受陪审审判是由法官单方决定的。当事人主动适用陪审程序的意愿如此之低，原因何在呢？我们以为，由于普通民众具有成为当事人的潜在可能性，公众的认知程度低，固然会影响主动适用陪审程序的意愿，但绝大部分当事人对陪审审判抱着一种可有可无的无所谓态度，更为重要的原因在于对陪审制度的价值认同上。换言之，即看不到陪审的"好处"在哪里？

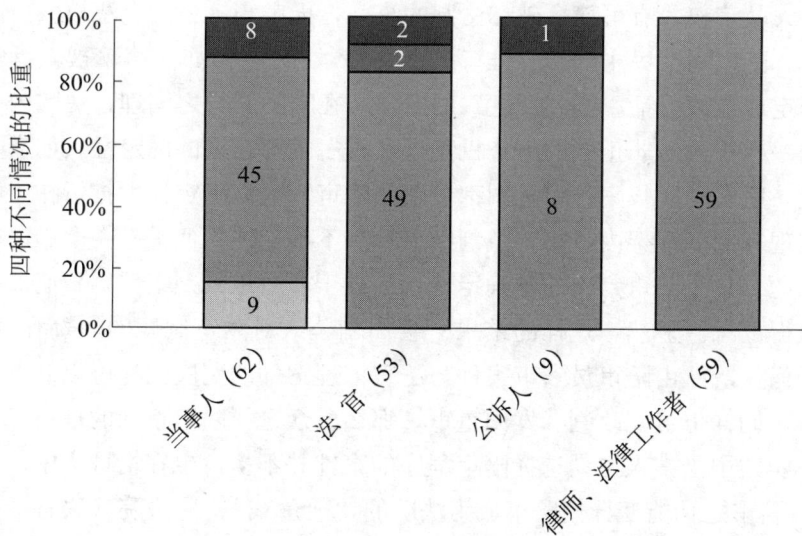

图1-9　L市启动陪审程序方式统计图表

1. 陪审之独立价值难凸显使当事人无利可图。从当事人的角度而言，陪审员与法官同坐一堂，往往让普通民众很难相信陪审员可以趋向自己的价值取向，可以代表自己监督司法，从而作出对自己有利的司法判断，有陪审员参与并不见得"有利可图"。而陪审员无所作为或者不作为导致"陪而不审"也加深了这种负面印象。从 L 市的样本分析中可知，该市 2009 年适用陪审审判的民事案件中调解率为 25.3%，上诉率为 14.63%，发改率为 31.25%；采用陪审制审理的刑事案件中上诉率为 16.8%，改判率为 16.67%（见表 1-2）。该市 2006—2010 年适用陪审审判的行政案件中上诉率为 26.67%（见表 1-3）。与该市 2006—2010 年的总体结案对应比率相比（见表 1-16），不仅体现不出优越性，反而对相关理论假设有所否定。陪审的独立价值或陪审利益体现不出来，当事人选择用脚投票就在所难免。

2. 陪审之裁判结果不确定使程序价值大打折扣。前文所述有关数据中，上诉率和改判率的对比结果尤值得关注。在美国，由于陪审团只对事实部分作出判断，且事实审部分的判决不允许上诉，因而由陪审团作出的裁决具有很强的确定性。而前文列举的数据表明，我国由陪审员参审的案件判决不仅是不确定的，而且不确定性还高于法官裁判的案件。缘何如此？就陪审结果的不确定性而言，其应是陪审员职权配置必然的逻辑结果。既然陪审员与法官"同职同权"，法官以一审程序审理的案件可以上诉，陪审员参审的案件为什么不可以呢？此外，我国为成文法国家，由非职业的普通民众作出的司法判决，往往可能逾越成文法的规定。如果不赋予当事人救济权，有可能会破坏法制的统一，损害当事人的合法权益。问题在于，既以司法民主的旗号推行陪审制度，"民主"如能简单被上诉审法官否定或更改的话，则"民主"的意义又在哪呢？与之同理，法院内部存在的一些正式与非正式的审查机制也在左右陪审结果的确定性。如审委会制度、庭长、院长案件审批制都可能使陪审判决的确定性大打折扣。因此，在现行制度框架内，陪审裁判结果具有不确定性，似乎是一个难以解决的问题。只是陪审判决的不确定性还远甚于非陪审裁判案件，我们以为更应值得反思。显然，这样的结果只会加剧公众对陪审制度的质疑程度。不论如何，既然由陪审员参审案件与法官审理案件的判决同样可以二审甚至再审，同样也可能改判、发回重审，那么民众选择陪审审判的理由又在哪呢？实践中当事人主动选择陪审程序的案件并不多，也在情理之中。

3. 陪审之功能变异使陪审成为法院的"独角戏"。从法院（法官）的角度而言，虽然在实践中确实存在陪审员与法官知识互补，避免作出失衡裁判的案例，表明陪审制度的价值功能在一定程度上得到发挥并为法官所认可，但在更多的情况下，陪审员往往被作为司法民主的点缀以及解决审判力量不足的工具。① 有的地方法院往往以拼凑合议庭为最基本的诉求，将陪审员作为审判力量的补充途径，把陪审员当作"编外法官"使用。在与该院法官（包括院领导）的访谈中，不止一人认为陪审员实际上成了"一批廉价的、不要法院发工资的法官"。即便如此，法院（法官）适用陪审制度的积极性实际上并不高，如果不是上级法院以绩效考核为利器加以管理，很难想象还会不会有如此之高的参审率。在对该市法院的考察中，不少法官直言不讳地说，之所以适用陪审审判，就是为了完成绩效考核目标。陪审俨然成为了法院一项不得不完成的任务。既然陪审成为了法院的"陪审"，陪审为民众所离弃，又有什么好奇怪的呢？

（三）为什么"陪而不审"

陪审员"陪而不审"固然由多种因素造成，但从制度层面而言，其根源在于陪审员与法官的"同职同权"配置模式。从制度运行的实际情况来看，这一职权配置模式非但难以实现，反而成为问题的根源。当然，也与周边制度的强力制约密切相关，如职权主义诉讼模式的负面作用、合议庭组成方式的天然缺陷等。

1. 同职同权配置模式之"釜底抽薪"。从陪审权的实际运用来看，虽然陪审员和法官在对案件事实的认定及法律的适用上享有同等的权力，但恰恰是这种貌似公允与大方的赋权有如"釜底抽薪"，最终架空了陪审员的参与审判权。作为非职业法官，陪审员行使判断权的依据往往基于常识、常理、常情。前文所述陪审员发挥实际作用的个别案例无一不印证了此判断。而法官则是依据自己的法律专业知识和思维方式来认定事实和适用法律。同职同权的职权配置模式，既使陪审员难以如法官般专业，又无法发挥其"民间智慧"。因为陪审员一般而言并不具备与法官同堂议案的专业能力和经验。事实上，由合议庭审理的案件，往往又是事实较为复杂、证据较为庞杂、争议较大的案件，常识与情理判断或者生活经验往往派不上用场，陪而不审就在所难免了。

换一个角度而论，即便形式上陪审员"既陪又审"，积极参与庭前阅卷、庭中发问、庭后合议，也不见得就能且"陪"且"审"。陪审审判相关主体的认知可为参考。以陪审员在庭审中的作用为例。从检察官和律师的角度来看，只有22.2%的检察官认为陪审员在庭审中发问有助于查清案件事实，高达66.7%的检察官认为只是偶尔有帮助（见表1-21）。而

---

① 李玉华．"陪而不审"之我见——法学教授陪审员的视角．法律适用，2010（7）：94．

在律师看来，27.1%的律师认为有无陪审员参审对裁判结果有一定影响，66.1%的律师认为没什么影响（见表1-22）。大多数检察官和律师认为即便发问，也无助于查清案情。从法官和陪审员的角度来看，有58.5%的法官认为陪审员在庭审中发问有助于查清案件事实，只有1.9%的法官认为没有帮助，另有32.1%的法官认为偶尔有帮助（见表1-23）。有44.2%的陪审员认为经过庭审后能掌握基本案情并提出案件处理的初步意见，同时有46.5%的陪审员认为有时能、有时不能（见表1-24）。法官与陪审员的认知较为接近，相对多数法官和陪审员认为发问有助于查清案情。

表1-21　您认为陪审员在庭审中发问是否有助于查清案件事实？（检察官卷）

		频率	百分比	有效百分比	累积百分比
有效值	有助于	2	22.2	22.2	22.2
	偶尔有帮助	6	66.7	66.7	88.9
	说不清	1	11.1	11.1	100.0
	合计	9	100.0	100.0	

表1-22　请问您觉得有没有陪审员参审，对裁判结果影响大吗？（律师卷）

		频率	百分比	有效百分比	累积百分比
有效值	有一定影响	16	27.1	27.1	27.1
	没什么影响	39	66.1	66.1	93.2
	不知道	4	6.8	6.8	100.0
	合计	59	100.0	100.0	

表1-23　您认为人民陪审员在庭审中发问是否有助于查清案件事实？（法官卷）

		频率	百分比	有效百分比	累积百分比
有效值	有助于	31	58.5	58.5	58.5
	无助于	1	1.9	1.9	60.4
	偶尔有帮助	17	32.1	32.1	92.5
	说不清	4	7.5	7.5	100.0
	合计	53	100.0	100.0	

表1-24　请问经过开庭，您能否掌握案情，提出案件处理的初步意见？（人民陪审员卷）

		频率	百分比	有效百分比	累积百分比
有效值	能	19	44.2	44.2	44.2
	不能	4	9.3	9.3	53.5
	有时能，有时不能	20	46.5	46.5	100.0
	合计	43	100.0	100.0	

　　对于陪审员在庭审中发问的作用，法官、陪审员与检察官、律师的认知几乎是迥异的，原因何在呢？我们以为，这应该是由双方在庭审中的角色及立场所决定的。在庭审职权主义色彩依然浓厚的情况下，作为裁判者的法官、陪审员在庭审中提出各种问题，恰恰说明他在庭审中思考案情，试图理清案情，应该有助于查清案情。而律师和检察官在庭审中扮演诉讼参与人或者类似诉讼参与人的角色，代表各自的立场。他们的认知表明，不论陪审员问与不问，作为法律专业人士，他们显然很难认同那些未受过长期专业训练的"平民法官"的观点。在他们看来，同职同权的必然逻辑必然是以相似的知识背景与思维方式为基础，陪审员如若不能像法官一样运用法律的语言和思维去审理和裁判案件，断难为法律专业人士所认可和接受。尽管陪审员也需参加各种专业培训，但通过短期的培训所获得的法律知识怎能与法律专业人士相提并论呢？如此看来，陪审员与法官"同职同权"的职权配置模式非但未能帮助陪审员树立权威，反而成为他们不能各得其所、难以发挥作用并获得社会认同的肇因。

　　2. 职权主义诉讼模式之负面作用。总体而言，我国法庭审判模式属于职权主义，它以审判官为中心，强调法官的主导地位而不提倡当事人在诉讼中的积极性。而职权主义的审判模式对陪审制度的运作存在负面影响[1]，主要体现在法官的绝对主导地位和庭审功能的相对弱化。在司法实践中，法官是案件审理的绝对主导，对案件审理的深入程度、判断能力往往要高出陪审员一大截。这种参与能力与判断能力的差别，使陪审员虽然名义上拥有与法官同样的职权，但也是止于名义而很难实现。当陪审员和法官共同负责案件的事实认定和法律适用时，如果陪审员的常识常理与法官的法言法语发生碰撞，此时情形又将如何？一般而言，在中国现实的语境中，法官的专业判断会"吸附"甚至"压制"陪审员的常识判断，这是因为：其一，陪审员因为自己欠缺法律专业知识而缺乏自信与底气，从而不愿多发问、多表达意见，尤其是与法官不同的意见；其二，由于我国经常参审的陪审员多为"编外法官"，他们与法官保持着稳定合作的关系，即使在个别案件中他们与法官有不同的意见，利益存焉，选择合作则会是他们的上佳选择；其三，纵使有个别陪审员能基于自己的使命感和社会责任感坚持己见，法官也是不会轻易"就范"而让渡自己的裁判权，他们可以通过提交审判委员会讨论等多种方式来架空陪审员的实质性参与，也可

---

① 左卫民，尹摇山. 中国陪审制度比较、反思与前瞻. 社会科学研究，2010（2）：89.

以通过"说服解释"等方式想方设法让陪审员认同己方观点。试想，如果陪审员发表了一次、两次甚至几次意见都没有得到采纳的话，他还会愿意发表不同看法吗？他还会尊重自己陪审员的身份吗？就这样，陪审员们披着与法官同职同权的华丽"外衣"，不知不觉地沦落为法院的"工具"与法官的"陪衬"。从另一个角度而言，如果陪审员与法官的角色相同化，陪审员的角色定位反而会在同化中丧失，难以发挥其作为普通人眼光矫正专家视角偏差的作用。

3. 合议庭组成方式之天然缺陷。根据现有法律规定，尽管合议庭组成人员在具体分工上有所差别，但审判长与合议庭组成人员的表决权是完全平等的，客观上要求合议庭组成人员具有类似或较为接近的知识结构、判断能力、执业经验，如此才可能对类似问题作出类似判断。如果认知、能力、经验相差较大，所谓合议就容易演变成随意让渡自己权力、简单附和他人意见的游戏，让合议成为合而不议或附议。合议功能虚化的问题一直困扰司法实践，主要是"礼让"行为即便在完全由职业法官组成的合议庭中也并不鲜见，更不要说是在法官与陪审员组成的合议庭中。从考察中可知，陪审员往往在开庭时才介入案件，与职业法官相比，只是部分地参与了案件处理过程，这使陪审员对案件的判断能力因参与过程的有限性而弱于法官。① 而在开庭时，由于提前接触案件并具有专业知识和司法经验，职业法官在开庭前或开庭中对案件的性质已形成相当判断，这往往早于陪审员，从而使得职业法官可能利用审判控制权加速审理过程或者对自己已清楚的事实和证据予以略过，重点审理自己认为尚未弄清的问题。这往往令陪审员感到力不从心，难以真正发挥作用。

还有一点值得注意的是，对于由多少个陪审员与法官组成合议庭，现有法律没有明确规定。在所考察的法院中，2009 年民事、刑事陪审案件有 452 件采用"一法二陪"的组成模式，占全部陪审案件总数的 78.61%（见表 1-2）。但是采用"一法二陪"还是"二法一陪"，其中也是有差别的。前文所述案例一中，2 名陪审员联合起来做工作，最后才使自己的意见获得采纳。如果该案由 1 个陪审员与 2 个法官组成合议庭，陪审员可能也不会有坚持自己意见的底气。据此，我们以为"二法一陪"的组成模式象征性意义可能更强，此种情况下，陪审员即便能够提出不同意见，也仅仅是少数，难以左右判决。

---

① 左卫民，尹摇山. 中国陪审制度比较、反思与前瞻. 社会科学研究，2001（2）.

（四）为什么被法官化

从陪审员与法官"同职同权"的制度设计的逻辑起点推演下去，似乎陪审员的法官化是不可避免的制度宿命。首先，从任职资格条件来看，比较《决定》第4条和《法官法》第9条不难发现，立法者显然是比照法官的标准来选任陪审员的。无论是类别还是内容，陪审员与法官的任职条件大致相同。虽然在学历要求上存在较大差异，且没有法律教育背景和法律工作经历的限制，更没有获得法律职业资格证书的要求，但也要求陪审员一般应当具有大学专科以上文化程度。而实践中，法院往往热衷于选任有法律教育背景和从业经验以及具有一定专长的陪审员，这表明"精英化"导向设计在实践中被贯彻得"有过之而无不及"。其次，从参审管理来看，采用随机抽取方式选择陪审员不仅范围很小，可供选择的陪审员数量有限，选来选去也就那么几个人，而且程序烦琐，即便抽选了陪审员也很难到位，影响审判工作。因此基于方便、实用的考虑，高频率使用熟悉的陪审员和固定为合议庭配置陪审员就成为现实的选择。从这个意义上说，该市法院采取陪审员配置到庭的管理模式当属不得已而为之。当然更为重要的是，不随机抽取仅是一个规范管理的问题，而不是一个具有法律约束性的程序问题，既不会成为诉讼程序的瑕疵，也不会影响判决的效力。有之无之的差别几乎没有，事实上也助长了这种现象发生。但必须指出的是，陪审员没有经过随机抽取而参与审判，显然有违程序正义的价值，而且难以防止法律风险和道德风险发生。再次，在陪审员培训上，既然在职法官也需要不断加强培训提升"职业"能力，那么比照法官模式选任出来的陪审员就更应该加强培训了。只是这种培训目的在于使陪审员掌握一些法学知识话语，反而导致陪审员逐渐丧失了对自己身份独立性的认识，因为这样的培训过程使陪审员认为自己所拥有的普通人的知识和经验对解决司法问题并不重要。最后，对陪审员强化管理和考核，是陪审制度改革的一个新的发展动向。[①] 在考核之外，还要追责。既然是"同职同权"，那么"同责"就不过是制度的惯性使然了。有的地方甚至提出要比照对法官的要求，

---

① 最高人民法院《若干意见》第31条规定："基层人民法院应当对人民陪审员进行动态考核，建立健全考核管理制度，建立陪审工作绩效档案，着重就陪审案件的数量、出庭率、陪审能力、审判纪律、审判作风等内容进行考核，人民陪审员的廉洁自律、公正司法情况，纳入所在基层人民法院廉政监督工作范围。"考核结果不仅要通知本人及其所在单位（或户籍所在地、经常居住地的基层组织），还要报送当地同级人大内务司法委员会和司法行政机关。

对陪审员进行错案追究。这样的规定恐有其现实原因，目的是防止出现道德风险和法律风险，但问题在于以民主的名义由普通民众作出的判断能够被追究吗？

四、路径解析：忠于理想还需面对现实

（一）让我们忠于理想——相关主体认知的力量与启示

陪审员制度改革中暴露出的一些弊端，应该说是原生性、结构性的。一些学者因而认为陪审制度是"鸡肋""天使的面孔、魔鬼的身材"，主张废除陪审制度，这看起来似乎顺理成章。但是置于司法改革的背景下，审视司法在当代遭遇的质疑和公信力缺失等种种困境，陪审制度是否真的毫无价值呢？我们不妨从陪审制度运行所涉主体的认知中寻找问题的答案。必须指出的是，尽管从认知心理学的角度而言，认知扭曲在一定程度上存在，但是相关主体的认知状态仍然具有指标性意义。

从样本地区考察的情况来看，一个值得关注的现象是，尽管普通民众对陪审制度的了解并不够深入，但接受陪审制度的比例相当之高。随机采访的民众中，赞成继续推行陪审员制度的比例高达 83.6%，其中，虽然赞成，但认为还要改革的占 42%（见表 1-25）。具体而论，听说过陪审员制度的公众中，赞成的为 46%，赞成但认为还要改革的为 44.5%，不赞成的为 0.4%，不知道的为 9.2%；而没有听说过陪审员制度的公众中，赞成的为 35.6%，赞成但还要改革的为 37.8%，不赞成的为 3.6%，不知道的为 23.1%。显然，听说过陪审员制度且赞成继续推行的比例要高过没有听说过的，而听说过但不赞成的比例则比没听说过又不赞成的低些，同样没有表态的也低很多。有趣的是听说过外国陪审团制度的民众中，赞成推行的比例更高一些，而不赞成的比例低于没听说过的、高于听说过的（见表 1-26）。

表 1-25   请问您是否赞成在我国继续推行陪审员制度？（社会公众卷）

		频率	百分比	有效百分比	累积百分比
有效值	赞成	242	39.5	41.7	41.7
	赞成，但还要改革	244	39.8	42.0	83.6
	不赞成	12	2.0	2.1	85.7
	不知道	83	13.5	14.3	100.0
	合计	581	94.8	100.0	
缺失值	99	32	5.2		
合计		613	100.0		

表 1 - 26　　　　　　请问您是否赞成在我国继续推行陪审员制度？
　　　　　　　　　　＊请问您以前听说过我国的陪审员制度吗？

			请问您以前听说过我国的陪审员制度吗？			合计
			听说过	没听说过	没听说过陪审员，听说过国外的陪审团	
请问您是否赞成在我国继续推行陪审员制度？	赞成	Count	125	80	34	239
		％within	46.0％	35.6％	50.0％	42.3％
	赞成，但还要改革	Count	121	85	29	235
		％within	44.5％	37.8％	42.6％	41.6％
	不赞成	Count	1	8	2	11
		％within	0.4％	3.6％	2.9％	1.9％
	不知道	Count	25	52	3	80
		％within	9.2％	23.1％	4.4％	14.2％
合计		Count	272	225	68	565
		％within	100.0％	100.0％	100.0％	100.0％

　　而在改革的预期之下，愿意担任陪审员的成年公民竟占到了受访民众的 74.9％，明确回答不愿意、很不愿意的只占 10.1％（见表 1 - 27）。愿意采用陪审制审判的高达 83.1％，其中回答很愿意的有 17.2％，明确回答不愿意或很不愿意的合计只有 1.9％（见表 1 - 28）。可见，民众接受陪审审判的意愿以及赞成推行陪审制度的均占压倒性多数。从这些数据来看，我们对陪审员制度的前景似乎还可以相当的乐观。

表 1 - 27　　　如果您符合担任陪审员的条件，请问您愿不愿意担任陪审员？
　　　　　　　　　　　　　　　（社会公众卷）

		频率	百分比	有效百分比	累积百分比
有效值	很愿意	82	13.4	14.1	14.1
	愿意	353	57.6	60.8	74.9
	不愿意	56	9.1	9.6	84.5
	很不愿意	3	0.5	0.5	85.0
	无所谓	87	14.2	15.0	100.0
	合计	581	94.8	100.0	
缺失值	99	32	5.2		
合计		613	100.0		

表 1 - 28　　　假如您要去打官司，您愿不愿意法院采用陪审制度来审判？
（社会公众卷）

		频率	百分比	有效百分比	累积百分比
有效值	很愿意	99	16.2	17.2	17.2
	愿意	379	61.8	65.9	83.1
	不愿意	9	1.5	1.6	84.7
	很不愿意	2	0.3	0.3	85.0
	无所谓	86	14.0	15.0	100.0
	合计	575	93.8	100.0	
缺失值	99	38	6.2		
	合计	613	100.0		

　　从当事人认知的角度而言，已经经历过陪审审判的当事人中，继续适用或推荐适用陪审制度的意愿度都会比较高。调查显示，60%的受访当事人愿意推荐好友适用陪审审判，而不会推荐的只有15%（见表1-29）。赞成继续推行陪审员制度的高达50.8%，明确表态不赞成的只有5.1%，另有23.7%没有表态（见表1-30）。

表 1 - 29　　　假如您的一个好友要去打官司，您会不会建议他（她）
申请陪审员参与审判？（当事人卷）

		频率	百分比	有效百分比	累积百分比
有效值	会	36	58.1	60.0	60.0
	不会	9	14.5	15.0	75.0
	不知道	15	24.2	25.0	100.0
	合计	60	96.8	100.0	
缺失值	99	2	3.2		
	合计	62	100.0		

表 1 - 30　　　请问您是否赞成在我国继续推行人民陪审员制度？（当事人卷）

		频率	百分比	有效百分比	累积百分比
有效值	赞成	30	48.4	50.8	50.8
	赞成，但还要改革	12	19.4	20.3	71.2
	不赞成	3	4.8	5.1	76.3
	不知道	14	22.6	23.7	100.0
	合计	59	95.2	100.0	
缺失值	99	3	4.8		
	合计	62	100.0		

从法律职业共同体认知的情况来分析，在回答"您觉得我国现行的陪审员制度有继续存在的必要吗"这个问题时，认为有必要的，律师中占 5.2%，法官中占 24.5%；认为没必要的，律师中占 19%，法官中占 10.2%；认为"有必要，但还要改革"的，律师中占 75.9%，法官中占 65.3%，检察官中占 100%（见图 1-10）。整体上而言，法律职业共同体中，赞成推行的比例明显低于社会公众，其中，明确回答"有必要"的律师比率远低于法官，而明确回答"没必要"的律师比率高于法官，但主流的意见是在改革的前提下继续推行陪审制度。在问及有必要存在的理由中（不包括其他），律师中认同比例最高的是 B[①]，达 83%，最低的是 E，只有 36.17%，认同度排序依次为 B、A、C、D、F、E；法官中认同比例最高的是 C，达 75%，最低的是 E，为 47.73%，认同度排序依次为 C、B、F、DA、E；检察官中认同度最高的是 A，达 77.78%，最低的是 F，为 33.33%，认同度排序依次为 A、CD、BE、F（见图 1-11）。图 1-11 还显示，只有 D 选项中的意见较为一致，其他选项各主体之间的认同度仍存在较大差异，这显示各主体基于各自立场，对陪审制度存在的价值仍有不同的解读与期待。

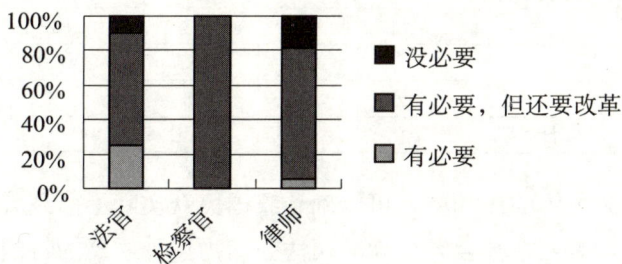

图 1-10　您觉得陪审员制度有继续存在的必要吗？

从陪审员自我认知的情况来看，在受访的陪审员中，明确赞成继续推行陪审员制度的占 40.5%，明确回答不赞成的只有 2.4%，另有 57.1% 赞成继续推行，但认为还要改革（见表 1-31）。

---

① 图中 A 代表：陪审员基于常识、情理的判断可以有效弥补法官职业思维的不足；B 代表：有专业特长的陪审员可以弥补法官相应领域专业知识的不足；C 代表：陪审员可以代表人民参与司法，体现司法的民主性；D 代表：可以有效监督法院、法官；E 代表：陪审员是解决法院"案多人少"的后备力量；F 代表：可以拉近法院和老百姓的距离；G 代表：其他。

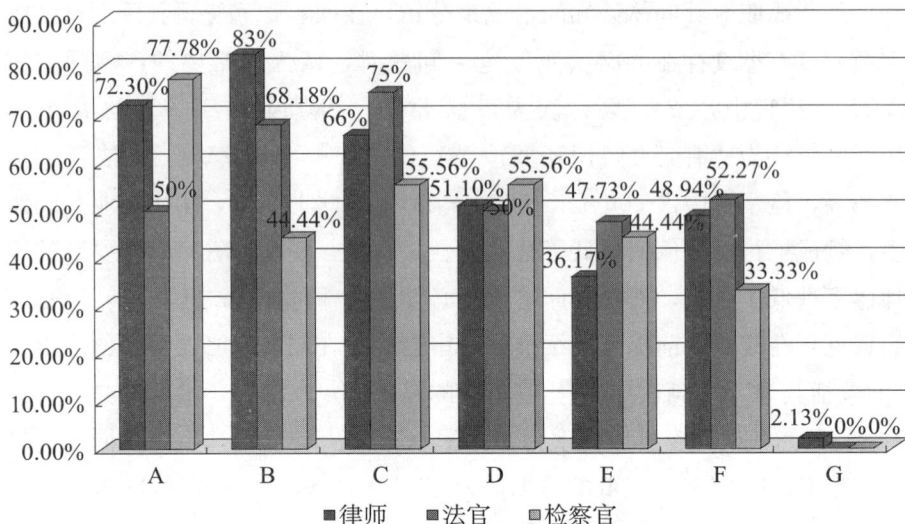

图 1 - 11　陪审制度存在必要理由之法律职业共同体认同比例图

表 1 - 31　　　　　请问您是否赞成在我国继续推行人民陪审员制度？
（人民陪审员卷）

		频率	百分比	有效百分比	累积百分比
有效值	赞成	17	39.5	40.5	40.5
	赞成，但还要改革	24	55.8	57.1	97.6
	不赞成	1	2.3	2.4	100.0
	合计	42	97.7	100.0	
缺失值	99	1	2.3		
合计		43	100.0		

　　从各相关主体的认知中，可以确认我国民众实际上蕴藏着极大的民主参与积极性，表明在社会转型期间司法公信力饱受质疑的特定环境下，尽可能引入民众参与审判，不仅仍然为民众所喜闻乐见，而且为法律专业人士所推崇。我们以为，尽可能让民众广泛地参与司法过程，既让他们感知司法程序运作，也让他们独立行使司法判断权，这无疑是一个让民众接受司法并保持司法透明度的较为现实的路径，至少也应是迅速提高全民法律素质的有效途径。更为重要的是，尤其是在司法面临"申诉难""执行难"等多难困境下，引入具有相对独立定分止争作用的陪审制度，不仅可以有效终结诉争，制止毫无节制的权利主张行为，而且有助于消除民众对司法的不信任感，树立司法机关的权威。从长远而论，围绕陪审制度改革必然能深刻地引起诉讼模式、诉讼理念以及诉讼制度变革。陪审制度带来的变革，恰是我国法治进程中期盼已久的春风细雨。

（二）让我们面对现实——突破现实瓶颈以实现理想价值

从前文分析可知，陪审员制度必须与我国基本法律制度体系相融合，只有消融事实上存在的潜在对立与冲突，建立起全体公民均可参与、均可分享成果的机制，提高制度的可接受性，陪审制度才可能迎来勃勃生机。

1. 正视一元制度设计与二元社会结构潜在对立的现实

一项以民主名义推行的制度必然要适应民主之下的社会结构，如此才有可能获得广泛的社会认同。伴随着我国社会转型逐步推进，我国二元社会结构日趋凸显。城市社会为一元、农村社会为另一元的城乡分隔和差异状态仍在持续。城市社会趋向精英社会，法治思想已经觉醒，规则意识不断强化，合理利用与规避规则的行为取向较为清晰，程序正义与实体正义受到双重看重。而广大农村仍然还属于乡土社会、熟人社会、礼俗社会，人们渴求"包青天"式的官方救济与民间自治救济并行，追求个案的实体正义，期望裁判基于客观真实，并兼顾道德、习惯与情理。以"同职同权"职权配置模式为核心建构的一元化陪审制度与这一社会现实明显脱节。确切地说，现行陪审制度似乎是为"城市社会"或者是"精英社会"所量身打造的。因为只有城市精英们才可能拥有制度运行内在要求的高学历、高能力。换言之，只有城市精英们才可能与职业法官同履其职，共享其权。而长时期运行的城乡二元社会结构造成的城乡二元差距，使农民甚至城市平民难以具备现行陪审员选任的资格条件，而要使他们与法官一样履其职、享其权、担其责，恐怕更是难上加难，因而也就基本上排除了农村社会的有效参与，前文所述农民陪审员比例过低的现象实则难以避免。城市平民在此等情况下也基本上被排除在外，尤其在城市化的进程中，不少城镇居民其实才刚刚从农民身份转换过来。从另一个角度而言，在陪审员职权行使虚名化的情况下，陪审员讲情说理的特有价值往往被湮没，为农村社会以及城市平民群体所喜闻乐见的以常识、情理、道德、良心为依归的断案方式难以体现和实现，更使得对陪审制度的认同大打折扣。因此，陪审制度要在我国落地生根，必须与我国现实的司法环境和社会环境相融合，必须正视二元社会结构下国民素质的二元差异，切实回应民众习惯思维、认识能力、可接受能力等现实条件。

2. 正视陪审员角色定位与民众认识错位的现实

在对普通民众认知情况的分析中，有一点是值得尤为关注的，即相较而言对法院、法官持负面印象的民众对推行陪审制度的意愿似乎更低。数据显示，对法院感到很满意、还算满意的人中，分别有 91.4%、92.1% 赞成推行或者赞成但还要改革，而对法院不太满意或很不满意的人中，分别只有 83.9％、40％赞成推行或在改革的前提下赞成，不赞成或没表态的比例都高于满意度较高的人群（见表 1-32）。对法官越持负面印象的民众，对推行陪审制度的意愿度也越低（见表 1-33）。调查还显示，对司法公正越有信心，赞成继续推行陪审制的比例越高，反之越低（见表 1-34）。同样，对司法公正越有信心，适用陪审的意愿度就越高；而对司法公正越没有信心，适用陪审的意愿度就越低（见表 1-35）。同样，调查还显示，对案件处理结果越满意的当事人，赞成继续推行陪审审判的比例越高，反之越低（见表 1-36）。似乎在公众的直觉中，并没有将陪审员与法官的角色分离开来，而更趋向于等同视之，满意的就更满意，不满意的则更不满意。如此，是继续沿"同职同权同责"的路径前行，通过强化陪审员与法官的共同性以塑造陪审制度的价值体系，还是在民主的名义下严格界定陪审员与法官的角色分工，让陪审员与法官各得其宜、各尽所能？看来还有必要作进一步的厘清。如果陪审员的法官化不应是制度改革的发展方向，那么陪审员在职权配置、行权方式上显然就应与法官区别开来。一个可供讨论的选项是：以常识判断、情理判断和良心判断作为陪审制度最核心的赋权基础，改陪审员与法官同职同权为分职分权，仅赋予陪审员对事实进行认定的职权，并维护陪审员对事实认定的终局性和确定性。而相关法律适用问题则因过于专业，即便基于陪审员的集体智慧作出判断也可能难以符合实体法的精神或规定，故宜由职业法官处理。陪审员可以提出相关建议，但对法官不具有约束力。

表 1-32　　　　　请问您是否赞成在我国继续推行陪审员制度？
　　　　　　　　　　　＊请问您对于法院，是否感到满意？

			请问您对于法院，是否感到满意？					合计
			很满意	还算满意	不太满意	很不满意	不知道	
请问您是否赞成在我国继续推行陪审员制度？	赞成	Count	40	94	25	2	72	233
		%within	57.1％	41.2％	36.8％	20.0％	38.9％	41.5％
	赞成，但还要改革	Count	24	116	32	2	63	237
		%within	34.3％	50.9％	47.1％	20.0％	34.1％	42.2％
	不赞成	Count	2	1	4	2	3	12
		%within	2.9％	0.4％	5.9％	20.0％	1.6％	2.1％
	不知道	Count	4	17	7	4	47	79
		%within	5.7％	7.5％	10.3％	40.0％	25.4％	14.1％
合计		Count	70	228	68	10	185	561
		%within	100.0％	100.0％	100.0％	100.0％	100.0％	100.0％

表 1 - 33　请问您是否赞成在我国继续推行陪审员制度？
* 请问您对于大部分法官的印象是？

| | | | \multicolumn{5}{c}{请问您对于大部分法官的印象是？} | 合计 |
			很好	还算好	不太好	很不好	不知道	
请问您是否赞成在我国继续推行陪审员制度？	赞成	Count	33	126	15	5	58	237
		%within	62.3%	42.1%	26.8%	41.7%	38.4%	41.5%
	赞成，但还要改革	Count	17	150	27	2	43	239
		%within	32.1%	50.2%	48.2%	16.7%	28.5%	41.9%
	不赞成	Count	1	2	5	4	0	12
		%within	1.9%	0.7%	8.9%	33.3%	0.0%	2.1%
	不知道	Count	2	21	9	1	50	83
		%within	3.8%	7.0%	16.1%	8.3%	33.1%	14.5%
合计		Count	53	299	56	12	151	571
		%within	100.0%	100.0%	100.0%	100.0%	100.0%	100.0%

表 1 - 34　请问您是否赞成在我国继续推行陪审员制度？
* 假如您要去打官司，您会相信法院的裁判是公正的吗？

| | | | \multicolumn{4}{c}{假如您要去打官司，您会相信法院的裁判是公正的吗？} | 合计 |
			很相信	还算相信	不太相信	很不相信	
请问您是否赞成在我国继续推行陪审员制度？	赞成	Count	46	136	49	8	239
		%within	62.2%	39.0%	38.3%	36.4%	41.7%
	赞成，但还要改革	Count	19	164	51	7	241
		%within	25.7%	47.0%	39.8%	31.8%	42.1%
	不赞成	Count	1	2	6	3	12
		%within	1.4%	0.6%	4.7%	13.6%	2.1%
	不知道	Count	8	47	22	4	81
		%within	10.8%	13.5%	17.2%	18.2%	14.1%
合计		Count	74	349	128	22	573
		%within	100.0%	100.0%	100.0%	100.0%	100.0%

表 1 - 35　　　假如您要去打官司，您愿不愿意法院采用陪审制度来审判？
　　　　　　＊假如您要去打官司，您会相信法院的裁判是公正的吗？

| | | | 假如您要去打官司，您会相信法院的裁判是公正的吗？ | | | | 合计 |
			很相信	还算相信	不太相信	很不相信	
您愿不愿意法院采用陪审制度来审判？	很愿意	Count	31	41	19	7	98
		%within	43.1%	11.8%	15.0%	31.8%	17.3%
	愿意	Count	40	257	72	5	374
		%within	55.6%	74.3%	56.7%	22.7%	66.0%
	不愿意	Count	0	6	2	1	9
		%within	0.0%	1.7%	1.6%	4.5%	1.6%
	很不愿意	Count	0	0	2	0	2
		%within	0.0%	0.0%	1.6%	0.0%	0.4%
	无所谓	Count	1	42	32	9	84
		%within	1.4%	12.1%	25.2%	40.9%	14.8%
合计		Count	72	346	127	22	567
		%of Total	100.0%	100.0%	100.0%	100.0%	100.0%

表 1 - 36　　　　　　请问您是否赞成在我国继续推行陪审员制度？
　　　　　　＊请问您对案件的处理结果满意吗？

| | | | 请问您对案件的处理结果满意吗？ | | | | 合计 |
			很满意	还算满意	不太满意	很不满意	
请问您是否赞成在我国继续推行陪审员制度？	赞成	Count	10	12	6	1	29
		%within	90.9%	63.2%	40.0%	8.3%	50.9%
	赞成，但还要改革	Count	0	3	3	6	12
		%within	0.0%	15.8%	20.0%	50.0%	21.1%
	不赞成	Count	0	1	0	2	3
		%within	0.0%	5.3%	0.0%	16.7%	5.3%
	不知道	Count	1	3	6	3	13
		%within	9.1%	15.8%	40.0%	25.0%	22.8%
合计		Count	11	19	15	12	57
		%within	100.0%	100.0%	100.0%	100.0%	100.0%

3. 正视陪审民主功能与司法功能缺乏整合的现实

陪审制度最主要的民主功能在于尽可能让适格的民众参与到司法程序中来，以使其了解司法并累积信任司法的能量。然而，现行陪审制度建构在民主的价值理念之上，但民主功能与司法功能并未得到有力整合，民主非民主，司法难司法，结果使"司法之民主"及"民主之司法"均难以落实到位。盖因为陪审员的职权配置模式与现实社会环境和司法制度环境并不完全相融，使陪审的去"大众化"以及"精英化"或"被职业化"效应在所难免。实践中存在的陪审员遴选精英化以及民众不能、不愿、不想当陪审员等问题表明陪审制度的民主价值难以凸显，而民众不愿选择陪审以及"陪而不审"等现象也表明司法功能未得到有力彰显。关键的问题是，既以民主为号令，就应当向全体适格公民开放，并尽可能向其提供平等、舒适参与的机会。如此，则需尽可能不在陪审员遴选条件上设限，凡是具有选民资格、未被剥夺政治权利、有正常语言表达能力的公民均可为候任人选，以确保适格之公民人人均有机会参与；而且应尽可能保证陪审员产生方式的随机性，以确保适格之公民公平获得参与机会。同时，既以司法民主名义赋权给陪审员，则在保持其民主本色，让普通民众能够参与进来的前提下，必须保障陪审员解决纠纷的独立价值，使以陪审方式化解社会纷争具有独立的、替代性的效应，使陪审制度在一定程度上承载替代性纠纷解决方式的功能。如此才有可能使民主与司法相结合，为民众所喜闻乐见。而这需要根据现实国情、民情，对陪审制承载的民主功能与司法功能适当进行平衡，也需要协调好制度运行过程中陪审员与法官的关系。只有尽可能贴近普通人的生活方式、思维方式，让普通民众可以基于普通人的认知能力或平均理性参与陪审并胜任陪审，陪审员制度才可能化解"曲高和寡"之困境，真正面向适格之全体民众，真正发挥民间智慧解决纠纷的优势。

4. 正视陪审员职权配置与案件类型不相匹配的现实

陪审员职权如何配置不仅涉及陪审员与法官的外部分工问题，还涉及陪审员内部的分工。基于刑事、行政、民事案件的不同属性，以非专业普通民众身份参与审判的陪审员职权行使方式是同一设计还是作差异化处理，值得商榷。我们以为，在成文法的制度框架内，陪审员并无创造"判例"以被援引为法律的空间，对陪审员可能造成的恣意判决必然要进行防范。由案件类型化所决定，只有陪审员的职权行使方式与案件类型相契合，才有可能使陪审员的作用发挥出来。换言之，就是要通过一定的制度设计让陪审员舒适、自然、真实地参与各种不同类型案件的审判并行使权力。因而，有必要区分案件的不同类型对陪审员职权进行差异化配置。我们以为，对于刑事、行政案件，陪审员的职责应限制在依据一定规则对罪与非罪以及具体行政行为是否合法的判定上。因为刑事、行政案件的事实认定问题均可简化为一个罪与非罪、合法与不合法或合理不合理的二选一的选项，而对于罪与非罪、合法与不合法或合理不合理的问题，只要能够通过合理制度设计保障陪审员以平均理性人依据常识、情理和良心作出判断，其判断就应可符合正当性要求。对此可以考虑借鉴法国参审制颇具特色的问题列表制度以及美国法官对陪审团的指示制度等相关经验。而对于民事案件而言，不仅可依一定规则由陪审员与法官一道作出判断，还可以充分利用现有诉讼机制中的本土资源。追溯现代陪审制的起源，由来自民间的非专业人士所担当的陪审员其实扮演的就是仲裁者角色，而陪审具有的这种"民间仲裁"属性，恰恰是陪审制度具有相对独立价值的本源。当前民事诉讼领域越来越受到重视的调解等替代性纠纷解决方式，既与陪审的"仲裁"价值同源，也是实现陪审员与法官合力裁判的现实路径。尤其是新《民事诉讼法》修改后，先行调解的理念为陪审制度与诉讼调解制度的嫁接提供了制度空间。如由陪审员担当调解主体的角色，将陪审程序与诉讼调解程序勾连起来，同时赋予当事人选择陪审程序、选择陪审员的自主选择权，既可以建构程序的正当性基础，也可以使参与其中的民众发挥出常识、常情、常理判断的优势，并可维护陪审结果的确定性。对于陪审员以非调解方式与职业法官一道作出的裁决，其效力可视为等同于仲裁的效力，其结果具有一裁终局性，但可允许当事人比照仲裁司法审查程序申请上一级法院进行司法审查。

　　总之，在二元社会结构转型背景下，单一以参审制或陪审制为主轴建构的陪审制度难以回应社会整体需求，也难以实现陪审的价值目标。陪审制度改革的美好愿景能否实现，关键在于我们是否真真切切地了解社会与司法的现状，找到理想与现实的契合点，形成适合陪审制度扎根和成长的土壤，营造陪审制在我国发展的制度空间。

第二章　H省省会R区人民陪审

一、R区及其法院概貌

作为H省省会的中心城区，R区总面积42.8平方公里，常住人口60多万，辖12个街道、1个正县级单位和1个副县级单位。2011年，全区实现地区生产总值698.38亿元，完成财政总收入65亿元，位居全省各区县（市）第一；城乡居民人均可支配收入分别达到28 855元、19 215元，其主要经济指标保持全省率先、中部领先地位。可见，R区在中部经济发达地区具有很强的代表性。就全国范围而言，也具有一定的典型性。

该区人民法院现有干警112人，中共党员85名，大学本科以上学历91人，其中研究生学历8人，具有法官资格的86人。该院下设刑事审判庭、民事审判一庭、民事审判二庭、行政审判庭等13个部门。该区法院曾多次获得省级和国家级奖项，案件质量和司法状况评价获全市第二、全省先进。

二、陪审员概况

自2004年《决定》实施以来，我国人民陪审员的选任资格在司法实践中一度出现了"高学历化"的趋势。数据显示，绝大多数省（区、市）大专以上学历的陪审员占比都在80%以上，有的甚至接近100%，如海南达到97%，广东达到95.9%，安徽达到94%。[1] 从媒体网站的报道来看，基层人民法院也常将"人民陪审员的高学历化"当作落实人民陪审员制度的亮点进行突出宣传。[2] 而课题组的调查显示，R区人民法院人民陪审员的受教育程度达到大学专科以上的比例为52.6%（见表2-1）。

---

[1] 廖永安，刘方勇.社会转型背景下人民陪审员制度改革路径探析.中国法学，2012（3）.

[2] 据统计，截至2005年，全国已有45 697名人民陪审员，其中大专以上学历40 029人，占现任人民陪审员总数的87.6%。中国法院网.http://www.chinacourt.org/public/detail.php?id=191309.

表 2 - 1　　　　　　　　　您的学历（人民陪审员卷）

| | | 您的学历 | | | | | 合计 |
		研究生以上	本科	大专	高中	初中	
R 区	人数	0	3	7	5	4	19
	百分比	0.0%	15.8%	36.8%	26.3%	21.1%	100.0%

在职业构成上，接受问卷调查的人民陪审员中，离退休干部、职工所占比例最高，达到了 50.0%；其次是事业单位工作人员，占 22.2%；社区、乡村基层干部的比例是 11.1%；公司企业工作人员的比例最低，仅为 5.6%。问卷中涉及的其他几种职业，如党政机关干部、私营业主、城镇无固定职业居民、农民及农民工等的人数均为零。可见，人民陪审员的职业分布较为集中，离退休干部、职工充当了样本地区人民陪审员的主力军（见表 2 - 2）。

表 2 - 2　　　　　　　　　您的职业（人民陪审员卷）

		频率	百分比	有效百分比	累积百分比
有效	事业单位工作人员	4	21.1	22.2	22.2
	社区、乡村基层干部	2	10.5	11.1	33.3
	离退休干部、职工	9	47.4	50.0	83.3
	公司企业工作人员	1	5.3	5.6	88.9
	其他	2	10.5	11.1	100.0
	合计	18	94.7	100.0	
缺失	99	1	5.3		
合计		19	100.0		

三、选任机制

选任机制作为人民陪审员制度运行的起点，主要包括：报名（申请或推荐）、确定候选陪审员名单、调查考核、确定正式陪审员名单、报请人大任命、确定具体案件的陪审员等环节。上述环节可以进一步细分为两种情况：一是一般选任，大都由法院与司法行政机关负责对候选人把关，报请人大任命为正式人民陪审员；二是个案选任，由法院根据案件需要，在人民陪审员库中随机抽取人选，确定参审案件的人民陪审员。本章着重讨论一般选任中人民陪审员的选任标准、产生方式等问题。

（一）选任标准

1. 立法规定

在立法规范层面上，有关人民陪审员的具体选任标准是比较明确的。2004 年《决定》第 4 条规定："公民担任人民陪审员，应当具备下列条件：……（二）年满二十三周岁；（三）品行良好、公道正派……担任人民陪审员，一般应当具有大学专科以上文化程度。"鉴于我国幅员辽阔、区域发展不平衡不充分的具体国情，《实施意见》对于担任人民陪审员的文化条件进行了适当放宽。《实施意见》第2条规定："……对于执行该规定确有困难的地方，以及年龄较大、群众威望较高的公民，担任人民陪审员的文化条件可以适当放宽。"

制度的落实与运作的实际情况，取决于制度运作环境、体制结构、制度设计等诸多因素。而对这些因素的影响需要来自实践的观察。

2. 不同主体对选任标准的期待

在调研活动中，课题组非常关注社会公众、案件当事人、律师或法律工作者、法官、公诉人等不同主体关于人民陪审员选任标准的期待。调查发现：立法规范层面的规定和司法实践基本符合人们对人民陪审员选任资格的期待。在调研问卷中，我们将人民陪审员的选任标准具体化为对三种不同素质的要求，即文化素质、道德素质和法律素质。

（1）文化素质要求

据调查：53.8％的社会公众，54.1％的律师、法律工作者，53.3％的法官，87.5％的公诉人认为人民陪审员"至少要有大专以上学历"。20.6％的社会公众，15.8％的律师、法律工作者，26.7％的法官则认为"没必要对人民陪审员的学历情况作要求"（见图2-1）。可见，不同主体不约而同地期待人民陪审员具备较高的文化素质。

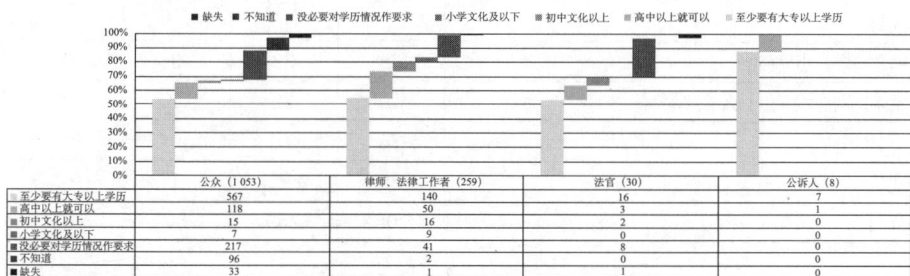

	公众（1 053）	律师、法律工作者（259）	法官（30）	公诉人（8）
至少要有大专以上学历	567	140	16	7
高中以上就可以	118	50	3	1
初中文化以上	15	16	2	0
小学文化及以下	7	9	0	0
没必要对学历情况作要求	217	41	8	0
不知道	96	2	0	0
缺失	33	1	1	0

图2-1　"您认为陪审员应具备的文化程度是？"

（2）道德素质要求

调查发现：21.4％的律师、法律工作者，20.7％的法官认为人民陪审员"只要没有犯罪记录就行"；61.9％的律师、法律工作者，65.5％的法官、100.0％的公诉人认为人民陪审员"至少要品行良好、公道正派"；另有13.8％的法官则认为人民陪审员"要有一定的社会威望，如人大代表、公认有威望的长者"等。作为裁判者，无论是职业的还是非职业的，不偏不倚、公平公正是其立身准则和行业规范的支柱、根基。换言之，品行良好、公道正派之人的裁判才能令人信服，具有权威性和可信性。

（3）法律素质要求

人民陪审员代表普通群众到法院参与司法活动，但他们自身又是法律的门外汉。人们对人民陪审员的法律专业素质又会有怎样的期待呢？据调查：1）30.8％的社会公众、15.7％的律师或法律工作者、13.8％的法官认为人民陪审员"要有较高的法律专业素质，最好跟法官一样"；2）57.3％的社会公众、60.0％的律师或法律工作者、72.4％的法官、100.0％的公诉人认为人民陪审员"要懂得基本的法律知识、明白基本的法律程序"；3）认为人民陪审员"稍微懂一点法律就行"的社会公众有3.6％，律师或法律工作者有12.5％，法官有10.3％；4）认为人民陪审员"懂和不懂法律都没有什么关系"的社会公众、律师或法律工作者、法官的比例分别是1.0％、11.8％、3.4％（见表2-3）。而亲历过人民陪审员参审的案件当事人中，59.6％认为陪审员"要像法官那样，具备专业的司法能力"，只有12.5％认为"没有必要"（见表2-4）。可见，不同的主体都倾向于人民陪审员要懂得基本的法律知识、明白基本的法律程序。

表2-3　　　　　您认为陪审员应具备的法律专业素质是？

法律素质 \ 考察对象	社会公众	律师、法律工作者	法官	公诉人
要有较高的法律专业素质，最好跟法官一样	312	40	4	0
要懂得基本的法律知识，明白基本的法律程序	581	153	21	8
稍微懂一点就行	36	32	3	0
懂和不懂没有什么关系	10	30	1	0
不知道	75	0	0	0
缺失	39	4	1	0
合计	1 053	259	30	8

表2-4　　　　　您认为陪审员要不要像法官那样，具备专业的司法能力？（当事人卷）

		频率	百分比	有效百分比	累积百分比
有效	有必要	62	57.9	59.6	59.6
	没必要	13	12.1	12.5	72.1
	不知道	29	27.1	27.9	100.0
	合计	104	97.2	100.0	
缺失	99	3	2.8		
合计		107	100.0		

3. 小结：关于选任标准的评价

基于不同的视角，对于人民陪审员选任标准的评价可能会截然相反。如果将人民陪审员制度仅仅当作一项独特的司法制度，则人民陪审员的选任标准应当更多地考量普通公民作为"非职业法官"应当具备什么样的知识和能力。[①] 从这个视角出发，上述立法规范层面的规定、司法实践、社会调查结果等对人民陪审员选任资格设置较高标准合情合理，且倾向于对人民陪审员的选任标准设置较高的门槛，即普遍期待人民陪审员具备较高的文化、道德和法律素质，让人民陪审员成为一个合格的甚至是优秀的司法裁判者。

不过，人民陪审员制度作为平民参与司法的一种重要方式，不仅是一项纯粹的司法制度，而且被寄予了更多的政治价值。从民主政治视角看，人民陪审员制度是实现人民主权的一种形式，应当更加注重人民陪审员在普通公民中的代表性和广泛性。从这个视角出发，上述对人民陪审员的选任资格设置较高标准的做法值得商榷。

第一，选任资格"高学历化"的趋势违背当下的基本国情。陪审制度既可能是贵族性质的，又可能是平民性质的，这要随陪审员所在的阶级而定。[②] 人民陪审员选任资格"高学历化"的趋势不符合我国社会主义初级阶段人口受教育程度的基本国情。从H省人口和全国人口[③]的受教育程度来看，大学专科以上学历的选任资格要求明显偏高。改革开放以来，我国人口受教育程度有了质的飞跃[④]，但总体而言，仍然低于发达国家的水平。截至2010年11月，全国范围内和H省地区6岁以上人口中，具有大专以上文化程度的人口比重分别是8.73％和7.60％。[⑤] 考虑到我国经济发展在城乡、区域之间的不平衡性，我国绝大多数的普通民众将很难参与到人民陪审员的选任中，该制度的代表性和广泛性被严重弱化也就不言而喻了。

第二，选任资格"高学历化"的趋势与陪审制度的价值目标背道而驰。陪审制度是一项非常古老的制度，历史悠久，经过数个世纪的变迁至

---

① 我们将该问题的探讨重点放在本章的第四部分参审机制考察进行阐述，这里主要从将人民陪审员制度视为政治制度的视角对人民陪审员的选任标准进行评价。

② 托克维尔. 论美国的民主：上卷. 董果良，译. 北京：商务印书馆，2012：313.

③ 我国历次人口普查的范围包括31个省、自治区、直辖市，不包括港澳台地区。

④ 从国家统计局1982—2010年之间的全国人口普查主要数据公报和全国1％人口抽样调查主要数据公报可知：2010年、2005年、2000年、1995年、1990年、1982年全国6岁及以上人口中，具有大专以上文化程度的人口比重分别是8.73％、5.17％、3.53％、2.06％、1.39％、0.58％。

⑤ 见国家统计局《2010年全国人口普查主要数据公报（第1号）》和《H省2010年第六次全国人口普查主要数据公报》。

今仍被许多国家所沿用。目前，无论是在英美法系国家还是在大陆法系国家，关于陪审员或参审员的选任资格几乎都未在学历上进行明确规定。①为了保证陪审员或参审员的广泛代表性，国外陪审制相对成型的大部分国家都未对陪审员或参审员的学历水平设限，充其量只要求陪审员具有基本的读写能力。② 简而言之，陪审员或参审员的资格门槛普遍较低，具有选举权和被选举权即可。换句话说，"人民性"是陪审制度（广义上而言）的基本属性，各国陪审制度大都致力于尽量让每一个公民都能参与到陪审或是参审中，行使国家的司法权。虽然在 2004 年《决定》《实施意见》等法律法规中强调"确定人民陪审员人选，应当注意吸收社会各阶层人员，以体现人民陪审员来源的广泛性和代表性"，但"大学专科以上文化程度"的选任资格与之形成了鲜明对比，"广泛性和代表性"的呼吁和强调成了一张空头支票，难以兑现。

综上所述，若将人民陪审员制度视为实现人民主权和司法民主的一项重要制度，人民陪审员选任资格"高学历化"的要求和趋势不仅与域外的通行做法背道而驰，而且严重削弱了制度本身的代表性和广泛性，甚至有违基本国情和现行法律。

（二）产生方式

如果说在一般选任中确定合理的选任标准是整个选任机制良好运作的基石，那么适当的陪审员产生方式则可以被视作推动选任机制良性运转的不竭动力。从立法规范层面来看，我国明确了人民陪审员的产生方式。如前所述，2004 年《决定》③ 等文件规定，符合条件的公民可以通过单位或户籍所在地的基层组织推荐以及本人申请的方式，成为人民陪审员的候选人。因此，我国人民陪审员的产生方式有两种：组织推荐和个人申请；人民陪审员原初的产生方式——民主选举并没有被列入其中。这或许是由于法院基于实际工作的需要而更偏好组织推荐和个人申请的产生方式。在现实中，很多基层法院都在积极探索更具公信力和有效性的产生方式，如"海选"④ 等，并取得了一定的效果。

---

① 各国陪审员或参审员任职资格的详细情况，可见何家弘主编. 中国的陪审制度向何处去——以世界陪审制度的历史发展为背景. 北京：中国政法大学出版社，2006：38 - 40，51，71，107 - 108，133 - 134，152 - 153，167，191 - 194，224，248 - 250.

② 施鹏鹏. 陪审制研究. 北京：中国人民大学出版社，2008：75 - 76，194 - 195.

③ 见《决定》第 7 条、第 8 条，《实施意见》第 3～7 条，最高人民法院《关于人民陪审员管理办法（试行）》（以下称《管理办法》）第 5 条、第 6 条等.

④ 海选人民陪审员观察：司法改革的"鲶鱼"试验. 东方早报，2008 - 01 - 14.

人民陪审员的产生方式对于陪审制度的运行至关重要，不同的产生方式能够体现不同的政治伦理价值。在样本地区我们随机选取了19名人民陪审员进行调研，其中有14人是通过单位或村委会、居委会等基层组织推荐而当选的，比例占到了73.7%；只有5人是通过自己主动申请而当选的，仅占26.3%（见表2-5）。可以说，目前法院基于各种因素的考量倾向于组织推荐的产生方式。

表2-5　　请问您是通过何种方式当选为人民陪审员的？（人民陪审员卷）

		频率	百分比	有效百分比	累积百分比
有效	自己主动申请的	5	26.3	26.3	26.3
	单位或村委会、居委会等基层组织推荐的	14	73.7	73.7	100.0
	合计	19	100.0	100.0	

我们认为，法院偏好组织推荐的产生方式有一定的合理性。理由在于：

（1）便于选拔出高素质的人民陪审员

通过组织推荐的方式，人民法院可以确保选任的人民陪审员具有较高的综合素质。上文谈到的各样本地区人民陪审员的综合素质普遍较高便是极好的证明。人民陪审员中相当一部分是其单位或组织的重要骨干，他们大都在单位拥有较高的威望，具备较强的业务能力。此外，还有一部分人民陪审员或多或少学习过法律的相关知识，具备一定的法律素养。

（2）可以更为有效地管理人民陪审员

来自社会的人员一般流动性较大，而组织单位内部人员的工作、生活环境一般较为固定。一般而言，通过组织推荐产生的人民陪审员都和单位有隶属关系，如果将来对人民陪审员也实行"错案追究"机制，则便于追究人民陪审员的相关责任，毕竟"跑得了和尚，跑不了庙"。

（3）可以发挥人民陪审员的特殊作用

法院对于人民陪审员参与案件审理是否切实有助于查明事实真相、准确适用法律目前尚无定论，但不少法官基于现实的考量，充分利用人民陪审员在当地的威望，有的甚至直接"利用"其行政身份来对案件当事人施加影响。当然，针对该问题必须具体问题具体分析。如果只是根据实际情况适当地施加一定的影响使当事人服从法院对案件的公正处理，这就无可厚非；但如果超过法律许可的范围，就有干预司法独立的嫌疑，对司法公正造成危害，甚至会损害法院裁判者的公正形象，对司法权威造成恶劣影响，此为后话。

　　此外，也有一些法官更青睐个人申请的产生方式。个人申请产生的人民陪审员一般比组织推荐产生的人民陪审员能够更加积极地参审，而参审的积极性毋庸置疑也是法官考量的重要因素。

　　总之，无论倾向于哪一种产生方式，人民法院最终是期待选拔出具备较高文化素质、道德素质和法律素质的人民陪审员，选拔出合格的甚至是优秀的司法裁判者。

四、参审机制

　　参审机制是陪审制度运作的核心环节，直接关系到制度的实际效果。最高人民法院常务副院长沈德咏谈人民陪审员制度时说道：陪审制度的目的在于，通过陪审这座桥梁，动员和组织人民群众以陪审员的身份参与案件审判活动，让普通群众协助司法、见证司法、掌理司法，充分体现司法的民主功能，从而更集中地通达民情、反映民意、凝聚民智，在更大程度上实现人民民主。也正是基于这种考虑，人民陪审员制度①被视为我国司法改革中"加强司法民主"的特色制度之一，可以"为发展社会主义民主政治、实现人民群众依法参与国家事务管理提供重要保障"。

　　从操作层面来讲，参审机制的合理运作在一定程度上又取决于职业法官权力被分割的方式和程度。《决定》第 11 条、《参审规定》第 7 条②明确规定：人民陪审员参加合议庭审判案件，对事实认定、法律适用独立行使表决权。据此，我国现行的人民陪审员制度采用的是职业法官和人民陪审员"同职同权"的模式，前者的审判权并没有被分割。那么，"同职同权"模式下的参审机制在样本地区的运行现状是怎样的呢？

　　（一）人民陪审员程序的启动

　　1. 陪审程序的启动方式与动机考察

　　在个案选任中，一方面强调陪审员的"随机抽取"，另一方面却弱化甚至忽略当事人程序选择权，令人费解。

　　2004 年《决定》第 2 条规定，"刑事案件被告人、民事案件原告或者被告、行政案件原告"有权申请由人民陪审员参加合议庭审判第一审案件。2009 年《参审规定》再次强调"第一审刑事案件被告人、民事案件原告或者被告、行政案件原告"享有该程序启动的申请权。

　　尽管立法有所规定，但我们了解到由于法院在实际承办案件的过程中

---

① 　参见 2012 年 10 月 9 日中华人民共和国国务院新闻办公室《中国的司法改革》白皮书。
② 　参见《决定》第 11 条和《参审规定》第 7 条。

很少告知当事人相关的权利，当事人主动申请启动陪审程序的情况甚为少见。当事人、律师或法律工作者、法官、公诉人等在被问及陪审程序是否通常由当事人主动申请启动时，持肯定回答的比例分别是0.9%、4.7%、3.4%、0。即便《参审规定》第2条第2款规定，"人民法院征得前款规定的当事人同意由人民陪审员和法官共同组成合议庭审判案件的，视为申请"，由当事人启动陪审程序的情况仍然没有得到多大的改善（见表2-6）。

表2-6　　　　　　　　在这些案件中，启动陪审程序的通常是？

启动方式	考察对象 当事人	律师、法律工作者	法官	公诉人
由法院自行决定	106	219	25	8
由当事人主动申请	1	12	1	0
两种方式比例相当	0	25	3	0
缺失	0	3	1	0
合计	107	259	30	8

并且，在考察法官"自行决定启动陪审程序"的动机时，我们发现：42%的法官是考虑到案件涉及群体利益或公共利益等，依规定应当适用陪审；同样有42%的法官启动陪审程序是考虑到相关庭室审判员人手不够因而需要陪审员组成合议庭；11%的法官仅仅是为达到参审率等绩效考核指标；基于案件涉及专业技术领域而启动陪审程序的则仅占5%（见图2-2）。而由表2-7可知，R区法院的陪审员参审率几乎达到100%。

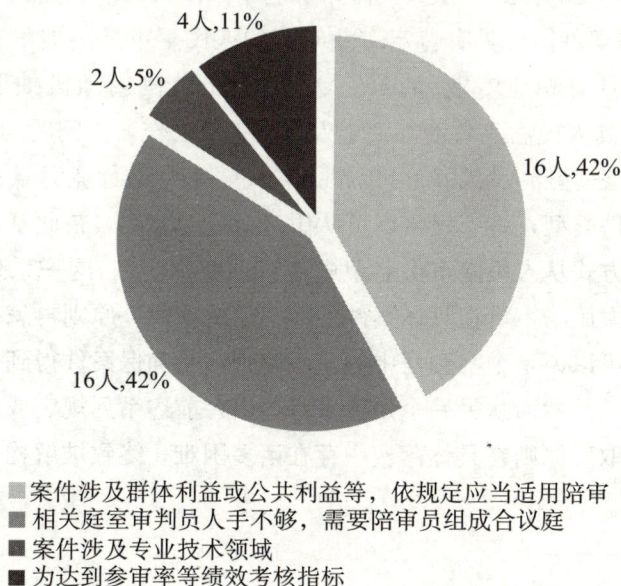

图2-2　您所在的法院自行决定启动陪审程序主要是基于什么原因？（法官卷）

表 2 - 7　　　　　　　　2010 年样本地区人民法院人民陪审员参审率汇总

	普通程序案件数	陪审员参审案件数	参审人次
民事	2 125	2 125	4 250
刑事	279	278	556
行政	146	142	163
合计	2 550	2 545	4 969

综上所述，单纯从陪审程序的启动方式和法院启动该程序的动机来看，当事人利益的考量占比较小。或许也正因为如此，有学者①提出质疑：难道人民陪审员就一定能比职业法官获得当事人更多的信赖？当事人凭什么更应该相信人民陪审员而不是职业法官呢？在域外，当事人可以通过"说明真相程序"② 对陪审员进行审查，筛选出可能影响案件公正审理的陪审员并加以替换，从而保障自己的程序选择权。赋予当事人完整的程序选择权在一定程度上会导致司法成本过于高昂，但完全可以通过限定陪审员的参审范围等降低成本，而不是变相弱化、剥夺当事人的相关权益。

2. 参审人民陪审员的选定

2004 年《决定》第 14 条、《实施意见》第 15 条、2005 年《管理办法》第 30 条等都规定，基层人民法院审判案件依法应当由人民陪审员参加合议庭审判的，应当在人民陪审员名单中随机抽取确定。2009 年《参审规定》第 4 条、第 5 条则进一步细化，要求"人民法院应当在开庭七日前采取电脑生成等方式，从人民陪审员名单中随机抽取确定人民陪审员"；并且，"特殊案件需要具有特定专业知识的人民陪审员参加审判的，人民法院可以在具有相应专业知识的人民陪审员范围内随机抽取"。此外，2010 年《最高人民法院政治部关于人民陪审员工作若干问题的答复》第 3 条则规定，"各基层人民法院可以根据人民陪审员的行业背景、地域分布以及陪审案件类型，将人民陪审员队伍进行适当分类，在此基础上，采取电脑生成等方式从人民陪审员名单中随机抽取确定"。这一系列的规定向我们昭示，人民陪审员在具体案件中的"随机抽取"原则再怎么强调也不过分，甚至可以说是个案选任中的核心原则，是确保案件得到公正审理的重要前提之一。然而从另一个角度来看，出台前述系列规定或也间接暗示了"随机抽取"原则在具体落实中存在诸多困难，终致被解构、被忽视的命运。

---

① 刘哲玮. 人民陪审制的现状与未来. 中外法学，2008（3）：439 - 441.
② 施鹏鹏. 陪审制研究. 北京：中国人民大学出版社，2008：6.

事实真相究竟如何呢？根据考察我们发现：26.3％的人民陪审员和24.1％的法官认为人民陪审员"被固定配置在合议庭，由主审法官（或承办法官）安排"；68.4％的人民陪审员和69.0％的法官认为人民陪审员"被固定配置在审判庭，由庭里安排"；26.3％的人民陪审员和24.1％的法官认为人民陪审员"被固定配置在合议庭，由主审法官（或承办法官）安排"；而认为人民陪审员的选定是"随机抽取，临时确定"的人民陪审员和法官的比例仅占5.3％和3.4％（见表2-8、表2-9）。

表2-8　　　　　　请问您一般是如何被选定参审的？（人民陪审员卷）

		频率	百分比	有效百分比	累积百分比
有效	被固定配置在合议庭，由主审法官安排	5	26.3	26.3	26.3
	被固定配置在审判庭，由庭里安排	13	68.4	68.4	94.7
	随机抽取，临时确定	1	5.3	5.3	100.0
	合计	19	100.0	100.0	

表2-9　　　　与您组成合议庭的人民陪审员一般是如何选定的？（法官卷）

		频率	百分比	有效百分比	累积百分比
有效	被固定配置在合议庭，由承办法官安排	7	23.3	24.1	24.1
	被固定配置在审判庭，由庭里安排	20	66.7	69.0	93.1
	没有配置到庭，由院里安排	1	3.3	3.4	96.6
	随机抽取，临时确定	1	3.3	3.4	100.0
	合计	29	96.7	100.0	
缺失	99	1	3.3		
合计		30	100.0		

此外，在访谈中，很多法官对此直言不讳：

> 我们在选取人民陪审员的时候，采用的往往是地域就近原则，适当兼顾案件类型。……至于随机抽取，太过理想化，不切实际。一般说来，随机抽取原则的落实受到两个客观限制：一是受基层的交通、辖区面积大小、地形地貌等限制；二是人民陪审员本身大都是其工作单位上的骨干，陪审常常和本职工作存在冲突。随机抽取到的人民陪审员不能确保一定能参加陪审。

法官的辩白或许具有一定的合理性，那么其他主体对"随机抽取"原则又有怎样的期待呢？调查发现：在452位律师或法律工作者中，有71

位认可"公民自己主动申请"的方式，86 位认可"由所在单位和有关组织推荐"的方式，292 位赞同"在符合条件的公民中随机抽选，临时确定"的方式。在 47 名公诉人中，有 2 名认可"公民自己主动申请"的方式，3 名认可"由所在单位和有关组织推荐"的方式，38 名赞同"在符合条件的公民中随机抽选，临时确定"的方式。亦即有 64.7% 的律师、法律工作者和 80.9% 的公诉人认可"随机抽取"原则（见表 2-10）。而实践中弱化"随机抽取"原则的做法，也许正是导致"离退休干部"成为人民陪审员的主力军、成为"陪审专业户"的重要原因。① 这从源头上造成了人民陪审员之间"参审案件数严重失衡"：时间充裕的人民陪审员一年参审案件少则十来件、多则上百件，有的甚至超过了职业法官审判案件数；时间不充裕或者消极懈怠的人民陪审员则几年才审理一个案件，有的甚至任期内都不曾参与过案件的审理，纯粹挂个"人民陪审员"的头衔。

　　实践层面的人民陪审员选任机制无论从选任资格还是选取方式来说，都强烈地体现了法院的意志，无时不在"法院主导"模式的阴影中。而法院在人民陪审员制度的选任机制中所占据的这种绝对"主导"地位则必然制约该制度功能的充分发挥。

表 2-10　　　　请问您认为哪种陪审员选任方式较合理？（多选题）

选任方式 ＼ 考察对象	律师、法律工作者（452）	公诉人（47）
公民自己主动申请	71	2
由所在单位和有关组织推荐	86	3
在符合条件的公民中随机抽选，临时确定	292	38
无意见	38	4
缺失	1	9

（二）人民陪审员参与审判的程度及其影响

1. 庭审环节

　　人民陪审员"陪而不审"的现象在我国饱受诟病，那么，"陪而不审"究竟在多大程度上反映了客观情况呢？人们关于人民陪审员参审情况的直观感受大都来源于人民陪审员的庭审表现，因此我们认为人民陪审员在庭审过程中"是否发问"是一个值得考察的指标。据考察：（1）7.5% 的当

---

　　① 此外，还有一个比较重要的考量因素在于"离退休干部"工作经验、社会阅历丰富，了解当地的社情民意，且大都在当地具有较高的威望，处理一些群体性案件等比职业法官更具亲和力。

事人、10.1%的律师或法律工作者、24.1%的法官、63.1%的人民陪审员认为人民陪审员在庭审中"通常会问";(2)27.1%的当事人、68.9%的律师或法律工作者、75.9%的法官、36.8%的人民陪审员、75%的公诉人认为人民陪审员在庭审中"很少提问";(3)39.3%的当事人、21.0%的律师或法律工作者、25%的公诉人认为人民陪审员在庭审中"没有提问过"(见表2-11)。

此外,我们还对公诉人和法官就"庭审提问的效果"进行了考察。31.9%的公诉人、64.9%的法官认为人民陪审员在庭审中发问"有助于"查清案件事实;51.1%的公诉人、30.3%的法官则认为人民陪审员的庭审发问对查清案件事实"偶尔有帮助";仅有6.4%的公诉人、1.2%的法官则比较悲观,认为人民陪审员的庭审发问"无助于"查清案件事实(见表2-12、2-13)。总体而言,公诉人和法官对于人民陪审员庭审提问的效果基本上是持肯定态度的。

表2-11　　　　　　　人民陪审员"庭审提问"情况考察

	当事人	律师、法律工作者	法官	人民陪审员	公诉人
通常会问	8	26	7	12	0
很少提问	29	177	22	7	6
没有问过	42	54	0	0	2
缺失	28	2	1	0	0
合计	107	259	30	19	8

表2-12　　您认为陪审员在庭审中发问是否有助于查清案件事实?(公诉人卷)

		频率	百分比	有效百分比	累积百分比
有效	有助于	15	31.9	31.9	31.9
	偶尔有帮助	24	51.1	51.1	83.0
	无助于	3	6.4	6.4	89.4
	说不清	5	10.6	10.6	100.0
	合计	47	100.0	100.0	

表2-13　　您认为人民陪审员在庭审中发问是否有助于查清案件事实?(法官卷)

		频率	百分比	有效百分比	累积百分比
有效	有助于	163	64.7	64.9	64.9
	无助于	3	1.2	1.2	66.1
	偶尔有帮助	76	30.2	30.3	96.4
	说不清	9	3.6	3.6	100.0
	合计	251	99.6	100.0	
缺失	99	1	0.4		
	合计	252	100.0		

2. 合议环节

由于人民陪审员作用的发挥离不开职业法官庭审指挥权的有效运用，庭审中职业法官占据主导地位便不能作为认定人民陪审员庭审不积极的依据，而人民陪审员发挥作用更为核心的场域是在"合议表决"。

目前，我国关于人民陪审员参审之合议环节的规范还是比较细致的。相关规定不仅赋予了人民陪审员在事实认定和法律适用方面较为充分的表决权，而且对评议的发言顺序、评议存在争议的解决、评议结果的确认①等都进行了较为详细的规制。然而人民陪审员"审而不议"的现象仍然饱受诟病。

"审而不议"究竟又在多大程度上反映了客观现状呢？据考察："每次都参加"评议的人民陪审员只有61.1%，"审而不议"的现象确实存在，而且比较突出（见表2-14）。并且，为数不少的人民陪审员反映，"（虽然）经过开庭，有时候还是不能掌握案情，提出案件处理的初步意见"（见表2-15）。考察同时发现，人民陪审员在庭审前查阅案卷、了解案情的情况已属较为常见（见表2-16）。因此人民陪审员"审而不议"，一方面可能是受限于我国当前的诉讼模式②，另一方面则可能受限于人民陪审员自身的法律素养。

表2-14　　　　　　　请问您是否参加过合议？（人民陪审员卷）

		频率	百分比	有效百分比	累积百分比
有效	每次都参加	11	57.9	61.1	61.1
	有时参加，有时在笔录上补签字	7	36.8	38.9	100.0
	合计	18	94.7	100.0	
缺失	99	1	5.3		
	合计	19	100.0		

表2-15　　　请问经过开庭，您能否掌握案情，提出案件处理的初步意见？
（人民陪审员卷）

		频率	百分比	有效百分比	累积百分比
有效	能	9	47.4	50.0	50.0
	不能	1	5.3	5.6	55.6
	有时能，有时不能	8	42.1	44.4	100.0
	合计	18	94.7	100.0	
缺失	99	1	5.3		
	合计	19	100.0		

---

① 参见《决定》第11条和《参审规定》第7~10条。

② 施鹏鹏. 陪审制研究. 北京：中国人民大学出版社，2008：217-219。

表2-16　　　　　　人民陪审员"庭审前"准备活动的考察

据您所知，人民陪审员通常在庭审前是否查阅案卷、了解案情？	法官	人民陪审员
经常	10	8
很少	16	7
一次也没有	3	4
缺失	1	0
合计	30	19

在庭审中，法官对人民陪审员就事实认定以及法律适用问题没有进行常规性的指示，这也进一步限制了人民陪审员职能的发挥。由表2-17可知，只有10.3%的法官在庭审中会"经常"就有关的事实认定以及法律适用问题对人民陪审员进行指示，而72.4%的法官则只是在"必要时"才给予指示，还有17.2%的法官则"从来没有"在庭审中对人民陪审员进行过指示。

此外，我们也对人民陪审员进行了这样的设问："在审判过程中，您对与案件相关的事实与法律问题不清楚时，您通常会怎么办？"据考察我们发现：在19名人民陪审员中，有12人选择通过"咨询法官"的方式寻求帮助，有6人选择通过"自己查阅相关资料"来解决困惑，有9人选择"凭生活常识和情理来处理"，还有7人则选择"交由法官处理"（见图2-3）。

表2-17　　　　在庭审中，您是否对陪审员就有关事实认定以及法律
适用问题进行指示？（法官卷）

		频率	百分比	有效百分比	累积百分比
有效	经常	3	10.0	10.3	10.3
	必要时有	21	70.0	72.4	82.8
	从来没有	5	16.7	17.2	100.0
	合计	29	96.7	100.0	
缺失	99	1	3.3		
合计		30	100.0		

在考察人民陪审员与法官"评议意见"差异情况中，我们发现：有27.6%的法官和33.3%的人民陪审员认为两者的"评议意见"几乎差不多，人民陪审员几乎都赞成法官的评议意见；有72.4%的法官和55.6%的人民陪审员则认为人民陪审员赞成法官评议意见的情况较多一些；此外，还有11.1%的人民陪审员认为其"赞成和不赞成"法官的评议意见

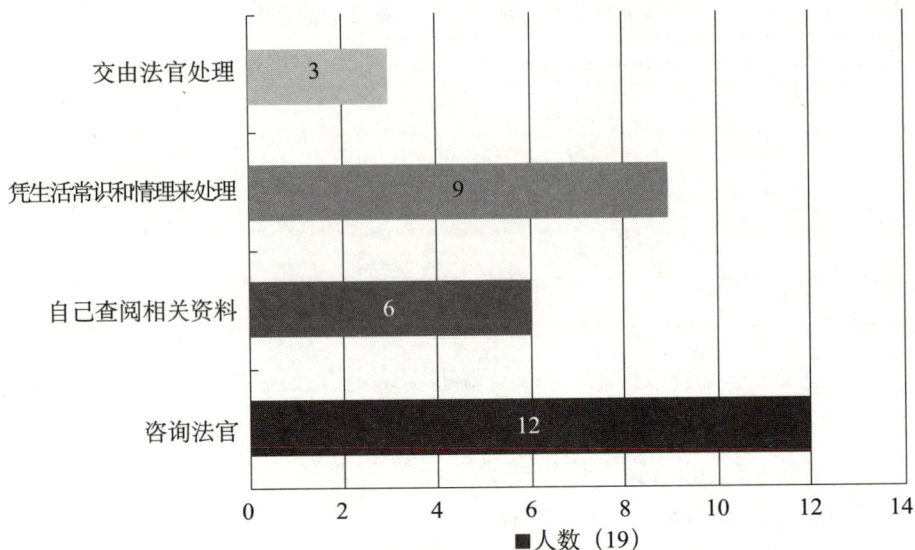

图2-3　在审判过程中，您对与案件相关的事实与法律问题不清楚时，
您通常会怎么办？（人民陪审员卷）

的比例相当（见表2-18）。

在人民陪审员与法官合议意见不同的情况下，法官一般会怎么处理？由表2-19可知，有20.7%的法官和23.5%的人民陪审员认为这种情况下法官会"直接按少数服从多数原则表决"；有3.4%的法官和17.6%的人民陪审员认为"法官会做工作，说服人民陪审员同意他的意见"；高达75.9%的法官和52.9%的人民陪审员则认为"法官会向我作解释，然后再表决"；也有5.9%的人民陪审员认为"法官不会理睬我的意见"。从中可以看出，人民陪审员并不像人们传说中的那样是法官的"应声虫"，只会"点头表示赞同"。尤其在人民陪审员与法官的"评审意见"出现分歧时，人民陪审员的平民视角能够给职业法官的判决融入更多的社情民意的考量，从而使最终的裁判结果更好地达到法律效果、社会效果与政治效果的统一。

表2-18　　　　　　人民陪审员与法官"评议意见"差异情况考察

	法官	人民陪审员
几乎都赞成	8	6
赞成的多一些	21	10
赞成和不赞成的比例相当	0	2
缺失	1	1
合计	30	19

表2-19   "人民陪审员与法官意见不同时如何处理"情况考察

	法官	人民陪审员
直接按少数服从多数原则表决	6	4
法官会做工作，说服我同意他的意见	1	3
法官不会理睬我的意见	0	1
法官会向我作解释，然后再表决	22	9
其他	1	0
缺失	0	2
合计	30	19

五、管理机制

在人民陪审员制度中，管理机制可以说是保障"选任机制""参审机制"合理运转的强力后盾。然而，人民陪审员的日常管理出现了"法官化""专职化"的倾向，无论是"选""用""管"都是比照法官的职业化模式运作①，因此可以称其为"法官化管理"模式。管理机制又可以细分为培训机制、考核机制等内容，那么"法官化管理"模式下的管理机制，其具体的运行现状是怎样的呢？

（一）培训情况

总体而言，人民陪审员制度通过《决定》《实施意见》《管理办法》等已经初步勾勒了一个较为完整的培训机制，具体如下：（1）培训的主体②是：基层人民法院与同级人民政府司法行政部门。不足之处：没有明确法院与同级司法行政机关的分工与责任，导致司法实践中法院几乎成为唯一的培训主体，同级司法行政机关基本不曾参与培训工作。（2）培训的内容③是：履行职责所必备的审判业务知识和技能培训。具体包括法官职责和权利、法官职业道德、审判纪律、司法礼仪、法律基础知识和基本诉讼规则等内容。合理之处：区分岗前培训和任职期间的审判业务专项培训；注重"因材施教，因人而异"的培训原则。（3）培训的方式④是：集中授课、庭审观摩、专题研讨和在职自学等四种。评价：形式多元、较有针对性。

1. 培训机制与履职能力的关系考察

以上是从规范层面对我国人民陪审员制度之"培训机制"的基本描

---

① 廖永安，刘方勇. 社会转型背景下人民陪审员制度改革路径探析. 中国法学，2012（3）.
② 参见《决定》第15条、《实施意见》第11条和《管理办法》第24条。
③ 参见《实施意见》第12条和《管理办法》第20条、第25条。
④ 参见《管理办法》第26条。

述，而实践层面的"培训机制"又是怎样的呢？在考察"培训机制"的运行现状时，我们意在澄清下列问题：即"培训机制"设立的基本目的是什么？怎样的"培训机制"才是科学的、合理的？其中，有关"培训机制"的基本目的从相关规定可以了解，即"符合人民陪审员参加审判活动的实际需要"，让人民陪审员"接受履行职责所必备的审判业务知识和技能培训"①。因此，"培训机制"的科学性、合理性的评价标准便可以界定为"手段符合目的"，亦即具体培训机制的设计必须围绕其基本目的进行。

　　法官和人民陪审员是人民陪审员制度运行中的"核心角色"，二者关于培训机制有怎样的期待和评价呢？我们在调研中对此进行了这样的设问："您认为加强培训是否有助于提升人民陪审员的履职能力？"（法官卷中）、"请问您认为培训的效果怎么样？"（人民陪审员卷中）。据考察发现：79.3％的法官认为"加强培训有助于提升人民陪审员的履职能力"，83.3％的人民陪审员认为"效果很好，对参审工作帮助很大"（见表2-20、表2-21）。但同时需要补充说明的是，"培训机制"落实得并不是很到位，部分人民陪审员从来没有参加过培训，每年都能参加培训的人民陪审员更是凤毛麟角（见表2-22）。

　　虽然"培训机制"还存在一些瑕疵和不足，但我们通过考察还是可以得到一个初步的推断：无论是法官还是人民陪审员，其主流观点都认为需要"培训机制"来提高人民陪审员的参审能力。

表2-20　　您认为加强培训是否有助于提升人民陪审员的履职能力？（法官卷）

		频率	百分比	有效百分比	累积百分比
有效	有作用	23	76.7	79.3	79.3
	没作用	1	3.3	3.4	82.8
	不知道	5	16.7	17.2	100.0
	合计	29	96.7	100.0	
缺失	99	1	3.3		
	合计	30	100.0		

表2-21　　　　请问您认为培训的效果怎么样？（人民陪审员卷）

		频率	百分比	有效百分比	累积百分比
有效	效果很好，对参审工作帮助很大	15	78.9	83.3	83.3
	效果一般，可有可无	3	15.8	16.7	100.0
	合计	18	94.7	100.0	
缺失	99	1	5.3		
	合计	19	100.0		

---

　　① 见《实施意见》第12条和《管理办法》第20条。

表2－22　　您首次被任命为人民陪审员的年度 ＊ 请问您在当选为
　　　　　人民陪审员后，参加过几次培训？（人民陪审员卷）

| | | 请问您在当选为人民陪审员后，参加过几次培训？ | | | | | | 合计 |
		从来没有	1次	2次	3次	4次	5次	5次以上	
您首次被任命为人民陪审员的年度	2005年	0	5	10	3	1	3	3	25
	2006年	0	2	0	0	0	0	2	4
	2007年	1	3	1	3	0	0	1	9
	2008年	3	3	2	5	1	0	0	14
	2009年	4	16	18	12	6	0	8	64
	2010年	1	7	11	4	1	1	1	26
	2011年	0	2	0	0	0	0	0	2
合计		9	38	42	27	9	4	15	144

　　关于"培训机制"，我们在调研中将问题进一步细致化，对法官设问："您认为人民陪审员在哪些方面亟待提升？"结果显示：45％的法官认为人民陪审员在"法律法规、法学理论知识"方面亟待提升，27％的法官认为人民陪审员在"庭审工作程序和技巧"方面亟待提升，14％的法官认为人民陪审员在"审判职业道德和纪律"方面亟待提升，14％的法官认为人民陪审员在"工作态度和责任意识"方面亟待提升（见图2－4）。综合来

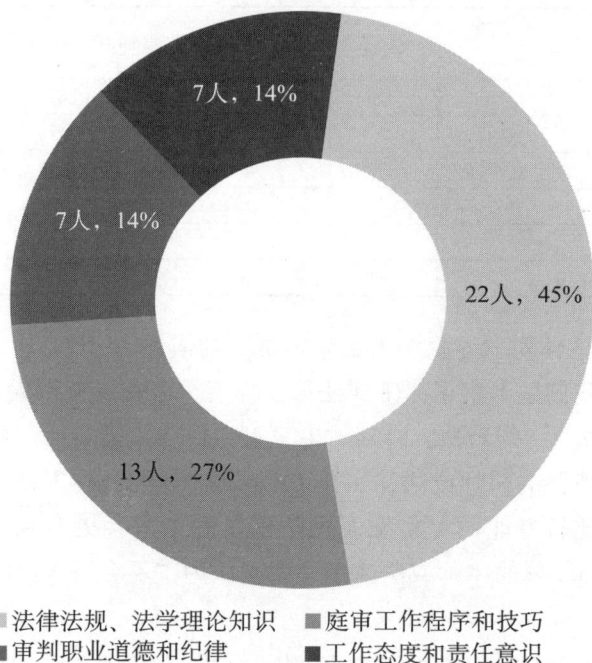

7人，14%

7人，14%

22人，45%

13人，27%

■法律法规、法学理论知识　■庭审工作程序和技巧
■审判职业道德和纪律　■工作态度和责任意识

图2－4　您认为人民陪审员在哪些方面亟待提升？（法官卷）

看，"法律法规、法学理论知识""庭审工作程序和技巧""审判职业道德和纪律"等指标考察的都是人民陪审员法律方面的素养。从这一角度而言，在选任时对人民陪审员的"法律素质"提出较高要求有其合理性。

我国法律的"相关规定"赋予了人民陪审员与职业法官同等的职权，但是人民陪审员通常又是作为法律的门外汉参与到司法审判活动中的，那么，他们究竟能否胜任此种权能呢？继考察了"同职同权"模式的参审机制中人民陪审员较难有作为的现象之后，我们又在调研中就该问题与律师或法律工作者、法官、人民陪审员、公诉人等主体进行了更充分的交流和探讨。我们发现：有62.1%的法官、68.4%的人民陪审员、65.8%的律师或法律工作者、62.5%的公诉人认为人民陪审员具备"事实认定"的能力；有31.0%的法官、21.1%的人民陪审员、13.6%的律师或法律工作者、25.0%的公诉人认为人民陪审员可以同时胜任"事实认定"和"法律适用"的审判工作；6.9%的法官、14.4%的律师或法律工作者、12.5%的公诉人对人民陪审员的履职能力比较悲观，认为人民陪审员在"事实认定"和"法律适用"两方面的工作上"都不胜任"。综上可得，主流民意基本认可人民陪审员在"事实认定"方面的能力，而对于"法律适用"方面的能力则大都给予了否定评价（见表2-23）。

表2-23　　　　　您认为人民陪审员能够胜任哪方面的陪审工作？

考察对象 审判工作	法官	人民陪审员	律师（法律工作者）	公诉人
事实认定	18	13	169	5
法律适用	0	2	16	0
二者皆能	9	4	35	2
都不胜任	2	0	37	1
缺失	1	0	2	0
合计	30	19	259	8

2. 各类主体对"专家型人民陪审员"的憧憬

此外，我们还考察了律师或法律工作者、法官、公诉人等对于"专家型人民陪审员"[①] 的看法。针对"专家型人民陪审员"的问题，有96.6%的法官、46.7%的律师或法律工作者、100.0%的公诉人认为"如果案件涉及的领域比较专业，专家型人民陪审员的参审会更有利于查明案件事实"；而有15.8%的律师或法律工作者则认为"不会"；有3.4%的法官和

---

① 有学者将其归类为"特殊形式的陪审制"，相关论述可见施鹏鹏．陪审制研究．北京：中国人民大学出版社，2008：187-191.

30.1％的律师或法律工作者则认为要具体情况具体分析，"即使案件涉及的领域比较专业，专家型人民陪审员的参审也不一定更有利于查明案件事实"（见表2-24）。

在访谈中，有法官提出的质疑值得深思："让专家来扮演权威的裁判者，就能确保做出的裁判是不偏不倚、公正合理的吗？"更何况很多所谓的"专业领域的专业问题"在寻求"专家的意见或看法"时，他们往往也是各执己见、争议颇多。值得注意的是，2012年3月14日修正的《中华人民共和国刑事诉讼法》第48条和2012年8月31日修正的《中华人民共和国民事诉讼法》第63条都明确将"鉴定结论"修改为"鉴定意见"。这也许表明了人们当下对待"专家意见"更加趋于理性和科学。因而，专家型人民陪审员是否合理尚有待进一步的验证。

表2-24　　　　　　　"专家型人民陪审员"观点考察

如果案件涉及的领域比较专业，您认为有专业陪审员参审会不会更有利于查明案件事实？	法官	律师、法律工作者	公诉人
会	28	121	8
不会	0	41	0
不一定	1	78	0
不知道	0	19	0
缺失	1	0	0
合计	30	259	8

（二）　人民陪审员的考核情况

如果说陪审员的选任机制、参审机制和培训机制等在域外陪审制度中都有相对成型和规范的表现可供借鉴，那么陪审员考核机制则几乎可以说是"中国特色"的陪审制度安排。与"培训机制"类似，《决定》《实施意见》和《管理办法》等已经为我国的人民陪审制度初步勾勒出了一个较为完整的考核机制。

由于"考核表彰"与"职务免除"两个方面关系密切，因而我们对二者一并进行考察。具体如下：第一，考核的主体[①]——基层人民法院与同级人民政府司法行政部门。我们认为，相关规定的不足之处在于，一方面，没有明确两个主体之间的责任与分工，从而导致在司法实践中，法院几乎成为唯一的考核主体，而同级司法行政机关不曾参与其中。另一方面，同级人民代表大会虽然享有人民陪审员的"任免权"，但是一般只进

---

① 参见《决定》第17条，《实施意见》第15条、第16条和《管理办法》第29条、第34条。

行形式考察，几乎没有推翻过法院的决定。第二，考核的内容①——陪审工作实绩、思想品德、工作态度、审判纪律、审判作风和参加培训情况等方面。相应的，免除职务的事由②主要有：（1）本人主动申请辞去人民陪审员职务的；（2）无正当理由，拒绝参加审判活动，影响审判工作正常进行的；（3）具有《决定》第5条、第6条③所列不得担任人民陪审员情形之一的；（4）违反与审判工作有关的法律及相关规定，徇私舞弊，造成错误裁判或者其他严重后果的。第三，考核的方式④——平时考核和年终考核相结合。免除职务的方式⑤有两种：一是5年任期届满后，其职务自动免除；二是出现《决定》第17条之免除事由，由基层人民法院院长提请同级人民代表大会常务委员会免除其人民陪审员职务。

1. 考核机制与参审结果的关系考察

如上所述，按照相关规定，基层人民法院应会同同级人民政府司法行政机关对人民陪审员进行动态考核，建立健全考核管理制度。虽然规范层面一再强调"着重就陪审案件的数量、出庭率、陪审能力、审判纪律、审判作风等内容"进行考核，但是在实地考察中我们发现：考核的标准被简化为"参审案件数"。这种简化反映了两个方面的问题：一是陪审员参审质量不受重视，二是目前缺少科学的综合性指标来对参审质量进行有效考量。

此外，当被问及"当事人是否满意有陪审员参审案件的结果"时，只有18.5％的法官认为当事人对参审案件的裁判结果表示"满意，基本都能服判息诉"，63.0％的法官则认为当事人的满意度"与没有陪审员参审时差不多"。虽然人民陪审员中认可其参审有助于提高案件当事人满意度的比例达到52.6％，但是另有47.4％的人民陪审员对此"不知道/没关注"（见表2-25）。在访谈中，一些资深的法官和人民陪审员对此提出了自己的看法：

　　……刑事案件中，大部分的被告都能服从判决，上诉的不多。民事案件中，大都是调解结案。判决的案件中，当事人上诉的比较多。

① 参见《实施意见》第15条和《管理办法》第30条。
② 参见《决定》第17条的规定。
③ 《决定》第5条规定，人民代表大会常务委员会的组成人员，人民法院、人民检察院、公安机关、国家安全机关、司法行政机关的工作人员和执业律师等人员，不得担任人民陪审员。《决定》第6条规定，"下列人员不得担任人民陪审员：（一）因犯罪受过刑事处罚的；（二）被开除公职的。"
④ 参见《管理办法》第29条之规定等。
⑤ 参见《管理办法》第36条之规定等。

表 2 - 25　　据您了解，当事人满意您/陪审员所参审案件的裁判结果吗？

	法官	人民陪审员	律师、法律工作者
满意，基本都能服判息诉	5	10	45
不满意，上诉、申诉情况更多	0	0	45
与没有陪审员参审时差不多	17	0	166
不知道/没关注	5	9	0
缺失	3	0	3
合计	30	19	259

　　律师和当事人对此又是怎么回答的呢？考察结果如下：17.6%的律师或法律工作者认为自己代理的当事人对参审案件的裁判结果表示"满意，基本都能服判息诉"；17.6%的律师或法律工作者则认为自己代理的当事人对参审案件的裁判结果表示"不满意，上诉、申诉情况更多"；64.8%的律师或法律工作者则认为当事人的满意度"与没有陪审员参审时差不多"。总的来说，律师或法律工作者的主流观点与法官比较接近。而案件当事人作为直接利害关系人，对陪审案件的裁判结果感到"满意"与"不满意"的比例分别是 55.6%和 44.4%，基本持平（见表 2 - 25、表 2 - 26）。

表 2 - 26　　　　　请问您对案件的处理结果满意吗？（当事人卷）

		频率	百分比	有效百分比	累积百分比
有效	很满意	17	15.9	16.0	16.0
	还算满意	42	39.3	39.6	55.6
	不太满意	22	20.6	20.8	76.4
	很不满意	25	23.4	23.6	100.0
	合计	106	99.1	100.0	
缺失	99	1	0.9		
合计		107	100.0		

　　从上述对陪审结果的当事人满意度考察，我们可以得出下列推论：无论是法官、公诉人、律师或法律工作者等法律职业共同体中的人，还是当事人自身，对该问题基本上都持保留态度，亦即人民陪审员的参审并不能确保当事人满意度的提升，案件裁判结果并不见得会因为有人民陪审员的参与而发生显著变化。这或许和我国个案选任时缺少对当事人"程序选择权"等的充分保护有关。

　　2. 是否应当对人民陪审员实行"错案追究机制"

　　在我国是否应当对人民陪审员实行"错案追究机制"，以督促其积极履行职责呢？我们对该问题也进行了考察。结果显示：有 22.2%的法官认为"有必要"对人民陪审员实行错案追究；有 51.9% 的法官则认为"虽有必要，但难以追究"；还有 25.9% 的法官作否定回答，认为"没必要"。人民陪审员中，高达 73.7% 的人认为即使实行错案追究机制也不会影响自己担任人民陪审员的积极性；而 15.8% 的人则对此表示忧虑，认为"不愿意，没办法负责任"（见表 2-27、表 2-28）。

　　需要说明的是，有不少人民陪审员并不是很了解"错案追究"的事由。实际上，对"错案追究"的事由不能任意作扩大解释，一般应限定在"免除事由"第 4 款，即"违反与审判工作有关的法律及相关规定，徇私舞弊，造成错误裁判或者其他严重后果的。……构成犯罪的，依法追究刑事责任"。我们认为，在确保人民陪审员充分参审的前提下，对于触犯错案追究事由的人民陪审员可以依法追究其相应的责任。当然，由于目前人民陪审员大都未能实质性参审，陪审案件的最终决断权仍然由法官掌握，陪审员枉法裁判的可能性较小。

表 2-27　　您认为是否有必要对人民陪审员实行错案追究机制？（法官卷）

		频率	百分比	有效百分比	累积百分比
有效	有必要	6	20.0	22.2	22.2
	虽有必要，但难以追究	14	46.7	51.9	74.1
	没必要	7	23.3	25.9	100.0
	合计	27	90.0	100.0	
缺失	99	3	10.0		
合计		30	100.0		

表 2-28　　请问如果实行人民陪审员错案追究机制，您还愿意担任人民陪审员吗？（人民陪审员卷）

		频率	百分比	有效百分比	累积百分比
有效	愿意，没什么影响	14	73.7	73.7	73.7
	不愿意，没办法负责任	3	15.8	15.8	89.5
	无所谓	2	10.5	10.5	100.0
	合计	19	100.0	100.0	

第三章　H省中部A县人民陪审

一、A县及其法院概貌

A县位于湘中偏北，资水中游，东接桃江、宁乡，西靠溆浦、沅陵，南临涟源、新化，北毗桃源、鼎城。该县县域面积4 950平方公里，共辖23个乡镇，总人口95万人。作为交通闭塞、经济落后的山区大县，A县至今仍为国家重点扶贫县。2011年该县完成GDP111.7亿元，完成财政总收入7.45亿元。

该县法院始建于1950年6月，现有干警120人，其中法官74人，设有16个内设机构，下辖9个派出法庭。该法院近年每年审结各类案件近三千件，曾被评为全省优秀法院和全国调研工作优秀单位，先后获H省委授予的"全省文明单位"和最高人民法院授予的"全国人民满意法院"等荣誉称号，其行政审判工作也曾两次荣获全国先进。

二、陪审员概况

截至2010年，A县法院共有人民陪审员40名。该院选任的首届人民陪审员只有8名，后按最高人民法院《管理办法》相关规定的要求①不断增选。2009年人民陪审员换届时，增选人数最多，达15人。至此，该院在册人民陪审员共40名。

1. 陪审员的来源

根据A县法院提供的名单，该县人民陪审员来源涵盖了党政机关、教科文卫单位、其他部门站所以及村（居）委及个体。在40名陪审员中，有31名是国家工作人员，占群体总数的80%；其中又有23名在单位担任领导职务，占群体总数的57.8%；14名陪审员担任正职领导，占群体

---

① 《管理办法》第5条规定，人民陪审员数量不得低于所在法院现任法官人数的二分之一且不高于所在法院现任法官人数。

总数的 35%（见表 3-1）。因此，A 县陪审员的来源呈现出"两高"态势，即国家工作人员的比例较高，担任领导职务的比例较高。此外，陪审员地域分布差异也比较大，其中仅县城所在地 A 地就有 18 名陪审员，占群体总数的 45%。

表 3-1　　　　　　　　　人民陪审员行业分布情况表

类别	人数	百分比
党政机关	13	32.5%
教科文卫	10	25.0%
其他部门站所	9	22.5%
村（居）委及个体	8	20.0%
合　计	40	100%

2. 陪审员学历和年龄结构

关于陪审员学历结构，A 县人民陪审员总体学历较高，只有一人（中专学历）未达到立法中对陪审员大专以上的学历要求。[①] 其中，55.0% 的陪审员具有大专学历，42.5% 的陪审员具有本科学历，大专以上学历占群体总数的 97.5%（见表 3-2）。在陪审员年龄结构中，30～49 岁的中年陪审员人数为 33，占群体总数的 82.5%（见表 3-3）。可见该地陪审员队伍以中壮年为主力军。

表 3-2　　　　　　　　　陪审员的学历结构表

类别	人数	百分比
本科	17	42.5%
大专	22	55.0%
中专	1	2.5%
合　计	40	100%

表 3-3　　　　　　　　　陪审员的年龄结构表

年龄	人数	百分比
50 岁以上	4	10.0%
40～49 岁	18	45.0%
30～39 岁	15	37.5%
20～29 岁	3	7.5%
合　计	40	100%

---

① 《决定》第 4 条规定，担任人民陪审员，一般应当具有大学专科以上文化程度。

三、陪审案件的范围与类型

根据《决定》，适用陪审制的案件主要有两类：一类是社会影响较大的刑事、民事、行政案件；另一类是当事人申请陪审的案件。《参审规定》对陪审员参审案件的范围作进一步界定，即一审程序中社会影响较大的案件，主要有四类，即涉及群体利益、公共利益的案件，人民群众广泛关注的以及其他社会影响较大的案件。

据对样本地区陪审员参与案件类型的调查，在22份陪审员问卷中，86.4%的陪审员参与过民事案件，50%的陪审员参与过刑事和行政案件，人民陪审员参与过民事案件的比例，比参与过刑事和行政案件的比例分别高出近四成（见表3-4）。

表3-4（1） 　　请问您参与过哪种类型案件的审理？ 民事案件（人民陪审员卷）

		频率	百分比	有效百分比	累积百分比
	No	3	13.6	13.6	13.6
有效值	Yes	19	86.4	86.4	100.0
	合计	22	100.0	100.0	

表3-4（2） 　　　　刑事案件（人民陪审员卷）

		频率	百分比	有效百分比	累积百分比
	No	11	50.0	50.0	50.0
有效值	Yes	11	50.0	50.0	100.0
	合计	22	100.0	100.0	

表3-4（3） 　　　　行政案件（人民陪审员卷）

		频率	百分比	有效百分比	累积百分比
	No	11	50.0	50.0	50.0
有效值	Yes	11	50.0	50.0	100.0
	合计	22	100.0	100.0	

从样本地区法院民事、刑事及行政案件的查档情况来看，2009—2010年，A县法院民事一审普通程序案件陪审率略有提高，从88.7%增加到91.0%；而刑事一审普通程序案件陪审率和行政一审普通程序案件陪审率几乎翻了一番，分别从30.2%和57.6%增长到了62.6%和96.3%（见表3-5）。A县法院陪审率发生上述变化的一个重要原因在于，法院的绩效考核中增加了参审率指标。2008年，最高人民法院出台的《关于开展案件质量评估工作的指导意见（试行）》明确将一审陪

审率作为 11 个审判公正指标之一。① 在 2009 年至 2010 年间，样本地区刑事与行政案件中陪审率随即猛增。② 在访谈中，某刑庭庭长也提道："我们主要是为了完成任务，上面要求陪审员的参审率，如果没有这个指标、没有这个任务的话，我们审判员审理案件肯定好一些，毕竟陪审员懂法的还是少一些。"③

表 3-5　　A 县法院 2009—2010 年民事、刑事、行政案件查档汇总④

案件类型	年度	查档数	普通程序审	合议庭组成方式			陪审案件所占比例		
				三名法官	一法两陪	两法一陪	一法两陪	两法一陪	合计
民事	2009	1 179	282	32	18	232	6.4%	82.3%	88.7%
	2010	1 607	401	36	184	181	45.9%	45.1%	91.0%
刑事	2009	384	162	113	1	48	0.6%	29.6%	30.2%
	2010	334	147	55	16	76	10.9%	51.7%	62.6%
行政	2009	/	33	14	/	19	/	57.6%	57.6%
	2010	/	/	3	/	77	/	96.3%	96.3%

从陪审员参审案件中合议庭的人员构成来看，在民事一审普通程序中，2009 年，"一法两陪"与"两法一陪"的比例分别为 6.4%、82.3%，后者接近前者的 14 倍；2010 年，两项比例分别为 45.9% 和 45.1%，两者基本相当。在陪审案件数上，适用普通程序的 2009 年查档数为 282 件，2010 年查档数为 401 件，一年之内案件数增长了近四成；"一法两陪"案件数从 18 件骤增至 184 件，而"两法一陪"案件数则从 232 件减少到了 181 件（见表 3-5）。我们认为，出现这种现象的原因在于，法院通过增加"一法两陪"模式审理案件，补充审案力量的不足，节约法官人力资源，缓解法官的办案压力。在访谈中，某民庭副庭长认为："如果不喊陪审员，只喊其他的法官，就会增加法官工作的强度，这样可以相对减轻工作负担，陪审员主要起到这个作用。"

综上所述，调研法院的陪审案件类型远多于《决定》和《参审规

---

① 在该指导意见中，审判公正指标有 11 个，包括立案变更率，一审陪审率，一审上诉改判率，一审上诉发回重审率，生效案件改判率，生效案件发回重审率，二审开庭率，执行中止终结率，违法审判率，违法执行率，裁判文书质量指标。

② 民事案件陪审率因为已经接近 90%，本来较高，增加的空间有限，所以增加幅度远不如其他两类案件。

③ 材料来源于《谁的陪审？——人民陪审访谈录》（北京：中国人民大学出版社，2018），如未特别注明，后文援引的访谈材料等均来自此。

④ 在该表 2010 年行政案件统计栏中，普通程序案件数缺失，因此导致陪审案件所占比例的不确定，但可以确定，该比例只会高于 96.3%。

定》中所确定的案件类型。该院并没有严格遵照《参审规定》中对陪审案件适用类型的要求，在选择陪审制度的适用案件时，出于完成参审率指标或是弥补审判人员不足的需要，随意扩大了适用陪审的案件类型范围。

四、陪审的程序启动及合议庭组成

（一）陪审程序的启动

1. 启动方式

陪审程序的启动有两种方式：一是法院主动启动（自行决定启动），二是当事人申请启动。① 2010 年最高人民法院《关于进一步加强和推进人民陪审工作的若干意见》（以下简称《若干意见》）将依照法律规定启动和当事人申请启动作为陪审程序启动的充分条件。②

在对陪审程序启动方式的调查中，我们共回收法官问卷 40 份、当事人问卷 67 份、公诉人问卷 6 份、律师问卷 36 份，除当事人问卷缺失 6 份，其他主体的问卷均为有效问卷。调查结果显示，法官、当事人、律师、公诉人四类目标群体各有 80% 以上的人认为陪审程序启动"由法院自行决定"，远高于认为由当事人申请的比例；受调查的律师群体更是无一例外地认为陪审程序启动"由法院自行决定"（见表 3-6、表 3-7、表 3-8、表 3-9）。由此观之，陪审程序的启动几乎由法院垄断，而当事人很少自行申请启动。

表 3-6　　　　　在这些案件中，启动陪审程序的通常是？（法官卷）

		频率	百分比	有效百分比	累积百分比
有效值	由法院自行决定	34	85.0	85.0	85.0
	由当事人主动申请	2	5.0	5.0	90.0
	两种方式比例相当	4	10.0	10.0	100.0
	合计	40	100.0	100.0	

① 需要特别说明的是，这里的"当事人"与民事诉讼中的当事人含义相区别，指的是第一审刑事案件被告人、民事案件原告或者被告、行政案件原告。

② 《若干意见》在"依法履行职责，切实保障权利"的内容中指出，依照法律规定，应当由人民陪审员参与审判的案件，人民法院必须安排人民陪审员和法官共同组成合议庭审判，当事人无法定理由不得拒绝。第一审刑事案件被告人、民商事案件原告或者被告、行政案件原告申请由人民陪审员参加合议庭审判的，人民法院应当安排人民陪审员和法官共同组成合议庭审判。

表 3－7　　　请问您是自己申请陪审的，还是由法院决定的？（当事人卷）

		频率	百分比	有效百分比	累积百分比
有效值	自己主动申请的	12	17.9	19.7	19.7
	法官决定的	49	73.1	80.3	100.0
	合计	61	91.0	100.0	
缺失值	99	6	9.0		
	合计	67	100.0		

表 3－8　　　在这些案件中，通常启动陪审程序的是？（公诉人卷）

		频率	百分比	有效百分比	累积百分比
有效值	主要是法院（法官）决定	5	83.3	83.3	83.3
	不知道	1	16.7	16.7	100.0
	合计	6	100.0	100.0	

表 3－9　　　请问通常启动陪审程序的是您的当事人还是法院？（律师卷）

		频率	百分比	有效百分比	累积百分比
有效值	主要是法院（法官）决定的	36	100.0	100.0	100.0

2. 法院视角：主要由法院启动陪审程序的原因

针对法官群体，我们就"法院自行决定启动陪审程序的原因"作了专门问卷调查。从回收的 40 份有效问卷来看，60.0% 的法官认为是"依规定应当适用"，37.5% 的认为启动陪审的原因是"审判员人手不够"，32.5% 的认为是因为"案件涉及专业技术领域"，45% 的认为是"为达到参审率等绩效考核指标"（见表 3－10）。由此可见，陪审程序的启动原因具有多元性，除认为"依规定应当适用"的法官占比达六成之外，认为系出于其他三种原因的比例相差不大，均在三成到四成之间。下面，我们将对所列原因逐项分析。

表 3－10（1）　　您所在的法院自行决定启动陪审程序主要是基于什么原因？
案件涉及群体利益或公共利益等，依规定应当适用陪审（法官卷）

		频率	百分比	有效百分比	累积百分比
有效值	No	16	40.0	40.0	40.0
	Yes	24	60.0	60.0	100.0
	合计	40	100.0	100.0	

表 3－10（2）　　相关庭室审判员人手不够，需要陪审员组成合议庭（法官卷）

		频率	百分比	有效百分比	累积百分比
有效值	No	25	62.5	62.5	62.5
	Yes	15	37.5	37.5	100.0
	合计	40	100.0	100.0	

表3-10（3）　　　　　　　案件涉及专业技术领域（法官卷）

		频率	百分比	有效百分比	累积百分比
有效值	No	27	67.5	67.5	67.5
	Yes	13	32.5	32.5	100.0
	合计	40	100.0	100.0	

表3-10（4）　　　　　　为达到参审率等绩效考核指标（法官卷）

		频率	百分比	有效百分比	累积百分比
有效值	No	22	55.0	55.0	55.0
	Yes	18	45.0	45.0	100.0
	合计	40	100.0	100.0	

其一，立法规定的硬性要求。根据《决定》等立法文件的硬性要求，对于民事、刑事、行政一审普通程序案件，法官依照是否涉及群体利益、公共利益，是否为人民群众所广泛关注或具有其他较大社会影响的判断标准，选择依法适用人民陪审制。

其二，法院绩效考核的直接刺激。如前所述，作为法院绩效考核中评判案件质量的重要指标，参审率直接影响法院的排名和荣誉，而法院为了完成相应指标，又直接将参审率与法官的工资、奖金等挂钩。在集体利益与个人利益的直接刺激下，一些本不需要陪审的案件便由法院主动启动了陪审程序；实践中也因此产生了陪审员虽未参审但被法院"挂名陪审"的现象。在对样本地区法院相关领导的访谈中，他们也指出了这一情况。

问：法院如何确定启动陪审程序？

某刑庭副庭长：参审率有指标，上面有要求。由这个指标来衡量的……如果没有这个指标的话可能就会减少一点。如果指标比较高，那么陪审员的出庭率可能很高。

某主管民庭副院长：……很多时候陪审工作流于形式，没有真正发挥陪审员参审的实际作用。因为法院的考核指标，要求参审率达到50%，所以有些是把陪审员名字报上去，挂个名字……有些陪审员不到场，只是挂个名字。

其三，补充审判力量不足的现实需要。据了解，A县法院的审判人员结构已呈现一定程度的老龄化趋势，面对诉讼案件日益增加的压力，法院审判力量明显不足。① 以该院刑庭为例，2011年刑庭在岗工作人员9

---

① 据该院某主管民事庭的副院长介绍，囿于地理位置偏僻、经济落后等客观因素，2010年该院招聘法官就没招满，而近两年从法院调离的人比较多，年轻人来了以后又走了，留不住人。

名，包括 2 名书记员，7 名法官，其中 50 岁以下的 4 人（包括正副庭长和两个书记员），50 岁以上的 5 人，其中 2 人 59 岁，2 人 58 岁。该院每年受理的刑事案件数量为 300～400 件，平均每一名法官一年需要主审 50 多个案件。除主审之外，由于需要组成合议庭的普通程序案件大致占案件总数的 40％至 50％，所以每名法官还得以非承办法官身份参与不少案件的审理。此外，该庭"年龄大的法官不懂电脑，任务重了也干不了"，于是虽不是审判中坚力量的陪审员参加案件审理或多或少能缓解法官的工作压力。在访谈中，法院相关领导均提到了这一情况。

　　某主管刑庭的副院长：在刑事审判庭这一领域，人民陪审员确实还是比较多的。除了一部分简易程序案件外，基本上都会叫人民陪审员陪审案件，因为法官资源还是有限的……也可以缩减人事工作的压力，这样有利于节约资源和降低审判的成本。

　　某主管行政庭的副院长：我认为陪审员的作用就是解决法院人力不足的问题。没有审判员参加合议庭就邀请陪审员参加……审判员的心态就是用陪审员解决人少的问题。

　　某民庭副庭长：有陪审员就不用喊其他审判员了。其他审判员劳动强度就可以降低了……这是有好处的，如果没有陪审员我就必须要喊审判员。我自己的案件又这么多，工作也辛苦。需要合议庭审判案件，反正就只有这几个人，请个陪审员，工作相对轻松一点。

其四，具体案情的客观需要。在某些具体的案件类型中，有专长的陪审员可以发挥一定作用。如在处理医疗纠纷、未成年案件、妇女维权案件时，相应地选取医生、教师、妇联维权工作人员作为陪审员参与案件审理，往往可以借助其专长使案件得到更好的处理。例如，A 县某主管刑庭的副院长就坦言："我们在刑庭这一领域，比如针对未成年人犯罪，妇联的法制部、教育局单位、工会校长、共青团组织中有参与人民陪审的，我们就尽量邀请在这些领域工作的陪审员。像非法行医的案件，我们就邀请卫生单位、医院的、卫生局的领导。在我的印象中，妇幼保健院的院长和县人民医院的院长都是我们的人民陪审员。在非法行医方面，他们还是有他们技术的特长。人民陪审员陪审的案件还是要有一定的针对性。有的在所在小区里，我们就邀请居委会的领导参与，便于他们管理，也便于进行教育……"

　　3. 当事人视角：当事人较少主动启动陪审程序的原因
　　由前文可知，个案当事人极少主动申请适用陪审制。究其原因，我们认为有以下几点。

（1）当事人知之甚少

公众是潜在的诉讼当事人，因此我们首先来看看公众对人民陪审制度的知悉程度。此项调查的公众卷设问为："您以前听说过我国的人民陪审员制度吗"，我们共回收问卷720份，其中缺失32份，有效问卷688份；律师卷设问为"您会主动建议您的当事人申请适用陪审吗"，共回收问卷36份，其中缺失1份，有效问卷35份。

调查显示：一方面，47.2%的民众听说过人民陪审员制度，39.2%的民众没听说过，另有13.5%的民众虽未听说过人民陪审员制度，但听说过国外的陪审团，也就是说，未听说过人民陪审员的民众占比52.8%，略高于听说过该制度的民众比例（见表3-11）。由此可知，公众对人民陪审员制度的知晓程度不高，并且，我们在调研过程中获知，即便是那些"听说过"的公众，绝大多数也仅仅是知道人民陪审员制度的"大体概念"，有一个"模糊的印象"，对具体制度了解甚少，更遑论作为潜在的当事人向法院申请启动陪审程序了。[①]

另一方面，作为当事人的代理人，只有不到一成的受调查律师表示通常会建议其当事人申请适用陪审（见表3-12）。从这个角度来说，作为当事人"耳目"和"口舌"的法律内行人士——律师尚且很少建议当事人启动陪审程序，作为门外汉的当事人主动申请适用的可能性就更小。

表3-11　　　您以前听说过我国的人民陪审员制度吗？（社会公众卷）

		频率	百分比	有效百分比	累积百分比
有效值	听说过	325	45.1	47.2	47.2
	没听说过	270	37.5	39.2	86.5
	虽然没听说过人民陪审员，但听说过国外的陪审团	93	12.9	13.5	100.0
	合计	688	95.6	100.0	
缺失值	99	32	4.4		
合计		720	100.0		

[①] 在样本地区法院自行开展的陪审调研中，他们发现"在我们回收的236份社会公众的有效问卷中，听说过人民陪审员的有150人，占63.6%，没有听说过的有84人，占35.6%，有2人未回答这一问题。由此显示，听说过人民陪审员的公众表面上所占比例还比较高，但这并不能证明公众对陪审制度的了解程度如何。事实上，公众对陪审制度的知晓程度较低，多数人仅仅停留在'知道陪审员'这个概念的层次。"见李胜刚，王和祥．我国陪审制度之运行现状——以中部地区某基层法院为考察对象．对话与交融：中美陪审制度论坛．湘潭：湘潭大学出版社，2012.

表 3 - 12　　　　　您会主动建议您的当事人申请适用陪审吗？（律师卷）

		频率	百分比	有效百分比	累积百分比
有效值	通常会	1	2.8	2.9	2.9
	一般不会	21	58.3	60.0	62.9
	一般由当事人自己决定	13	36.1	37.1	100.0
	合计	35	97.2	100.0	
缺失值	99	1	2.8		
	合计	36	100.0		

（2）当事人知而不用

在以当事人为对象所进行的"陪审员对官司的结果影响程度"的调查中，我们回收问卷 67 份，其中缺失 3 份，有效问卷 64 份。调查结果显示：20% 左右的当事人不知道陪审员参审对官司结果的影响，另有 20% 左右的当事人认为有一定影响，而认为陪审员参审对官司结果没有影响的占到了总数的一半以上（见表 3 - 13）。据此，大多数当事人即便知道陪审员制度也并不会选择启动该程序。

表 3 - 13　　您觉得有没有陪审员参审，对官司的结果影响大吗？（当事人卷）

		频率	百分比	有效百分比	累积百分比
有效值	有很大影响	3	4.5	4.7	4.7
	有一定影响	7	10.4	10.9	15.6
	没什么影响	42	62.7	65.6	81.2
	不知道	12	17.9	18.8	100.0
	合计	64	95.5	100.0	
缺失值	99	3	4.5		
	合计	67	100.0		

（3）法院"一锤定音"

立法在法院适用人民陪审制的方式上打上了强烈的职权主义烙印，法院对于是否启动陪审程序有"一锤定音"的决定权。在调研地，即便当事人知晓陪审程序适用的申请权并行使该项权利，陪审制的适用最终还是由主审法官根据案情来决定。[①] 因此对当事人而言，人民陪审员制度的适用只是法院单方意愿的结果。对样本地区管理陪审员工作的政工室某负责人的访谈从侧面说明了这一点：

---

　　① 《参审规定》第 2 条明确了当事人启动陪审的申请权；第 3 条又赋予了法院对当事人申请权的审查权，其规定："人民法院接到当事人在规定期限内提交的申请后，经审查符合本规定的，应当组成有人民陪审员参加的合议庭进行审判。"

问：有（当事人申请启动陪审程序）这种先例吗？

政工室某负责人：应该是有，当事人应该是有这种权利，但最终还是由我们的主审法官根据这个案件的性质、案情来定的。

另一法院某法官指出：案件开庭审理前，法院几乎不征求当事人的意见，当事人知道合议庭的组成人员，往往是在开庭前三天或开庭时，当审判长宣布合议庭组成人员或者询问当事人是否对上述人员申请回避时才得以了解。即使符合适用陪审制的条件，人民法院也可能基于多种考虑而独自决定不予适用。①

法院对陪审制度的适用享有完全的决定权，事实上就是在某种程度上对当事人程序选择权的忽视。立法规定了当事人依申请启动陪审的法定效力，在实践中却因为法院的强势而无法得到落实。在法院决定权与当事人申请权的博弈中，力量的天平完全向法院一边倾斜。而与案件有着直接利害关系的当事人不但不能有效行使陪审申请权，而且无权否决法院主动启动陪审程序。

（二）陪审合议庭的确定方式

《决定》第14条、《参审规定》第4条和第5条明确了随机抽取陪审员组成合议庭的方式，即要求法院在陪审员名单中采用电脑生成等方式随机抽取确定陪审员参加案件审理。2010年《最高人民法院政治部关于人民陪审员工作若干问题的答复》（以下简称《答复》）明确否定了将陪审员长期固定在同一审判业务庭或合议庭的做法，并对如何实施"随机抽取"进行了说明：各法院可以在将陪审员按行业背景、地域分布、陪审案件类型适当分类的基础上随机抽取。此外，2010年《若干意见》中也提及可以根据案件需要在相关地域、行业、专业等不同类型的陪审员范围中随机抽取。

1. 陪审合议庭的确定

在对陪审合议庭确定方式的调查中，我们回收有效法官问卷40份、陪审员有效问卷22份。法官和陪审员中认为陪审员"被固定配置在合议庭，由承办法官安排"的占比分别为18.9%、27.3%；认为陪审员"被固定配置在审判庭，由庭里安排"的分别占21.6%、22.7%；认为陪审员"没有配置到庭，由院里安排"的比例分别为27.0%、27.3%；认为陪审员"随机抽取，临时确定"的比例分别为29.7%、18.2%，两类主

① 范登峰，易慧琳. 激活沉默状态的陪审申请人——关于人民陪审员制度适用范围的探讨//对话与交融：中美陪审制度论坛. 湘潭：湘潭大学出版社，2012.

体对陪审合议庭确定方式的认识基本一致（见表 3-14、表 3-15）。可见，固定配置、院里统一安排和随机抽取三种方式在 A 县法院确定陪审合议庭时均有采用，且前两者适用更为普遍，而随机抽取方式占比则不到三成。

表 3-14　　与您组成合议庭的人民陪审员一般是如何选定的？（法官卷）

		频率	百分比	有效百分比	累积百分比
有效值	被固定配置在合议庭，由承办法官安排	7	17.5	18.9	18.9
	被固定配置在审判庭，由庭里安排	8	20.0	21.6	40.5
	没有配置到庭，由院里安排	10	25.0	27.0	67.6
	随机抽取，临时确定	11	27.5	29.7	97.3
	不知道	1	2.5	2.7	100.0
	合计	37	92.5	100.0	
缺失值	99	3	7.5		
	合计	40	100.0		

表 3-15　　请问您一般是如何被选定参审的？（人民陪审员卷）

		频率	百分比	有效百分比	累积百分比
有效值	被固定配置在合议庭，由承办法官安排	6	27.3	27.3	27.3
	被固定配置在审判庭，由庭里安排	5	22.7	22.7	50.0
	没有配置到庭，由院里安排	6	27.3	27.3	77.3
	随机抽取，临时确定	4	18.2	18.2	95.5
	其他	1	4.5	4.5	100.0
	合计	22	100.0	100.0	

我们另外了解到，A 县法院采用了较为灵活的、多样化的陪审合议庭确定办法。个案陪审员的确定原则上由法院政工室统一进行，各庭如需要陪审员，由政工室在全院陪审员名单中选取。同时，该院每一位法官都有一张完整的陪审员信息表，办案法官可直接联系陪审员。此外，法院还按陪审员的居住地域和各庭室的具体需要来对陪审员进行相对固定的划分和配置，法院机关各业务庭室、派出法庭一般在各自地域内选择陪审员；如果遇到某些特殊情况，亦可在全院陪审员名单中选择陪审员。下述对调研地法院有关领导的访谈可以说明这点。

某主管行政庭副院长：县城案件多，陪审员占了 80% 的比例。乡村基层案件比较少，大概每位法官平均配有一到两个陪审员。大量的陪审员分配在刑事审判庭、行政审判庭及民一庭，下面法庭分配的陪审员不多。

某主管刑事庭副院长：像我们机关这边平时是随机抽取的，在辖区之内一般每一个小区都有三四个人民陪审员，在那几个里面随机抽取，便于工作……随机抽取限定在一定范围内。辖区内随机抽取，就是在他们的辖区内根据工作的需要，看谁擅长于哪一方面的案件，便于做哪一方面的工作，就抽取哪一个人民陪审员。

某刑庭庭长：我们院里通过程序分配了陪审员，我们刑庭里分配了一些专业技术水平较高的陪审员，比如医院的医生……通过打电话的方式。承办法官自己打电话联系，不需要通过政工室……一般来说，我们会考虑就近原则，不可能让偏远地区的陪审员过来审理案件。

某民庭庭长：直接由我们通知（陪审员），就是政工室给了你这个名单之后，你可以从这个名单里面去选择。我们拿到案件以后，根据案件的情况，选择陪审员协助我们审理案件。一般还是和庭长讲一下，政工室已经把名单给你了，法官可以从这些陪审员中选择。

2. 随机抽取难实施的原因

（1）立法留白的变通

《参审规定》等在表述人民陪审员随机抽取时使用了"电脑生成等方式"。"等"字在此显得意味深长，暗含着对法院采用其他"可以被认为"是随机抽取的方式的默许，这就为实践中不采用电脑生成方式的做法留下了变通和回旋的余地；又因为"其他随机抽取的方式"并没有确定的考察标准，随机抽取演变为指定便顺理成章地成为可能。此外，按照《若干意见》的要求，法院"可根据案件需要在相关地域、行业、专业等类型的陪审员范围中随机抽取"，而样本法院的陪审员只有40名，除在县城相对集中外，其他地域分布较少，有些偏远地区只有一名甚至根本没有陪审员。因此，派出法庭在按地域抽取陪审员时很可能只有一个选择对象，随机抽取等同于确定选择。同理，若按行业或专业需要抽取，由于陪审员来源范围比较狭窄，特定行业或专业的陪审员数量非常有限，随机抽取价值亦不大。

（2）客观因素的限制

A县地处山区，地域广阔，较远的乡镇到县城耗时4小时左右（相当于从该县到省城所花费的时间）。在个案陪审员全部采用电脑随机抽取的方式产生时，假如位于县城的法院某庭室需要陪审员，而政工室负责人或承办法官恰好抽到了家住偏远乡镇的陪审员，那么该陪审员长途奔波出席庭审的可能性几乎为零，随机抽取亦无意义。

（3）实用主义的考量

随机抽取意味着不确定，而不确定就意味着可能出现各种想得到或想不到的情况，而由此可能带来诸多的不便或麻烦。某法官如果恰好抽到1名参审积极性较低的陪审员或者抽到的陪审员因其他原因无法参加庭审，这就无异于给自己找麻烦。在提高司法效率的背景下，出于方便、实用、效率等的考虑，法官一般会选择自己比较熟悉的、经常有联系并能配合默契的陪审员。因此，即便是进行"随机抽取"，也仅限于少数几个确定的陪审员。此外，指定某些特殊陪审员可能会带来额外的收益，例如，多次指定某法官家属参加陪审，不失为一条解决法官家属就业问题的权宜之计。对样本地区法院主管院领导的访谈揭示了这一现象。

> 某主管民庭副院长：以前两个家属是人民陪审员，举个例子，不是说他们不行，家属没事做，解决一下工作问题，帮助我们干部解决一下困难，有时候每一个案件都要他（家属陪审员）参加，一天审两次，明显属于照顾，不可能发挥作用。

> 某主管行政庭副院长：（陪审员）一个月参加陪审次数多也能拿到一千多块钱，所以我们有的家属当陪审员，一个月下来，能挣到法院普通职工的工资……第三个选任标准是我们法院操作的内心想法，即为没有工作的法院职工家属解决工作问题，这就是我们有三个陪审员是法院职工家属的原因。

（三）陪审合议庭的组成

《决定》第3条规定，陪审合议庭中人民陪审员所占比例应当不少于1/3。另外，根据三大诉讼程序法对合议庭的有关规定，基层法院审理一审案件时，陪审合议庭人员的组成方式一般为一名法官和两名陪审员（简称"一法两陪"），或两名法官和一名陪审员（简称"两法一陪"）。

在对法官群体进行的关于"哪种合议庭组成模式更有利于作出公正裁判"的调查中，我们回收有效问卷40份。结果显示：40%的法官倾向于"三法"模式，15%的法官倾向于"一法两陪"模式，12.5%的法官倾向于"两法一陪"模式，另有32.5%的法官认为三种模式"均可以"（见表3-16、表3-17）。由此可见，法官更相信全员为专业法官的合议庭，而对"一法两陪"和"两法一陪"的合议庭认同度大致相当。

表 3 - 16　　您认为以下哪种合议庭组成模式更有利于作出公正裁判？（法官卷）

		频率	百分比	有效百分比	累积百分比
有效值	与两名法官组成合议庭	16	40.0	40.0	40.0
	与两名陪审员组成合议庭	6	15.0	15.0	55.0
	与一名法官、一名陪审员组成合议庭	5	12.5	12.5	67.5
	以上组合都可以	13	32.5	32.5	100.0
	合计	40	100.0	100.0	

表 3 - 17　　　　您认为以下哪种合议庭组成模式更有利于作出公正裁判？

			您认为以下哪种合议庭组成模式更有利于作出公正裁判？				合计
			与两名法官组成合议庭	与两名陪审员组成合议庭	与一名法官、一名陪审员组成合议庭	以上组合都可以	
您在	立案庭	Count	1	0	0	1	2
		% within 您在	50.0%	0.0%	0.0%	50.0%	100.0%
		% within 您认为以下哪种合议庭组成模式更有利于作出公正裁判？	7.7%	0.0%	0.0%	9.1%	5.9%
		% of 合计	2.9%	0.0%	0.0%	2.9%	5.9%
	民庭	Count	1	3	0	3	7
		% within 您在	14.3%	42.9%	0.0%	42.9%	100.0%
		% within 您认为以下哪种合议庭组成模式更有利于作出公正裁判？	7.7%	50.0%	0.0%	27.3%	20.6%
		% of 合计	2.9%	8.8%	0.0%	8.8%	20.6%
	刑庭	Count	2	0	2	1	5
		% within 您在	40.0%	0.0%	40.0%	20.0%	100.0%
		% within 您认为以下哪种合议庭组成模式更有利于作出公正裁判？	15.4%	0.0%	50.0%	9.1%	14.7%
		% of 合计	5.9%	0.0%	5.9%	2.9%	14.7%
	行政庭	Count	4	1	0	0	5
		% within 您在	80.0%	20.0%	0.0%	0.0%	100.0%
		% within 您认为以下哪种合议庭组成模式更有利于作出公正裁判？	30.8%	16.7%	0.0%	0.0%	14.7%
		% of 合计	11.8%	2.9%	0.0%	0.0%	14.7%
	审监庭	Count	0	1	0	0	1
		% within 您在	0.0%	100.0%	0.0%	0.0%	100.0%

续前表

			您认为以下哪种合议庭组成模式更有利于作出公正裁判?				合计
			与两名法官组成合议庭	与两名陪审员组成合议庭	与一名法官、一名陪审员组成合议庭	以上组合都可以	
您在	审监庭	% within 您认为以下哪种合议庭组成模式更有利于作出公正裁判?	0.0%	16.7%	0.0%	0.0%	2.9%
		% of 合计	0.0%	2.9%	0.0%	0.0%	2.9%
	人民法庭	Count	0	0	1	1	2
		% within 您在	0.0%	0.0%	50.0%	50.0%	100.0%
		% within 您认为以下哪种合议庭组成模式更有利于作出公正裁判?	0.0%	0.0%	25.0%	9.1%	5.9%
		% of 合计	0.0%	0.0%	2.9%	2.9%	5.9%
	其他	Count	5	1	1	5	12
		% within 您在	41.7%	8.3%	8.3%	41.7%	100.0%
		% within 您认为以下哪种合议庭组成模式更有利于作出公正裁判?	38.5%	16.7%	25.0%	45.5%	35.3%
		% of 合计	14.7%	2.9%	2.9%	14.7%	35.3%
合计		Count	13	6	4	11	34
		% within 您在	38.2%	17.6%	11.8%	32.4%	100.0%
		% within 您认为以下哪种合议庭组成模式更有利于作出公正裁判?	100.0%	100.0%	100.0%	100.0%	100.0%
		% of 合计	38.2%	17.6%	11.8%	32.4%	100.0%

至于"一法两陪"和"两法一陪"这两种陪审合议庭模式孰优孰劣，理论界和实务界一直存在不同看法。有学者认为，"陪审员在两种合议庭模式中的身份侧重点不一样：陪审员具有监督者和合作者的双重身份，在'一法两陪'模式中，陪审员更多的是以'合作者'的身份出现，因为在此种模式下，法官仅有一人，陪审员必须与法官合作裁判；而在'两法一陪'模式中，陪审员更侧重其'监督者'的身份，在两名法官意见不一致时，由他视其中哪个意见更合法合理而行使其表决权"[①]。

据此观点，"一法两陪"模式在逻辑上存在两名陪审员联合架空法官的可能性。那么，这种顾虑在现实中是否会发生呢？我们的答案是不会，原因如下：第一，实践中，法官基于其职权，对审判的掌控往往超

① 张永和，于嘉川，等. 武侯陪审——透过法社会学与法人类学的观察. 北京：法律出版社，2009：207.

乎常人想象，他们会利用各种方法对陪审员产生影响从而使后者接受其意见。据反映，职业法官在陪审合议庭中是这样控制陪审员的："合议庭进行表决时，先让第一个陪审员发言，若其意见与自己一致，则放心让第二个陪审员发言，因为此时合议庭表决的结果至少已经是2∶1，当然最终为3∶0更好；若第一个陪审员与自己意见相反，则自己马上发言，对第一个陪审员的意见进行反驳，进而达到影响第二个陪审员的目的，使合议庭表决时形成2∶1的结果。"[1] 第二，案件结果的最终决定权仍然掌握在法院手中。由于案件审批制度以及审判委员会制度的存在，合议庭对案件的决定权受到了诸多的限制。因此，即使法官被陪审员架空，其仍可以通过提请院长上报审委会讨论等方式对合议庭作出的裁断进行更改。

另外，我们对于"两法一陪"模式中陪审员的"监督作用"亦保留质疑，因为在现有的人民陪审员制度下，陪审员的监督作用发挥甚微。[2]

（四）小结

在陪审程序的启动问题上，调研地法院始终处于主导地位，决定了绝大多数陪审案件的启动，这不仅是由于立法有规定或是出于具体案情的需要，而且是出于弥补审判人员不足和完成绩效考核指标的现实需求。同时，由于对人民陪审制度知悉程度低、法院地位强势等因素，当事人的法定申请（启动）权很少使用，在某种程度上甚至可以说被剥夺。

在陪审合议庭确定方式的问题上，立法留白、客观条件、实用主义等多重因子的共同作用导致法定的随机抽取方式难以实现。在陪审合议庭人员组成的问题上，"一法两陪"和"两法一陪"的模式选择对案件公正裁判的影响区别不大，而两种不同模式的理论优势在实践中似乎得不到发挥。

五、参审方式

立法规定了陪审员与法官同职同权。《决定》明确了"陪审员在参加审判活动中除不得担任审判长外，同法官有同等权利"；《若干意见》则进一步规定了陪审员在案件审理过程中的共同调查、直接发问以及进行调解等权力。陪审员职权集中体现于陪审员参与审判的方式。因此，下文将通

---

[1]　左卫民，汤火箭，吴卫军.合议制度研究——兼论合议庭独立审判.北京：法律出版社，2001：80.转引自刘晴辉.中国陪审制度研究.成都：四川大学出版社，2009：246-247.

[2]　具体分析见本章第六部分中有关陪审的监督效果的内容。

过分析对陪审员参与审判过程中相关问题的调查问卷、访谈记录等资料，描述和说明陪审员参与审判的方式。

（一）庭前阅卷

1. 庭前阅卷的基本情况

《若干意见》中要求法院为陪审员查阅案卷创造条件、提供便利，并要求陪审员在开庭前完成阅卷工作。在针对"陪审员通常在庭审前是否查阅案卷，了解案情"的调查中，我们回收法官问卷 40 份、陪审员问卷 22 份，均为有效问卷。结果显示：15.0％的法官认为陪审员参与案件审理"每次都阅卷"，22.5％的法官选择"经常阅卷"选项，50.0％的法官认为其"很少阅卷"，12.5％的法官则选择"一次也没有阅卷"。针对同一问题的陪审员问卷则显示：45.5％的陪审员称其"每次都阅卷"，27.3％的陪审员选择"经常阅卷"，18.2％的陪审员选择"偶尔阅卷"，而 9.1％的陪审员承认其"一次也没有阅卷"（见表 3-18、表 3-19）。一半以上的法官认为陪审员庭前很少阅卷，而近一半的陪审员认为自己"每次都有阅卷"，可见法官和陪审员对"陪审员庭前是否阅卷、了解案情"的认识相差比较大。

表 3-18　　　　据您所知，人民陪审员通常在庭审前是否查阅案卷，了解案情？（法官卷）

		频率	百分比	有效百分比	累积百分比
有效值	每次都有	6	15.0	15.0	15.0
	经常	9	22.5	22.5	37.5
	很少	20	50.0	50.0	87.5
	一次也没有	5	12.5	12.5	100.0
	合计	40	100.0	100.0	

表 3-19　　　请问您一般在庭前查阅过卷宗、了解案情吗？（人民陪审员卷）

		频率	百分比	有效百分比	累积百分比
有效值	每次都有	10	45.5	45.5	45.5
	经常	6	27.3	27.3	72.7
	偶尔	4	18.2	18.2	90.9
	一次也没有	2	9.1	9.1	100.0
	合计	22	100.0	100.0	

为何两类主体认识相差较大？原因主要有二：其一，两类主体的样本收集完整度不同。在调研地区，我们虽尽可能地收集和完善各类样本，但由于地理位置、时间精力等条件的限制，各类样本收集的完整度彼此间难免存在差异。法官问卷的收集得到了当地法院的高度重视和大力支持，因

此调研收集的法官样本情况相对比较完整。① 陪审员问卷的收集难度则明显偏大，由于各地区陪审员居住分散，除在座谈会中②、庭审观摩结束后和访谈时收集外，陪审员问卷更多的是通过邮寄方式发放和回收，回收问卷总数占整个陪审员群体人数的一半。③ 因此，从样本完整度的角度出发，我们认为法官的整体评价更为客观。其二，两类主体的评价对象不同。法官是根据其对在审判工作中所接触的多个陪审员的总体印象进行评价的，而人民陪审员则仅仅反映自身情况。他者对部分群体的整体评价与个体的自我评价存在差异是理所当然的事。

2. 影响庭前阅卷的因素

（1）距离法院的远近和交通状况对陪审员阅卷产生客观影响

由于A县位于山区，且地域较广，居住地离法院较远而交通不便的陪审员往往在开庭当天才看到案卷。在访谈中，我们了解到，部分比较负责的法官会在开庭前与陪审员电话联系，介绍案情：

　　　　该院政工室负责人：他（陪审员）跟主审法官联系后就要问这是个什么案件，双方交流一下，因为有些隔得比较远，他不可能到你这个地方来查阅案卷，他来不了，他只能是开庭的那一天早点来看一下案卷，了解下基本情况。

　　　　问：但是他还是会跟主审法官联系，主审法官还是会跟他讲一些基本情况？

　　　　该院政工室负责人：那肯定会讲。因为主审法官也要尊重陪审员的一些意见和建议，所以我们就是在电话里跟他交流对于这个案件的一些看法，比如说你如果是要确保他拿到案卷，除非他是在这个法庭里面那还可以（拿到案卷），如果太远就不现实，就没有条件。就现在来讲，比如说一个法官在某地（开庭），而（陪审员在另一地，）他（如果去出庭）要搭车还要住宿，如果他还要务农，或者家里还有其他的一些事情脱不开身，所以他只能打电话……

---

　　① 据该院负责人介绍，该法院有82名审判员，而真正在审判岗位的大约为30人，其余都在其他岗位。而我们做问卷调查时基本上是请在一线审判岗位的法官填写，而我们回收的法官问卷数为40，基本上包括了全部在审判岗位的法官。

　　② 由于陪审员本职工作、交通等影响，陪审员座谈会到场的陪审员只是全部陪审员的一小部分，而这部分陪审员多数是平时参审积极性较高或者距离法院比较近、来法院比较方便的陪审员，这可以从陪审员信息表、陪审员座谈会上法院的介绍以及陪审员的自我介绍中获知。

　　③ 该地陪审员的有效问卷份数为22，而该地区的陪审员总人数为40，收集的陪审员样本占陪审员总人数的55%。

我们认为，直接由法官通过电话告知陪审员案情，在很大程度上解决了陪审员阅卷不便的问题，却也造成了法官观点对陪审员认识的影响，容易使陪审员失去主见。

（2）文化水平和法律素养的高低对陪审员阅卷造成直接影响

卷宗是对案情等的高度概括和提炼，具有很强的专业性。因此，读懂案卷必须有一定的法律素养和文化水平，尤其是在一些专业性强、法律关系复杂的案件（诸如知识产权、医疗、工程建设纠纷等）中，阅读卷宗对于文化水平和专业素质较高的法官来说都是挑战，更不用说是陪审员。①特别是调研地的农民陪审员，平时在家务农，很少和文字材料打交道，阅卷对他们来说只能是"心有余而力不足"。因此就阅卷层面来说，《决定》中对陪审员具备大专以上文化水平的要求确实有其合理性基础。②

（二）庭中发问

1. 基本情况

在陪审员参与庭审的过程中，发问作为一种最直观的表现形式，可以直接反映陪审员是否投入"陪审"这一角色中，陪审员有无发问、有多少次发问是参与审判的其他主体感受陪审员陪审活动的"窗口"。在针对"陪审员在庭审过程中发问情况"的调查中，我们分别回收法官、陪审员、公诉人和律师问卷 40 份、22 份、6 份和 36 份，均为有效问卷；当事人问卷 67 份，其中缺失 2 份，有效 65 份。结果显示：22.5% 的法官、40.9% 的陪审员、5.6% 的律师、18.5% 的当事人认为"通常都问"③；65.0% 的法官、59.1% 的陪审员、50.0% 的公诉人、66.7% 的律师认为"很少问"；10.0% 的法官、50.0% 的公诉人、27.8% 的律师、40.0% 的当事人则认为"没有问过"（见表 3 - 20、表 3 - 21、表 3 - 22、表 3 - 23、表 3 - 24）。

除四成的陪审员外，其他各主体认为陪审员"通常都问"的不到二成，作为体制内人员，3/4 的法官和 100% 的公诉人认为陪审员"没有问过"或"很少问"，而九成以上的律师认为陪审员"没有问过"或"很少问"。可见，总体上看，陪审员在庭审中发问不多甚至可以说很少。以下是我们观摩样本地区法院刑庭某陪审案件后，主审法官对陪审员庭中发问的看法：

问：我们观摩您庭审的过程，基本上是您一个人在上面审案，两

---

① 值得指出的是，对于自己所从事的领域的案件，专家陪审员或有专业知识的陪审员在认定事实等方面比法官更有优势。

② 《决定》第 4 条规定，公民担任人民陪审员一般应当具有大学专科以上文化程度。

③ 另有 29.2% 的当事人认为"偶尔会问"。

个陪审员只是坐在上面，也不主动发问，一般都是这样的吗？

某刑庭法官：一般都是这样，基本上是这个样子。

在该刑事案件庭审中，我们发现，即使坐在同一审判席，陪审员与法官的权利也明显不同，法官的桌前有大堆的案卷材料，而陪审员的面前空荡荡的，如果陪审员需要阅读案件，他必须向法官"借阅"。单从这点出发就可窥见，陪审员和法官在庭审中的权利不平等。以下是对该问题的访谈：

问：我在观摩您庭审的过程中，注意到一个细节：某陪审员向您借阅了一下案卷材料……陪审员席上面好像没有案卷材料，他们一般只是靠当庭观察、聆听，是吗？

某刑庭法官：是的。

表 3-20　　　通常情况下，人民陪审员会在庭审过程中发问吗？（法官卷）

		频率	百分比	有效百分比	累积百分比
有效值	通常都问	9	22.5	22.5	22.5
	很少问	26	65.0	65.0	87.5
	没有问过	4	10.0	10.0	97.5
	不记得了	1	2.5	2.5	100.0
	合计	40	100.0	100.0	

表 3-21　　　　　请问您在庭审中发问吗？（人民陪审员卷）

		频率	百分比	有效百分比	累积百分比
有效值	每次都会发问	5	22.7	22.7	22.7
	经常发问	4	18.2	18.2	40.9
	很少发问	13	59.1	59.1	100.0
	合计	22	100.0	100.0	

表 3-22　　　　通常情况下，陪审员会在庭审中发问吗？（公诉人卷）

		频率	百分比	有效百分比	累积百分比
有效值	很少问	3	50.0	50.0	50.0
	没有问过	3	50.0	50.0	100.0
	合计	6	100.0	100.0	

表 3-23　　通常情况下，陪审员在庭审中会问您或当事人问题吗？（律师卷）

		频率	百分比	有效百分比	累积百分比
有效值	通常都问	2	5.6	5.6	5.6
	很少问	24	66.7	66.7	72.2
	没有问过	10	27.8	27.8	100.0
	合计	36	100.0	100.0	

表 3 - 24　　　　请问陪审员在庭审中有问过您问题吗？（当事人卷）

		频率	百分比	有效百分比	累积百分比
有效值	问过多次	12	17.9	18.5	18.5
	偶尔会问	19	28.4	29.2	47.7
	没有问过	26	38.8	40.0	87.7
	不记得了	8	11.9	12.3	100.0
	合计	65	97.0	100.0	
缺失值	99	2	3.0		
	合计	67	100.0		

2. 发问对查清案情的影响

在"陪审员发问对查清案情的影响"的调查中，我们回收法官问卷 40 份、公诉人问卷 6 份，均为有效问卷。72.5%的法官认为陪审员发问"有助于"查清案情，20.0%的法官和 66.7%的公诉人认为"偶尔有帮助"，16.7%的公诉人认为"没有帮助"（见表 3 - 25、表 3 - 26）。九成以上的法官和 2/3 的公诉人对陪审员发问对于查清案情的影响持肯定态度，可见陪审员的发问确实发挥了一定作用。

表 3 - 25　您认为人民陪审员在庭审中发问是否有助于查清案件事实？（法官卷）

		频率	百分比	有效百分比	累积百分比
有效值	有助于	29	72.5	72.5	72.5
	偶尔有帮助	8	20.0	20.0	92.5
	说不清	3	7.5	7.5	7.5
	合计	40	100.0	100.0	100.0

表 3 - 26　您认为陪审员在庭审中发问是否有助于查清案件事实？（公诉人卷）

		频率	百分比	有效百分比	累积百分比
有效值	偶尔有帮助	4	66.7	66.7	66.7
	没有帮助	1	16.7	16.7	83.3
	说不清	1	16.7	16.7	16.7
	合计	6	100.0	100.0	100.0

3. 不发问的原因

另外，我们进一步对"陪审员不发问的原因"进行了调查。该项调查共回收 22 份陪审员问卷，其中 6 份缺失，16 份有效。受调查的陪审员中认为"我想问的法官都问到了"的比例占 56.3%，认为"对案件事实还不清楚"的比例为 31.3%，认为"对涉及的法律问题不了解"的比例为 25.0%，认为"想发问，但又怕出错"的比例为 12.5%，另有 12.5%的陪审员则认为有"其他原因"，没有陪审员认为"主审法官不给我发问机会"。可见，陪审员不发言并不能充分说明其未能全心投入审判，也无法完全证明陪审员仅在形式上参与庭审而未能在实质上发挥作用。但是如果仅从表面上看，不发言的陪审员所能发挥的作用不得不令当事人或者其他旁观者产生质疑（见表3-27）。

表3-27（1）　　　您在庭审中很少或从不发问，主要原因是：
对案件事实还不清楚（人民陪审员卷）

		频率	百分比	有效百分比	累积百分比
有效值	No	11	50.0	68.8	68.8
	Yes	5	22.7	31.3	100.0
	合计	16	72.7	100.0	
缺失值	99	6	27.3		
	合计	22	100.0		

表3-27（2）　　　对涉及的法律问题不了解（人民陪审员卷）

		频率	百分比	有效百分比	累积百分比
有效值	No	12	54.5	75.0	75.0
	Yes	4	18.2	25.0	100.0
	合计	16	72.7	100.0	
缺失值	99	6	27.3		
	合计	22	100.0		

表3-27（3）　　　我想问的法官都问到了（人民陪审员卷）

		频率	百分比	有效百分比	累积百分比
有效值	No	7	31.8	43.8	43.8
	Yes	9	40.9	56.3	100.0
	合计	16	72.7	100.0	
缺失值	99	6	27.3		
	合计	22	100.0		

表3-27（4）　　　主审法官不给我发问机会（人民陪审员卷）

		频率	百分比	有效百分比	累积百分比
有效值	No	16	72.7	100.0	100.0
缺失值	99	6	27.3		
	合计	22	100.0		

表3-27（5）　　　想发问，但又怕出错（人民陪审员卷）

		频率	百分比	有效百分比	累积百分比
有效值	No	14	63.6	87.5	87.5
	Yes	2	9.1	12.5	100.0
	合计	16	72.7	100.0	

续前表

		频率	百分比	有效百分比	累积百分比
缺失值	99	6	27.3		
	合计	22	100.0		

表 3-27 (6)　　　　　　其他原因（人民陪审员卷）

		频率	百分比	有效百分比	累积百分比
有效值	No	14	63.6	87.5	87.5
	Yes	2	9.1	12.5	100.0
	合计	16	72.7	100.0	
缺失值	99	6	27.3		
	合计	22	100.0		

（三）庭后合议

庭审结束后的合议庭评议作为审理案件的关键环节，对案件的最终结果往往起着决定性作用。由于合议的封闭、不公开，我们不能直接观摩样本地区合议庭的合议情况，只能转而通过对参加合议的法官和陪审员的问卷调查和访谈进行侧面勾勒。

1. 参加合议的基本情况

在对"陪审员是否参加过合议"的调查中，我们回收陪审员问卷 22 份，其中缺失问卷 1 份，有效问卷 21 份。结果显示："每次都参加"的陪审员占 76.2%；"一次也没有参加，只在合议笔录上签字或由他人代签"的陪审员有 1 人，比例为 4.8%；"有时参加，有时在笔录上补签字"的陪审员有 4 人，比例为 19.0%（见表 3-28）。可见，近八成的陪审员参加合议的情况比较好，但也有超过两成的陪审员存在缺席合议、事后补签或者由他人代签合议笔录等问题。

表 3-28　　　　　　请问您是否参加过合议？（人民陪审员卷）

		频率	百分比	有效百分比	累积百分比
有效值	每次都参加	16	72.7	76.2	76.2
	一次也没有参加，只在合议笔录上签字或由他人代签	1	4.5	4.8	81.0
	有时参加，有时在笔录上补签字	4	18.2	19.0	100.0
	合计	21	95.5	100.0	
缺失值	99	1	4.5		
	合计	22	100.0		

2. 发表评议意见的顺序

据《法制日报》报道，《关于人民陪审员参加合议庭评议案件的规定》

的草案对合议庭成员的发言顺序是这样规定的："先由承办法官对案件的事实认定、法律适用和处理结果发表意见，然后由人民陪审员发表意见，审判长最后发表意见。"如此一来，承办法官很可能因专业权威、主场优势、信息优势①等因素"先声夺人"，对后发言的陪审员产生影响。因此，与草案相左的另一种意见支持"合议庭评议案件时，先由陪审员对案件的事实认定、法律适用和处理结果发表意见，审判长最后发表意见"，以便陪审员能首先发表意见以确保其表意的充分性。

正式颁布的《参审规定》最终采纳了后一种意见，即先由承办法官就案件涉及的相关法律、审查判断证据的有关规则进行介绍，然后再由陪审员及合议庭其他成员充分发表意见，最后由审判长发表意见并总结。《参审规定》还明确了陪审员评议案件的独立表决权和提请院长决定是否提交审委会讨论的权利，《若干意见》也专门重申了该规定。

以上是对问题规范层面的分析，那么司法实践中做法如何呢？在针对"合议中一般由谁先发表意见"的调查中，我们回收法官问卷40份，均为有效问卷；陪审员问卷22份，其中缺失1份，有效21份。法官卷显示，认为先由法官发表意见的比例为77.5%，先由陪审员发表意见的比例为5.0%，两种情况都有的比例为17.5%（见表3-29）。在陪审员群体中，认为先由法官发表意见的比例为28.6%，先由陪审员发表意见的比例为28.6%，两种情况都有的比例为42.9%（见表3-30）。可见，实践中由法官先发表意见的情形占多数。

我们认为，这种情形的出现可能是由于以下几点原因：第一，部分陪审员参审积极性不高，不愿先发表意见，也没有什么意见；第二，部分陪审员对案情不甚了解，不能先发表意见，也发表不了意见；第三，法官出于把控合议结果的考量，先行发表意见以对陪审员产生影响。

表3-29　　　　　请问在合议中，一般由谁先发表意见？（法官卷）

		频率	百分比	有效百分比	累积百分比
有效值	先由法官发表意见	31	77.5	77.5	77.5
	先由陪审员发表意见	2	5.0	5.0	82.5
	以上两种情况都有	7	17.5	17.5	100.0
	合计	40	100.0	100.0	

---

①　在实践中，大多数案件从庭前准备、证据调查到案件裁决的基本意见都是由承办人一人独立完成。而事实上大多数陪审员（不排除个别陪审员例外）很多时候只参与庭审和合议，对案件的了解显然比承办法官少得多。

表3-30　　　　　　请问在合议中一般由谁先发表意见？（人民陪审员卷）

		频率	百分比	有效百分比	累积百分比
有效值	先由法官发表意见	6	27.3	28.6	28.6
	先由陪审员发表意见	6	27.3	28.6	57.1
	以上两种情况都有	9	40.9	42.9	100.0
	合计	21	95.5	100.0	
缺失值	99	1	4.5		
合计		22	100.0		

3. 陪审员对法官评议意见的认同度

合议时"陪审员对法官评议意见的认同度"调查中，我们回收法官问卷40份，均为有效问卷；陪审员问卷22份，其中缺失1份，有效21份。结果显示：25％的法官和14.3％的陪审员认为陪审员对法院的评议意见"几乎都赞成"；70％的法官、81％的陪审员认为"赞成的比例多一些"；另有5％的法官和4.8％的陪审员认为"赞成和不赞成的比例相当"。大约95％的法官和陪审员都认为"赞成的比例多一些"或"几乎都赞成"，5％左右的法官和陪审员都认为"赞成和不赞成的比例相当"；75％的法官和85.8％的陪审员认为"有过不赞成的时候"（见表3-31、表3-32）。法官和陪审员群体在此问题上看法较为一致，大多数时候陪审员赞成法官的评议意见，但不赞成法官评议意见的情形也不占少数。关于产生分歧的原因，有法官认为是陪审员和法官在考虑问题时有不同的出发点，前者更倾向于道德、情感，后者更重法律、事实。相关访谈如下：

问：陪审员有没有和法官在合议阶段出现过分歧或不同意见呢？

政工室某负责人：那肯定有……比如说刑事案件对案件究竟怎么样来定性，有时候陪审员他考虑问题所站的角度不同。曾经有两个陪审员跟我反映过，陪审员他所站的角度不同，法律规定很具体，他有时候在有些方面可能抽象了点，可能不是很具体，法官可能就是站在法律角度考虑一个问题，陪审员往往就是考虑到伦理道德或者感情方面能不能接受，所以他站的角度不同，最终对这个案件进行怎样一个定性、量刑判多少，他跟主审法官有区别。可能法官站在法律的角度纯粹一点，可能考虑的问题要多一点，陪审员他有时候站在人际关系、感情方面，他所考虑问题站的角度不同。

表3-31　　　　通常情况下，人民陪审员对法官的评议意见？（法官卷）

		频率	百分比	有效百分比	累积百分比
有效值	几乎都赞成	10	25.0	25.0	25.0
	赞成的多一些	28	70.0	70.0	95.0
	赞成和不赞成的比例相当	2	5.0	5.0	100.0
	合计	40	100.0	100.0	

表3-32　　　　通常情况下，您对法官的评议意见？（人民陪审员卷）

		频率	百分比	有效百分比	累积百分比
有效值	几乎都赞成	3	13.6	14.3	14.3
	赞成的多一些	17	77.3	81.0	95.2
	赞成和不赞成的比例相当	1	4.5	4.8	100.0
	合计	21	95.5	100.0	
缺失值	99	1	4.5		
	合计	22	100.0			

4. 产生分歧的应对

当陪审员与法官意见不同时，法官会如何处理？针对这一问题①，我们回收法官问卷40份，均为有效问卷；陪审员问卷22份，其中缺失1份，有效21份。以选项比例为参数作降序排列，法官群体中认为"直接按少数服从多数原则表决"的占57.5%；"向陪审员解释法律问题，然后再表决"的占比50%；"做陪审员工作，说服他接受"的比例为5%；作其他处理的比例为5%（见表3-33）。陪审员群体中选择"法官会向我作解释，然后再表决"的比例为71.4%；"直接按少数服从多数原则表决"的比例为23.8%；"法官会做工作说服我同意他的意见"的比例为4.8%（见表3-34）。

总的来看，一方面"解释后再表决"在两类群体中出现的比例比较高，分别超过了群体数一半，可见法官在形式上尊重陪审员，会使其知道作出判决的原因；另一方面，"说服陪审员接受法官意见"的比例都比较低，仅占5%左右，或说明法官在实质上对陪审员的意见重视不够。近六成的法官选择了"直接按少数服从多数原则表决"，而七成左右的陪审员选择了"解释后表决"，说明相当一部分法官在合议庭评议时具有绝对权威，能够主导合议结果。A县法院政工室某负责人的访谈也指出了该情况：

---

①　法官问卷和陪审员问卷对该问题选项采取了不同的选择要求，前者可以进行多选，后者要求单选。

　　我们这里来讲呢，还是法官最终起决定作用……我们还是实行少数服从多数，就是三个人，陪审员你的意见可以保留，但是最终还是由法官来决定这个案件的定性和量刑。

表 3 - 33（1）　　如果人民陪审员的意见与您不一致，您通常会如何处理？
直接按少数服从多数的原则表决（法官卷）

		频率	百分比	有效百分比	累积百分比
	No	17	42.5	42.5	42.5
有效值	Yes	23	57.5	57.5	100.0
	合计	40	100.0	100.0	

表 3 - 33（2）　　　　做陪审员工作，说服他接受（法官卷）

		频率	百分比	有效百分比	累积百分比
	No	38	95.0	95.0	95.0
有效值	Yes	2	5.0	5.0	100.0
	合计	40	100.0	100.0	

表 3 - 33（3）　　　向陪审员解释法律问题，然后再表决（法官卷）

		频率	百分比	有效百分比	累积百分比
	No	20	50.0	50.0	50.0
有效值	Yes	20	50.0	50.0	100.0
	合计	40	100.0	100.0	

表 3 - 33（4）　　　　　　　　其他（法官卷）

		频率	百分比	有效百分比	累积百分比
	No	38	95.0	95.0	95.0
有效值	Yes	2	5.0	5.0	100.0
	合计	40	100.0	100.0	

表 3 - 34　　　　　　　　如果您的意见与法官不同，
一般情况下法官会怎么处理？（人民陪审员卷）

		频率	百分比	有效百分比	累积百分比
	直接按少数服从多数原则表决	5	22.7	23.8	23.8
	法官会做工作说服我同意他的意见	1	4.5	4.8	28.6
有效值	法官会向我作解释，然后再表决	15	68.2	71.4	100.0
	合计	21	95.5	100.0	
缺失值	99	1	4.5		
	合计	22	100.0		

　　对于"是否曾因与其他合议庭成员有分歧而将案件提交审委会"的问

题，调研回收陪审员问卷22份，其中缺失1份，有效21份。3名陪审员有过提交审委会的经历，另有18名陪审员则没有该经历，比例分别为14.3%和85.7%（见表3-35）。可见，陪审员将案件提交审委会的情况较少。这也从侧面反映出，部分陪审员的实质参审度高，对案件或多或少地产生了一定的影响，参审效果较明显。

表3-35　　　　请问您有没有因意见与合议庭其他成员有分歧，
　　　　　　　而要求将案件提交审委会处理？（人民陪审员卷）

		频率	百分比	有效百分比	累积百分比
有效值	有过	3	13.6	14.3	14.3
	没有	18	81.8	85.7	100.0
	合计	21	95.5	100.0	
缺失值	99	1	4.5		
	合计	22	100.0		

我们另外了解到，相较刑事案件而言，在民事案件和行政案件中陪审员不易与法官产生分歧，这是因为民事案件当事人双方有着相当程度的自主权，且案件可以进行调解，有较大的回旋空间；而行政案件数量比较少，且认定案件事实和法律适用比较专业和复杂，更有来自行政单位无形的压力。刑事案件中，陪审员与法官的分歧往往出现在量刑幅度方面，尤其是当陪审员认真履职而双方相持不下时，陪审员就会将案件提交至审委会。这是因为，罪与非罪比较容易判断，而此罪与彼罪的问题属于法官的业务强项，非一般陪审员力所能及；但是在量刑问题上，陪审员往往比法官更易受个人喜好、情感偏见、社会舆论等因素的影响，从而与法官产生分歧。下附某陪审员在座谈会上就其与法官意见分歧而将案件提交审委会讨论所作的发言：

　　　　某陪审员（担任妇联主席）：在刑事案件中，对于量刑，由于我国刑法的量刑幅度很大，比如3年到10年，对于强奸案件，我就坚持从重，要求判重一点，因为判刑的时候大都好像是判中间5、6年左右的样子，那我就会要求判重一点，特别是有一次有个父亲强奸女儿的案件，民愤很大，法官认为应该判处10年以下，我当时坚持认为应该判重一点，判最重的刑，最后提交到法院审判委员会讨论，最终还是支持了我们陪审员的观点，判了12年。这种情况有几次。当时我觉得我们法院还是很重视我们的意见。

5. 裁判结果的审核

《参审规定》第10条规定了陪审员在评议笔录和裁判文书上签名的权

利和义务，即陪审员应认真阅读评议笔录，经确定无误后再签名，如果评议笔录与评议内容不一致，陪审员应当要求更正后签名。实践中，合议庭评议都会有书记员全程记录。按照法律要求，法官和陪审员有义务核实并签名。调查中，对于"是否会核实参审案件的裁判文书文稿并签名"的问题，我们回收有效陪审员问卷 22 份。选择"每次都会"的陪审员仅占 45.5％，不到受访陪审员总数的一半；选择"很少"的陪审员占三成，选择"从来没有"的陪审员有 2 名，占受访陪审员总数的一成（见表 3－36）。

表 3－36　请问您是否会核实参审案件的裁判文书文稿，并签名？（人民陪审员卷）

		频率	百分比	有效百分比	累积百分比
有效值	每次都会	10	45.5	45.5	45.5
	经常	3	13.6	13.6	59.1
	很少	7	31.8	31.8	90.9
	从来没有	2	9.1	9.1	100.0
	合计	22	100.0	100.0	

实践中甚至还有陪审员只参加庭审而不参加合议，由法官电话告知陪审员合议结果，事后由陪审员倒签的情况。此时，陪审合议便仅剩形式，名存实亡。以下对刑庭和派出法庭法官的访谈可以印证样本地区此种现象的存在：

问：像这种陪审员只参加庭审，基本上不参加合议的现象多吗？

某刑庭庭长：我只能够说有这种现象，下面的派出法庭可能基本上都是这种状况。

问：那陪审员怎么在判决书上签名呢，机器打印出来吗？还是把判决书邮寄给他们呢？

某刑庭庭长：签名还是本人亲自签的，案件审完以后，判决书不会马上出来，而陪审员回去了，那到时候把判决书寄给他补个签名。所以讲我们国家的人民陪审员制度就是个形式，和国外的陪审团制度完全是两码事。

问：我还听说有的人民陪审员，尤其是在派出法庭，他们参与开庭，开庭之后，剩下的合议他就不来了，到时候就在判决书上签个字，中间好多环节就不来参与了。

某派出法庭庭长：这些现象也有，因为农民嘛，有些要出去干活了，他不可能天天守在你这里……大多数时候如果时间够的话，他会参与，但是如果时间不空的话，也就是法官说什么就是什么，到时候再过来签个名就是了，这种现象是有的。

问：这种现象多吗？

某派出法庭庭长：这个不好说。如果是空闲的时候，一般都会来，没空的时候，他可能就不来了。

针对"如何处理判决结果与评议结果不一致"的问题，我们回收陪审员问卷 22 份，均为有效问卷。结果反映：9.1％的陪审员"相信法官自有其道理"，27.3％的陪审员会"找主审法官问清楚"，还有 63.6％的陪审员则表示"没出现过这种情况"。在面对判决结果与评议结果不一致时，3/4 的陪审员会主动弄清楚原因，1/4 的陪审员则不太关心（见表 3 - 37）。

表 3 - 37　　　　　在您发现判决结果与合议庭评议结果不一致的时候，
您如何处理？（人民陪审员卷）

		频率	百分比	有效百分比	累积百分比
有效值	相信法官自有其道理	2	9.1	9.1	9.1
	找主审法官问清楚	6	27.3	27.3	36.4
	没出现过这种情况	14	63.6	63.6	100.0
	合计	22	100.0	100.0	

（四）小结

本部分通过对参审过程中不同主体的问卷调查和访谈，系统描述了陪审员参与审判的三个环节，即庭前阅卷、庭中发问和庭后合议的情况。

关于庭前阅卷，陪审员阅卷情况不容乐观，距离法院的远近和交通便利程度、陪审员文化水平和法律素养等均对陪审员庭前阅卷的次数和质量有影响。关于庭中发问，陪审员发问较少，不发问的原因多半是对案件事实和法律问题不清楚。在庭后合议环节，存在陪审员不参加合议、代签、倒签合议笔录等违规现象；并且，合议环节表现出法官对陪审员较强的控制和影响，陪审员在绝大多数情况下赞成法官评议，产生分歧时多半亦听从于法官，只有极个别陪审员将分歧提交法院审委会。

六、参审效果

本部分将通过对不同主体的问卷调查、访谈，考察陪审员参与审判所发挥的主要作用，如裁判作用、调解作用、专家审判作用以及监督作用等。

（一）参与裁判的效果

在对陪审员参审案件裁判结果满意度的调查中，我们回收法官问卷40份、陪审员问卷22份、公诉人问卷6份、律师问卷36份、当事人问卷67份，除法官问卷缺失1份、当事人问卷缺失2份外，其余均为有效问卷。调查结果显示：28.2％的法官、72.7％的陪审员、8.3％的律师、58.4％的当事人①对参审案件结果满意；66.7％的法官、50％的公诉人、91.7％的律师认为"案件结果与没有人民陪审员参与的情况差不多"；50％的公诉人认为基本能接受，23.1％的当事人不太满意，18.5％的当事人很不满意（见表3-38、表3-39、表3-40、表3-41、表3-42）。

综合来看，大概六成的当事人满意案件结果，而持同一态度的律师则不到一成，律师群体与当事人群体对陪审员参审案件结果的满意度相差较大。由于律师经常出庭，对人民陪审员制度比较了解，当事人出庭次数则相对较少，基本只限于自身案件，对陪审制度的了解远不及律师，所以在这一问题上，律师的看法更准确。总体而言，除陪审员群体自身对参审案件结果评价较高外，其他主体评价一般，认为"有无陪审员参与对案件结果影响差不多"的占绝大多数。

表3-38　　　您认为当事人满意有陪审员参审案件的结果吗？（法官卷）

		频率	百分比	有效百分比	累积百分比
有效值	满意，基本都能服判息诉	11	27.5	28.2	28.2
	与没有人民陪审员参与的情况差不多	26	65.0	66.7	94.9
	不知道	2	5.0	5.1	100.0
	合计	39	97.5	100.0	
缺失值	99	1	2.5		
	合计	40	100.0		

表3-39　　　据您了解，当事人满意您所参审案件的裁判结果吗？（人民陪审员卷）

		频率	百分比	有效百分比	累积百分比
有效值	满意，基本都能服判息诉	16	72.7	72.7	72.7
	不满意，上诉、申诉情况更多	1	4.5	4.5	77.3
	没关注过	5	22.7	22.7	100.0
	合计	22	100.0	100.0	

---

① 　包括13.8％当事人很满意，44.6％当事人还算满意。

表 3 - 40　　　　请问您能接受陪审案件的裁判结果吗？（公诉人卷）

		频率	百分比	有效百分比	累积百分比
有效值	基本能接受	3	50.0	50.0	50.0
	与没有陪审员参审的情况差不多	3	50.0	50.0	100.0
	合计	6	100.0	100.0	

表 3 - 41　　　请问您的当事人满意陪审案件的裁判结果吗？（律师卷）

		频率	百分比	有效百分比	累积百分比
有效值	满意，基本都能服判息诉	3	8.3	8.3	8.3
	与没有陪审员参审的情况差不多	33	91.7	91.7	100.0
	合计	36	100.0	100.0	

表 3 - 42　　　　请问您对案件的处理结果满意吗？（当事人卷）

		频率	百分比	有效百分比	累积百分比
有效值	很满意	9	13.4	13.8	13.8
	还算满意	29	43.3	44.6	58.4
	不太满意	15	22.4	23.1	81.5
	很不满意	12	17.9	18.5	100.0
	合计	65	97.0	100.0	
缺失值	99	2	3.0		
合计		67	100.0		

在"陪审员对裁判结果的影响度"的调查中，我们回收公诉人问卷6份，其中缺失1份，有效5份；律师问卷36份，其中缺失2份，有效34份；当事人问卷67份，其中缺失3份，有效64份。据统计：20%的公诉人、41.2%的律师、10.9%的当事人认为陪审员对裁判结果"有一定影响"；60%的公诉人、55.9%的律师和65.6%的当事人则认为"没有什么影响"；20%的公诉人、2.9%的律师、18.8%的当事人"不知道影响如何"。值得注意的是，仅有4.7%的当事人认为陪审员对案件裁判结果"有很大影响"，而有超过一半的律师、80%以上的公诉人和当事人都认为陪审员对裁判结果没有影响或者不知道有什么影响（见表3-43、表3-44、表3-45）。由此可见，在审判主体以外的群体看来，陪审员对案件裁判结果影响较小。此外，在对样本地区主管陪审员任命工作的人大常委会内司委的调研中，某主任在访谈中也认为陪审"流于形式""陪而不审"：

样本地区人大常委会内司委主任：一个案件怎么来判决的，法官一个人说了算，感觉陪审员很少发表意见，有些陪审员坐在法庭上一言不发，一年到头在那里"陪"，开完庭就走了，也不参与研究案件是怎么来认定证据的，怎么来认定事实的……

与陪审员一起审判案件的法官，他们的看法自然成为判断陪审员对裁判结果产生影响与否的一个有力论据。大部分法官对陪审员的裁判作用认同度很低，认为他们"陪而不审"，有的只在开庭时来"坐台"，有的不参加合议，事后签名；甚至有法官认为陪审员只要参加了庭审和合议，就算发挥了参审的作用；也有部分法官认为陪审员能够在事实认定方面发挥一定作用，而前提是陪审员"实质上"参加陪审了。我们摘录对调研法院业务庭和政工室两位负责人的访谈，分别对陪审员"陪而不审"的现象和部分农村陪审员①在离婚案件中所发挥的作用予以说明：

> 某刑庭庭长：我在法院工作了二十多年，按照我的观点，原来那些陪审员纯粹就会一句话，"同意审判长的意见，案件事实清楚，证据确实充分，定罪量刑准确"。现在有点变化，陪审员比较年轻，水平高一点，但变化不大，基本上没有什么实质性变化。中级法院在我们这里开庭，他们也要求陪审员的参审率，要求陪审员参与庭审，但是在案件审完以后，他们不在这里搞合议，回去了，这样后面的事情陪审员都不会参与，但判决书上陪审员还是要签名，实际上就是这样的情况。

> 政工室某负责人：我们这里离婚案件比较多，有的法庭70%都是离婚案件，由于离婚案件占得特别多，它又涉及社会和家庭的稳定，所以我们在考虑离婚案件的时候会充分尊重陪审员的意见。因为陪审员他们都是生活在农村里面，对下面情况比法官了解的要详细些，所以他们的观点可能要比我们更加切合实际。比如某个村有一对夫妇要离婚，我们法官肯定也要去调查他们的婚姻、生活情况，但是这个陪审员可能就是他们村的或者邻村的，对他们的关系或者说感情状况可能更为了解：他们的婚姻是不是已经破裂了或者说是不是有存在的必要，他们离婚后对他们家庭、家族或者是本村是不是有什么不良影响，他肯定会全方位地考虑，所以往往他提出来的一些意见肯定是比我们法官在审理案件的时候考虑的问题要全面一点。

---

① 而据样本地区法院陪审员名单显示，农民身份的陪审员共4人，并且其中有2人还分别担任城管队队长和小学校长。

表 3 - 43　请问您觉得有没有陪审员参审，对裁判结果影响大吗？（公诉人卷）

		频率	百分比	有效百分比	累积百分比
有效值	有一定影响	1	16.7	20.0	20.0
	没什么影响	3	50.0	60.0	80.0
	不知道	1	16.7	20.0	100.0
	合计	5	83.3	100.0	
缺失值	99	1	16.7		
	合计	6	100.0		

表 3 - 44　请问您觉得有没有陪审员参审，对裁判结果影响大吗？（律师卷）

		频率	百分比	有效百分比	累积百分比
有效值	有一定影响	14	38.9	41.2	41.2
	没什么影响	19	52.8	55.9	97.1
	不知道	1	2.8	2.9	100.0
	合计	34	94.4	100.0	
缺失值	99	2	5.6		
	合计	36	100.0		

表 3 - 45　您觉得有没有陪审员参审，对官司的结果影响大吗？（当事人卷）

		频率	百分比	有效百分比	累积百分比
有效值	有很大影响	3	4.5	4.7	4.7
	有一定影响	7	10.4	10.9	15.6
	没什么影响	42	62.7	65.6	81.2
	不知道	12	17.9	18.8	100.0
	合计	64	95.5	100.0	
缺失值	99	3	4.5		
	合计	67	100.0		

（二）参与调解的效果

陪审员参与调解，指的是在有陪审员参与的民事、行政案件中，陪审员单独或者与法官共同主持民事权益纠纷的解决，促使双方当事人在平等自愿的基础上达成协议的过程。《答复》以司法解释的形式肯定了陪审员开展调解工作，即陪审员可以依照法律有关规定，独立对案件进行诉讼调解。

在对陪审员参与诉讼调解的频率的调查中，我们回收法官问卷 40 份，陪审员问卷 22 份，律师问卷 36 份，均为有效问卷；当事人问卷 67 份，其中缺失 3 份，有效 64 份。结果显示：65％的法官、68.2％的陪审员[①]

[①]　在此，为了与其他群体对比，将"每次都积极参与调解"的 40.9％的陪审员算入"经常参与调解"的陪审员比例中，共计 68.2％。

选择了"经常调解"选项；27.5％的法官、22.7％的陪审员认为"陪审员很少参与调解"；80.6％的律师认为"陪审员偶尔调解"；另有7.5％的法官、9.1％的陪审员和8.3％的律师认为"陪审员从没参与过调解"。当事人群体中有59.4％认为"陪审员调解过"，34.4％的当事人则认为"陪审员没调解过"（见表3-46、表3-47、表3-48、表3-49）。综上，作为审判主体的法官和陪审员对"陪审员参与调解的频率"的认知大体一致，均有超过六成认为"经常调解"。

表3-46　　在您承办的案件中，人民陪审员参与过诉讼调解吗？（法官卷）

		频率	百分比	有效百分比	累积百分比
有效值	经常调解	26	65.0	65.0	65.0
	很少调解	11	27.5	27.5	92.5
	从不调解	3	7.5	7.5	100.0
	合计	40	100.0	100.0	

表3-47　　　　　请问您参与过法院调解吗？（人民陪审员卷）

		频率	百分比	有效百分比	累积百分比
有效值	每次调解都会积极参与	9	40.9	40.9	40.9
	经常参与调解	6	27.3	27.3	68.2
	很少参与调解	5	22.7	22.7	90.9
	一次也没有调解过	2	9.1	9.1	100.0
	合计	22	100.0	100.0	

表3-48　　通常情况下，陪审员会参与调解吗？（仅指民事案件）（律师卷）

		频率	百分比	有效百分比	累积百分比
有效值	只要有调解都会参与	1	2.8	2.8	2.8
	调解过很多次	3	8.3	8.3	11.1
	偶尔调解	29	80.6	80.6	91.7
	从没调解过	3	8.3	8.3	100.0
	合计	36	100.0	100.0	

表3-49　　请问陪审员在诉讼中是否做过您的调解工作？（当事人卷）

		频率	百分比	有效百分比	累积百分比
有效值	调解过	38	56.7	59.4	59.4
	没调解过	22	32.8	34.4	93.8
	不记得了	4	6.0	6.3	100.0
	合计	64	95.5	100.0	
缺失值	99	3	4.5		
	合计	67	100.0			

　　关于陪审员身份对调解结果的影响，我们回收法官问卷 40 份，均为有效问卷；陪审员问卷 22 份，其中缺失 3 份，有效 19 份。结果如下：35％的法官和 78.9％的陪审员认为"陪审员较之法官更容易促成当事人达成调解协议"；52.5％的法官和 21.1％的陪审员认为"陪审员较之法官不一定更容易促成当事人达成调解协议"；还有 12.5％的法官对此问题作否定回答（见表 3-50、表 3-51）。由此可见，近八成的陪审员对其调解作用的发挥有着良好的自我感觉，而超过一半的法官对陪审员调解作用的发挥持观望态度；也就是说，陪审员对自身所发挥的调解作用的评价远高于法官对其的评价。

表 3-50　您认为陪审员较之法官是否更易于促成当事人达成调解协议？（法官卷）

		频率	百分比	有效百分比	累积百分比
有效值	是	14	35.0	35.0	35.0
	否	5	12.5	12.5	47.5
	不一定	21	52.5	52.5	100.0
	合计	40	100.0	100.0	

表 3-51　　　　请问您的陪审员身份是否会让当事人更容易接受
您的调解意见？（人民陪审员卷）

		频率	百分比	有效百分比	累积百分比
有效值	是	15	68.2	78.9	78.9
	不一定	4	18.2	21.1	100.0
	合计	19	86.4	100.0	
缺失值	99	3	13.6		
合计		22	100.0		

　　关于调解效果，我们回收陪审员问卷 22 份，其中缺失 3 份，有效 19 份。调查显示：52.6％的陪审员称"调解成的案件较多"，47.4％的陪审员认为调成与没调成的案件"大体相当"，两种回答占比相当（见表 3-52）。

表 3-52　　　　如果您参与过调解，请问调解的大体情况是怎样的？
（人民陪审员卷）

		频率	百分比	有效百分比	累积百分比
有效值	调解成的案件较多	10	45.5	52.6	52.6
	两种情况大体相当	9	40.9	47.4	100.0
	合计	19	86.4	100.0	
缺失值	99	3	13.6		
合计		22	100.0		

　　在访谈中，我们发现法官对于陪审员调解作用的发挥持有两种不同的意见。一部分法官认为陪审员在调解中的作用并不明显，甚至会导致"案件变得复杂，可能还会产生反作用"，"调解工作主要还是由法官来主导，而法官并不希望陪审员参与进来"。另有部分法官则认为比较有权威、声望、势力的陪审员（如德高望重的村干部或者从事诸如妇女、未成年人权益保护工作者）可以利用其身份或者本职工作的优势和资源，更好地促成调解。具体内容可见以下访谈材料：

　　某民庭庭长：我们这里请的陪审员基本上没有什么威望，也没起什么作用。

　　某民庭副庭长：这个方面（调解）我们认为作用不明显。陪审员基本上不参与调解。就是叫一些单位的人员来陪审，他们是想来可是自己的工作又很忙，如果我们请他们，他们不来，以后也就不想再叫他们过来了。陪审员其实也并不愿意参与调解，也根本不会参与。要从制度上保证他们充分发挥作用，但是现在这种体制要让他们发挥很大的作用，又很不现实。

　　政工室某负责人：一些案件，就是我们现在讲的调判结合，调解优先，在调解的过程中陪审员发挥的作用有时候比我们法官还大……因为他们对当事人比较了解，或者有的就是自己邻村的、自己乡镇的，都是熟人，所以一些观念一些想法从我们法官的嘴里讲出来和从他们嘴里讲出来起的作用完全不同。所以当事人就某一个问题纠结或者一时达不成协议，或者说赔偿或离婚案件，涉及抚养权、债权债务怎么进行分配，有时我们法官讲的他们不一定能听得进去，陪审员来做他们的工作，作用反而不同。一些案件僵持下去，他们来进行调解，可能会迎刃而解……而且像我们陪审员里面很多是女同志，9个女同志，她们都是妇联的，专门管这个妇女工作的，维护妇女儿童的权益，她们做调解时应该比我们法官有优势……在调解中法官起到的作用往往还比不上陪审员起到的作用大，往往就是陪审员讲的一句话能听得进去，法官讲的不一定。

　　我们认为，上述两种意见形成反差的根本原因在于理论推断和实践适用的差异以及群体反映和个体表现的冲突。理论上认为会很好发挥调解作用的陪审员在实践中可能受时间精力、地域交通、参审积极性等因素影响而较少参审，从而也无法体现在调解方面的优势。陪审员"任而不陪"

"陪而不审"的群体印象又可能会掩盖部分陪审员"既陪也审""既判也调"的个体作用。然而就总体而言，绝大部分陪审员在调解当中几乎没有发挥作用，仅个别具有专长或特长者可能在特定领域的案件中起到一定的调解作用。

（三）专家陪审的效果

本章所指的专家陪审，是对拥有专家身份的人民陪审员的一种简称，并不是专门的法律术语。[①] 专家陪审员制度在我国现行立法中并没有明确规定，但在一些司法解释中有所提及。[②] 2010年《参审规定》首次以司法解释的形式规定了具有特定专业知识的人民陪审员的确定方式。[③]

在对专家陪审员参审是否更有利于查明案件事实的调查中，我们回收法官问卷40份，公诉人问卷6份，律师问卷36份，均为有效问卷。结果显示：80.0%的法官、50.0%的公诉人、58.3%的律师对该问题作肯定回答，即认为专家陪审员参审更有利于查明案件事实的超过了各主体的半数，尤其在最有发言权的法官群体中，这一比例达到了4/5；20%的法官、50%的公诉人、36.1%的律师选择"不一定"（见表3-53、表3-54、表3-55）。从中可以推测，专家陪审员参审被认为有利于查明案件事实。

---

① 从本质上讲，专家陪审员只是陪审员的一种特殊类型。有学者认为，一般说来，专家陪审员或曰专家型人民陪审员，是指在特定专业技术和知识领域接受过高等教育，并且具有特定执业资格、具备一定特长和经验的人民陪审员，如法学教授、注册会计师、心理咨询师、医生、工程师，等等。当然，这里的高等教育经历和执业资格要求，也不是绝对化的。唐东楚. 论人民陪审员的适度专家化//中美陪审制度论坛论文集. 湘潭：湘潭大学，2011：350.

② 最初对专家陪审的肯定是在知识产权领域。1991年，最高人民法院《关于聘请技术专家担任陪审员审理专利案件的复函》中肯定了实践中聘请有关技术专家担任陪审员的做法。此后，由技术专家担任陪审员、直接参与专利审判工作的做法就在全国各地法院铺开。而且案件范围也不仅限于专利案件，而是逐步扩展到其他知识产权案件。2005年，时任最高人民法院院长肖扬指出，"过去实践中一些基层法院聘请各个领域的专家陪审员的做法是成功的，要结合新的规定，加以完善并大力推广"，也可以看出当时最高人民法院领导对于知识产权审判专家陪审制度是持肯定态度的。2009年，《关于贯彻实施国家知识产权战略若干问题的规定》中明确提出要发挥陪审员解决专业技术事实认定的作用。可见，最高人民法院对于知识产权审判专家陪审制度不仅肯定，而且开始从制度上予以规范，这有利于知识产权审判专家制度的长远发展。2012年，最高人民法院《关于人民法院为防范化解金融风险和推进金融改革发展提供司法保障的指导意见》中又指出，要建立金融案件中的专家陪审机制。

③ 《参审规定》中指出，"特殊案件需要具有特定专业知识的人民陪审员参加审判的，人民法院可以在具有相应专业知识的人民陪审员范围内随机抽取"。

表 3 - 53　　　　　如果案件涉及的领域比较专业，您认为有专家
陪审员参审会不会更有利于查明案件事实？（法官卷）

		频率	百分比	有效百分比	累积百分比
有效值	会	32	80.0	80.0	80.0
	不一定	8	20.0	20.0	100.0
	合计	40	100.0	100.0	

表 3 - 54　　　　　如果您承办的案件涉及的领域比较专业，您认为有专业
陪审员参审会不会更有利于查明案件事实？（公诉人卷）

		频率	百分比	有效百分比	累积百分比
有效值	会	3	50.0	50.0	50.0
	不一定	3	50.0	50.0	100.0
	合计	6	100.0	100.0	

表 3 - 55　　　　　如果您承办的案件涉及的领域比较专业，您认为有专业
陪审员参审会不会更有利于查明案件事实？（律师卷）

		频率	百分比	有效百分比	累积百分比
有效值	会	21	58.3	58.3	58.3
	不会	2	5.6	5.6	63.9
	不一定	13	36.1	36.1	100.0
	合计	36	100.0	100.0	

再从审判主体来看专家陪审员参审的问题。在访谈中，法官和陪审员都认为在某些特定类型的案件中，相关领域的专家陪审员能够在专业知识方面对法官有所帮助，对查明案件情况发挥了一定的作用。

某民庭庭长：其中我们具体审案的时候怎么选陪审员，一般是出自专业限制方面的原因，像医院纠纷，我们一般都是选那个医院的医生、院长做陪审员；学校的，从学校的人中选做陪审员。陪审员也有很多是从地方单位来的，离婚案件一般就是请妇联的，我们一般还是有针对性地挑选陪审员……比如医患纠纷，像我审的几个案件里面，陪审员确实起了一些作用，专业的东西我们也不太懂……他们可以给我们提供一些建议以及相关专业方面的知识。

某专家陪审员（某医院院长）：医院、卫生系统里，现在我们医患矛盾很多，纠纷也很复杂，所以我担任陪审员的目的之一是在医患纠纷的案件中作为专业技术人员从专业上给法官们提供一些尤其是医疗行业的法律法规参考的依据，因为法官毕竟不学医，只是依据法律条文来审案，毕竟在医患纠纷的处理过程中有很多涉及专业性内容……我们卫生系统的陪审员对于其他的案件不是很懂，但是对医患纠纷的案件我们还是能够从专业上给法官提供参考。

对于专家陪审员是否会带有专家偏见而影响案件的公平公正，法官认为实践中一般不会。

> 问：……比如离婚案件、医患纠纷案件等，医生很可能是站在医院的角度考虑问题，妇联的话就从女性的角度考虑问题，他们会不会可能稍微带有立场倾向？
>
> 某民庭庭长：这个我们也考虑过，但是一般来说，像我个人的体会，他们还是会从查清案件的事实、深刻理解法律的规定入手，我们也会从专业相关的角度去请陪审员陪审案件。

综上所述，在大多数陪审员参与裁判效果欠佳的同时，专家陪审员对查清案件事实起到了一定的作用。

（四）陪审的监督效果

在《决定》出台前，最高人民法院负责人向全国人大常委会报告时特别指出了陪审员对审判的监督作用。有学者认为，实行人民陪审员制度，通过陪审员参与审判行使裁判权的方式，正式从内部对法官的权力加以制约，不失为防治司法腐败的重要措施之一。[1]

心理学上的"鲇鱼效应"对陪审员之于法官的作用或许可以作出某种解释[2]：与法官不熟悉的陪审员较之法官，好比是鲇鱼较之沙丁鱼，当作为外人的陪审员与法官共同对案件进行审理时，陪审员的鲇鱼作用就会开始发挥，使法官更加注意审判的规范和程序以及自己的言行举止，这也类似于人们常提到的"陪审员的监督作用"[3]。有学者的研究表明，仅仅面孔陌生的陪审员的出现，对法官就能构成很大的潜在威胁，法官不得不将他的判决解释得更清楚，并为判决找出合理的解释。[4] 并且，如果能确保陪审员参审的临时性和随机性，那么他们的监督功能会更明显：权力的腐败大都发生在权力持久、被垄断之后，而当权力转移到一个随机的、临时的"外人"手上之后，它便很难徇私，因为其徇私的路径和惰性尚未形

---

① 熊秋红. 司法公正与公民的参与. 法学研究. 1999（4）.

② "鲇鱼效应"源于以下典故：挪威人爱吃沙丁鱼，而活的沙丁鱼卖价比死鱼高好几倍。然而由于沙丁鱼性情懒惰不喜活动，因而捕捞到的沙丁鱼熬不过漫长的渔船返航路途，经常等不到运回码头就死了。而最后解决这一难题的方法却十分简单：往沙丁鱼的鱼槽中放入少量鲇鱼。由于环境陌生，当鲇鱼装入鱼槽后就会四处游动，而沙丁鱼发现这一异己分子后，也会因此紧张而加速游动，如此一来，沙丁鱼便活着回到港口。

③ 有学者认为，从心理学角度分析，在成为熟人甚至同事后，彼此之间的陌生感消除，同时顾虑也可能减少，最后还可能形成默契，相互配合和支持。尤其是专职陪审员，陪审案件成为其固定职业和收入来源，更会考虑与法官之间的关系协调。这可能使陪审员与法官、法院之间的关系趋于微妙。参见刘晴辉. 中国陪审制度研究. 成都：四川大学出版社，2009：188.

④ 何兵. 陪审制度的意义. 人民法院报，2005 - 04 - 25.

成。随机制约的目的就是使权力始终处于"新鲜状态"，当权力还没有凝固化、徇私的通道还没有建立起来的时候，就面临权力更替。①

以上是关于陪审员监督作用的逻辑推理，即陪审员能够发挥监督作用。那么实践是否能够验证这个结论呢？

在"陪审员是否可以有效监督法院、法官"的调查中，我们回收法官问卷 40 份，其中缺失 11 份，有效 29 份；公诉人问卷 6 份，其中缺失 3 份，有效 3 份；律师问卷 36 份，其中缺失 16 份，有效 20 份。据统计，45％②的受访法官、16.7％③的公诉人以及 47.2％④的律师认为陪审员"可以有效地监督法院、法官"。法官和律师群体对陪审员的监督作用认同度大致相当，占各自群体受访总人数的四成以上；而公诉人群体对陪审员的监督作用认同度较低（见表 3 - 56、表 3 - 57、表 3 - 58）。因此，陪审员的监督作用只能说在一定程度上得到认可。

表 3 - 56　　　　陪审员是否可以有效监督法院、法官？（法官卷）

		频率	百分比	有效百分比	累积百分比
有效值	No	11	27.5	37.9	37.9
	Yes	18	45.0	62.1	100.0
	合计	29	72.5	100.0	
缺失值	99	11	27.5		
	合计	40	100.0		

表 3 - 57　　　　陪审员是否可以有效监督法院、法官？（公诉人卷）

		频率	百分比	有效百分比	累积百分比
有效值	No	2	33.3	66.7	66.7
	Yes	1	16.7	33.3	100.0
	合计	3	50.0	100.0	
缺失值	99	3	50.0		
	合计	6	100.0		

---

①　刘晴辉. 中国陪审制度研究. 成都：四川大学出版社，2009：273.

②　此处引用的是百分比而非有效百分比，因为缺失的数值基本上是不赞同陪审制的法官数值，而以整个法官群体为基数当然比以赞同陪审制的法官群体为基数更能反映法官群体对陪审员监督作用的认同。

③　此处引用的是百分比而非有效百分比，因为缺失的数值基本上是不赞同陪审制的公诉人数值，而以整个公诉人群体为基数当然比以赞同陪审制的公诉人群体为基数更能反映公诉人群体对陪审员监督作用的认同。

④　此处引用的是百分比而非有效百分比，因为缺失的数值基本上是不赞同陪审制的法官数值，而以整个律师群体为基数当然比以赞同陪审制的律师群体为基数更能反映律师群体对陪审员监督作用的认同。

表3-58　　　　　　陪审员是否可以有效监督法院、法官？（律师卷）

		频率	百分比	有效百分比	累积百分比
有效值	No	3	8.3	15.0	15.0
	Yes	17	47.2	85.0	100.0
	合计	20	55.6	100.0	
缺失值	99	16	44.4		
合计		36	100.0		

　　针对"当发现法官的违法违纪行为时，陪审员如何处理"的问题，我们回收有效问卷22份。受调查陪审员中采取检举揭发方式的有1人，占比4.5%；直接向法官提出异议的为9.1%；保持沉默的为4.5%；表示没出现过这种情况的则占到了81.8%（见表3-59）。由此可见，第一，陪审员发现法官违法违纪的情况不多，究其原因，一是法官违法违纪的情况在陪审员参审的案件中不多，二是陪审员没有深入案件中去或法官违法违纪行为很隐秘而难以被发现。第二，即便发现了违法违纪，陪审员一般也不会向上级检举揭发，更多的是内部解决，这也反映出多数陪审员不愿意与法官产生较大冲突。综合来看，陪审员的监督作用似乎不明显。

表3-59　在您发现法官的违法违纪行为时，您是如何处理的？（陪审员卷）

		频率	百分比	有效百分比	累积百分比
有效值	检举揭发	1	4.5	4.5	4.5
	直接向法官提出异议	2	9.1	9.1	13.6
	保持沉默	1	4.5	4.5	18.2
	没出现过这种情况	18	81.8	81.8	100.0
	合计	22	100.0	100.0	

　　前文提到陪审员的监督作用类似"鲇鱼效应"，而实践中这种作用并没有得到有效发挥，这是出于什么原因呢？我们认为，陪审员监督作用的发挥有以下三个疑问：第一，作为外人的陪审员是否有如鲇鱼般"四处游走"的活力？第二，如果具有，这种活力是否强大到能够使法官如沙丁鱼般"紧张起来，加速游动"？第三，如果前述的两者都成立，"鲇鱼效应"开始发生，那么该效应是否会随着时间的推移而逐渐弱化以至消失？

　　陪审员进入法院，与法官共同行使审判权，这对于法官来说确实犹如鲇鱼进入沙丁鱼群，然而在现实中，绝大部分陪审员并没有完整参与案件审判程序，他们大多只参加了案件的庭审和合议，而不参与其他重要环节，如证据交换等。并且，很多陪审员即便参加了庭审、合议，也只停留于形式上的参与，并没有实质进入。陪审员不能在整个案件过程中"四处游走"，也不具备影响案件的足够活力，自然发挥不出鲇鱼效应。

另外，少数陪审员即便经常参加陪审，完整地进入案件的各个程序，也不能发挥鲶鱼效应。因为他们长期和法官打交道，在某种程度上已经进入了法院的内部体制，审判成为他们的一项长期固定的工作甚至是职业。他们从随机的、临时的"外人"变成固定、长期的"熟人"，这就意味着鲶鱼变身为沙丁鱼，怎能有效发挥监督的作用？并且，因为长期出现在审判席，陪审员也成为当事人或律师"公关"的对象。

在"是否有当事人或律师私下找您（陪审员）说情"的调查中，我们回收问卷 22 份，均为有效问卷。结果显示：18.2％的陪审员选择"偶尔有"。在"陪审员是否更容易被公关"的问题上，我们回收公诉人问卷 6 份，律师问卷 36 份，均为有效问卷。调查表明，结果显示，44.5％的律师和 50％的公诉人同意该说法或者认为其有道理（见表 3-60、表 3-61、表 3-62）。

表 3-60　　　　　　　请问在您参审过的案件中，是否有当事人或律师私下找您说情？（人民陪审员卷）

		频率	百分比	有效百分比	累积百分比
有效值	偶尔有	4	18.2	18.2	18.2
	没有	18	81.8	81.8	100.0
	合计	22	100.0	100.0	

表 3-61　　　　您同不同意这样的说法："由于风险系数小，陪审员较之法官更容易被'公关'"？（公诉人卷）

		频率	百分比	有效百分比	累积百分比
有效值	同意	1	16.7	16.7	16.7
	不同意	1	16.7	16.7	33.4
	有一定道理	2	33.3	33.3	66.7
	不好回答	2	33.3	33.3	100.0
	合计	6	100.0	100.0	

表 3-62　　　　您同不同意这样的说法："由于风险系数小，陪审员较之法官更容易被'公关'"？（律师卷）

		频率	百分比	有效百分比	累积百分比
有效值	同意	6	16.7	16.7	16.7
	不同意	15	41.7	41.7	58.3
	有一定道理	10	27.8	27.8	86.1
	不好回答	5	13.9	13.9	100.0
	合计	36	100.0	100.0	

可见，陪审员参审不仅不能够有效地发挥所谓的监督作用，而且可能成为"走后门"的公关对象。同时，由于陪审员处于体制之外，相应的奖惩机制并不完善，对其公关的成本和风险远低于法官，这可能成为导致司

法腐败的漏洞。另外，在当前法院主导陪审员选任和管理的机制下，期待陪审员以"被管理者"的身份监督"管理者"，似乎有些不切实际。更有法官认为，立法没有赋予陪审员监督法官的权力（见下段对某分管行政庭副院长的访谈）：

> 某分管行政庭的副院长：实际上不能（监督），他不是对法官职业行为的监督，而是对其职业行为的过程进行公开，使社会上的人员看到该审判是公开的、是公正的。法律也没有赋予陪审员监督权利。法官职业监督只有检察院的监督和人大的监督。人民群众的监督是舆论监督，通过一定的方式将法官的职业行为反映出来没有问题。陪审员真正监督法官是不可能的。

（五）小结

通过考察样本地区，我们认为，陪审员群体在参审过程中所能发挥的作用比较有限，无论是裁判作用、调解作用还是监督作用均不能得到充分体现。而在医疗、知识产权等特定案件的事实认定中，专家陪审的作用相对较大。

七、影响参审效果的因素分析

（一）主观因素

1. 陪审员自身原因

其一，陪审动力缺失。陪审员参审积极性不高，"任而不陪""陪而不审"的情况时有发生。在关于陪审员参审积极性的调查中，我们回收法官问卷40份，均为有效问卷。结果显示：在法官群体中，认为陪审员参审积极性较高的占35%，认为参审积极性一般的占40%，而认为参审积极性较低的达17.5%，另有7.5%的法官认为不好回答（见表3-63）。由此可见，大部分法官对陪审员参审积极性的认可度并不高；后文对陪审员参审原因的调查显示，只有27.3%的陪审员任职是出于对陪审工作感兴趣，恰好也印证了这一点。

表3-63　据您观察，目前人民陪审员参与审判的积极性如何？（法官卷）

		频率	百分比	有效百分比	累积百分比
有效值	较高	14	35.0	35.0	35.0
	一般	16	40.0	40.0	75.0
	较低	7	17.5	17.5	92.5
	不好回答	3	7.5	7.5	100.0
	合计	40	100.0	100.0	

在对样本地区的陪审员参审情况的调查中，我们回收陪审员问卷 22 份，其中缺失 1 份，有效 21 份。调查显示：19.0% 的陪审员没有缺席过陪审，81.0% 的陪审员一般都会参加陪审（除非有特殊原因不能参加），不存在陪审员缺席过不少回庭审的反馈①（见表 3 - 64）。然而事实上，部分陪审员在座谈会中反映，自己曾因工作忙等原因多次未参加陪审，并据此将自己归类于"一般都会去，除非有特殊原因"而非"缺席过不少回"。由此可见，陪审员缺席陪审工作在调研地比较常见，部分陪审员"任而不陪"，存在陪审员"挂名"现象。

表 3 - 64　　　　　　请问您缺席过陪审工作吗？（人民陪审员卷）

		频率	百分比	有效百分比	累积百分比
有效值	没有，每次都去	4	18.2	19.0	19.0
	一般都会去，除非有特殊原因	17	77.3	81.0	100.0
	合计	21	95.5	100.0	
缺失值	99	1	4.5		
	合计	22	100.0		

在对陪审员参审原因的调查中，我们回收问卷 22 份，均为有效问卷。陪审员中认为自己是"作为群众代表参审"的占到了 50%；选择"监督审判工作"占 50%；认为自己是因"被推荐当选"占 31.8%；出于"对陪审感兴趣"的则占 27.3%；没有陪审员选择"法院做了工作""获得荣誉""得到一份补助"作为其参审原因（见表 3 - 65）。由此可见，陪审员对自身的价值定位认识不足，陪审荣誉感较低，对陪审工作兴趣不高。这些认识上的偏差易导致陪审员怠于行使审判权力，"陪而不审"便由此而生。

表 3 - 65（1）　　请问您作为陪审员参审主要是基于什么因素？获得荣誉
（人民陪审员卷）

		频率	百分比	有效百分比	累积百分比
有效值	No	22	100.0	100.0	100.0

表 3 - 65（2）　　　　　作为群众代表参审（人民陪审员卷）

		频率	百分比	有效百分比	累积百分比
有效值	No	11	50.0	50.0	50.0
	Yes	11	50.0	50.0	100.0
	合计	22	100.0	100.0	

---

①　对该问题的设计有三个选项："没有，每次都去"；"一般都会去，除非有特殊原因"；"缺席过不少回"。而在问卷调查中，没有陪审员选择第三个选项。而因为没有陪审员选择选项三，故统计表中也没有显示该选项。

表 3 - 65（3）　　　　　　　得到一份补助（人民陪审员卷）

		频率	百分比	有效百分比	累积百分比
有效值	No	22	100.0	100.0	100.0

表 3 - 65（4）　　　　　　　被推荐当选的（人民陪审员卷）

		频率	百分比	有效百分比	累积百分比
有效值	No	15	68.2	68.2	68.2
	Yes	7	31.8	31.8	100.0
	合计	22	100.0	100.0	

表 3 - 65（5）　　　　　　　监督审判工作（人民陪审员卷）

		频率	百分比	有效百分比	累积百分比
有效值	No	11	50.0	50.0	50.0
	Yes	11	50.0	50.0	100.0
	合计	22	100.0	100.0	

表 3 - 65（6）　　　　　　　对陪审感兴趣（人民陪审员卷）

		频率	百分比	有效百分比	累积百分比
有效值	No	16	72.7	72.7	72.7
	Yes	6	27.3	27.3	100.0
	合计	22	100.0	100.0	

表 3 - 65（7）　　　　　　　法院做了工作（人民陪审员卷）

		频率	百分比	有效百分比	累积百分比
有效值	No	22	100.0	100.0	100.0

其二，个人能力不足。陪审员普遍缺乏专业的法律知识，短期的培训虽然时有开展，但对提升陪审员法律素养方面的能力作用有限。因此，即便陪审员想投入精力，其也往往受制于自身法律素养而感“心有余而力不足”，在案件的法律适用问题上无所适从。而在案件的事实认定方面，除特定领域中专家陪审员能以自己的专业特长助力法官之外，其他陪审员的作用亦不明显。此外，立法希望假借陪审员的常人理性以弥补法官思维的不足，但实践中，这种理性亦难以表现；同时作为社会人和法律人的法官也并不只会依照法律而不讲常情，甚至许多法官因时常与各色当事人打交道，在某种程度上比常人具有更丰富的社会经验。以下对样本法院相关院领导的访谈证实了陪审员能力不足现象普遍存在：

　　某主管行政庭的副院长：陪审员不能发表意见，在法律这一块没有发表意见的基础，对法律没有信心。他们持一种“大家都说了我就不说了"的心态。

　　某主管刑事庭的副院长：但是他们作用很小的一方面是，他们毕竟不是专业的，在案件的审理过程中无法把每一个案件吃透，毕竟也没有熟练地掌握法律知识，在案件的处理方面很难有独特的见解，不可能左右法官的意见，一般很难提出很实用的独特的处理案件的方法。

　　某派出法庭庭长：最大的问题就是他们对于怎么认定案件的事实、怎么适用法律都不懂，这对于他们来说，完全是一个陌生的状况。但是现实状况中我们陪审员的作用就相当于法官，他既认定事实，也适用法律。这个界限就很模糊了，相当于说他其实就是法官，行使法官的权力，但是他又没有法官的素质，那怎么去行使呢？

　　其三，与本职工作相冲突。在对陪审员缺席陪审的原因的调查中，我们回收陪审员问卷22份，其中缺失6份，有效16份。调查反映，87.5%的陪审员认为缺席陪审的原因是"工作忙，确实走不开"（见表3-66）。可见本职工作与陪审员工作的冲突是陪审员缺席陪审的重要原因之一。

表3-66（1）　　　如果您有缺席过陪审，请问您的主要原因是什么？
工作忙，确实走不开（人民陪审员卷）

		频率	百分比	有效百分比	累积百分比
有效值	No	2	9.1	12.5	12.5
	Yes	14	63.6	87.5	100.0
	合计	16	72.7	100.0	
缺失值	99	6	27.3		
	合计	22	100.0		

表3-66（2）　　　　　单位不支持（人民陪审员卷）

		频率	百分比	有效百分比	累积百分比
有效值	No	15	68.2	93.8	93.8
	Yes	1	4.5	6.3	100.0
	合计	16	72.7	100.0	
缺失值	99	6	27.3		
	合计	22	100.0		

表3-66（3）　　　自己觉得去也发挥不了作用（人民陪审员卷）

		频率	百分比	有效百分比	累积百分比
有效值	No	16	72.7	100.0	100.0
缺失值	99	6	27.3		
	合计	22	100.0		

表 3 - 66（4） 　　　　　自己有其他事情要处理（人民陪审员卷）

		频率	百分比	有效百分比	累积百分比
有效值	No	15	68.2	93.8	93.8
	Yes	1	4.5	6.3	100.0
	合计	16	72.7	100.0	
缺失值	99	6	27.3		
	合计	22	100.0		

表 3 - 66（5）有规定允许的正当理由，法院同意不参加（人民陪审员卷）

		频率	百分比	有效百分比	累积百分比
有效值	No	14	63.6	87.5	87.5
	Yes	2	9.1	12.5	100.0
	合计	16	72.7	100.0	
缺失值	99	6	27.3		
	合计	22	100.0		

表 3 - 66（6） 　　　　　　　其他因素（人民陪审员卷）

		频率	百分比	有效百分比	累积百分比
有效值	No	16	72.7	100.0	100.0
缺失值	99	6	27.3		
	合计	22	100.0		

在陪审员群体中，除了离退休干部和下岗职工，其他人都同时承担着本职工作和陪审工作，拥有双重身份，尤其是对于那些担任领导职务和居于重要岗位的陪审员来说，因工作太忙无法参加陪审的情况比较常见。在调研地法院召开的陪审员座谈会上，几位担任领导的陪审员都坦言因本职工作而影响了陪审工作。

某陪审员（担任某校校长）：但是由于我们平时工作又特别的忙，这个工陪矛盾……有时候法院的同志们、领导们给我们打电话，跟我们预约说法院什么时候开庭，问我们是否有时间参审，我都只能经常抱歉地说，对不起，那天正好很忙，所以呢，错过了很多陪审和学习的机会。

某陪审员（担任某局副局长）：有时候心里确实存在很多愧疚，还是比较忙，就是这一点，我们各个岗位的人民陪审员最突出的矛盾——比较忙，有时候这个参审的次数，比如我，前几年还好一些，还没调到某局当副局长……时间要多一些，每一次法院通知我来我就来了，但这两年以来很忙，陪审的次数就越来越少了，我都后悔占着这个茅坑不拉屎，我觉得我很后悔继续答应做陪审员。

某陪审员（担任某医院院长）：因为平时我们都是兼职，工作比较忙，参加的几率比较低，提前熟悉案卷、了解案情、查阅资料、充分思考的这种精力不是很够，所以在参与和实践过程中，参与的程度不够，还没有很好地发挥陪审员的作用。在这里面，和其他陪审员相比我应该算是元老级的，我是第二届了，我记得某县是从 2005 年开始选任陪审员的，我从那时候就参与了，现在是连任。不好意思，我有点事情先走了，我那里还有两个病人需要治疗。

担任某医院院长的陪审员发言后就因业务事情匆匆先行离开。而在随后的会上，另一陪审员对选任担任重要领导职务的陪审员提出了异议："如果选任的陪审员是像某校长、某院长等，来参加一次陪审基本上都没有时间，更不用说做其他的事情……我认为人民陪审员至少 80％的陪审次数都要能够参加。"在对当地主管陪审员选任工作的人大常委会内司委负责人的访谈中，该领导对"一把手"陪审员是否能保证参审同样存在质疑：

人大常委会内司委主任："一把手"工作都忙得很，他参加不了陪审。有些案件需陪审员参审，可能要审理一天，甚至还要更长时间，并且开庭可能不止一次，要好几次，还需要规定什么时间要去参加，现在这确实是个问题。

值得注意的是，尽管领导型陪审员很少陪审，但调研地法院仍然大量选任或留任此类陪审员。原因何在？我们在与该院某领导的私下交谈中得知，这是法院出于利益的反复权衡而作出的选择。在人情社会，选任某些重要单位的领导作为法院的陪审员，便于同这些单位建立友好关系，从而扩展法院人脉，方便法院"办事"。而如果法院以处罚机制对这些人的参审作硬性规定，那么他们很可能主动退出陪审员行列，或者即便他们参加了陪审也很可能是因"公务繁忙"而"身在心不在"，并且心生不满。加之有法官认为陪审员参加审判更多的是作为"陪衬员"，发挥不了什么实质作用，与其"费力不讨好"得罪人还不如"卖个面子"以收获人情。

另外是关于陪审员的退出问题。在该院 2005 年选任的首届 8 名陪审员中，5 人曾主动提出卸任，原因多是其本职工作调任到更重要的岗位，没有足够的时间和精力完成陪审工作。至于因陪审员不胜任陪审工作被法院单方面要求退出的情况，调研地法院尚未出现过。

事实上不仅仅是领导型陪审员，即便非领导型陪审员在面对本职工作与陪审工作的冲突时，几乎也都会优先考虑本职工作：

　　某陪审员（在县政府工作的选调生）在座谈会上坦言：由于我参加陪审，有些时候和本职工作相冲突，领导一般就不是很支持，交给的工作可能受到影响。如果在接到陪审通知的时候，我已经有工作要做了那可能就不会陪审了；如果通知的时候，那天我没有什么工作要做，我会事先和领导商量，如果没有什么紧急任务要安排的话我想去参加陪审，这种情况下领导还是很支持我的。如果是提前一天或者提前半天通知的话，一般能安排好，咱们法院做得比较好，一般会提前三四天通知我。

　　值得一提的是，最高人民法院向全国人大常委会提交审议的《决定（草案）》曾规定陪审员执行陪审的法定义务，其后或因现实中难以操作而在审议时被删除。[①] 可见立法者也考虑到了规定陪审法定义务后难以履行的现实困难。

　　2. 法院（法官）因素

　　司法权是立法赋予法院的权力，法院当然不愿意其他主体与之分权。而陪审员参与审判，显然是与法院一起行使司法权。迫于司法改革的压力，法院自发推进人民陪审工作，《决定（草案）》最初便是由最高人民法院提出的。尔后最高人民法院又陆续出台了《参审规定》《若干意见》等。需要说明的是，虽然法律法规在形式上赋予了陪审员与法官几乎同等的权力，但是实质上陪审员权力的行使十分有限。法院对陪审制的态度停留于形式上的利用，即在某种程度上把陪审员作为"挡箭牌"以缓解社会各界对其自身的压力。另外，囿于法院关于审判权行使的本位思想，部分法官有一种职业垄断心理，认为立法只赋予了陪审员"参审权"而非"审判权"，进而本能地排斥陪审员行使权力。以下列举对三名法官的访谈记录以佐证法官对陪审员行使审判权的排斥：

　　　　某主管行政庭的副院长：我们陪审员制度设计的初衷是赋予陪审员参审权，而不是审判权。如果要获得审判权必须有严格的法律规定，他们需要对法条法规有充分的了解，需要通过司法考试，需要通过两院考试，需要经过人大任命。而陪审员没有这些要求，陪审员只

────────────

① 《决定（草案）》第9条第3款规定："依法执行陪审职务是人民陪审员的法定义务，执行陪审职务优先于完成本职工作。"有的地方提出，执行陪审职务优先于完成本职工作，在实践中很难掌握，有的本职工作很重要、很急迫，实践中要尽量处理好本职工作和陪审工作的矛盾，避免工作冲突，法律在这方面不宜作硬性规定。法律委员会经研究，建议删去草案上述规定中"执行陪审职务优先于完成本职工作"的内容。

要经过社会推荐、法院审查、人大任命就可以担任了……法律规定陪审员与审判员同权，仅仅指发表意见的同权，仅仅是在合议的时候拥有的一票否决权……实务上讲，陪审员是陪而又审，参而又审。法官没有给他分权，定位的权力只是参审，只要他来参审就可以了。

问：陪审员现在不是没有权力，他有权力，和法官的权力是一样的，那怎么保证他的权力？

某民庭庭长：那就看审判长是否真正给他权力。

问：陪审员如果真正发挥了作用，可能有时候法官也不太高兴吧？比方说一个方面陪审员很专业，但他的意见跟审判长的意见相左，审判长可能不希望陪审员来影响他的判断，他驾驭不了陪审员，导致判决结果不能按照自己的意图来判。那这样法官是不是可能就不太高兴了？陪而不审这种说法会不会也是法官希望看到的结果？

某民庭副庭长：这里也是这样子的，陪审员自己在有些方面不是很清楚，他们来本身也只是陪审而已。

（二）客观因素

1. 职权设定埋下隐患——既难同职也难同权

在关于"陪审员能够胜任哪方面工作"的调查中，我们回收法官问卷40份，陪审员问卷22份，公诉人问卷6份，律师问卷36份，均为有效问卷。结果显示：65.0%的法官、45.5%的陪审员、50.0%的公诉人、86.1%的律师认为"陪审员更能胜任事实认定"；12.5%的法官、33.3%的公诉人、13.9%的律师认为"陪审员既不能胜任事实认定，也不能胜任法律适用"；22.5%的法官、36.4%的陪审员和16.7%的公诉人认为"陪审员既胜任事实认定，也胜任法律适用"；仅在陪审员群体中有人认为"能胜任法律适用"，比例为18.2%（见表3-67、表3-68、表3-69、表3-70）。显然，陪审员的自身评价明显高于其他群体对他们的评价，但从总体上看，相对于法律适用而言，各主体对陪审员事实认定的能力更有信心。

表3-67　　您认为人民陪审员能够胜任哪方面的陪审工作？（法官卷）

		频率	百分比	有效百分比	累积百分比
有效值	事实认定	26	65.0	65.0	65.0
	二者皆能	9	22.5	22.5	87.5
	都不胜任	5	12.5	12.5	100.0
	合计	40	100.0	100.0	

表3－68　您认为人民陪审员能够胜任哪方面的审判工作？（人民陪审员卷）

		频率	百分比	有效百分比	累积百分比
有效值	事实认定	10	45.5	45.5	45.5
	法律适用	4	18.2	18.2	63.6
	二者皆能	8	36.4	36.4	100.0
	合计	22	100.0	100.0	

表3－69　您认为人民陪审员能够胜任哪方面的审判工作？（公诉人卷）

		频率	百分比	有效百分比	累积百分比
有效值	事实认定	3	50.0	50.0	50.0
	二者皆能	1	16.7	16.7	66.7
	都不胜任	2	33.3	33.3	100.0
	合计	6	100.0	100.0	

表3－70　您认为人民陪审员能够胜任哪方面的陪审工作？（律师卷）

		频率	百分比	有效百分比	累积百分比
有效值	事实认定	31	86.1	86.1	86.1
	都不胜任	5	13.9	13.9	100.0
	合计	36	100.0	100.0	

陪审制实施过程中出现的另一个问题是陪审员参审案件数两极分化，"陪审专业户"与"不陪户""少陪户"现象并存。根据A县法院2010年人民陪审员参审案件情况统计，该地人民陪审员参审案件数量呈现出明显的两极分化：一方面，有1名陪审员的参审案件数高达100件以上，1名在50至100件之间，可以说是实至名归的"陪审专业户"；另一方面，"不陪户"或"少陪户"现象亦存在，陪审员成员库中有5人"零参审"，另有22名陪审员参审案件数在1至10件之间，两项占比超过了陪审员总数的七成（见表3－71）。该院某刘姓陪审员（1956年生，某企业办主任），从2005年担任陪审员至今已有两届，其每年陪审的案件都有70件左右。

表3－71　　　　　　　　2010年陪审员案件参审情况①

参审案件数量	人　数	百分比
100件以上	1	2.6%
50～100件	1	2.6%

---

①　2010年该地区陪审员人数为40名，而此表仅统计了38名，存在一定误差。我们推测，可能是由于该院2010年9月又新选任了2名陪审员，而在当年他们没参加培训，也没有参加陪审工作，故未将其列入统计。见李胜刚，王和祥．我国陪审制度之运行现状——以中部地区某基层法院为考察对象．对话与交融：中美陪审制度论坛．湘潭：湘潭大学出版社，2012．

续前表

参审案件数量	人　数	百分比
10～50 件	9	23.7％
1～10 件	22	57.9％
0 件	5	13.2％
合　计	38	100％

2. 参审方式形同虚设

考察陪审员参审方式，我们可以这样总结陪审员的参审表现：其一，陪审员庭前阅卷情况不容乐观，距离法院的远近及交通状况、陪审员的文化水平和法律素养对陪审员庭前阅卷的次数和质量均有影响。其二，由于对案件事实或法律问题不清楚，陪审员庭中发问普遍较少。其三，在庭后合议阶段，存在陪审员不参加合议、代签、倒签合议笔录等违规现象，法官表现出对陪审员较强的控制和影响。

由此可见，在陪审员与法官共同起跑的参审路径上，陪审员一开始就输在了起跑线上——进入案件的时间较晚，庭前阅卷的机会不多，致使其与法官在案件信息的获取方面几乎处于完全劣势，并且这种信息知悉度的劣势会随着案件的深入表现得越来越明显。而在法官主导的职权主义诉讼模式下，从庭前、庭审再到合议、判决，法官一直掌控着整个案件的进程，并且由于来自案件和绩效考核的压力，率先进入案件的法官不会特意等待陪审员跟上自己的审判节奏。

3. 地域条件的制约

其一，地理和交通条件的制约。距离和交通对陪审员参审作用的发挥有着一定影响。陪审员参与审判案件的多少与陪审员住地与开庭地点的距离以及交通便利程度有着密切的关系。一般而言，在其他因素大致相同的情况下，离开庭地点越近，出行交通越便利，陪审员参与审判案件就越多。换而言之，法院在抽选陪审员时，同等条件下亦更青睐离法院近、短时间能够到达法院的陪审员。

根据现代社会管理的效益原理，任何一种有目的的活动都存在着效益问题，它是组织活动的一种综合体现，是组织的各项管理活动都要以实现有效性、追求高效益作为目标的一项管理原理。由于法院作为国家审判机关的特殊性，就其自身而言，抽选陪审员参与审判案件既可以视为法院审判活动的组成（法院外部视角），也可以看作法院管理其审判活动的组成部分（法院内部视角）。在追求公平公正的前提下，法院管理当然要考虑效益。

基于此，那些距开庭地点更近、出行交通更便利的陪审员在接到法院通知后能够比其他陪审员更快速、有效地投入陪审，效率较高而成本较低，理所当然地能获得更多的陪审机会。与之相应的，排除其他因素的影响，居住在县城、乡镇的陪审员比居住在农村的陪审员被法院抽选参与陪审的机会就更多，同时法院也会倾向于在县城范围内多选任陪审员，这也是该院45％的陪审员都集中在县城的原因之一。

其二，地域经济条件的制约。陪审工作经费的多少对陪审员参审次数存在一定影响，并且可能影响参审作用的发挥。A县是国家级贫困县，财政转移支付力度在法院方面的投入较大，2008年和2009年均达到了数百万，但是转移支付增加以后，县级财政对法院的投入逐年减少；此外，国家规范诉讼收费后，A县法院的诉讼收费从每年100多万元减少到50万元左右。因此总体而言，该法院经费比较紧张。

2008年，A县县级财政拨付经费8万元专用于当年聘任的8名人民陪审员，至2010年，陪审员人数已增至40人，但是县级财政在这一方面的支出仍然维持在8万元/年[①]，该院对陪审员参审案件50元/件的补贴也一直没有提高。另外该法院未考虑案件的复杂程度、所费时间和精力，陪审员每参加陪审一次可领取50元，路费另外报销，有时候法院也会安排陪审员吃饭。因此，陪审补贴更多的是一种象征性的表示。在这种情况下，陪审员的参审积极性自然大打折扣。对样本地区法院政工室负责人的访谈揭示了陪审补助对陪审员参审案件的影响：

政工室某负责人：……去年我们有一件案件前后审了五天，陪审员参加了五次庭审。

问：那他这个五次是算一个案件吗？怎么算那50块钱津贴呢？

政工室某负责人：那只算一次，一件案件50块钱。

问：有没有就是有的陪审员看了一下，了解了一下，觉得案情特别复杂然后找借口推了说我没时间？

政工室某负责人：对，他想了一下反正就50块钱，比如说这个案件只要一天就解决了我就来这个案件，你说的案件一看比较复杂估计要十几天那我就不来了。考虑到陪审员有时候从乡镇到县级机构来要搭车，还有就是要误工，有时候还要吃饭，这样来算呢50块钱肯定是不够的，因为现在物价这么高，我们也不可能50块钱解决他所有问题，我们也只是象征性地给了他一点报酬……

---

① 见李胜刚，王和祥. 我国陪审制度之运行现状——以中部地区某基层法院为考察对象. 对话与交融：中美陪审制度论坛. 湘潭：湘潭大学出版社，2012.

第四章　H省南部Y县人民陪审

一、Y县及其法院概貌

Y县所在地区是H省与广东经济发展的重要桥梁和枢纽，对H省的经济发展起着越来越大的作用，属于H省经济较发达地区。

最近几年，Y县法院获得县级以上荣誉120多项，被H省高级人民法院评为"全省优秀法院"，多次被市中院评为"先进基层法院"。Y县法院内设办公室、政工室、监察室、立案庭、刑事审判庭、两个民事审判庭、行政审判庭、审判监督庭、执行庭、司法警察大队、林业审判庭、审判流程管理办公室、司法技术室等14个部门。截至2013年12月，Y县法院共有法官40名，人民陪审员57名。

二、Y县人民陪审概况

（一）Y县陪审员基本情况

2010年，该县21名陪审员的基本情况如表4-1所示。

表4-1　　　　　　　Y县法院人民陪审员基本情况一览表

序号	姓名	性别	出生年月	政治面貌	学历	现工作单位及职务
1	黄某某	男	41.1	党员	大专	县史志办退休干部
2	邝某某	男	52.10	党员	大专	县中心小学支书
3	王某某	男	64.11	党员	大专	村治保调解主任
4	邝某某	女	63.9	党员	法律本科	县妇联副主席
5	吴某某	男	72.6	党员	法律大专	县建设局党组成员、纪检组长
6	李某某	男	66.3	党员	法律大专	工商联合会执委
7	周某某	男	58.4	党员	本科	县卫生局医政股股长
8	李某某	男	66.8	党员	大专	县经济局副科级干部
9	欧阳某某	男	63.8	党员	法律大专	县畜牧水产局工会主席
10	曾某某	男	76.1	党员	本科	公司企管科科长
11	吴某某	男	63.3	党员	法律大专	县团委副主任

续前表

序号	姓名	性别	出生年月	政治面貌	学历	现工作单位及职务
12	肖某某	男	76.10	党员	大专	村治保主任
13	黄某某	男	70.12	党员	大专	村支书
14	谷某某	男	77.5	党员	大专	乡办公室主任
15	周某某	男	66.3	党员	大专	变电站职工
16	邓某某	男	65.8	党员	大专	县人大内司委副主任
17	肖某某	女	85.11	党员	法律本科	乡党政办秘书
18	刘某某	女	81.6	群众	法律本科	县家具商场负责人
19	肖某某	男	67.4	群众	大专	县工商联常委、政协委员
20	欧某某	男	75.1	党员	大专	县九中团委书记、美术教师
21	李某某	男	63.1	党员	大专	村支书

资料来源：样本地区法院政工室，统计截至2010年。

为了对陪审员的情况进行更详细的分析，我们根据收集到的2010年度与2014年度陪审员基本情况制作了表4-2。

表4-2　　　　　2010年、2014年Y县陪审员基本情况统计表[1]

对比表		性别		年龄					文化程度			职业分布								地区分布		政治面貌			合计
		男	女	30岁以下	31~40岁	41~50岁	51~60岁	61岁以上	研究生及以上	大学、大专	高中及以下	基层干部	人民团体成员	事业单位人员	专业技术人员	工商业人员	社区工作者	普通居民	农民	城镇人口	农村人口	中共党员	民主党派	群众	
2010年	人数	18	3	2	6	10	2	1	0	21	0	12	4	3	1	1	0	0	0	17	4	19	0	2	21
	百分比	86%	14%	10%	29%	48%	10%	5%	0	100%	0%	57%	19%	14%	5%	5%	0	0	0	81%	19%	90%	0	10%	
2014年	人数	64	7	6	12	13	32	8	0	56	15	21	3	9	4	6	5	20	6	47	24	62	0	9	71
	百分比	90%	10%	8%	17%	18%	45%	11%	0	79%	21%	30%	4%	13%	6%	8%	8%	28%	8%	66%	34%	87%	0	13%	

数据来源：Y县政工室提供的2010年、2014年Y县人民陪审员基本情况表。

通过对两个表格的对比，我们可以分析出Y县陪审员制度的大体发展情况。

---

[1] 2014年陪审员职业分布中普通居民包括进城务工人员和其他人员。

1. 性别、年龄以及学历结构

首先，在性别比例方面。2010 年，该县的男性陪审员有 18 人，占陪审员总数的 86%，女性仅有 3 人，占比 14%；2014 年，男性陪审员 64 人，占比达 90%，女性 7 人，仅占 10%。因此，从性别分布来看，Y 县陪审员男性过多而女性过少。

其次，在年龄分布方面。2010 年，30 岁以下的陪审员有 2 人，占 10%；31～40 岁的有 6 人，占 29%；41～50 岁的有 10 人，占 48%；51～60 岁的有 2 人，占 10%；61 岁以上的有 1 人，占 5%。2014 年，30 岁以下的陪审员有 6 人，占 8%；31～40 岁的有 12 人，占 17%；41～50 岁的有 13 人，占 18%；51～60 岁的有 32 人，占 45%；61 岁以上的有 8 人，占 11%。因此，从年龄结构上看，该地 2014 年的数据与 2010 年相比产生了较大变化，陪审主力军从 41～50 岁年龄段的人转变为 51～60 岁年龄段的人，陪审员平均年龄增大的趋势较为明显。

最后，在文化程度方面。2010 年，该县具有大学及大专以上学历的为 21 人，占比 100%，其中法律专业人数为 7 人，所占比例为 33%，可见陪审员学历均处于较高水准；2014 年大学及大专以上学历的有 56 人，占 79%；高中及以下学历的人有 15 人，占 21%。因此，从学历构成来看，从 2010 年到 2014 年，Y 县陪审员学历更多元化，但高学历人才仍占主导地位，人民陪审员偏精英化。

2. 职业分布

2010 年 Y 县人民陪审员中有政府基层干部 12 人，占比 57%；人民团体成员 4 人，占 19%；事业单位人员 3 人，占 14%；专业技术人员与工商业人士均为 1 人，各占 5%。2014 年，基层干部 21 人，占陪审员总数的 30%；人民团体成员 3 人，占 4%；事业单位人员 9 人，占 13%；专业技术人员 4 人，占 6%；工商业人士为 6 人，占 9%；社区工作者 5 人，占 8%；普通居民 20 人，占 28%；农民 6 人，占 8%。通过前后对比可以发现，Y 县陪审员在职业分布上趋于合理，社区工作者、普通居民和农民陪审员实现了从无到有的突破，尤其是普通居民作为陪审员，在总数中占有相当大的比例，但是基层干部仍占有较大比例。

3. 政治派别与地区分布

2010 年，该县陪审员中有中共党员 19 人，占比达 90%；剩余的 2 名陪审员为群众，占 10%；没有民主党派人士。2014 年，中共党员 62 人，占陪审员总数的 87%；群众 9 人，占 13%；民主党派人数为零。由此可见，民主党派人士与普通群众在 Y 县陪审员制度的运行中话语权小。就地区分布来看，2010年，Y县陪审员中城镇人口有17人，占81%；农村人口4人，占19%。仅有的4名农村陪审员，身份也带有官方性质，担任地方主任或支书。2014年城镇陪审员47人，占66%；农村人口24人，占34%。因此，从2010年到2014年，Y县的农村陪审员人数上升，但所占比例仍然过低。

从总体来看，Y县陪审员在性别、年龄、学历、职业构成、政治成分以及地区分布等方面的分布情况仍然不均衡，居住在城区且拥有行政背景的高学历党员是陪审员队伍的主力军。陪审员的选任欠缺广泛的代表性与民主性。

(二) 陪审案件情况

我们对2010年Y县法院每名人民陪审员参审案件的数量进行了统计分析，结果显示：21名陪审员每人至少参与案件2件以上，但是各陪审员之间参审案件数量极不均衡。如表4-3所示，序号为1和2的陪审员二人参审案件数量占陪审案件总数的63.2%；有15位陪审员全年没有参加过一起刑事案件与行政案件，其所参加的民事案件数量也非常的少（见表4-3）。

表4-3　　　　　　　　　Y县陪审员个人参审案件统计分析表

年度	序号	陪审员编号	参审案件类型			总计	比例
			民事	刑事	行政		
2010	1	1	95	29	10	134	37.33%
	2	2	42	50	1	93	25.91%
	3	3	23			23	6.41%
	4	4	5	15		20	5.57%
	5	5	13			13	3.62%
	6	6	12			12	3.34%
	7	7	2	7		9	2.51%
	8	8	8			8	2.23%
	9	9	6			6	1.67%
	10	10	6			6	1.67%
	11	11	5			5	1.39%
	12	12	4			4	1.11%
	13	13	4			4	1.11%
	14	14	4			4	1.11%
	15	15	3			3	0.84%
	16	16	3			3	0.84%
	17	17	3			3	0.84%
	18	18	3			3	0.84%

续前表

年度	序号	陪审员编号	参审案件类型			总计	比例
			民事	刑事	行政		
2010	19	19	2			2	0.56%
	20	20	2			2	0.56%
	21	21			2	2	0.56%
	合计		245	101	13	359	100.00%

三、选任机制

（一）选任方式

根据《决定》的相关规定，公民可以通过本人申请以及通过单位或户籍所在地的基层组织推荐的方式，成为人民陪审员的候选人。

我们对样本地区 2010 年与 2014 年人民陪审员的产生方式进行了纵向对比。2010 年，样本地区 21 名人民陪审员中，有 18 名参加了调查，完成有效问卷 18 份。结果显示：其中有 27.8% 的人通过主动申请成为陪审员；55.6% 的陪审员则是通过单位或组织推荐；另有 16.7% 的陪审员当选两次陪审员，主动申请和单位或组织推荐各有一次（见表 4-4）。2014 年，Y 县的 71 名陪审员中有 58 名来自组织推荐，占到总数的 82%；通过个人申请成为陪审员的仅 13 人，占比 18%（见表 4-5）。

表 4-4　请问您是通过何种方式当选为人民陪审员的？（人民陪审员卷）

		频率	百分比	有效百分比	累积百分比
有效	自己主动申请的	5	27.8	27.8	27.8
	单位或村委会、居委会等基层组织推荐的	10	55.6	55.6	83.3
	当选两次，一次是自己主动申请的，一次是被推荐的	3	16.7	16.7	100.0
	合计	18	100.0	100.0	

表 4-5　2014 年样本地区人民陪审员产生方式统计表

	来源		合计
	组织推荐	个人申请	
人数	58	13	71
百分比	82%	18%	

数据来源：Y 县法院政工室提供的 2014 年 Y 县陪审员基本情况表。

通过对两份表格的对比分析，可以发现通过 2013 年的人民陪审员"倍增计划"，样本地区人民陪审员的数量从 2010 年的 21 人增加到了 2014 年的 71 人，增幅达 238%；通过组织推荐的人数从 2010 年的 12 人增加到了 2014 年的 58 人，增幅为 383%；2010 年经组织推荐而产生的人民陪审员占时任陪审员总数的 65%，而到了 2014 年这一比例上升到82%。据此可以得出结论，经组织推荐产生的陪审员在 Y 县陪审员总数中的占比呈扩大趋势，前者的增幅远大于后者。陪审员的来源过于集中，产生方式过于单一。

（二）选任程序

根据相关规定，人民陪审员的选任程序依次是：确定名额，向社会公告，符合条件者主动申请或者组织推荐，基层人民法院进行初步审查以确定陪审员候选人，法院向同级人民政府司法行政机关征求意见（必要时由法院与司法行政机关对候选人进行调查），确定人选，提请人大常委会进行任命，最后书面通知及社会公告。[①]

从调研的情况来看，Y 县人民陪审员的选任基本遵循了上述规定。据调研了解，在 Y 县人民陪审员人选初步确定后，县人大会举行一次考试，通过考试成绩等因素综合考虑最终人选，考试不合格者不能参与人大的任命。

> 某政工室主任：我们是严格按照陪审员选任的相关法律程序来选任陪审员的。首先，我们发布公告，公告之后，符合条件的自愿报名，若报名有 50～60 个人，那么这 50～60 个人是否符合条件由我们自己审查，像教育文凭、职业、社会上的表现，等等。我们筛选之后，人大的工作人员就跟我们一起去考察。比如说需要选任 20 个陪审员，那么我们就要考察 25～30 个人。考察通过之后，还要通过法院的知识考试，法院考试合格的就通过县人大的任命。

（三）存在的问题及原因分析

1. 高学历人民陪审员所占比例过高

在调查中，可以了解到 Y 县对人民陪审员选任有以下的条件限制：具有大专或以上学历；具备扎实的法律知识或有从事法律工作的经历。2010 年该县 21 名陪审员均具有大专或以上的学历，其中具有法律大专学历的有 7 人之多。针对 Y 县法院的陪审员选任实践，法官和其他主体对陪审员的学历和法律素养方面的要求有不同的认知：

---

① 《管理办法》第 13 条第 2 款、第 16 条以及第 17 条规定："基层人民法院认为有必要对被推荐人、申请人的有关情况进行调查的，应当会同同级人民政府司法行政机关到公民所在单位、户籍所在地或者经常居住地的基层组织进行调查。基层人民法院应将确定的人民陪审员人选报上一级人民法院审核。上一级人民法院主要审核人民陪审员的任职资格。经审核的人民陪审员人选，由基层人法院院长提请同级人民代表大学常务委员会任命。"

某政工室主任：我们一般是要求法律大专毕业的，就是在推荐人选里面要求法律知识比较扎实，或者从事过法律工作，有一定法律知识基础的。一般都是这类人才来参加考试，考试题量好像挺大……但是，法律基础知识是作为我们的一个必须要的硬件，并不是说随便来人就行。

某法官：我们并不需要他有多高的法律知识水平，只要通过他的法律知识能跟法官沟通。我们真正需要的是他拥有好的群众基础，帮我们化解一些纠纷。

某律师：人民陪审员要勇于参审、勇于说出自己对案件的看法，这些是最根本的，人民陪审员主要靠自身的社会经验和判断能力去影响具体案件的审理，人民陪审员只要在陪审中带有一颗公平的心，就是个合格的人民陪审员。

某律师：陪审员只要高中以上文化就行了，学历、专业知识不是关键，关键是陪审员的品德好，而且他的观点能够代表普遍的群众的一般观点，使案件的审理能够达到情与法相融合。

根据访谈材料显示，各类主体对陪审员的学历并没有特别强调，他们更看重的往往是陪审员的群众基础、道德品质及社会阅历。问卷调查结果显示：有91.7％的受调查法官和52.9％的律师认为陪审员至少要有大专以上学历；4.2％的法官、29.4％的律师以及88.9％的公诉人认为没有必要对学历情况作要求（见表4-6、表4-7、表4-8）。可见法官、律师倾向于陪审员的学历至少应在大专以上。

表4-6　　您认为担任人民陪审员应该有什么样的学历？（法官卷）

		频率	百分比	有效百分比	累积百分比
有效	至少要有大专以上学历	22	91.7	91.7	91.7
	高中以上就可以	1	4.2	4.2	95.8
	没必要对学历情况作要求	1	4.2	4.2	100.0
	合计	24	100.0	100.0	

表4-7　　您认为担任人民陪审员应该有什么样的学历？（律师卷）

		频率	百分比	有效百分比	累积百分比
有效	至少要有大专以上学历	9	52.9	52.9	52.9
	高中以上就可以	2	11.8	11.8	64.7
	初中文化以上	1	5.9	5.9	70.6
	没必要对学历情况作要求	5	29.4	29.4	100.0
	合计	17	100.0	100.0	

表 4 - 8　　　您认为担任人民陪审员应该有什么样的学历？（公诉人卷）

		频率	百分比	有效百分比	累积百分比
有效	高中以上就可以	1	11.1	11.1	11.1
	没必要对学历情况作要求	8	88.9	88.9	100.0
	合计	9	100.0	100.0	

为什么在 Y 县的陪审员结构中，大专以上学历的陪审员占据了绝对多数呢？当前陪审员的学历结构反映了社会各类主体的真实期待吗？我们对此持否定回答。原因有以下几点。

（1）《决定》等文件对学历所作之规定脱离实际

尽管《实施意见》第 2 条对《决定》第 4 条第 2 款作了变通的规定[1]，但我们认为，人民陪审员的学历条件设定依然过高。从世界通行做法来看，不管是陪审制还是参审制国家，对陪审员的学历均没有特殊要求。以美国与法国为例，根据美国联邦法律规定，18 周岁以上、可用英语交流的美国公民可担任联邦法院的陪审员，但身体极度虚弱、精神不健全、被控刑事犯罪或被宣判重罪且未恢复民事权利的个人无权担任陪审员。法国《刑事诉讼法典》第 225 条则规定，担任陪审员须符合以下四个条件：法国公民；年满 23 周岁；可用法语读写；享有政治权利、民事权利和亲权。[2] 可见，作为陪审制与参审制的代表性国家，两国对陪审员所设门槛都非常之低，其中并没有对陪审员的学历作出限制。这在一定程度上保障了每一个公民参与国家司法审判的均等机会。

但是毕竟美法等国均为经济高度发达的国家，高等教育的普及程度与国民综合素质远高于我国，对陪审员学历不作要求有其合理性；我国是发展中国家，尚处社会主义初级阶段，国民平均受教育程度不高，仍宜对陪审员学历作出规定，但对陪审员的学历水平作出过高限制就必然将大量文化程度不高的人排除在外。要求陪审员具有大专或大专以上学历，也使得农村居民担任人民陪审员更加困难，Y 县农村陪审员占比极低与此不无关系。

另外，立法者设立人民陪审员制度的意图便是让不熟悉法律的公民获得参与审判的权利以追求司法民主。而现实中一些高声望但低学历的公民即便善于处理当地的矛盾纠纷，却因学历因素被排除出陪审员的队伍，这

---

① 最高人民法院、司法部《关于人民陪审员选任、培训、考核工作的实施意见》第 2 条规定，根据《决定》第 4 条第 2 款的规定，公民担任人民陪审员，一般应当具有大学专科以上文化程度。对于执行该规定确有困难的地方，以及年龄较大、群众威望较高的公民，担任人民陪审员的文化条件可以适当放宽。

② 施鹏鹏．陪审制研究．北京：中国人民大学出版社，2008：138，160 - 161.

未免有失合理性。

（2）法院出于自身利益的考虑

Y 县法院对陪审员的学历和法律素养作出要求，对法院来讲有两方面的考虑：第一，减少法官庭审负担，提高庭审效率。一般而言，具有较高学历与良好法律知识的陪审员学习能力更强，也更容易进入陪审角色；在庭审中，高文化水平的陪审员与法官的配合也更好，庭审效率也更高。在此次调研中，不少法官坦言，具有较高学历与一定法律知识的陪审员更容易与法官沟通，至少在事实认定和法律适用方面不会与法官产生太大分歧。第二，减少法院的培训成本。根据相关规定，陪审员享有获得培训的权利。① 但是，目前我国法院普遍存在经费不足的问题，Y 县也不例外。我们在调研过程中了解到，Y 县除第一届人民陪审员曾参加过一年 5 次的县级培训外，其他参加县级培训的频率都只有一年一次，市一级的培训更少，省级培训指标则更是每年只有一人。因此，如果选任的人民陪审员素质过低，要让陪审员具备参审能力，就需要更多的培训，花费更多的财力与物力；陪审员素质足够高，则可以节约成本，且上岗后往往能发挥更好的作用。

2. 拥有"公家身份"的人民陪审员过多

根据《决定》第 8 条的规定②，人民陪审员的最终确认取决于司法行政机关与基层人民法院共同的确定。但是，Y 县人民陪审员的产生更像是法院单方面决定的结果，司法行政机关与法院在某种程度上属于合作关系，而县级人大常委会的任命则流于形式。同时，《决定》第 5 条只是将人民代表大会常务委员会组成人员、公安机关、司法机关和职业律师排除在外，除上述人员外的其他人可以担任人民陪审员，这就为其他行政机关工作人员介入陪审机制打开了一扇大门，结果在 Y 县就有过多的党政机关工作人员担任陪审员，不利于合议庭公正审判。③

3. 当地群众较少主动申请担任陪审员

在此次调研中，Y 县法院对人民陪审员制度进行了多种形式的宣传：

---

① 最高人民法院、司法部《关于人民陪审员选任、培训、考核工作的实施意见》第 10 条："人民陪审员经任命后，依法参加人民法院的审判活动前必须经过培训。"

② 《决定》第 8 条："符合担任人民陪审员条件的公民，可以由其所在单位或者户籍所在地的基层组织向基层人民法院推荐，或者本人提出申请，由基层人民法院会同同级人民政府司法行政机关进行审查，并由基层人民法院院长提出人民陪审员人选，提请同级人民代表大会常务委员会任命。"

③ 张泽涛. 陪审制度的缺陷及其完善——以《关于完善人民陪审员制度的决定》为考察对象. 华东政法大学学报，2009（1）.

一是在向县委、人大、政法委汇报工作时进行人民陪审员制度的宣传；二是在县电视台、县报、县有关网站等新闻媒体上对实行人民陪审员制度的意义和作用等进行宣传；三是组织法官和陪审员上街宣传，5年来共开展宣传咨询活动5次，发放宣传资料8 000余份，解答群众有关陪审员的问题138条；四是先后出宣传专栏9期，张贴标语200张。

法院的宣传不可谓不用心，但是调研数据表明该院宣传似乎没有达到预期的效果。我们以是否听说过陪审制度设计问卷进行调查，共回收公众卷637份，其中缺失21份，有效616份。结果显示：没听说过人民陪审员制度的比例高达44.3%，即有将近一半的社会公众不知道有人民陪审员制度的存在（见表4-9）。法院的大力宣传与实际取得的效果出现了负相关的关系。究其原因，我们认为，毕竟Y县只是一个小县城，人口流动不频繁，生活节奏缓慢，熟人社会的印记还很明显，群众对法治关注度不高，只是外在形式的宣传必然难以取得相应的效果。

表4-9　　　　您之前听说过人民陪审员制度吗？（社会公众卷）

		频率	百分比	有效百分比	累积百分比
有效	听说过	284	44.6	46.1	46.1
	没听说过	273	42.9	44.3	90.4
	虽然没听说过人民陪审员，但听说过国外的陪审团	59	9.3	9.6	100.0
	合计	616	96.7	100.0	
缺失	99	21	3.3		
	合计	637	100.0		

四、参审机制

（一）陪审员参审情况

根据样本地区法院2006—2010年陪审案件情况的统计（见表4-10）可以发现，Y县陪审员的参审案件数量和比例在逐年上升：从2006年到2010年，陪审员参与案件的次数依次占该法院全年结案数的5.3%、12.4%、11.4%、14.6%和31.2%。其中，陪审员刑事案件的参审率依次为1.8%、19.4%、13.7%、24%和48%，民事案件参审率依次为6.5%、10.2%、8.5%、12.4%和28.5%（见表4-10）。除2008年有所下降外，陪审员的参审率总体呈迅速上升的趋势，其中陪审员刑事案件参审率又比民事案件的上升速度要快得多。总体来说，该地陪审员在审判工作中起着越来越重要的作用。

表 4 - 10　　　　　　　　　　样本地区法院 2006—2010 年陪审案件统计

	2006 年		2007 年		2008 年		2009 年		2010 年	
	陪审案件数	全年结案数	陪审案件数	全年结案数	陪审案件数	全年结案数	陪审案件数	全年结案数	陪审案件数	全年结案数
刑事案件	4	220	40	206	30	219	53	224	95	198
民事案件	35	537	80	784	72	852	132	1 062	342	1 198
行政案件	2	11	4	8	24	33	5	17	9	20
合计	41	768	124	998	126	1 104	190	1 303	446	1 416

数据来源：Y 县人民法院 2006—2010 年收结案件统计总表。

（二）陪审合议庭的组成模式

目前，Y 县法院合议庭的组成有两种模式：一位审判员与两位陪审员组成合议庭（以下简称"一法两陪"）或两位审判员与一位陪审员组成合议庭（以下简称"两法一陪"）。不同的合议庭组成模式对合议的最终结果会产生不同的影响。

某法官：重大案子就是两审一陪，一般案子就是一个审判员带着两个陪审员。

某法官：我觉得还是两名法官一名陪审员合适一些。在民事案件中，有些案件即使是普通人也能做出很好的判断，这种情况下，两名陪审员一名法官没有关系。但是有些案件，比如合伙、合同、劳动争议，特别是新型的案件，法官本身的法律素养都需要完善，如果采用两名陪审员的结构的话，对案件的结果是不利的。

某人民陪审员：一般来讲，在陪审的过程中，我陪审的案件都是由一名法官、两名陪审员审理这种事实比较简单、容易的案件。

某人民陪审员：合议庭一般都是一个法官两个陪审员组成，这一点还是都能做到，没有缺少一个的情况。

关于"哪种合议庭组成模式更有利于公正裁判的作出"，法官问卷结果显示：41.7％的法官认为"两法一陪"的合议庭组成模式更合理；29.2％的法官倾向于"一法两陪"的模式；其余法官持中立态度（见表4-11、表4-12）。关于实践中"陪审案件有几名陪审员参加"的问题，我们回收有效当事人问卷 76 份。结果显示：在 Y 县司法实践中，合议庭的组成模式以"两法一陪"居多，占比 59.2％；"一法两陪"模式占比为 40.8％。

根据访谈可以得知，Y 县法院在审理简易案件时往往采用"一法两陪"的合议庭组成模式；在面对复杂、疑难、新型案件时则多采取"两法一陪"的模式。这种差异或与当前推行的错案追究机制有所关联，目前，法院系统对法官实行错案责任追究机制，而人民陪审员不受该机制的限制。在案件审理过程中，陪审员对案件事实的把握、对法律的了解程度与法官有很大的差距，对疑难案件的把握也不如法官那么精准。因此，当疑难案件有两名陪审员时，一旦两名陪审员因自身能力的不足导致对案件的把握出错，法官便处于非常不利的状况。出于这方面的考虑，法官群体更青睐于"两法一陪"的合议庭组成模式。

表 4 - 11　　　哪种合议庭组成模式更有利于公正裁判的作出？（法官卷）

		频率	百分比	有效百分比	累积百分比
有效	与两名法官组成合议庭	10	41.7	41.7	41.7
	与一名法官一名陪审员组成合议庭	7	29.2	29.2	70.8
	以上组合都可以	7	29.2	29.2	100.0
	合计	24	100.0	100.0	

表 4 - 12　　　　　陪审案件有几名陪审员参加？（当事人卷）

		频率	百分比	有效百分比	累积百分比
有效	1 名	45	58.4	59.2	59.2
	2 名	31	40.3	40.8	100.0
	合计	76	98.7	100.0	
缺失	99	1	1.3		
合计		77	100.0		

（三）参审过程

1. 庭前阅卷情况

根据《若干意见》第 13 条①的规定，庭前阅卷既是陪审员的权利，也是义务。开庭审理前，人民陪审员查阅卷宗有利于尽早进入审判角色，以便在庭审中及时发现问题以及进行有效的提问，从而提高法庭审判的效率。

在关于陪审员庭前阅卷情况的调查中，我们回收有效陪审员问卷 16 份，有效法官问卷 23 份。陪审员卷的结果显示：56.3%的陪审员"每次"都有参与庭前阅卷；6.3%的人"经常"庭前阅卷；还有 37.5%的陪审员

---

① 《若干意见》第 13 条规定："人民法院应当为人民陪审员查阅案卷、参加审判活动提供工作便利和条件。接到陪审通知的人民陪审员，应当在案件开庭前完成阅卷工作。"

"偶尔"会庭前阅卷（见表4-13）。法官卷的反馈则不同：仅30.4%的法官认为陪审员每次都进行庭前阅卷；13%的法官认为陪审员可以做到经常阅卷；而有56.5%的法官认为陪审员很少进行庭前阅卷（见表4-14）。此外，访谈中也反映出某些陪审员庭前阅卷时间过短的问题，即仅仅在开庭前的一个小时才阅卷：

> 问：一般多久通知他们？
>
> 某法官：打电话。开庭那天他们会早一点过来，我们9点钟开庭，他们8点钟就到这里。阅下卷，主审法官和他们交流一下起诉的有关情况，然后我们就开庭。

在这种情况下，虽有主审法官进行说明，但有限的时间不足以使陪审员完全了解案情。综合来看，Y县法院陪审员的阅卷情况并不理想。不管是参加阅卷还是不参加阅卷，陪审员对案情的了解都非常有限。

表4-13　　　　您在庭前查阅过卷宗、了解案情吗？（人民陪审员卷）

		频率	百分比	有效百分比	累积百分比
有效	每次都有	9	50.0	56.3	56.3
	经常	1	5.6	6.3	62.5
	偶尔	6	33.3	37.5	100.0
	合计	16	88.9	100.0	
缺失	99	2	11.1		
	合计	18	100.0		

表4-14　　　　据您所知，人民陪审员通常在庭审前是否查阅案卷、了解案情？（法官卷）

		频率	百分比	有效百分比	累积百分比
有效	每次都有	7	29.2	30.4	30.4
	经常	3	12.5	13.0	43.5
	很少	13	54.2	56.5	100.0
	合计	23	95.8	100.0	
缺失	99	1	4.2		
	合计	24	100.0		

2. 庭审发言情况

陪审员在开庭审理阶段的主要作用为：在审判长的主持下，根据自己所掌握的案情、案件争议焦点和当事人双方提供的证据，进行发言和提问，并和法官共同决定事实问题与法律问题。那么调研法院的实际情况究竟如何呢？

关于陪审员发问情况，我们收集到有效陪审员问卷17份，有效法官问卷 23 份，有效当事人问卷 76 份。结果显示：29.4% 的陪审员每次都会发问；23.5% 的陪审员经常在庭审中发问；35.3% 的人很少发问；而一次也没有的陪审员占 11.8%（见表 4 - 15）。庭审中经常发言的还不到总人数的 1/3。法官人数的 47.8% 认为陪审员通常会在庭审中发问；52.2% 的法官认为陪审员很少在庭审中发问（见表 4 - 16）。34.2% 的当事人认为陪审员经常在庭审中发问；19.7% 的当事人认为陪审员只是偶尔发问；31.6% 的当事人认为陪审员从没在庭审中发问过；另有 14.5% 的当事人表示不记得了（见表 4 - 17）。根据以上数据，陪审员在庭审中的表现确实不尽人意。

表 4 - 15　　　　　　您会在庭审中提问么？（人民陪审员卷）

		频率	百分比	有效百分比	累积百分比
有效	每次都会发问	5	27.8	29.4	29.4
	经常发问	4	22.2	23.5	52.9
	很少发问	6	33.3	35.3	88.2
	一次也没有	2	11.1	11.8	100.0
	合计	17	94.4	100.0	
缺失	99	1	5.6		
	合计	18	100.0		

表 4 - 16　　　　　人民陪审员会在庭审过程中提问么？（法官卷）

		频率	百分比	有效百分比	累积百分比
有效	通常都问	11	45.8	47.8	47.8
	很少问	12	50.0	52.2	100.0
	合计	23	95.8	100.0	
缺失	99	1	4.2		
	合计	24			

表 4 - 17　　　　　陪审员有在庭审中向您提问么？（当事人卷）

		频率	百分比	有效百分比	累积百分比
有效	问过多次	26	33.8	34.2	34.2
	偶尔会	15	19.5	19.7	53.9
	没有问过	24	31.2	31.6	85.5
	不记得了	11	14.3	14.5	100.0
	合计	76	98.7	100.0	
缺失	99	1	1.3		
	合计	77	100.0		

在访谈中，几乎所有陪审员均承认在庭审中有发问的机会，但为何陪审员发问仍然那么少，陪审员庭审发问频率过低的原因到底是什么？调查

显示，陪审员庭审发言过少的原因有：第一，对案件事实不清楚，而这主要是因为陪审员庭前阅卷工作不到位，对案情缺乏基本了解；第二，法律适用能力欠缺，虽然 Y 县 21 名陪审员均具有大专以上学历，但是在司法实践中高学历并没有在庭审中给陪审员带来更多的优势，这也从侧面说明，高学历不等于较高的参审能力；第三，对案件的看法与法官一致，对于陪审员与法官对案件有相同的观点，应分不同情况看待，一方面可能是两者确实在事实认定与法律适用方面达成了共识，另一方面可能是陪审员由于自身参审能力等原因没有能力独立发表对案件的看法，从而盲从法官的观点。（见表 4 - 18）

表 4 - 18　　　你在庭审中很少发问或者从不发问的原因是什么？（多选）

编号	类别	不是		是	
		频率	有效百分比	频率	有效百分比
1	对案件事实还不清楚	5	45.5%	6	54.5%
2	对涉及的法律问题不了解	5	45.5%	6	54.5%
3	我想问的法官都问到了	4	36.4%	7	63.6%
4	主审法官不给我发问机会	11	100%	0	0
5	想发问，但又怕出错	11	100%	0	0
6	其他	10	90.9%	1	9.1%

3. 庭后合议情况

根据《若干意见》的第 15 条、第 16 条①，我们可以知道，人民陪审员在案件评议过程中享有自主、独立地发表意见的权利。合议庭评议是指由合议庭成员在法庭调查和法庭辩论的基础上，发表各自的意见，认定案件事实，明确法律的适用，最终确定案件审判结果的程序。庭审的合议阶段除陪审员和法官之外的其他任何人都无法直接参与和了解。

在关于陪审员是否参加合议的调查中，我们回收有效问卷 17 份。结果显示，64.7% 的受调查陪审员每次都参加庭后合议；35.3% 的人民陪审员有时参加（见表 4 - 19）。可见在大部分情况下，陪审员庭后合议的权利得到了保障，但是仍有近四成的人民陪审员不能做到充分参与。

那么陪审员经过庭审，是否能掌握案情并在合议中提出案件的初步处理意见呢？对此问题，我们共回收有效陪审员问卷 17 份。据统计，

---

① 《若干意见》第 15 条、第 16 条：合议庭应当保障人民陪审员在案件评议过程中自主、独立发表意见的权利。审判长和合议庭其他成员不得施加不当影响或阻碍。人民陪审员同合议庭其他组成人员意见分歧的，应当将其意见写入笔录，必要时，人民陪审员可以要求合议庭将案件提请院长决定是否提交审判委员会讨论决定，但应当说明理由。人民陪审员提出的要求及理由应当写入评议笔录。

58.8%的人民陪审员认为自己可以在开庭后掌握案情，并提出案件处理的初步意见；5.9%的人民陪审员认为不能；另外，35.3%的人认为根据案件的难易程度会有不同答案（见表4-20）。基于该项调查，Y县大多数的人民陪审员在合议过程中能发挥作用，但仍有少部分陪审员无法履行庭后合议的职能，这表明目前陪审员之间水平参差不齐，陪审员整体水平还有待提高。

表4-19　　　　　　**请问您是否参加过合议？（人民陪审员卷）**

		频率	百分比	有效百分比	累积百分比
有效	每次都参加	11	61.1	64.7	64.7
	有时参加，有时在笔录上补签字	6	33.3	35.3	100.0
	合计	17	94.4	100.0	
缺失	99	1	5.6		
	合计	18	100.0		

表4-20　　　　　　**请问经过开庭，您能否掌握案情，**
　　　　　　提出案件处理的初步意见？（人民陪审员卷）

		频率	百分比	有效百分比	累积百分比
有效	能	10	55.6	58.8	58.8
	不能	1	5.6	5.9	64.7
	有时能，有时不能	6	33.3	35.3	100.0
	合计	17	94.4	100.0	
缺失	99	1	5.6		

　　关于合议庭评议时法官与陪审员发表意见的先后顺序。根据最高人民法院《关于人民陪审员参加审判活动若干问题的规定》第8条的规定①，陪审员在合议中有优先发表意见的权利，这或是考虑到法官先发表意见可能会给陪审员造成一定的压力，影响后者的自由心证。那么在司法实践中的做法如何呢？我们就合议时法官和陪审员谁先发表意见的问题做了问卷调查，共回收有效陪审员卷16份，法官卷23份。结果显示：25%的陪审员和39.1%的法官认为在合议案件时由法官先发表意见；6.3%的陪审员和43.5%的法官认为一般是由陪审员先发表意见；还有68.8%的陪审员和17.4%的法官认为以上两种情形都有（见表4-21、表4-22）。关于庭后合议中发表意见的情况，我们也进行了一些访谈：

---

　　①　最高人民法院《关于人民陪审员参加审判活动若干问题的规定》第8条："合议庭评议案件时，先由承办法官介绍案件涉及的相关法律、审查判断证据的有关规则，后由人民陪审员及合议庭其他成员充分发表意见，审判长最后发表意见并总结合议庭意见。"

某法官：在合议阶段，我们好像有一个合议的规范，一般来说，我们会让陪审员先发言。如果陪审员的意见和主审法官或者审判长意见不一致，那么我们内部还要沟通。因为一般来说陪审员对于实际情况涉及民意会偏重一些，而对于法律可能会欠缺一点，毕竟他只有大专文化，不太专业。在这些方面，我们会相互沟通，再进行合议，大家发表自己的观点。

似乎法官和陪审员对这一问题的回答呈现出高度的不一致性。由于在前文中我们提到 Y 县法院的两名"陪审专业户"备受重视，我们可以合理推断其在合议中优先发表意见的情况较其他陪审员要频繁得多，加之两人参与陪审的案件数量明显偏多，法官卷所展示的数据难免有失客观，陪审员卷的数据更加客观真实。由此可见，在 Y 县法院的庭后合议中，法官先发表意见的情况居多，陪审员的自由心证可能在很大程度上受到法官的影响。

表 4-21　　　　在合议中一般谁先发表意见？（人民陪审员卷）

		频率	百分比	有效百分比	累积百分比
有效	先由法官发表意见	4	22.2	25.0	25.0
	先由陪审员发表意见	1	5.6	6.3	31.3
	以上两种情况都有	11	61.1	68.8	100.0
	合计	16	88.9	100.0	
缺失	99	2	11.1		
	合计	18	100.0		

表 4-22　　　　请问在合议中，一般由谁先发表意见？（法官卷）

		频率	百分比	有效百分比	累积百分比
有效	先由法官发表意见	9	37.5	39.1	39.1
	先由陪审员发表意见	10	41.7	43.5	82.6
	以上几种情况都有过	4	16.7	17.4	100.0
	合计	23	95.8	100.0	
缺失	99	1	4.2		
	合计	24	100.0		

法官在庭后合议中优先发言的情况会对庭后合议的结果最终会造成什么影响呢？问卷调查结果显示，7.1%的陪审员几乎都赞成法官的评议意见；85.7%的陪审员赞成法官合议意见的情况多一些；还有7.1%的人民陪审员对法官意见赞成和不赞成的比例相当（见表4-23）。在发生陪审员意见与法官不一致时的情况，又该如何处理呢？结果显示，当陪审员意见与法官相左时，42.9%的陪审员反映是按少数服从多数原则解决；

7.1%的陪审员认为法官会做说服工作；还有50%的陪审员表示法官会作解释，然后再表决（见表4-24）；另外，只有6.7%的陪审员会因意见与合议庭其他成员有分歧，而坚持要求将案件提交审委会处理（见表4-25）。我们还对部分陪审员进行了访谈。

> 某陪审员：每次在合议庭讨论的时候，我们陪审员都能够充分发表我们的意见，我们说什么，有什么想法，认为怎么判，我们都可以提，然后我们讨论一下。

> 某陪审员：我觉得在开庭结束、合议的时候法官还是蛮尊重我们的意见，他能够考虑我们建议，然后综合我们的意见，这一点我觉得还是做得蛮好。不过，因为自己感觉不是很专业，所以有时对案件不怎么敢说，怕说错。

> 某陪审员：出现过这样的事情，有一次在合议庭，就我们要不要利用合议庭的职权去市里调查取证的问题，我投了赞成票，另外一个陪审员也投了赞成票，相反法官有不同意见，但最后他听从了我们的意见。

综上可得，多数时候陪审员的意见与法官保持一致。但是在庭后合议中，由于存在陪审员因自身法律知识欠缺而不敢发言的情况，加之法官优先发表意见以及合议庭的组成模式以"两法一陪"居多，陪审员在合议庭中明显处于弱势地位，这在某种程度上反映了陪审员对法官意见的赞同存有某种"假象"，即这种一致性也许并不是发自内心。

表4-23　　　一般情况下，您对法官的评议意见？（人民陪审员卷）

		频率	百分比	有效百分比	累积百分比
有效	几乎都赞成	1	5.6	7.1	7.1
	赞成的多一些	12	66.7	85.7	92.9
	赞成和不赞成的比例相当	1	5.6	7.1	100.0
	合计	14	77.8	100.0	
缺失	99	4	22.2		
	合计	18	100.0		

表4-24　　　当您与法官意见不同，法官会怎么处理？（人民陪审员卷）

		频率	百分比	有效百分比	累积百分比
有效	直接按少数服从多数原则表决	6	33.3	42.9	42.9
	法官会做工作说服我同意他的意见	1	5.6	7.1	50.0
	法官会向我作解释，然后再表决	7	38.9	50.0	100.0
	合计	14	77.8	100.0	
缺失	99	4	22.2		
	合计	18	100.0		

表 4 - 25　　　　　请问您有没有因意见与合议庭其他成员有分歧，
　　　　　　　　而要求将案件提交审委会处理？（人民陪审员卷）

		频率	百分比	有效百分比	累积百分比
有效	有过	1	5.6	6.7	6.7
	没有	14	77.8	93.3	100.0
	合计	15	83.3	100.0	
缺失	99	3	16.7		
合计		18	100.0		

　　最后，合议庭评议意见会由书记员全程记录并由陪审员与法官签名确认，裁判文书亦须由陪审员和审判员核对签名。那么陪审员核实裁判文书与签字情况究竟如何？宣告判决时，判决结果是否真的与合议庭的统一意见相符合？是否存在暗箱操作、会议后篡改合议的统一意见？当陪审员发现判决结果与合议统一意见不一致时会有什么反应呢？据调查，绝大多数的陪审员（68.8%）每次都会核实参审案件的裁判文书文稿并签名，但也有 6.3% 的陪审员做不到每次核实并签名（见表 4 - 26）。而当案件判决结果与合议统一意见不一致时，有 11.8% 的陪审员认为法官这么做必有其自己的道理，17.6% 的陪审员会去找法官问清楚，有 70.6% 的人表示没有发生过这种情况（见表 4 - 27）。

　　从以上内容可知，大多数的陪审员在合议阶段和最后签字阶段能够很好地履行自己的职能，但仍有少数陪审员不能做到善始善终，致使其关键职能的行使流于形式。同时，当陪审员发现案件判决结果与合议结果不一致时，有少数陪审员出于某些原因认为法官这么做有其道理，这看似是对法官的信任，实际则是陪审员对自己的不自信，不敢挑战法官权威。

表 4 - 26　您是否会核实参审案件的裁判文书文稿并签名？（人民陪审员卷）

		频率	百分比	有效百分比	累积百分比
有效	每次都会	11	61.1	68.8	68.8
	经常	4	22.2	25.0	93.8
	很少	1	5.6	6.3	100.0
	合计	16	88.9	100.0	
缺失	99	2	11.1		
合计		18	100.0		

表 4 - 27　　　　　　　　发现判决结果与合议庭评议结果不一致时，
您会怎么做？（人民陪审员卷）

		频率	百分比	有效百分比	累积百分比
有效	相信法官自有其道理	2	11.1	11.8	11.8
	找主审法官问清楚	3	16.7	17.6	29.4
	没出现过这种情况	12	66.7	70.6	100.0
	合计	17	94.4	100.0	
缺失	99	1	5.6		
合计		18	100.0		

（四）参审效果

1. 参审作用

相比较于单纯由职业法官审理的案件，由陪审员和法官组成的审判组织和审判模式定会对案件结果造成影响。究竟不同主体对陪审员参审案件的满意程度如何？我们对法官、律师以及当事人发起了问卷调查。结果显示：只有33.3%的法官认为当事人满意有陪审员参审案件的结果，而认为与没有人民陪审员参与时情况差不多的比例则高达62.5%（见表4-28）；43.8%的律师认为当事人满意有陪审员参审案件的结果，选择与没有陪审员参审情况差不多的比例同样较高，达到56.3%（见表4-29）；而在当事人群体中，仅有26.3%的当事人认为陪审员对案件有影响，选择没有影响的当事人占51.3%（见表4-30）。可以说，法官、律师以及当事人对陪审员对案件结果所起的作用持消极态度的占了绝大多数，陪审员在庭审中没有发挥出应有的作用。这一问题在访谈中也有体现：

　　某法官：我们民事案件有很大困难，法律很不完善，不是找法条就能解决问题的。

　　问：遇见这种情况，陪审员有没有从他们的身份、社会经验的角度提出一些有价值的分析呢？

　　某法官：也没有很多。

我们认为，法官、律师以及当事人对其所起作用持消极态度的原因是多方面的。法官之所以认为陪审员参审对案件结果没有影响，更多的是因为陪审员参审能力的欠缺；而对当事人与律师来说除了能力因素外，持消极态度还可能是出于对陪审员的不信任。

表 4 - 28　　　当事人对陪审员参审案件的结果满意吗？（法官卷）

		频率	百分比	有效百分比	累积百分比
有效	满意，基本都能服判息诉	8	33.3	33.3	33.3
	与没有人民陪审员参与的情况差不多	15	62.5	62.5	95.8
	不知道	1	4.2	4.2	100.0
	合计	24	100.0	100.0	

表 4 - 29　　　您的当事人对陪审案件的裁判结果满意吗？（律师卷）

		频率	百分比	有效百分比	累积百分比
有效	满意，基本都能服判息诉	7	41.2	43.8	43.8
	与没有陪审员参审的情况差不多	9	52.9	56.3	100.0
	合计	16	94.1	100.0	
缺失	99	1	5.9		
	合计	17	100.0		

表 4 - 30　　　您认为陪审员参审对官司的结果影响大吗？（当事人卷）

		频率	百分比	有效百分比	累积百分比
有效	有很大影响	1	1.3	1.3	1.3
	有一定影响	19	24.7	25.0	26.3
	没什么影响	39	50.6	51.3	77.6
	不知道	17	22.1	22.4	100.0
	合计	76	98.7	100.0	
缺失	99	1	1.3		
	合计	77	100.0		

2. 调解作用

案例：2011 年 1 月 10 日，Y 县法院某人民法庭在陪审员的参与下妥善调解了一件尾砂坝清理纷争案，及时排除了尾砂坝的险情。某钨矿建矿时间已久，尾砂储量大，尾砂坝几经加固，但仍有险情，随时有可能危害坝下游上千人的生命财产安全。2010 年 10 月，钨矿决定将尾砂清理工程承包给梁某和周某，后梁某二人与当地村民欧某合伙清理尾砂。2010 年 12 月，欧某三人内部产生矛盾，致使尾砂清理工程停工，雨季即将来临，如不及时清理尾砂，则势必造成危害。

法庭受案后高度重视，立即派员到尾砂坝进行现场勘查，住在钨矿附近的陪审员谷某主动请求参与该案的审理，以便做调解工作。庭审中，法庭充分发挥陪审员谷某的调解优势，谷某熟知欧某三人的情况，力劝三人以大局为重，要处理好合伙内部矛盾，力促尽快复工，以排除尾砂坝对下游群众的安全隐患。经过三个小时的庭外调解，终于促使三人达成和解协议，欧某自愿承担尾砂清理工程，并分批支付梁某、周某垫付的工程款15万元。

以上是Y县法院陪审员参与案件调解的真实案例。关于不同主体对陪审员调解作用的看法，我们还进行了一些访谈：

某陪审员：在调解方面，以陪审员的身份调解人民群众容易接受，法官讲的话、人民陪审员讲的话都是一样的，而群众对陪审员讲的话容易接受，这个我是有一定感触的。

某法官：陪审员在调解方面还是起了作用，提高了庭审的调解结案率。因为陪审员的群众基础较好、威望较高，在群众中比较有优势，而且能够很好地与当事人双方沟通交流，当事人双方和陪审员可能融洽一些，可能没那么多的情绪，对促进和解有很大作用，特别是刚才几个同志提到了它可以使情、理、法的结合达到一个较好的效果，能够达到案结事了，效果比较明显，我们去年参加的好像达到90％。

某法官：有的时候先行调解，把当事人分开来调，陪审员配合做工作；有的时候在庭审以后调解，把争议的焦点查清楚以后，再做调解工作。有的当事人对法律有一些误解或理解上的偏差，我们就让陪审员跟他们说一些道理。

某检察官：人民陪审员在办案过程中也有他的优势，比方说，在调解方面，有利于化解矛盾。有时候，我们和法院提出的调解、和解意见，当事人会持怀疑的态度，他不会全信，而如果人民陪审员还有我们人民监督员提出来的，他们反而更加信服。因为当事人认为人民陪审员是比较特殊的法官，他们从感情上更加认同，更能接受。

人大内司委某主任：陪审员提高了庭审调解结案率。现在要求少判决多调解，这个制度充分利用了陪审员在群众中基础好且有威望的优势，有利于案件的调解。陪审员支持协助法院工作，为当事人双方进行调解，调解结案率自然就高了。

通过上述案例与访谈材料，我们可以发现，不同主体对人民陪审员在调解中所起的作用持肯定态度。对陪审制度持支持态度的人认为，人民陪审员来自人民群众，具有一定的社会威望，比法官更具有亲和力，有助于促进案件调解。据调查，59.1％的法官表示陪审员在其承办的案件中参与过调解；另外40.9％的受调查法官则认为陪审员很少参与调解（见表4-31）。17.6％的陪审员表示每次调解都会积极参与；47.1％的陪审员经常参与调解；11.8％的陪审员很少参与调解；而从没参与过调解的陪审员占

23.5%（见表 4 - 32）。

　　至于陪审员在调解中能否起到积极作用，53.8%的陪审员和 50%的法官认为陪审员有利于促进当事人达成调解协议；46.2%的陪审员和 45.8%的法官则持中立意见；还有 4.2%的法官持否定的看法（见表 4 - 33、表 4 - 34）。另外，Y 县法院的数据显示，2014 年该县陪审员参审案件 928 件，由陪审员调解撤诉案件达到 189 件，调撤率达 20%，极大地减轻了法院的负担。可见在大多数案件中，Y 县陪审员起到了较好的调解作用。

表 4 - 31　　　　　人民陪审员参与过诉讼调解吗？（法官卷）

		频率	百分比	有效百分比	累积百分比
有效	经常调解	13	54.2	59.1	59.1
	很少调解	9	37.5	40.9	100.0
	合计	22	91.7	100.0	
缺失	99	2	8.3		
合计		24	100.0		

表 4 - 32　　　　　您参与过法院调解吗？（人民陪审员卷）

		频率	百分比	有效百分比	累积百分比
有效	每次调解都会积极参与	3	16.7	17.6	17.6
	经常参与调解	8	44.4	47.1	64.7
	很少参与调解	2	11.1	11.8	76.5
	一次也没有调解过	4	22.2	23.5	100.0
	合计	17	94.4	100.0	
缺失	99	1	5.6		

表 4 - 33　　　　您参与调解后，调解的大体情况是怎样的？（人民陪审员卷）

		频率	百分比	有效百分比	累积百分比
有效	调解成的案件较多	7	38.9	53.8	53.8
	两种情况大体相当	6	33.3	46.2	100.0
	合计	13	72.2	100.0	
缺失	99	5	27.8		

表 4 - 34　　　陪审员较之法官是否更容易让当事人达成调解协议？（法官卷）

		频率	百分比	有效百分比	累积百分比
有效	是	12	50.0	50.0	50.0
	否	1	4.2	4.2	54.2
	不一定	11	45.8	45.8	100.0
	合计	24	100.0	100.0	

　　3. 执行作用

　　现行规范性文件并没有对人民陪审员参与执行方面进行规定。那么法院在实践中是否有所尝试？调查结果显示，Y县陪审员中，曾多次参与案件执行的占比11.8%，29.4%的陪审员很少参加，58.8%的陪审员从没参加过（见表4-35）。而在参与过执行工作的陪审员中，有37.5%的陪审员表示多次促成当事人执行和解或说服被执行人自觉履行；50%的陪审员可以偶尔做到；未曾起到作用的仅12.5%（见表4-36）。综上可知，大部分陪审员一般不参与法院的执行工作，但是在参与执行工作的人民陪审员中，有超过半数的人民陪审员可以促成执行和解或说服被执行人自觉履行。陪审员在执行方面具有较大的潜力。

问：陪审员参与执行吗？

某法官：参与了。陪审员参与执行并不是我的创举，我在前面就向省市中级人民法院提出过这个问题，既然陪审员可以参与审判，那他能不能参与执行？参执的效果，一个是执行的情况能和群众沟通，再者是监督法官的这个执行。

问：有没有这样的情况，陪审员参与执行后情况就好些了？

某法官：有，肯定有啦。

某人大常委会委员：陪审员制度对案件的执行有促进作用，达到案结事了的效果，这是最重要的。如果光是一纸判决，那么就变成了法律白条。

某法官：陪审员制度有利于执行。有陪审员参加进行调解，当事人的信服度比较高，在执行过程中也容易些，这就是有利于执行的方面。

表4-35　　　　　您参加过法院的执行工作吗？（人民陪审员卷）

		频率	百分比	有效百分比	累积百分比
有效	参加过很多次	2	11.1	11.8	11.8
	很少参加	5	27.8	29.4	41.2
	从没参加	10	55.6	58.8	100.0
	合计	17	94.4	100.0	
缺失	99	1	5.6		
	合计	18	100.0		

表4-36　　如果参加过，请问您有没有促成过执行和解或说服被执行人自觉履行？
（人民陪审员卷）

		频率	百分比	有效百分比	累积百分比
有效	有，次数还很多	3	16.7	37.5	37.5
	偶尔有	4	22.2	50.0	87.5
	一次也没有	1	5.6	12.5	100.0
	合计	8	44.4	100.0	

续前表

		频率	百分比	有效百分比	累积百分比
缺失	99	10	55.6		
	合计	18	100.0		

4. 司法监督作用

一般认为，人民陪审员介入司法会对法官造成一定程度的牵制，从外部视角能够对法官职权的行使进行监督。但是不同社会主体对于陪审员是否具有监督作用、具有怎样的监督作用或者对陪审员监督作用的发挥有何期待等问题必然持有不同的看法。

某陪审员：人民陪审员的作用：一个是协助法官，另一个是监督法官，有时候在做工作的时候，参与到案件中也是对权力的一种制约、一种制衡。

某法官：陪审员制度的实施不仅解决了法院法官人手不足的问题，还确确实实起到了一定的监督作用，主动地或被动地起到了这个作用。就我自己参加的几个案子的体会，若陪审员有不同意见还是会多次合议，这个制度它本身就带有监督作用，体现了阳光政府，透明度加大了，也提升了人民群众对司法的信任度，促进了司法公正。

人大内司委某主任：人民陪审员参与案件的审理，除了与法官有一样的审判权力外，它更重要的一层含义是监督法官审理的过程，案件的当事人对人民陪审员会从这个角度理解，因此社会效果与法律效果更好。

某律师：人民陪审员参加审判有利于案件公平公正的审理。以往审判员比较少，很多案子都是独任审判，而在确定人民陪审员制度后，很多案子都是通过合议庭的方式解决，对案件公平公正审理有了很大的促进作用。

从以上访谈材料中可以看出，人们普遍认为陪审员参与案件可以对法官起到制约作用，有利于提高庭审的透明度，提升司法公信力；或者说人们对陪审员的监督作用普遍抱有这样的期待。也有一些学者认为"陪审员可以顾及各种价值的平衡，可以避免少数人的偏见判案，在具体的案件中对法官的自由裁量权进行有效制约，能减少司法的专横"①。

在前述积极评价之外仍需要关注的是，人民陪审员的监督作用真的得

---

① 姜淑华. 司法社会化与人民陪审员制度的完善. 山东社会科学，2006（11）.

到有效发挥了吗？人民陪审员的参审带来的真的是监督作用吗？根据调查显示，23.5％的陪审员承认有当事人找其说情；70.6％的陪审员没碰见这种情况；还有 5.9％的人不便回答（见表 4 - 37）。由此可见，在司法实践中，存在当事人或律师私下找陪审员说情的情况，存在当事人通过陪审员进而影响法官的可能性。

那么，当法官遇到陪审员说情时又会采取怎样的做法？根据调查显示，仅有 4.2％的法官能够严词拒绝；高达 50％的法官表示会在法律范围内予以考虑（见表 4 - 38）。这表明人民陪审员有时不仅不能发挥监督作用，而且可能会扰乱司法，产生新的司法腐败。可见陪审员的监督作用不能一概而论。

表 4 - 37　　　　　请问在您参审过的案件中，是否有当事人或律师
私下找您说情？（人民陪审员卷）

		频率	百分比	有效百分比	累积百分比
有效	偶尔有	4	22.2	23.5	23.5
	没有	12	66.7	70.6	94.1
	不便回答	1	5.6	5.9	100.0
	合计	17	94.4	100.0	
缺失	99	1	5.6		
	合计	18	100.0		

表 4 - 38　　　　　在人民陪审员利用其身份找您说情的时候，
您是如何处理的？（法官卷）

		频率	百分比	有效百分比	累积百分比
有效	从未有过这种情况	11	45.8	45.8	45.8
	严词拒绝	1	4.2	4.2	50.0
	在法律允许的范围内予以考虑	12	50.0	50.0	100.0
	合计	24	100.0	100.0	

（五）存在的问题及原因

1. 陪审员庭前阅卷难以实现

（1）陪审员本职工作与陪审工作的冲突

如前文所述，Y 县法院陪审员的阅卷情况并不理想，部分人民陪审员仅仅参加案件的庭审，对案情则缺乏基本了解。而在此次调研的访谈中，我们了解到大量陪审员无法做到庭前阅卷存在现实原因，其中最主要的就是陪审员的本职工作与陪审工作经常发生冲突，而陪审员一般会以自己的本职工作为先。尽管《决定》规定人民陪审员的工作单位应对人民陪审员参审提供支持，但现实情况是不少陪审员本身是单位的一把手或者身居要职，工作繁忙；而对于家住农村地区的陪审员来说，庭前阅卷则费时费力，必然

会耽误自己大量的本职工作。相对来说，陪审工作更像是一份"兼职"。

（2）陪审补助过低，陪审员庭前阅卷得不偿失

在规范层面上，相关文件对陪审员的补助作了较为细致的规定。① 在调研中，我们了解到 2010 年 Y 县参审案件最多的陪审员是一名退休干部，其全年补助为 8 000 多元。我们以 8 000 元整粗略计算 Y 县每件案件的陪审补助，该名陪审员 2010 年全年参审案件 134 件，每个案件补助约为 60 元。如果说县城地域狭小，对于居住于城区的陪审员，交通费与餐费等额外花费可以忽略不计，那么对于农村陪审员来说，60 元的补助减去交通费以及餐费便所剩无几了。因此，参加陪审对很多陪审员而言其实是一项"赔本的买卖"，庭前阅卷更成为一种负担。

（3）法院通知不及时，庭前阅卷时间不足

在调研中我们还了解到，Y 县法院在确定由人民陪审员参审的案件之后，往往没有及时通知陪审员开庭的时间，有的甚至在开庭的当天临时通知，从而导致陪审员无法通过庭前阅卷及时了解案情。

2. 法官在陪审员参审问题上享有绝对话语权

我们在调研中了解到，有相当数量的法官把人民陪审员制度当作解决案多人少困境的一个捷径，法官对陪审制度功能定位带有一定的功利主义色彩。我们采集的一些访谈材料可以印证这种现象。

> 某法官：我认为人民陪审员制度对我们法院直接有益的是缓解了案多人少的压力。要不然这么多案子会大量地积压，不可能所有的案子都采用独任审判，对于独任审判，有些老百姓是不能接受的，是不是？因为，我们司法也不能脱离国情，这种合议庭的制度设计，一般有 3 个人，而一年多少个案子啊！法官可以说成了一个办案机器了，所以我觉得这一点我们是直接受益的。

然而如果法官仅仅是比较功利，在其他方面尚能充分尊重陪审员的权利，这种定位倒也没有必要过分指摘。但现实情况是，法官对陪审员的价值定位也出现了问题。众所周知，陪审员在事实认定与法律适用方面同法官享有一样的权利②，但在司法实践当中，陪审员的这些权利难以落实。首先，法官对陪审员作用的认知与法律规定出现了背离。调查显示：只有

---

① 参见《关于人民陪审员选任、培训、考核工作的实施意见》第 20 条第 1 款。
② 《决定》第 1 条："人民陪审员依照本决定产生，依法参加人民法院的审判活动，除不得担任审判长外，同法官有同等权利。"第 11 条第 1 款："人民陪审员参加合议庭审判案件，对事实认定、法律适用独立行使表决权。"

37.5%的法官认为人民陪审员能够行使好与法官相同的职权，在这一问题上持消极或观望态度的比例占据了明显优势（见表4-39）。法官对陪审员作用所持的消极态度又进一步表现为受访法官的75%认为陪审员能起到的作用只有事实认定，只有25%的法官认为陪审员在事实认定与法律适用方面都能有所作为（见表4-40）。

由于法官对陪审员在法律适用方面的能力持消极态度的居多，加上错案责任追究机制的推行，他们内心对人民陪审员缺乏信任。另外，权力分立的双方具有相斥性，陪审员与法官同职同权意味着法官的权力在某种程度上被压缩；职权主义的惯性必然导致法官基于其在庭审和合议中的主导地位霸占话语权，压缩人民陪审员的表意空间，压制陪审作用的发挥。前述内容中法官在庭后合议环节率先发表意见以及合议庭以"两法一陪"模式居多的情形，便是法官对人民陪审员缺乏信任的一个缩影，导致陪审员在参审的整个过程中缺少话语权。

目前司法界与学界均认识到了这个问题，并且为加强陪审员的话语权做了相应的努力。例如，2014年9月4日由H省某区法院开庭审理的韦某等诉郭某等交通事故责任纠纷一案，便首次采用了大合议庭模式，即由5名陪审员与2名法官组成大合议庭对案件进行审理。但是，根据我们参与该案旁听的切身体验，陪审员发言的次数在长达一天的庭审过程中可谓寥寥无几；即使发言也只是象征性地读取笔录而无实质内容。陪审员在庭审中少言的情况并没有随着陪审员人数的增加而得到改善。当然陪审员在庭审中的表现除了法官比较强势以外还有其他的原因，例如培训不到位、经费保障不足等。

表4-39　　您认为人民陪审员能够行使好与法官相同的职权吗？（法官卷）

		频率	百分比	有效百分比	累积百分比
有效	不可能	3	12.5	12.5	12.5
	可以	9	37.5	37.5	50.0
	个别的可以	9	37.5	37.5	87.5
	不好说	3	12.5	12.5	100.0
	合计	24	100.0	100.0	

表4-40　　您认为人民陪审员能够胜任哪方面的陪审工作？（法官卷）

		频率	百分比	有效百分比	累积百分比
有效	事实认定	18	75.0	75.0	75.0
	二者皆能	6	25.0	25.0	100.0
	合计	24	100.0	100.0	

3. 陪审制度本身的立法缺陷

现行法律对如何保障职业法官独立公正的问题规定得极为全面，但是《决定》的起草者似乎根本没有考虑过人民陪审员丧失公正性的问题。① 尽管《若干意见》第33条对人民陪审员的违法后果作出了规定②，但是在司法实践当中还从未出现过陪审员因违法而被惩处的案例。有学者认为确立陪审制，可以让人民群众参与审判、监督司法、抑制腐败，"因为陪审员的参与是对法官行为的一种重要约束"③。但实践已经证明了这种愿望太过于美好，人民陪审员的司法监督作用并没有得到有效发挥，相反可能导致新的司法腐败。

第一，不管是参审制国家还是陪审制国家，为了避免陪审员对案情有先入之见，对于不让陪审员同当事人有直接接触都作了详细的规定。而在本就讲究人情世故的中国，对这方面却没有作出相应的规定，在国民素质本就普遍不高的情况下，难不成我国的人民陪审员能在这方面做得更好？

第二，人民陪审员的任期过长，加之目前"专职陪审员"的存在，这些人成天的在法院进出，必然会与法官以及一些律师形成私人关系（甚至是亲密的私人关系）。这些陪审员的世界观、价值观、个人喜好必定会被某些不良律师熟知，在不良律师无法在法官方面进行突破时，在律师与人民陪审员熟识的情况下难保不会产生行贿、受贿的问题，在Y县司法实践中也确实出现了人民陪审员为当事人说情的现象。

第三，目前并没有对人民陪审员实行错案追究机制，人民陪审员出于私人原因（或是帮熟人，或是受贿）对案件产生消极影响，承担责任的是法官而不是人民陪审员，这也在一定程度上纵容了某些人民陪审员的腐败行为。

第四，即使人民陪审员能坚持履行好自己的职责，不受外界影响，也无法确保法官不出现问题。陪审员不了解法官的庭下活动，而且法律也没有授予陪审员监督的权利。法官既可以权压制陪审员，又可利用陪审员不懂法律的缺点进行违法活动。

---

① 柯岚. 人民陪审员："陪而不审"不如"不陪而审"——对现行人民陪审员制度的几点质疑. 法律适用，2005（9）.

② 《若干意见》第33条："人民陪审员与参加合议庭的法官享有同等的权利，同时也应当履行同等的义务。人民陪审员在履行陪审职责期间，如出现滥用职权、玩忽职守、徇私舞弊等情形的，人民法院应当视其情节对其进行批评教育，情节严重的，依照法定程序免除其人民陪审员职务，建议所在单位或基层组织对其进行处理，构成犯罪的，依法追究其刑事责任。"

③ 何家弘. 陪审制度改革断想. 中国律师，1999（4）.

五、管理机制

（一）陪审员的培训

关于培训能否对陪审员的参审能力有所提升的问题，根据调查结果显示，95.8％的法官和88.2％的陪审员认为培训有利于提高陪审员的参审能力（见表4-41、表4-42）。那么在实践当中，Y县的培训到位了吗？我们先来看看以下访谈材料：

> 人大内司委某主任：陪审员任命以后，首先要培训2天，由我们法院组织。
>
> 某政工室主任：我们每年都会组织一些人到中院进行培训，大概有一半的陪审员会参加中院的培训，然后会选一两个人参加省高院的全省培训，这是一些集中的形式。除此之外我们法院内部的一些讲座，如中院搞的司法大讲坛、我们搞的法官论坛，我们都会通知他们，愿意来的就和我们一起听，但没有强制性要求。
>
> 问：有一半左右的陪审员到中院参加培训，选择这个条件是什么？
>
> 某政工室主任：这个我们也没有确定，但是一般说来我们会选参加陪审比较多的，特别是办案数量比较多的陪审员。
>
> 某法官：我们的培训指标有限，参加培训的人数比较少。
>
> 某陪审员：我觉得自己不够专业，想要并且需要法院组织一些培训，这是我想说的。去年我在市中院参加过几天的培训班，那一次的培训比较系统。而且，就在这个县法院的楼上我也参加过一次一两天的培训。我觉得培训的机会、次数少了点。
>
> 某陪审员：这个陪审员在业务方面、专业知识方面肯定没有专业法官那么专业，我建议多开展培训或者搞点比较好的观摩学习一下。

通过以上访谈材料，可以了解Y县法院对陪审员的培训方式与力度。总体上，Y县的培训不充分。首先，陪审员任命后的岗前培训时间太短。Y县的岗前培训时间仅为两天，要想让陪审员在两天时间了解刑法、民法、行政法、民诉与刑诉等最基本的法律不现实。其次，Y县法院的培训方式不够合理。按照Y县的做法，尽管每一名陪审员均能得到培训的机会，但更高层次培训的准入门槛是参审数量较多，而参审案件数量较多的陪审员寥寥无几，这也就意味着大部分的陪审员失去了获得更好培训的机会。最后，上述访谈材料也印证了目前陪审员队伍中有相当一部分陪审员没有得到充分培训的现实。

表 4－41　您认为加强培训是否有助于提升人民陪审员的履职能力？（法官卷）

		频率	百分比	有效百分比	累积百分比
有效	有作用	23	95.8	95.8	95.8
	不知道	1	4.2	4.2	100.0
	合计	24	100.0	100.0	

表 4－42　　　　请问您认为培训的效果怎么样？（人民陪审员卷）

		频率	百分比	有效百分比	累积百分比
有效	效果很好，对参审工作帮助很大	15	83.3	88.2	88.2
	效果不好，对参审工作帮助不大	2	11.1	11.8	100.0
	合计	17	94.4	100.0	
缺失	99	1	5.6		
	合计	18	100.0		

（二）陪审员的考核

在调研中我们了解到，Y 县法院针对陪审员的考核问题建立了《人民陪审员管理实施细则》，并建立了陪审员个人档案，对参加培训、审理案件、审判纪律、工作出勤等情况予以记载，作为年终考核、补助发放以及任期届满后是否续任等情况的依据。我们对 Y 县陪审员考核的情况进行了访谈：

> 某人大常委会委员：要加大陪审员考核力度。我认为每年每一个人民陪审员至少要参与两到三个案件的审理，我刚刚看了一下人大常委会的决定，这个决定当中有两条，第一条是本人申请辞去人民陪审员的职务，这个申请我在内司委接到过，我们第一批人民陪审员中的某人民陪审员，他两年前去当律师了，就不再符合人民陪审员的有关条件，他写了申请放在我那里，这个按照人大的决定是由法院院长提请人大才能免去他的资格，由于程序没到位，我们没有免去也没有办理这个程序。

相关文件对人民陪审员的职务免除做出了规定。① 但通过上述的访谈

---

① 《决定》第 17 条："人民陪审员有下列情形之一，经所在基层人民法院会同同级人民政府司法行政机关查证属实的，应当由基层人民法院院长提请同级人民代表大会常务委员会免除其人民陪审员职务：（一）本人申请辞去人民陪审员职务的；（二）无正当理由，拒绝参加审判活动，影响审判工作正常进行的；（三）具有本决定第五条、第六条所列情形之一的；（四）违反与审判工作有关的法律及相关规定，徇私舞弊，造成错误裁判或者其他严重后果的。人民陪审员有前款第四项所列行为，构成犯罪的，依法追究刑事责任。"

材料，可以发现Y县法院对于人民陪审员的考核工作并没有做到位，对符合免职条件的陪审员，法院并没有采取任何措施，而是任由其待在陪审员队伍中。Y县陪审员考核制度并没有得到落实。

（三）存在的问题及原因

1. 陪审员没有得到充分培训

从上文中我们已知Y县陪审员获得培训的机会十分有限，而这些有限的机会对陪审员法律素养的获得所能起到的作用只能是杯水车薪。究竟是法院没想到这个问题，还是法院其实考虑到了这一问题而不愿意提供更好的培训呢？我们认为，最终的原因是经费没有得到充分保障，法院系统没有能力给陪审员提供足够的培训机会，对于培训的人选只能择优选择。对这一问题，亦有访谈材料加以佐证：

问：请问培训费用是财政单列出来吗？

某政工室主任：财政是这样，他只明确一年总共给我们多少经费，但没有明确如何具体地分配。对于人民陪审员，具体要问下财务室，原来好像是给的六万块钱还是多少钱的预算，大概就是说它一年会给我们一笔钱，反正不高，这笔费用通常是不够的，我们还从法院其他办公经费中挤了一些过来。

问：还从别的地方挤费用？

某政工室主任：对。我们在做预算的时候向人大也反映了这个问题，他们都说我们每年培训搞少了，我们说你们在搞那个预算的时候应该帮我们把下关，财政预算给我们法院就这么点钱，我们这里已经全部投入进去了，现在还不够，我们另外也投入了一些办公经费进去，如果经费允许的话，我们也希望给他们更多的机会进行培训。

某法官：社会群体对人民陪审员制度意识的提高，要求全社会包括各级领导对我们这个人民陪审员制度有所认识，基于它对全社会和谐起到的作用，要加大财政预算。一个陪审员一年才两三千块钱，活动一下、培训一下是远远不够的。我讲实话，没有资金和经费就没办法培训。

某陪审员：我们法院可能由于经费紧张，经费这方面，包括地方人民政府是应该支持的。你比如说我们，就我掌握的情况，我们县的人民陪审员的经费，今年好像是8万块钱。而隔壁的省份，由于他们的县还小一些，去年他们是1万块钱的办公经费。若这个经费足，它就能够保证陪审这个方面，培训、补助等相应的条件就会好一些。财政预算方面少的话，对陪审员的培训，专业知识的学习、交流、沟通可能就要欠缺一点，这一块可能要我们法院主动地反映一下情况，更好地解决经费这方面的问题，从而保证陪审制度的更加完善。

以上的访谈材料反映了目前我国陪审制度运行的最大困难。由于现行体制导致法院无法获得财政独立，经费开支就需要由政府来决定，而政府又需要把大量的资金运用在公共服务上，分配到法院的资金实在有限。因此，法院很多制度的运行缺乏足够的资金支持，即便有好的方案也得不到贯彻落实。要对一定数量的陪审员进行充分的培训，让陪审员掌握基本的庭审技能必然要耗费大量的人力与物力，但现实情况是法院心有余而力不足，不仅陪审员去中院、高院培训的名额寥寥无几，就连最基本的县级培训也只能做到一年一次，在陪审员本身就缺乏自主学习的积极性的情况下，仅仅靠每年一次的培训就想让陪审员具备较强的参审能力难免难以做到。

2. 陪审员考核机制落实不到位

在上文中我们已经了解到，针对陪审员考核的相关规定在 Y 县没有得到落实，那么是什么原因造成了这种现象呢？我们通过整理调研中获得的访谈材料，得出以下几点结论：

首先，法院对陪审员的考核不够重视。根据有关规定，我们知道当陪审员出现被免除陪审员职务的情况时，必须得由法院院长提请人大常委会免除其职务，但是 Y 县法院对于考核不合格的陪审员并没有采取任何措施。我们已经知道 Y 县的大部分陪审案件都是由固定的两名陪审员参加，而其他大多数陪审员只是象征性地参与到一两个案件，因此可以说大部分陪审员都没有很好地履行自己的职责。

其次，人大常委会在一定程度上没有起到该有的监督作用。通过上述的访谈材料，我们可以知道人大常委会对于应予免职的陪审员有所知悉，甚至收到了该陪审员的辞职申请，但是他们以法院没有履行程序为由并没有免去该陪审员的职务。

第五章　H省西北部T县人民陪审

一、T县及其法院概貌

T县位于H省西北部，下辖18个镇，22个乡；域内生活着汉族、回族、维吾尔族等共13个民族，人口共计97.6万。改革开放后，全县艰苦创业抓经济，巧借外力促发展，经济实力大大增强。自2002年以来，连续几年经济总量位列全市第一，人民生活整体上达到小康水平。

此外，T县率先建成了航空、铁路、高速公路、水运相配套的现代交通网络，金融体系和司法行政体系也日趋完善。T县法院在编人员128人，其中法官85人；内设审判业务庭7个，人民法庭4个，行政管理机构4个，执行机构2个。

二、选任机制

选任是第一步，也是最关键的一步，它决定了最终实际进入审判的人民陪审员，只有选出来的人民陪审员符合任职条件、热心陪审事业，才能更好地实现该制度的价值，发挥人民陪审员的作用。《决定》① 《实施意见》② 等规范性文件都明确规定了成为人民陪审员应具备的基本条件，同时《决定》第5条和第6条还对不能担任人民陪审员的情况进行了否定式列举。

（一）陪审员概况

2013年最高人民法院实施人民陪审员"倍增计划"，根据该计划，在

---

① 《决定》第4条规定，公民担任人民陪审员，应当具备下列条件：（1）拥护中华人民共和国宪法；（2）年满23周岁；（3）品行良好、公道正派；（4）身体健康。担任人民陪审员，一般应当具有大学专科以上文化程度。

② 《实施意见》第2条规定，根据《决定》第4条第2款的规定，公民担任人民陪审员，一般应当具有大学专科以上文化程度。对于执行该规定确有困难的地方，以及年龄较大、群众威望较高的公民，担任人民陪审员的文化条件可以适当放宽。

2 年内要实现人民陪审员数量翻一番的基本目标，各法院可以按照本院法官人数 2 倍的比例增补。截至 2014 年 6 月 30 日，T 县人民法院完成了人民陪审员的"倍增计划"，新增人民陪审员 28 人。现 T 县人民陪审员总人数为 80 人。

从人民陪审员的性别、民族分布、学历等来看，其中男性 69 人，占86.25%，女性 11 人，占 13.75%；少数民族人民陪审员 6 人，占 7.5%；大专以上人民陪审员 72 人，占 90%；中共党员 71 人，占 88.75%，群众9 人，占 11.25%。

从人民陪审员的职业分布来看，基层干部 33 人，占 41.25%；人民团体成员 3 人，占 3.75%；事业单位职员 17 人，占 21.25%；专业技术人员 11 人，占 13.75%；工商业人员 2 人，占 2.5%；社区工作者 7 人，占 8.75%；普通居民 4 人，占 5%；农民 3 人，占 3.75%。

从陪审员的城乡分布来看，城镇人口 77 人，占 96.25%；农村人口 3人，占 3.75%。

从年龄的分布情况来看，30 岁以下的人民陪审员 5 人，占 6.25%；31～40 岁的 24 人，占 30%；41～50 岁的 30 人，占 37.5%；51～60 岁的 15 人，占 18.75%；61 岁以上的 6 人，占 7.5%。

此外，从人民陪审员的来源情况来看，74 人来自组织推荐，占92.5%；6 人来自个人申请，占 7.5%（见表 5-1）。

（二）选任方式及程序

根据《决定》第 8 条，人民陪审员既可以由单位、基层组织推荐，也可以自己主动申请。T 县的人民陪审员中，92.5% 是通过单位或村委会、居委会等基层组织推荐当选为人民陪审员的，7.5% 是自己报名申请担任人民陪审员的。由于公众对我国的人民陪审员制度缺乏了解，主动申请的方式在陪审员选任中出现的频率极低，大部分陪审员的产生还是依赖于组织推荐。

T 县人民陪审员的选任严格按照法律规定的流程进行。首先，由单位或基层组织推荐人选，或公民自己报名申请，然后 T 县法院联合其他部门对相关人员进行调查，确定合适人选之后报中级人民法院审核。审核通过之后由县人大任命，同时向社会公告，报 H 省高级人民法院备案，最后由法院对新任人民陪审员进行培训之后上岗（见图 5-1）。如访谈材料中的法官所谈到的一样，最后当选为人民陪审员的，都是经过层层选拔和严格考察之后定下来的，基层法院的人民陪审员选任程序比较规范。

表 5-1　　　　　　　　　T 县人民陪审员基本情况表①

法官总数		74			
人民陪审员总数		总数	比例	新增	比例
		80	100.00%	28	100.00%
性别	男	69	86.25%	24	85.71%
	女	11	13.75%	4	14.29%
民族	汉族	74	92.50%	26	92.86%
	少数民族	6	7.50%	2	7.1%
学历	研究生及以上	0	0.00%	0	0.00%
	大学、大专	72	90.00%	21	75.00%
	高中及以下	8	10.00%	7	25.00%
政治面貌	中共党员	71	88.75%	26	92.86%
	民族党派	0	0.00%	0	0.00%
	群众	9	11.25%	2	7.14%
职业	基层干部	33	41.25%	14	50.00%
	人民团体成员	3	3.75%	2	7.14%
	事业单位职员	17	21.25%	6	21.43%
	专业技术人员	11	13.75%	2	7.14%
	工商业人员	2	2.50%	2	7.14%
	社区工作者	7	8.75%	1	3.57%
	普遍居民	4	5.00%	1	3.57%
	农民	3	3.75%	0	0.00%
	进城务工人员	0	0.00%	0	0.00%
	其他人员	0	0.00%	0	0.00%
地区分布	城镇人口	77	96.25%	26	92.86%
	农村人口	3	3.75%	2	7.14%
年龄	30 岁以下	5	6.25%	0	0.00%
	31~40 岁	24	30.00%	13	46.43%
	41~50 岁	30	37.50%	3	10.71%
	51~60 岁	15	18.75%	10	35.71%
	60 岁以上	6	7.50%	2	7.14%
来源	组织推荐	74	92.50%	26	92.86%
	个人申请	6	7.50%	2	7.14%

申请与推荐 ⇨ 调查确定人选 ⇨ 报中院审核 ⇨ 人大任命 ⇨ 公告备案 ⇨ 培训上岗

图 5-1　人民陪审员选任流程图

　　某法官：法院提出参考名单，政法委、组织部、人大三个部门根据名单联合考察，主要考察政治素质、个人从政素质、干部素

　　①　表格数据来源于 H 省高级人民法院内部调研，根据调研数据整理制作该表。感谢高院法官刘方勇提供的数据支持。

质、党风素质、党员素质等，进行综合评估，最后确定人民陪审员的人选。

三、参审情况

（一）参审案件类型分析

《决定》《参审规定》对人民陪审制的案件适用范围作出了明确规定。① 从问卷调查的情况来看，受访人民陪审员中有 26 人表示参与过民事案件的审判，占总人数的 92.9%；18 人参与过刑事案件的审判，占 64.3%；8 人参与过行政案件的审判，占 28.6%（见表 5 - 2）。另据统计，该法院近五年人民陪审员参审案件包含刑事案件 467 件，婚姻家庭及继承纠纷案件 424 件，合同纠纷案件 178 件，权属、侵权及其他民事案件 134 件（民事案件总和为 736 件），行政案件 35 件。

陪审的适用范围涵盖了民事、刑事、行政这三类案件，其中民事案件中人民陪审员的参与度最高，但这并不必然意味着民事案件中陪审程序的适用率最高；很可能是实践中民事案件基数最大的事实导致了陪审案件中民事案件总数居多的现象。如访谈材料中的法官所说，基层法院的民事案件一般都可以适用简易程序进行审理，只有一些社会影响较大或者群众关注度比较高的案件，又或者审判法官不足的时候，才会适用陪审程序。

> 某法官：一般的民事案件都能适用简易程序，只有涉及影响比较大、社会上反响比较强烈的案件，或是因为审判人手不够的时候，才会申请人民陪审员参加。

> 某法官：一般只是在公告下落不明、缺席审判的案件中适用陪审程序，此外就是疑难复杂案件或当事人比较多的案件。但是我们派出法庭适用简易程序的几率比较高，疑难复杂的案件不是很多。在我们派出法庭能够适用简易程序的就会尽量适用简易程序审理，只有普通程序中才有陪审率的要求。除了以上情况，其他基本上都是适用简易程序审理。

---

① 根据《决定》规定，社会影响较大的刑事、民事、行政案件以及刑事案件被告人、民事案件原告或者被告、行政案件原告申请由人民陪审员参加合议庭审判的案件，由人民陪审员和法官组成合议庭进行审理，适用简易程序审理的案件和法律另有规定的案件除外。同时，《参审规定》第 1 条规定，对"社会影响较大"的案件可以理解为：涉及群体利益的，涉及公共利益的，人民群众广泛关注的，其他社会影响较大的第一审案件。

表 5 - 2　　　　　　　　　　人民陪审员参审案件类型表①

		民事案件		刑事案件		行政案件	
		频率	有效百分比	频率	有效百分比	频率	有效百分比
有效	No	2	7.1	10	35.7	20	71.4
	Yes	26	92.9	18	64.3	8	28.6
	合计	28	100	28	100	28	100
缺失	99	2		2		2	
合计		30		30		30	

（二）参审率

虽然参审率高并不必然意味着人民陪审制度所发挥的作用大，但参审率仍是考察法院陪审制度运行情况的重要指标之一。从 2006—2010 年，T 县法院审理的普通程序案件数依次为 469、444、373、365、392 件，其中陪审员参审的数量为 280、275、233、365、285 件；人民陪审员的参审率呈逐年增长的趋势，5 年的平均参审率达到了 65.88%。此外，根据我们查档所得数据，各类型案件的参审率有所不同：民事案件年平均参审率最低，为 55.31%；刑事案件最高，达 90%；行政案件为 77.29%（见表5-3）。同时，这也印证了我们在分析参审案件类型时的说法，即民事案件的基数大导致其成为陪审员参审最多的案件类型，而刑事和行政案件的参审率实际则高于民事案件。

表 5 - 3　　　　T 县法院民事、刑事、行政普通程序案件统计分析表②

案件类型	年度	查档数	普通程序案件	合议庭组成方式			参审率	适用陪审案件			
				三名法官	一法二陪	二法一陪		调解	上诉	改判	重审
民事	2010	1 009	128	42	0	86	67.19%	15	3	0	0
	2009	1 285	198	112	0	86	43.43%	8	2	1	0
刑事	2010	158	89	5	0	84	94.38%	5	6	0	0
	2009	222	146	21	0	125	85.62%	3	19	0	0
行政	2010	10	10	3	0	7	70.00%	0	0	0	0
	2009	9	9	2	0	7	77.78%	3	1	0	0
	2008	7	7	1	0	6	85.71%	0	0	0	0
	2007	10	10	0	0	10	100.00%	8	0	0	0
	2006	17	17	8	0	9	52.94%	4	2	0	0

2014 年，T 县法院一审普通程序案件数为 579 件，其中人民陪审员

---

① 该表根据人民陪审员问卷统计结果制作而成，在问卷中该题为多项选择题，该表汇总了各选项的频率和有效百分比。

② 数据来源于 2011 年湘潭大学暑期陪审调研到法院查档所得，经整理制作成表格。

参审案件数为 545 件，参审率为 94.13％。参审案件中提交审判委员会的案件数为 10 件，所占比例为 1.83％；参审案件中上诉的案件数为 55 件，占 10.9％；调解撤诉的案件数为 89 件，占 16.33％。总的来看，T 县法院人民陪审员的案件参审率很高，但提交到审判委员会讨论决定的案件所占的比例很低，而提交审判委员会讨论的案件一般都是疑难复杂案件。一般的陪审案件中，疑难复杂案件所占的比例可能不是很高，与访谈材料中 T 县法院法官所说的基本符合。

此外，通过对 T 县人民法院从 2010 年 7 月到 12 月这 6 个月间人民陪审员个人参审案件数的分析来看，参审案件数在 10～15 件的人民陪审员有 1 人，占时任陪审员总数的 1.9％；参审案件数为 5～10 件的人民陪审员 6 人，占 11.5％；参审案件数为 5 件以下的 29 人，占 55.8％；没有参审的人民陪审员有 16 人，占 30.8％（见表 5 - 4）。在相应时段内，从未参审的陪审员高达队伍总数的 30％，另有超过 10％的陪审员参审案件数在 5 件以上，参审不均衡的情况比较严重。

表 5 - 4　　T 县人民法院 2010 年 7～12 月人民陪审员参审情况统计表

参审案件数	人数	比例
10～15 件	1 人	1.9％
5～10 件	6 人	11.5％
5 件以下	29 人	55.8％
0 件	16 人	30.8％

（三）陪审程序的启动

陪审程序可以依当事人的申请启动，也可以由法院根据案件具体情况决定适用，《参审规定》第 2 条、第 3 条对此有明确表述。① 然而，虽然法律明确规定当事人有权申请启动陪审程序，但是在司法实践中，当事人很少行使该权利，而陪审程序的启动大部分是由法院自行决定，或是由法官征得当事人同意后启动。在受访法官中，有 42 人选择由法院自行决定启动陪审程序，占受访总数的 91.3％；2 人选择由当事人主动申请启动陪审程序，占 4.3％；2 人认为两种方式比例相当，占 4.3％（见图 5 - 2）。

---

① 《参审规定》第 2 条规定："第一审刑事案件被告人、民事案件原告或者被告、行政案件原告申请由人民陪审员参加合议庭审判的，由人民陪审员和法官共同组成合议庭进行。人民法院征得前款规定的当事人同意由人民陪审员和法官共同组成合议庭审判案件的，视为申请。"第 3 条规定："第一审人民法院决定适用普通程序审理案件后应当明确告知本规定第 2 条的当事人，在收到通知 5 日内有权申请由人民陪审员参加合议庭审判案件。人民法院接到当事人在规定期限内提交的申请后，经审查符合本规定的，应当组成有人民陪审员参加的合议庭进行审判。"

从其他主体回答的情况来看，有 90.9％ 的当事人、80％ 的公诉人、95.8％ 的律师或法律工作者选择陪审程序是由法官决定启动的；另有 20％ 的公诉人表示不知道陪审程序由谁启动。在对该问题的回答上，各主体反馈的情况基本上一致，即在实际审判活动中，超过 90％ 的案件是由法院自行决定启动陪审程序的，远超当事人主动申请所占的比例。

另外，在对法官的问卷调查中，有 33 人表示法院自行决定启动陪审程序的原因是案件涉及群体利益或公共利益等，依规应当适用陪审程序，占受访总数的 73.3％；19 人认为是相关庭室审判员人手不够，需要陪审员组成合议庭，占比 42.2％；16 人认为是由于案件涉及专业技术领域，占 35.6％；20 人认为法院自行启动陪审程序的原因是为达到参审率等绩效考核指标，占 44.4％。

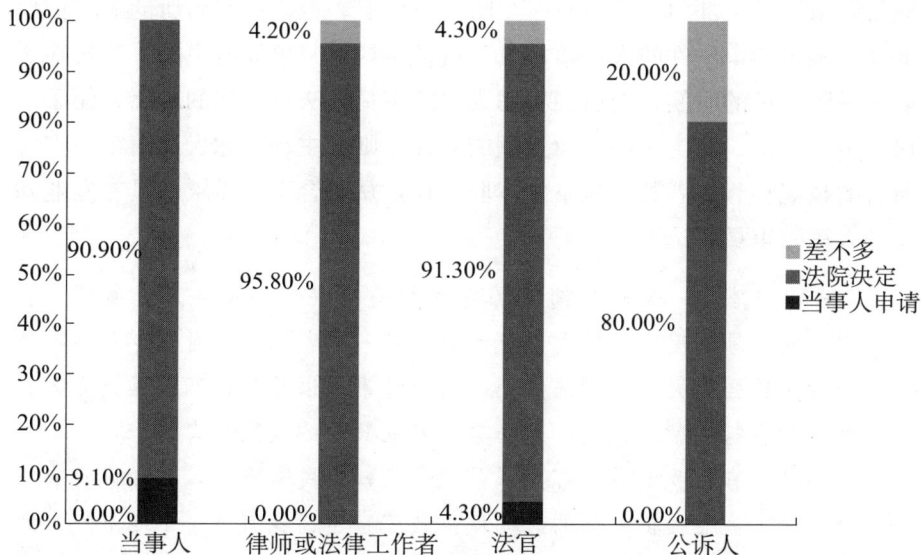

图 5-2　陪审程序的启动情况分析图

（四）人民陪审员的选定

《决定》第 14 条①和《参审规定》第 4 条、第 5 条等②都对个案人民陪审员的产生方式进行了规定，2014 年《决定》更进一步强调了完善人

---

① 《决定》第 14 条规定："基层人民法院审判案件依法应当由人民陪审员参加合议庭审判的，应当在人民陪审员名单中随机抽取确定。中级人民法院、高级人民法院审判案件依法应当由人民陪审员参加合议庭审判的，在其所在城市的基层人民法院的人民陪审员名单中随机抽取确定。"

② 《参审规定》第 4 条规定："人民法院应当在开庭 7 日前采取电脑生成等方式，从人民陪审员名单中随机抽取确定人民陪审员。"第 5 条规定："特殊案件需要具有特定专业知识的人民陪审员参加审判的，人民法院可以在具有相应专业知识的人民陪审员范围内随机抽取。"

民陪审员随机抽选方式的问题。但在司法实践中，真正践行"随机抽取"的法院很少，大部分的法院都采取"固定配置"的模式。

针对 T 县个案陪审员产生方式的问卷调查显示，分别有 7 名人民陪审员和 4 名法官选择参与庭审的人民陪审员是被固定配置在审判庭，由庭里安排，所占百分比分别为 25.9％和 9.1％；13 名人民陪审员和 36 名法官选择没有配置到庭，由院里安排，所占比例分别为 48.1％和 81.8％；还有 7 名人民陪审员和 4 名法官选择的是随机抽取，临时确定，所占比例分别为 25.9％和 9.1％（见表 5-5）。虽然二者在问题的认知上存在一定差距，但调查结果至少反映出 T 县法院随机抽取陪审员的比例不高。

从法官座谈会上也了解到，在实际操作中，如果案件需要人民陪审员的参与，法官一般会提前一周和政工室联系，由政工室及时与人民陪审员取得联系。政工部门一般都有一个陪审员名册，他们按照名册的顺序依次通知，确定参审案件的人民陪审员。就像访谈材料里面所说的，法官在选取人民陪审员的时候，会适当考虑人民陪审员与法院之间的距离，便于人民陪审员参审。对于一些专业类型的案件，则会主动考虑人民陪审员本身所有的技能特长或者其所从事的本职工作，从符合案件需求的具有专业知识的人民陪审员中选取。

> 某法官：一般就是选辖区内的人民陪审员，因为他们离辖区较近，对当地情况比较熟悉，便于和法官一起做工作。对于专业性、技术性比较强的案件，如医疗纠纷、会计事务以及知识产权等方面的案件，就会打破就近原则，选择具有专业知识的人民陪审员。
>
> 某法官：我们一般都是提前几天通知人民陪审员，譬如说我有一个案子，我会提前一周的时间就向政工室申请我有个案子要陪审，政工部门就会立刻和人民陪审员联系，而且都是打了表的，按照表格次序来，不是每次都安排重复的那几个人。如果重复安排的话，有的人一年陪审的次数比较多，有的人一年没陪审过一次，那些没陪审过一次的陪审员也不能怪我们，他们自己有事安排不了时间也没办法。

虽然人民陪审员的随机抽取机制在实践中落实得并不理想，但从各主体根据自身对人民陪审制度的认知所反馈的情况来看，64％的法律工作者和 40％的公诉人都认为在符合条件的公民中随机抽选、临时确定人民陪审员的方式较为合理（见表 5-6）。虽然制度落实情况不佳，但大家对该制度仍旧抱有很高的期待，并希望通过随机抽取的方式来保障程序方面的公正性，从而也使当事人更易于接受案件实体结果的公正。

表5-5　　　　　　　　　　人民陪审员的选定情况分析表

		人民陪审员				法官			
		频率	百分比	有效百分比	累积百分比	频率	百分比	有效百分比	累积百分比
有效	被固定配置在审判庭，由庭里安排	7	23.3	25.9	25.9	4	8.2	9.1	9.1
	没有配置到庭，由院里安排	13	43.3	48.1	74.1	36	73.5	81.8	90.9
	随机抽取，临时确定	7	23.3	25.9	100	4	8.2	9.1	100.0
	合计	27	90	100		44	89.8	100.0	
缺失	99	3	10			5	10.2		
合计		30	100			49	100.0		

表5-6　　　　　　　　人民陪审员选任方式认知情况统计表①

方式	法律工作者卷		公诉人卷	
	频率	有效百分比	频率	有效百分比
公民自己主动申请	6	24.00	1	20.00
由所在单位和有关组织推荐	8	32.00	1	20.00
在符合条件的公民中随机抽选，临时确定	16	64.00	2	40.00
无意见	0	0.00	1	20.00

（五）陪审合议庭的组成

《决定》对陪审合议庭的组成方式进行了规定②，根据这一规定，一个3人组成的合议庭中，至少要有1名人民陪审员。根据我们查档的数据来看，T县的陪审案件合议庭组成形式都是2名法官和1名人民陪审员。问卷调查的结果也比较相近。在受调查人民陪审员中，有1人表示大多数情况下与1名法官组成合议庭，占3.4%；26人表示大多数情况下与2名法官组成合议庭，占89.7%；还有2人表示两种情况差不多，占6.9%（见表5-7）。从当事人卷的情况来看，22名受访当事人中，除去1个缺失值，其余的21人均表示自己的案件中只有1名人民陪审员参与。由此看来，实践中大多数情况的合议庭组成模式是"二法一陪"。

---

① 根据法律工作者问卷和公诉人问卷的统计结果制作而成。该题为多项选择题。

② 《决定》第3条规定，人民陪审员和法官组成合议庭审判案件时，合议庭中人民陪审员所占人数比例应当不少于1/3。

表5-7　　　　　　　　　　　请问您通常与几名法官组成合议庭？

		频率	百分比	有效百分比	累积百分比
有效	大多数情况下与一名法官组成合议庭	1	3.3	3.4	3.4
	大多数情况下与两名法官组成合议庭	26	86.7	89.7	93.1
	两种情况差不多	2	6.7	6.9	100
	合计	29	96.7	100	
缺失	99	1	3.3		
	合计	30	100		

关于合议庭组成模式的问题，53.1%的法官认为由3名法官组成的合议庭更有利于作出公正裁判；16.3%的法官认为由2名法官1名人民陪审员组成合议庭更佳；仅2%的法官认为由2名人民陪审员组成的合议庭更有利于作出公正裁判；另还有28.6%的法官认为以上组合都可以。法律并未规定人民陪审员参审案件合议庭的组成模式，因此，法院基本都是根据案件实际情况来定，究竟哪种方式更有利于发挥人民陪审员的作用，实现案件公正高效地审判，还有待进一步考证。

> 某法官：我们是根据案件的需要组成合议庭，一般情况下是一个审判长一个审判员带一个人民陪审员，法律没有明确规定不允许一个审判长两个人民陪审员的情形，所以也是可以的，但要根据案件的需要。实际上很少是一个审判员两个人民陪审员，人民陪审员的数量比较少，他们又有自己的工作，如果在安排合议庭的时候安排一个审判长两个人民陪审员就把人民陪审员的工作量搞大了。

> 某法官：一般的情况都是一个，但是案情简单的也可以有两个人民陪审员，但是很少。如果人民陪审员参与多了，那么肯定有意见不一致的时候，法官的认识与人民陪审员的认识不同，容易产生分歧，而人民陪审员又有两票的多数意见，但是目前来讲还没有这种情况。人民陪审员在合议庭发挥的作用还没有到危及法官意志的地步，特别是在基层法院，人民陪审员不可能左右法官的意志，主观上还是服从法官的意志。如果在参与案件的过程中还是不理解，法官也会主导他、强迫他。

（六）人民陪审员参审权的行使

依法参加审判活动既是人民陪审员的权利，又是人民陪审员的义务。根据制度的设计，人民陪审员庭前阅卷、庭中发问、庭后评议是实质性参审的主要途径，是人民陪审员能否实质性参审的主要评价指标。

1. 庭前阅卷

《若干意见》对人民陪审员的庭前阅卷进行了规定①，从条文的规定来看，人民陪审员阅卷更大程度上是一项义务，同时法院也有义务为其阅卷提供便利。从问卷调查的情况来看，79.3%的人民陪审员表示自己经常会在庭前查阅案卷、了解案情，其中有34.5%的人民陪审员表示每次开庭前都有提前阅卷；13.8%的人民陪审员表示偶尔会在庭前阅卷；还有6.9%的人民陪审员从未庭前阅卷。而法官对此则有不同的看法：14.9%的受调查法官认为人民陪审员每次都提前阅卷；23.4%的法官认为人民陪审员会经常提前阅卷；53.2%的法官认为人民陪审员偶尔会在开庭前阅卷；还有8.5%的法官认为人民陪审员从未提前阅卷（见表5-8）。

在座谈会上，有法官表示人民陪审员基本不会提前来法院阅卷。正如访谈材料中所言，一些参审积极性高的人民陪审员可能还会在开庭前提前过来翻下案卷材料，稍微了解一下案件情况。对参审积极性不是很高，而本职工作又忙或者距离较远的人民陪审员，往往来的时候就很晚了，基本就是直接开庭，根本没有时间再去阅读案卷材料。

> 某法官：你通知他9点来法院开庭，积极一点的可能会提前一点过来，还可以提前翻下卷宗，把案件的情况大致了解一下，心中有个数。有些来得晚的，一来就要坐到上面开庭了，根本就没有时间看。

因为不了解案情会影响人民陪审员参与庭审的效果，所以，庭前阅卷既是人民陪审员的一项基本权利，也是人民陪审员应尽的义务。当它是一项权利的时候，人民法院就应该为人民陪审员权利的实现提供保障，为阅卷提供方便；当它作为一项义务时，人民陪审员就应该积极履行，通过阅卷了解案件的基本情况，从而把握案件事实，避免成为"哑巴陪审员"。

表5-8　　　　　　　　　　人民陪审员阅卷情况分析表

		人民陪审员				法官			
		频率	百分比	有效百分比	累积百分比	频率	百分比	有效百分比	累积百分比
有效	每次都有	10	33.3	34.5	34.5	7	14.3	14.9	14.9
	经常	13	43.3	44.8	79.3	11	22.4	23.4	38.3
	偶尔	4	13.3	13.8	93.1	25	51.0	53.2	91.5
	一次也没有	2	6.7	6.9	100.0	4	8.2	8.5	100.0
	合计	29	96.7	100.0		47	95.9	100.0	

---

① 《若干意见》第13条规定："人民法院应当为人民陪审员查阅案卷、参加审判活动提供工作便利和条件。接到陪审通知的人民陪审员，应当在案件开庭前完成阅卷工作。"

续前表

	人民陪审员				法官			
	频率	百分比	有效百分比	累积百分比	频率	百分比	有效百分比	累积百分比
缺失	99	1	3.3			2	4.1		
合计		30	100.0			49	100.0		

2. 庭中发问

根据《若干意见》第 14 条①，在人民陪审员参与案件审理的过程中，审判长要对人民陪审员进行指导，保障人民陪审员参审的权利。从问卷调查的情况来看，有 25％的法律工作者、34％的法官、67.9％的人民陪审员和 20％的公诉人认为人民陪审员在开庭的时候通常都会发问；58.3％的法律工作者、61.7％的法官、28.6％的人民陪审员和 80％的公诉人认为人民陪审员在开庭的时候很少发问；还有 16.7％的法律工作者、4.3％的法官和 3.6％的人民陪审员认为开庭时人民陪审员没有问过问题（见图 5-3）。

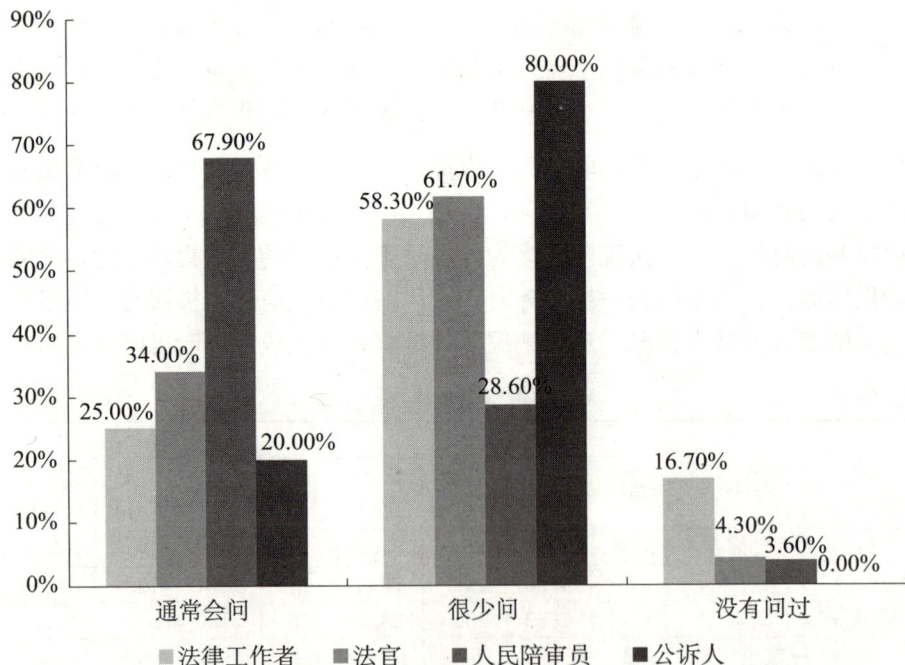

图 5-3　人民陪审员发问情况分析图

---

① 《若干意见》第 14 条规定："审判长应当指导、保障人民陪审员依法行使权利。案件审理中，经审判长同意，人民陪审员可以参与案件共同调查、在庭审中直接发问、独立进行案件调解等。"

　　人民陪审员和其他主体对该问题的回答差异较大，鉴于问卷调查常常受问题选项设计、受访者个人态度等因素的影响，出现受访者自觉或者非自觉的虚假陈述①，陪审员数据的参考价值就会相对较小。即在不考虑人民陪审员个人认知的情况下，其他 3 个主体对该问题的看法基本一致，即超过半数的人民陪审员在开庭的时候很少发问或者从不发问。而关于不发言的原因，有 26.7% 的人民陪审员认为是对案件事实还不清楚；26.7% 选择对涉及的法律问题不了解；40% 则认为自己想问的法官都问到了；20% 表示想发问又怕出错，所以干脆不问；6.7% 选择主审法官不给发问机会；另有 6.7% 的陪审员选择其他原因。

　　人们对人民陪审员最直观的感受往往来自庭审阶段，而庭审过程中人民陪审员的各项表现都会被视为人民陪审员是在"审案"还是在"陪衬"的判断标准。如果一名人民陪审员在整个庭审过程中一言不发，哪怕他是认真地在听，认真地在思考和分析，当事人或者其他主体也会认为人民陪审员并没有发挥实质作用。人民陪审员庭审过程中不发问的原因有很多，不能一概而论，要对具体的情况进行具体分析。也许他一言不发，但是他在认真倾听和思考，在合议阶段能够完整提出自己的看法，也是人民陪审员参审的重要方式。因此，我们认为可以从法官的角度对陪审员的庭审作用进行分析。据调查，59.2% 的法官认为人民陪审员在庭审中的发问有助于查清案件事实；32.7% 的法官认为偶尔有帮助；仅有不到 10% 的法官认为无助或说不清。大部分的法官对人民陪审员在庭审中的发问情况还是持积极肯定的态度。

　　除此之外，在庭审过程中，法官对人民陪审员的指示也是帮助人民陪审员发挥作用的重要途径之一。法官和陪审员对此问题都有自己的看法，调查显示：庭审过程中，当人民陪审员遇到对事实或法律问题不清楚的时候，58.6% 的陪审员会咨询法官，69% 的陪审员会自己去查阅相关资料；20.7% 的陪审员会选择凭借生活常识和情理来处理，还有 17.2% 的陪审员会选择直接交由法官处理。与之相应，38.3% 的法官表示，经常有人民陪审员在庭审过程中向他咨询与案件相关的问题，55.3% 的法官则表示很少有人民陪审员咨询，还有 6.4% 的法官表示从未有人咨询过。

　　在庭审过程中，有一半以上的人民陪审员在遇到问题时会向法官寻求帮助，从而使自己能够更好地参与案件审理。在案件审理的过程中，法官和人民陪审员之间的交流和沟通，包括法官对人民陪审员的指导等，都会

---

① 艾伦·巴比. 社会研究方法. 邱泽奇，译. 北京：华夏出版社，2005：267-268.

帮助人民陪审员更好地了解案件的情况和相关的法律问题，从而使人民陪审员也能更好地履行自己的审判职能，发挥陪审的作用。从另一项数据来看，34.8％的法官表示在庭审过程中会对人民陪审员就有关事实认定及法律适用问题进行释明或指示；60.9％的法官则表示必要的时候会；仅4.3％的法官表示从来没有过。

3. 庭后合议

在合议时，发表相关评议意见是人民陪审员的一项重要职权①，更确切地说，在案件评议过程中，独立发表意见是人民陪审员的一项重要权利。在受访人民陪审员中，22人表示每次都会参加合议，占78.6％；2人表示一次合议都没参加过，只在合议笔录上签字或由他人代签，占7.1％；4人表示有时参加合议，有时在笔录上补签字，占14.3％。

人民陪审员在合议过程中就案件情况独立发表意见并在合议笔录上签字②，既是人民陪审员的一项权利，也是其应该履行的义务。但就我们了解的情况来看，T县的部分派出法庭在陪审制度运行的过程中存在着违法的情形。例如，对于一些案情简单、当事人缺席、经公告后组成合议庭开庭审理的案件，人民陪审员因路途遥远不方便到庭时，就会由2名法官和1名书记员直接开庭审理，在合议庭组成人员名单上有人民陪审员的名字，庭审笔录和合议笔录上也会代签人民陪审员的名字，但人民陪审员实际上并未参与审判，即所谓的陪审员"空挂"现象。

> 某法官：当我们通知人民陪审员来参加陪审的时候，一是他们不一定有时间，二是路途遥远、交通不便，所以在审理一些案情简单、当事人缺席审判、公告的案件，但又必须组成合议庭的，会存在"空挂"的现象，就是两名法官和书记员坐在一起审理案件，人民陪审员不参加庭审、合议，但合议庭的成员有人民陪审员，在庭审笔录、判决书上会签署人民陪审员的名字，这种"空挂"现象在我们法庭还是比较常见的。因为有的陪审员距离法庭最远的有七八十公里，坐车要三个多小时，法庭又没有配备交通工具去接送他们。

---

① 《参审规定》第7条第1款规定："人民陪审员参加合议庭评议案件时，有权对事实认定、法律适用独立发表意见，并独立行使表决权。"《若干意见》第15条规定："合议庭应当保障人民陪审员在案件评议过程中自主、独立发表意见的权利。审判长和合议庭其他成员不得施加不当影响或阻碍。"

② 《参审规定》第10条："人民陪审员应当认真阅读评议笔录，确认无误后签名；发现评议笔录与评议内容不一致的，应当要求更正后签名。人民陪审员应当审核裁判文书文稿并签名。"

　　这种行为不仅是对人民陪审员参审权的侵犯，而且是典型的程序违法，当事人的程序权利难以保障。人民陪审员制度在基层法院运行过程中的走样，除制度本身的问题外，基层法院法官缺乏对陪审制度的正确认识也是重要原因之一。在他们看来，是否有人民陪审员参与审判对案件并没有实质性影响，只是在一些法院审判力量不足的情形下，人民陪审员恰能弥补这种不足。

　　关于合议中法官与陪审员发表意见的顺序。《参审规定》明确了合议时的发言顺序①，但在T县法院的司法实践中，仅有6.4%的法官表示合议的时候一般由人民陪审员先发表意见；57.7%的人民陪审员和70.2%的法官都表示合议的时候一般先由法官发表意见；还有42.3%的人民陪审员和23.4%的法官表示以上两种情况都有（见表5-9）。T县司法在实践中完全按法律规定进行合议的情形不到10%，合议过程中真正起主导作用的还是主审法官，人民陪审员很难真正发表自己的意见。

表5-9　　　　　　　　　　发表合议意见情况分析表

		法官				人民陪审员			
		频率	百分比	有效百分比	累积百分比	频率	百分比	有效百分比	累积百分比
有效	先由法官发表意见	33	67.3	70.2	70.2	15	50.0	57.7	57.7
	先由陪审员发表意见	3	6.1	6.4	76.6	0	0.0	0.0	0.0
	以上几种情况都有过	11	22.4	23.4	100.0	11	36.7	42.3	100.0
	合计	47	95.9	100.0		26	86.7	100.0	
缺失	99	2	4.1			4	13.3		
合计		49	100.0			30	100.0		

　　而另一项问卷调查的结果显示：40%的人民陪审员和37.8%的法官表示人民陪审员对法官的评议意见几乎都赞成；60%的人民陪审员和60%的法官表示人民陪审员赞成法官意见的情况多一些；2.2%的法官认为赞成和不赞成的比例相当。由此可见，绝大多数的情况下，人民陪审员对法官的意见都会赞成，很少会提出自己不同的意见。

　　此外，在受调查陪审员中有9人认为经过开庭，能掌握案情并提出处理的初步意见，占总数的31%；2人认为即便经过了开庭，也不能提出自

---

　　① 《参审规定》第8条规定："合议庭评议案件时，先由承办法官介绍案件涉及的相关法律、审查判断证据的有关规则，后由人民陪审员及合议庭其他成员充分发表意见，审判长最后发表意见并总结合议庭意见。"

己的初步意见，占 6.9%；还有 18 人认为有时能提出，有时不能提出，占 62.1%。而在庭审后能够形成自己对案件看法的人民陪审员中，有 16% 的人民陪审员表示在自身意见与法官意见不一致时会直接按少数服从多数原则表决；4% 的人民陪审员表示法官会做工作说服自己同意他的意见；80% 的人民陪审员表示法官会向自己作解释，然后再表决。法官群体中则有 44.4% 的人表示会直接按少数服从多数原则表决；6.7% 的法官会做工作说服人民陪审员同意自己的意见；66.7% 的法官会先向人民陪审员解释，然后再表决；6.7% 的法官选择其他的处理方式。

　　总的来说，人民陪审员参与庭审的积极性和主动性都还有待提高，尤其是在合议阶段能发挥的作用更是有限，在我国现有的案件行政审批体制下，一旦有疑难、重大案件，最终都交由审判委员会讨论决定，人民陪审员一般无法参与。但在实践中，也确实存在人民陪审员在合议阶段发挥实质性作用的案例。

案例一：

　　在一起保险合同纠纷中，一辆汽车在行驶的过程中起火了，法律规定像油漏、电漏等情况导致起火的不在赔偿的范围之内，但当时在衡阳交警队的鉴定书里没有说明起火的原因。案件合议的时候，有一个法官同意赔偿，有一个法官不同意赔偿，我的一票就起了决定性的作用。我认为保险公司应该赔偿，既然双方都无法查明导致起火的具体原因，而庭审的鉴定书说可能是轮胎高温摩擦导致起火，不属于保险公司不赔偿的情形，那么就应该赔偿。

案例二：

　　一个屠夫的儿子和几个人约了打架，他父亲知道后就要儿子躲起来。那几个人到了约定地点，趁屠夫不注意的时候砍了他一刀，屠夫就顺手拿了刀子也砍了对方一刀，把对方的脸砍了一边下来。我们在合议的时候就产生了分歧，我认为这种情形构成正当防卫，屠夫因为遭到不法侵害没有选择才砍了对方。而另外一个法官则认为，是屠夫的儿子和对方约好了打架，而事发当时，屠夫没有阻止而是叫儿子躲起来，自己和对方打架，因此不构成正当防卫。双方当事人都遭受了损害，而且是否构成正当防卫对量刑有很大影响。最后，合议庭还是采纳了我的意见，认为构成正当防卫。

　　上述两个案件都是由 2 名法官和 1 名人民陪审员组成合议庭，案件经过庭审到合议阶段，2 名法官的观点出现了分歧，这时人民陪审员的观点就至关重要，人民陪审员结合自己对案件的认识发表自己的看法，最终合议庭还是采纳了人民陪审员的意见。因此，在司法实践中，也有人民陪审员积极参与陪审工作，并在参审案件中发挥作用。

4. 参与调解、执行等情况

根据相关规定，在诉讼中，人民陪审员有权对案件进行调解。从问卷调查的结果来看，在受访的 30 名人民陪审员中，表示每次调解都会积极参与、经常参与调解、很少参与调解的分别有 8 人，各自占比 27.6％；还有 5 人表示一次调解也没有参与过，所占比例为 17.2％。对同一问题，分别有 46.8％的法官表示人民陪审员会经常参与调解和很少参与调解，还有 6.4％的法官表示人民陪审员从不参与法院调解（见表 5－10）。而在参与过调解的人民陪审员中，选择调解成功的案件较多的占 55.6％；调解成功和调解不成功大体相当的占 44.4％。

至于陪审员身份对调解成功率的影响，有 45％的受调查陪审员认为自己的陪审员身份会让当事人更容易接受自己的调解意见，还有 50％的人民陪审员认为不一定，仅有 5％的人民陪审员认为自己的陪审员身份并没有让当事人更容易接受自己的调解意见。从当事人卷反馈的情况来看，72.7％的当事人表示人民陪审员在诉讼中做过自己的调解工作，其中有19％的当事人对调解结果很满意，52.4％的当事人还算满意，28.6％的当事人不太满意。有半数左右的人民陪审员会经常参与法院调解工作，而且其中的大部分案件都取得了成功；大多数当事人对案件结果亦比较满意。因此，人民陪审员在调解方面还是发挥了一定的作用。

表 5－10　　　　　　　　人民陪审员参与调解情况分析表

		法官				人民陪审员			
		频率	百分比	有效百分比	累积百分比	频率	百分比	有效百分比	累积百分比
有效	每次调解都会积极参与					8	26.7	27.6	27.6
	经常参与调解	22	44.9	46.8	46.8	8	26.7	27.6	55.2
	很少参与调解	22	44.9	46.8	93.6	8	26.7	27.6	82.8
	一次也没有调解过	3	6.1	6.4	100.0	5	16.7	17.2	100.0
	合计	47	95.9	100.0		29	96.7	100.0	
缺失	99	2	4.1			1	3.3		
合计		49	100.0			30	100.0		

现行规范性文件并未对人民陪审员参与执行的问题进行规定，但是 T县法院在这方面已进行了一些探索。从调查结果来看，有 33.3％的人民

陪审员表示参与过法院的执行工作，其中 7.4％的陪审员参加过很多次。在参与过法院执行工作的人民陪审员中，有 57.1％的陪审员表示有促成过执行和解或者说服被执行人自觉履行。虽然参与过执行工作的人民陪审员所占比例不是很大，但是人民陪审员在执行工作中确实也发挥了一定的作用。正如访谈材料中的法官所言，人民陪审员参与法院的执行工作，一方面可以见证法院的工作；另一方面对某些相对麻烦的执行案件，如在被执行人没有支付能力的情况下，人民陪审员能帮助做当事人的工作，使纠纷得到彻底解决。

　　某法官：人民陪审员参与执行便于做工作，能够见证法院工作，当确实找不到知情人或者被执行人没有财产支付能力时，人民陪审员参加便于沟通，使纠纷彻底解决。

　　某法官：人民陪审员参与某些案件的处理，能够使当事人更易于接受案件的处理结果，比如交通肇事、人身损害赔偿案件中，在我国新的赔偿标准出台后，人民陪审员的作用就比较大了。我们当地基层农村的经济条件相对比较落后，往往"赔"不出来。因此，很多被害人的心理就是利用刑事审判程序来迫使被告人赔偿。人民陪审员从基层和人民的角度出发，容易使当事人接受并达成调解协议。

四、管理制度

《管理办法》对人民陪审员的管理工作进行了较为全面详细的规定①，本部分将围绕《管理办法》规定的几个方面对人民陪审员管理制度运行状况进行分析，主要包括人民陪审员的管理主体、人事管理和日常管理三个方面。

（一）管理主体

根据《决定》的内容，地方人大常委会、人民法院、司法行政机关、财政部门对开展好人民陪审工作都负有相应的指导或管理责任。其中，明确规定了基层人民法院联合司法行政机关对人民陪审员进行选任、培训与考核。在调研中我们了解到，T 县人民陪审员的人事管理，包括选任、登记、换届等工作，由该院政工室负责；法院的各业务部门（人民法庭、监察室）对人民陪审员的审判执行活动进行日常管理，主要包括人民陪审员

---

① 《管理办法》第 2 条规定："各级人民法院应设立人民陪审员工作指导小组，指导人民陪审员的管理工作。人民陪审员管理工作包括人民陪审员人事管理工作和人民陪审员参加审判活动的日常管理工作。"

审判活动的参与、分配与监督等。

（二）人事管理

人民陪审员的人事管理主要包括人民陪审员的选任和退出。根据规定，人民陪审员的选任应由基层人民法院与同级司法行政机关共同对人民陪审员的资格进行审查。但在调研中，我们发现司法行政机关在陪审员选任中的参与度不高，更多情况是人民法院单独进行该项工作，具体包括发布公告和候选人考察、筛选以及报请人大批准。关于人民陪审员的选任方式和选任程序我们在前文已有详细叙述，此处不再赘述。该部分主要就人民陪审员的退出机制进行考察。

法律规定的人民陪审员的退出主要有两种形式，一是人民陪审员任期届满后自动退出，二是由基层人民法院院长提请人大免除人民陪审员职务。前者是指人民陪审员在法律规定的 5 年任期届满后，自动退出人民陪审员队伍，其职务自动免除，该情况下无须人民陪审员申请退出也无须基层人民法院提请人大常委会免除其职务。后者属于人民陪审员退出的特殊形式，主要表现为《决定》第 17 条规定的四种情形。① 第二种形式退出的陪审员需要基层人民法院会同同级司法行政机关对四类特殊情形进行查证，经查证属实，由基层人民法院院长提请同级人民代表大会常务委员会免除人民陪审员职务。相关规定对人民陪审员的退出机制作了明确表达，但从调研的情况来看，法院基本不会主动免除人民陪审员职务，如果有人民陪审员无故缺席审判或者叫了很多次都不来，多数法官表示"下次就不会再叫了"，直到任期届满就自动免除职务。

（三）日常管理

人民陪审员的日常管理主要内容包括人民陪审员的培训、考核、经费管理等。

1. 人民陪审员的培训

由于人民陪审员并非法学专业出身，对法律知识的掌握程度也不一样，法律明确规定应当对人民陪审员进行培训，主要包括人民陪审员的岗前培训和定期培训。前者是指对于新任命的人民陪审员，在其参与人民法

---

① 《决定》第 17 条："人民陪审员有下列情形之一，经所在基层人民法院会同同级人民政府司法行政机关查证属实的，应当由基层人民法院院长提请同级人民代表大会常务委员会免除其人民陪审员职务：（一）本人申请辞去人民陪审员职务的；（二）无正当理由，拒绝参加审判活动，影响审判工作正常进行的；（三）具有本决定第五条、第六条所列情形之一的；（四）违反与审判工作有关的法律及相关规定，徇私舞弊，造成错误裁判或者其他严重后果的。人民陪审员有前款第四项所列行为，构成犯罪的，依法追究刑事责任。"

院的审判工作前，应当接受相应的培训，学习和了解基础审判知识。后者是指在人民陪审员入职以后，人民法院应当定期对其进行培训，以保证人民陪审员熟悉审判工作并适应审判工作需求的变化。加强培训是为了促进人民陪审员能够更好的依法、正确参与审判，保障其充分履行职责。①

T县自 2005 年实施人民陪审员制度以来，参加过培训的共计 266 人次，2014 年有 106 人参加了培训，其中 28 人参加过岗前培训，78 人参加过日常培训。此外，从问卷调查的情况来看，在受访人民陪审员中，有 3.6% 的陪审员在当选后不曾参加过培训；分别有 42.9%、17.9%、17.9%、10.7%、7.1% 的陪审员分别参加过 1 次、2 次、3 次、4 次、5 次以上的培训（见表 5 - 11）。T县几乎所有的人民陪审员在当选之后都参加过培训，但其中近一半只参加过一次。

表 5 - 11　　　请问您在当选为人民陪审员后，参加过几次培训？

		频率	百分比	有效百分比	累积百分比
有效	从来没有	1	3.3	3.6	3.6
	1 次	12	40.0	42.9	46.5
	2 次	5	16.7	17.9	64.4
	3 次	5	16.7	17.9	82.1
	4 次	3	10.0	10.7	92.9
	5 次以上	2	6.7	7.1	100.0
	合计	28	93.3	100.0	
缺失	99	2	6.7		
合计		30	100.0		

某法官：人民陪审员培训的制度有，经费也有，但组织还是不力。我们一般不浪费基层以上各级法院的人民陪审员培训指标，不会舍不得差旅费和培训费，像我们的李主任参加过最高人民法院组织的人民陪审员培训。第一届人民陪审员在中院培训过一次，后来人民陪审员的队伍比较大了，中院就没有集中组织培训了，但中院委托我们基层单位组织，我们一般采用以会代训的方式，还有观摩庭审等。在陪审工作中，自身热爱学习、责任心比较强的人民陪审员作用发挥得比较好，在案件中维护当事人的合法权益，在合议庭中起到非常重要的作用。

对于培训效果，从人民陪审员反馈的情况来看，82.1% 的人民陪审员

① 《实施意见》第 10 条明确规定："人民陪审员经任命后、依法参加人民法院的审判活动前必须经过培训。"

认为培训效果很好，对参审工作帮助很大；10.7%的人民陪审员认为效果一般，可有可无；7.1%的人民陪审员认为效果不好，对参审工作帮助不大。可见大部分参加过培训的人民陪审员对培训效果还是持肯定的态度，但仍有近20%的人对培训的效果持怀疑的态度（见表5-12）。而针对培训效果不佳的原因这一问题，调查结果占比从高到低依次为培训时间过短、培训内容不完善、培训方式不完善、培训管理不严格、其他。

表5-12　　　　　　　　　　请问您认为培训的效果怎么样？

		频率	百分比	有效百分比	累积百分比
有效	效果很好，对参审工作帮助很大	23	76.7	82.1	82.1
	效果一般，可有可无	3	10.0	10.7	92.9
	效果不好，对参审工作帮助不大	2	6.7	7.1	100.0
	合计	28	93.3	100.0	
缺失	99	2	6.7		
	合计	30	100.0		

从法官的角度来看，有89.6%的法官认为加强培训有助于提升人民陪审员的履职能力（见表5-13）。对于培训内容，有87.8%的法官认为人民陪审员的法律法规、法学理论知识亟待提升；44.9%的法官认为亟待提升陪审员的庭审工作程序和技巧；36.7%的法官认为需要加强审判职业道德和纪律培训；还有46.9%的法官认为工作态度和责任意识的培训也很重要（见表5-14）。法官认为法律专业知识是现阶段人民陪审员最需提升的。如访谈材料中法官所说，人民陪审员在庭审中能够领悟的或提出的看法，就是普通群众的思维方式，但这种思维方式与法律思维还有很大的差别，所以陪审员需要具备一定的法律素养，避免常规思维与法律思维的冲突。

　　某法官：人民陪审员所带来的观点基本就是社会上各行业能够领悟到的一层意思，但有时候生活中的一些想法，以及行政领导的一些行为方式，和我们的法律审判还是有区别的。

表5-13　　　　您认为加强培训是否有助于提升人民陪审员的履职能力？

		频率	百分比	有效百分比	累积百分比
有效	有作用	43	87.8	89.6	89.6
	没作用	1	2.0	2.1	91.7
	不知道	4	8.2	8.3	100.0
	合计	48	98.0	100.0	
缺失	99	1	2.0		
	合计	49	100.0		

表 5 - 14（1）　　　　您认为人民陪审员在哪些方面亟待提升？
法律法规、法学理论知识

		频率	百分比	有效百分比	累积百分比
有效	No	6	12.2	12.2	12.2
	Yes	43	87.8	87.8	100.0
	合计	49	100.0	100.0	

表 5 - 14（2）　　　　庭审工作程序和技巧

		频率	百分比	有效百分比	累积百分比
有效	No	27	55.1	55.1	55.1
	Yes	22	44.9	44.9	100.0
	合计	49	100.0	100.0	

表 5 - 14（3）　　　　审判职业道德和纪律

		频率	百分比	有效百分比	累积百分比
有效	No	31	63.3	63.3	63.3
	Yes	18	36.7	36.7	100.0
	合计	49	100.0	100.0	

表 5 - 14（4）　　　　工作态度和责任意识

		频率	百分比	有效百分比	累积百分比
有效	No	26	53.1	53.1	53.1
	Yes	23	46.9	46.9	100.0
	合计	49	100.0	100.0	

表 5 - 14（5）　　　　其他

		频率	百分比	有效百分比	累积百分比
有效	No	44	89.8	89.8	89.8
	Yes	5	10.2	10.2	100.0
	合计	49	100.0	100.0	

此外，从各主体对人民陪审员的期待来看，38.9%的公众、25%的律师和法律工作者、16.7%的法官认为人民陪审员要有较高的法律专业素质，最好和法官一样；48.4%的公众、58.3%的律师和法律工作者、79.2%的法官认为人民陪审员要懂得基本的法律知识，明白基本的法律程序；2.4%的公众、4.2%的律师和法律工作者、2.1%的法官认为人民陪审员稍微懂一点法律专业知识就好；10.3%的公众和12.5%的律师和法律工作者、2.1%的法官认为懂和不懂没有什么关系（见表 5 - 15、表 5 - 16 和表 5 - 17）。由此可见，各类主体基本都认为人民陪审员

还是需要了解基本的法律知识和法律程序，以便更好地参与审判工作，发挥自己的作用。

表 5 - 15　　　　　您认为陪审员应具备的法律专业素质是？

		频率	百分比	有效百分比	累积百分比
有效	要有较高的法律专业素质，最好跟法官一样	193	37.0	38.9	38.9
	要懂得基本的法律知识，明白基本的法律程序	240	46.0	48.4	87.3
	稍微懂一点就行	12	2.3	2.4	89.7
	懂和不懂没有什么关系	51	9.7	10.3	100.0
	合计	496	95.0	100.0	
缺失		99	26	5.0	
合计		522	100.0		

表 5 - 16　　　请问您认为担任陪审员应该要具备怎样的法律专业素质？

		频率	百分比	有效百分比	累积百分比
有效	要有较高的法律专业素质，最好跟法官一样	6	24.0	25.0	25.0
	要懂得基本的法律知识、明白基本的法律程序	14	56.0	58.3	83.3
	稍微懂一点就行	1	4.0	4.2	87.5
	懂和不懂没有什么关系	3	12.0	12.5	100.0
	合计	24	96.0	100.0	
缺失		99	1	4.0	
合计		25	100.0		

表 5 - 17　　　　您认为担任人民陪审员应具备怎样的法律专业素质？

		频率	百分比	有效百分比	累积百分比
有效	要有较高的法律专业素质，最好跟法官一样	8	16.3	16.7	16.7
	要懂得基本的法律知识、明白基本的法律程序	38	77.6	79.2	95.8
	稍微懂一点就行	1	2.0	2.1	97.9
	懂和不懂没有什么关系	1	2.0	2.1	100.0
	合计	48	98.0	100.0	
缺失		99	1	2.0	
合计		49	100.0		

2. 人民陪审员的考核

人民陪审员参与民事审判活动，享有与法官同等的权利，承担同等的义务，应当对审判的案件负责。因此，相应的考核机制就应予以落实，以确保人民陪审员认真对待案件的审理，完成陪审工作。根据法律规定，基层人民法院应会同同级司法行政机关对人民陪审员实行动态考核，并建立和完善相应的考核机制。①

　　在调研中了解到，许多法院参照法官的绩效考核机制对人民陪审员建立起了一套考评与奖惩挂钩的特殊考核机制，这不仅是为了对人民陪审员具体工作能力和工作效果进行考核，更是为了调动他们的参审热情。T县法院就人民陪审员的考核也进行了规定，并下发了《T县人民法院人民陪审员管理办法》，明确规定了对任职期间陪审员的参审数量、出庭（执）率、陪审能力、思想品德、工作态度、审判纪律、审判作风和参加培训等情况进行考核，每一项考核指标都有相应的比例要求。从立法的角度来看，对人民陪审员进行考核是有必要的，但在实践中考核机制的运行还存在着很大的问题。

　　此外，是否有必要参照法官错案追究制，对人民陪审员也进行责任追究？从调查结果来看，如果实行人民陪审员错案追究机制，78.6%的人民陪审员仍然愿意担任人民陪审员；17.9%的人民陪审员则表示不愿意再继续担任人民陪审员，并表示自己没有办法承担责任；另有3.6%的人民陪审员则认为无所谓（见表5-18）。而受调查法官中则有81.6%的法官认为有必要对人民陪审员实行错案追究机制，其中44.9%的法官认为虽有必要对人民陪审员实行错案追究机制，但难以追究；此外，有18.4%的法官则认为没必要（见表5-19）。针对这一问题，访谈中有法官表示：

　　　　某法官：从现实情况来讲，现在实行的是审判长负责制，人民陪审员只是起一点参考的作用，他们的意见不能起决定性作用。合议庭成立以后，人民陪审员来与不来都是他自己的事，没有相应的责任机制去制约他。

---

　　① 《管理办法》明确规定了基层人民法院会同同级人民政府司法行政机关对人民陪审员执行职务的情况进行考核，考核结果作为对人民陪审员进行表彰和奖励的依据。对于在审判工作中有显著成绩或者有其他突出事迹的人民陪审员，由基层人民法院会同同级人民政府司法行政机关给予表彰和奖励。考核中，着重就陪审案件的数量、出庭率、陪审能力、审判纪律、审判作风等内容进行考核，并在每年年终前，由人民陪审员所在法院将考核结果书面通知人民陪审员本人及其所在单位、户籍所在地或者经常居住地的基层组织，并将有关考核情况报送相关机关。人民陪审员在履行陪审职责期间，如出现滥用职权、玩忽职守、徇私舞弊等情形的，人民法院应当视其情节对其进行批评教育，情节严重的，依照法定程序免除其人民陪审员职务，建议所在单位或基层组织对其进行处理，构成犯罪的，依法追究其刑事责任。

表 5 - 18　请问如果实行人民陪审员错案追究机制，您还愿意担任人民陪审员吗？

		频率	百分比	有效百分比	累积百分比
有效	愿意，没什么影响	22	73.3	78.6	78.6
	不愿意，没办法负责任	5	16.7	17.9	96.4
	无所谓	1	3.3	3.6	100.0
	合计	28	93.3	100.0	
缺失	99	2	6.7		
	合计	30	100.0		

表 5 - 19　您认为是否有必要对人民陪审员实行错案追究机制？

		频率	百分比	有效百分比	累积百分比
有效	有必要	18	36.7	36.7	36.7
	虽有必要，但难以追究	22	44.9	44.9	81.6
	没必要	9	18.4	18.4	100.0
	合计	49	100.0	100.0	

3. 经费管理

人民陪审员并非职业法官，本身不属于法官队伍，参与人民法院的审判工作，一方面促进司法民主，实现民众对司法的参与；另一方面也分担了法官的审判压力，促进司法审判合理、快速地进行。那么其参与法院审判工作的相关经费如何保障呢？法律对此作出了明确规定，要求各级人民法院对人民陪审员参与审判活动的经费予以补贴，对于人民法院和司法行政机关为实施陪审制度所必需的开支必须列入人民法院和司法行政机关业务经费，由同级政府财政予以保障，以确保涉及人民陪审机制运行的各项经费能够实现单独列支、单独管理、专款专用。

在调研中了解到，T县人民法院已经在每年的财政预算中单独列支了人民陪审工作经费预算，2011年的人民陪审员专项经费为15万元，2012年是37.8万元，同比增长了152%。仅就该项经费来看，T县人民陪审员的经费保障还比较到位。但全省经费的保障并没有一个统一的标准，而是按照"分级管理，分级负担"的原则，由各地根据实际情况进行确定。人民陪审员执行职务期间的补助标准，相关规范性文件已有明确规定。[1] H省各基层法院人民陪审员的补助方式多样，有的按案件数补助、有的按陪审天数补助、有的按次数补助、还有的按人员进行补助等。

---

[1]　根据相关的规定，人民陪审员在执行职务期间应当享受的各项补助，人民法院应当按照规定及时支付，人民陪审员因参加审判活动、培训而支出的公共交通、就餐等费用，由所在法院参照当地差旅费支付标准给予补助。无固定收入的人民陪审员参加审判活动、培训期间，由所在法院参照当地职工上年度平均货币工资水平，按照实际工作日给予补助。

　　T县人民陪审员是按陪审案件数进行补助的，每陪审一个案件补助100块钱，对于无固定收入的人民陪审员，同一个案件每增加一次开庭就额外补助50元。T县人民陪审员的补助分为有固定收入的和无固定收入的两种，有固定收入的按陪审案件数进行补助，而无固定收入的补助结合了陪审案件数和开庭次数两种方式。从调查反馈的情况来看，28.6%的人民陪审员对因陪审或者培训获得的餐补、车补等表示满意；还有64.3%的人民陪审员表示无所谓，陪审不是为了获得补助；7.1%的人民陪审员表示不满意，因为补助标准较低（见表5-20）。

　　　　某人民陪审员：补助是按时发放的，但就现在的情况来说，补助还是偏低的。从县城打个车到法院都要5块钱，法院通知以后就要过来阅卷，开庭的时候还要来一次，有些案子还要开几次庭，所以50块钱的补助根本不够。

表5-20　　　　请问您对因陪审/培训获得的交通、就餐等补助满意吗？

		频率	百分比	有效百分比	累积百分比
有效	满意，能足额及时发放	8	26.7	28.6	28.6
	不满意，标准较低	2	6.7	7.1	35.7
	无所谓，陪审不是为了获得补助	18	60.0	64.3	100.0
	合计	28	93.3	100.0	
缺失	99	2	6.7		
合计		30	100.0		

五、存在的问题及其原因

（一）选任机制存在的问题

1. 民众的认知度不高

　　T县民众对人民陪审员的认知度不高，主要表现在以下几个方面：

　　第一，主动申请担任人民陪审员的人很少。如前文所述，T县的人民陪审员中有92.5%是通过单位或村委会、居委会等基层组织推荐当选为人民陪审员的；仅7.5%是通过自行申请的方式产生的。T县一些机关、企事业单位及普通群众对人民陪审员工作不了解，认为陪审员只是"摆设"，并不能发挥作用。而在实践中，法院也偏爱通过组织推荐的方式选任人民陪审员。

　　第二，对陪审制度了解甚少。民众对我国人民陪审员制度不了解，不知道人民陪审员的职责，更不知道如何申请担任人民陪审员，这也是导致主动申请担任人民陪审员比例偏低的原因之一。即便是在任的人民陪审员，也不一定会了解自己作为人民陪审员的职责，法院通知其开庭的时候就"过去坐坐"，自己并不主动了解案情。甚至有人将陪审员身份当做一种政治荣誉，对参审的热情度不高。

第三，当事人主动申请适用陪审程序的情况比较少。在实践中，超过90%的陪审案件都由法院决定适用，只有10%的陪审案件由当事人主动申请适用。造成该现象出现的原因主要有以下几个方面：首先，基于完成参审率这项考核指标，法官有时不得不采用陪审程序来审理，在座谈中甚至有法官直言不讳地说："如果没有参审率等考核指标的要求，我不会选择让人民陪审员来参审。"其次，部分基层法院为了缓解"案多人少"的局面，会主动邀请人民陪审员参与案件的审理，以这种方式来补充审判力量的不足。最后，当事人不了解人民陪审员制度，不知道自己享有该项权利，法院也并没有主动告知。我们认为，人民陪审员制度的宣传不足以及法院适用陪审制度的配套措施不完善，是造成民众对人民陪审员的认知度不高的主要原因。

2. 人民陪审员结构不合理

在2013年5月召开的全国法院人民陪审工作电视会议上，最高人民法院常务副院长沈德咏提出各级人民法院要不断提高人民陪审员的代表性和广泛性，注意提高基层群众特别是工人、农民、进城务工人员、退伍军人、社区居民等群体的比例，确保基层群众所占比例不低于新增人民陪审员的2/3。根据上文的调研数据，我们可以看出T县人民陪审员的人员结构存在着不合理的地方，主要表现在以下几个方面：

第一，陪审员队伍行政色彩鲜明。在T县人民陪审员中，党政机关、基层组织干部所占的比例过高，将近70%；来自基层群众的人民陪审员则仅占陪审员总数的20%左右。因此，T县陪审员队伍的行政色彩比较浓重，这在参审效果和参审时间保障方面都一定程度地制约了人民陪审员作用的发挥。

第二，男性人民陪审员所占的比例过高，男女比例严重失调。在某些特殊类型的案件，如涉及婚姻家庭纠纷、妇女和儿童保护、未成年人犯罪等问题的案件中，女性陪审员比男性陪审员更具有某种天然的优势，对于案件的最优化处理以及良好社会效果的形成或有很大帮助。因此，在选任人民陪审员的时候，需要适当增加女性陪审员的数量，尤其是从事教育、妇女儿童保护等工作的女性。

第三，少数民族人民陪审员代表不足。该地区生活着回族、维吾尔族、土家族、满族、侗族、壮族、瑶族等13个少数民族，是典型的以汉族为主、少数民族聚居的地区，适当增加少数民族人民陪审员代表，更有利于发挥人民陪审员的代表性，从而增强少数民族当事人的司法认同感；尤其是在一些涉及少数民族群体及少数民族风俗习惯的纠纷中，少数民族陪审员能够在语言以及风俗方面发挥不可替代的作用。

第四，农民陪审员代表占比过低。在 T 县的陪审员名单中，农民陪审员仅 3 人，占总数的 3.75％，这与我国的农村人口比例不相协调。如前文所述，农民陪审员占比低，主要是因为农村地区距离法院较远，陪审员参审不方便，同时陪审补贴过低，另有很多农村地区群众因个人素质不高提前便被法院筛除。以下的访谈材料也透露了农民陪审员难以被选入的部分原因。

> 某法官：从前两年来看，主要是自己先报名，有很多农民来报名，但当选的不多，主要是因为陪审经费的问题，他们距离法院较远，而陪审补助的费用往往还不够他们来回的路费和餐费。农村有些爱好法律、自学法律的人很多，但口碑并不好，在选任的时候既要注重个人名声，也要符合政治条件，这导致部分农民没有当选人民陪审员。

我国虽然经济发展迅速，但还是一个农业大国，农民的人数占总人数的比例仍很大，而该地区几乎没有真正的农民陪审员，不利于体现人民陪审员的代表性。相较于乡镇、城区而言，农村地区的"人情味"更浓，农民陪审员也能更好地发挥自身的作用。所以，在人民陪审员的选任时，全面考虑陪审员的城乡分布，适应地区特点，才能更好地发挥人民陪审员的作用。

3. 选任组织和方式的不合理

T 县人民陪审员的选任基本是按照法律规定的程序进行的，但在选任组织和选任方式方面，还是存在着不合理之处。按照立法的规定，在基层法院根据推荐人选和主动报名人选初步确定人民陪审员的选任名单之后，应当由人民法院和司法行政部门联合进行审查。但在调研过程中，有司法局的领导表示，他们只负责对人民陪审员选任进行原则性指导，并不参与具体的选任工作。因此，选任过程难免掺杂进法院的"私人情绪"。从是否符合担任人民陪审员的条件，到是否符合法院审判工作需求，陪审员选任标准可能出现异化。距离遥远不能及时参审的农民、普通居民、文化素质相对较低以及不听从法院安排的人等，都会被排除在法院的选任名单之外，这在无形中提高了人民陪审员的选入门槛，对于扩大人民陪审员的代表性和广泛性极为不利。

此外，在人民陪审员的选任方式方面，法院过度依赖单位或基层组织的推荐，而非加大宣传力度，鼓励普通居民报名参加，也妨碍了日后陪审工作的展开。首先，单位或基层组织一般都是将人民陪审员作为一种政治荣誉或者身份象征，直接分配给单位的业务骨干以示奖励，在某种程度上扭曲了人民陪审员的价值。其次，作为业务骨干的人民陪审员"兼职"审判工作，多呈现心有余而力不足的状态，无法正常完成陪审工作。最后，对于热心陪审事业的人来说，没有组织推荐，没有熟人介绍，即便其主动报名，要想加入陪审队伍也基本不可能。最重要的是，整个选任过程都由法院掌控，缺乏有效的监督。

（二）参审机制存在的问题

1. 陪审案件适用范围不明确

依照法律的规定，社会影响较大的案件或者当事人申请的案件可以适用陪审程序审理。实际情况却并非如此，在调研中便有法官就这一问题提出了相反的观点，他认为社会影响较大的或者疑难、复杂案件并不适合由人民陪审员参与审理，因陪审员的法律专业知识有限，不能帮助主审法官形成正确判断。有些法官还担心在案件审理过程中，人民陪审员因不熟悉职业道德规范而将本不该对外公布的信息泄露出去，从而造成不良影响，妨碍法官的审判工作。另外，当事人申请启动陪审程序虽然有其法律依据，但在实践中几乎被弃之不用。

另外，虽然在司法实践中，民事、刑事、行政这三类案件人民陪审员都有参与，但是否所有类型的案件都必须适用陪审程序还值得商榷。陪审员参审率呈逐年升高的趋势，一部分原因是司法民主化增强，人民的法律意识不断提高，另一部分原因，而且可以说是更主要的原因，还是迫于法院内部考核要求。据了解，H省高级人民法院每年都会对各法院的人民陪审员参审率进行考核，而基层法院为了完成年度考核，在必须由合议庭审理的案件中一般都会吸收陪审员参与。更有法官表示，如果不是出于考核的需求，根本就不会考虑用人民陪审员来参与案件审理。如果一味追求参审率，便很难体现出陪审员的独特作用。而陪审员参审案件的范围也似乎需要更深入的考量。

> 某法官：从2005年《办法》颁布以来，除简易程序以外，普通程序的案件都用了人民陪审员。个别案情比较复杂的，我们就用审判员，比如，我主办的一个涉黑案有9个被告人，犯罪次数达到50到

60 多次，案卷材料都有上百本，像这样的案子就由法官组成合议庭来共同审理，因为人民陪审员的专业能力不足。

根据《决定》的内容，在未来的一段时期内，人民陪审员的参审范围还要进一步扩大。在此之前人民陪审员参审的案件主要有当事人申请适用陪审程序和社会影响较大的案件两种类型；又因适用陪审程序的案件只能是一审的案件，而我国大部分的一审案件都在基层法院审理，这些案件的案情相对比较简单，影响范围也很有限，是否适用"社会影响较大"便容易落入法官自由裁量的范围。因此，在实践中人民陪审员制度容易走样，一部分"专职陪审员"仅仅成为基层人民法院审判力量不足的重要补充。扩大参审范围，不仅要增加人民陪审员参审案件的数量，还要增加人民陪审员参审的案件类型。基层人民法院适用合议制审理的案件一般都可以有人民陪审员参加，除了适用简易程序和当事人申请不适用陪审程序之外的案件，一律适用陪审程序。同时，可以根据案件的具体情况合理安排合议庭的人民陪审员的数量。

2. 随机抽取机制落实不到位

法律明确规定了人民陪审员的选定要通过随机抽取的方式，《答复》（法政［2010］11号）还对该问题进行了答复，强调要采取随机抽取的方式确定人民陪审员。① 但是在实践中该制度的落实情况并不太理想，通过随机抽取的方式选定人民陪审员的比例很低，大部分人民陪审员都是由法院政工部门进行联系，即如果案件需要人民陪审员参与，一般由书记员与政工部门联系，然后由政工部门根据人民陪审员名册依次联系并最终确定。落实随机抽取机制是保障人民陪审员平等参与审判的重要途径，造成该制度在实践中落实不理想的原因具有多元性：

其一，人民陪审员的基数不够大，随机抽取意义不大。2013 年最高人民法院出台了人民陪审员的"倍增计划"，倍增后的人民陪审员数量要达到法官数的两倍。尽管如此，可供选择的人民陪审员数量还是很有限，难以实现随机抽取的效果。只有人民陪审员的基数够大，才能达到随机抽取的效果。

其二，大部分人民陪审员的本职工作与陪审工作冲突，即便法院通知其参审，人民陪审员也会找理由推脱，而法院也没有相应的制约机制。久

---

① 该答复明确：人民陪审员参加审判活动的日常管理工作，应由人民法院具体职能部门统一承担。人民陪审员不应当长期固定在同一审判业务庭或合议庭，参加案件陪审的人民陪审员，应当采取随机抽取的方式来确定。

而久之，法官就更偏爱"专职陪审员"，这在某种程度上又加剧了人民陪审员"固定配置"的现象。

其三，人民陪审员来自辖区各地，参审对于偏远地区的他们来说极为不便。因此，完全按照随机抽取机制来选定参审的陪审员亦不现实，在实践中便主要采用就近原则。除非在专业性、技术性较强的案件，如医疗纠纷、会计事务以及知识产权案件中，法院会倾向于打破就近原则，选择具有专业知识的人民陪审员。

> 某法官：陪审制度还是应该要存在，它代表了人民的呼声，有些案子不能光站在法院的角度去思考，有时候站在社会群众的角度，会给你提示一些东西，也会给法官以启发。有时候法官也不是所有问题都能想的那么全面，尤其涉及一些专业领域，如鉴定，法官肯定没有专业人士那么懂，如果有专业人员参与进来还是要好很多。

3. 参审不均衡现象严重

T县人民陪审员参审不均衡现象严重，主要表现为两个方面：一方面，30.8%的人民陪审员参审案件数为零；另一方面，13.4%的人民陪审员参审案件数在5件以上，还有1人参审案件数在10件以上，成了所谓的"陪审专业户"。这与陪审员自身工作的繁忙程度有关，也与参审积极性相关。此外，法院随机抽取机制的不完善，也加剧了参审不均现象的出现。对此，我们认为，在真正落实随机抽取机制的基础之上，有必要对人民陪审员个人的参审案件数量进行限制，避免出现参审过多或者零参审的现象。

4. 人民陪审员权利行使不充分

人民陪审员庭前不阅卷、庭中不发问、庭后不合议等，都是权利行使不充分的表现，这也造成了人民陪审员"陪而不审"的现象。虽然很多的案件都有人民陪审员参与，但多数人民陪审员就像英美陪审团的成员一样，只是静坐，始终一言不发，整个庭审活动完全由审判员一人主持进行。[①] 从法官反馈的情况来看，38.8%的人民陪审员参与审判的积极性较高；49%的人民陪审员参与审判的积极性一般；还有10.2%的人民陪审员参与审判的积极性较低。超过半数的人民陪审员参审积极性都不高，如此便很难保证其充分行使权利。

我们在对T县人民陪审员和法官的访谈中获悉，二者都能够认识到

---

① 罗志勇，冯浩. 对我国陪审制度的理性思考——从比较两大法系国家陪审制生存条件的视角. 时代法学，2004 (3).

庭前阅卷的重要性，但在开庭当日之前陪审员专程来查阅案卷的几乎没有，至多不过在临开庭的极短时间内随意翻阅。在调研中，有的法官埋怨人民陪审员介入案件时间很晚，没有庭前阅卷，而人民陪审员则希望法院提前几天通知以便进行庭前阅卷以了解案情。法官和陪审员在这一问题上存在一定程度的误解，似乎双方均有意向使陪审员做到庭前阅卷但又没有更进一步的行动甚或相互表意。

人民陪审员需要通过参与庭审、合议，提出自己的裁判意见来发挥自己的作用，但在 T 县法院的实践中，法官往往先阐述自己的意见，而人民陪审员对法官的意见大多表示赞同，很难形成自己的独立判断。如果经过开庭之后，大部分陪审员还不能形成对案件处理的初步意见，而合议时又由法官先发表意见，那么人民陪审员在合议的时候就很难发挥实质性的作用。

　　某法官：在合议案件时，一般先由审判长或者审判员对案件的事实认定、证据采信和量刑底线进行说明，之后由人民陪审员发表意见，然后审判长再综合三个人的意见。如果出现意见不统一的情况，审判长会针对人民陪审员不理解的地方进行解释，人民陪审员考虑过后一般还是会同意某审判员的意见，不同意的话人民陪审员可以提出异议，交由审判委员会讨论决定，但这种情况不是很多。

我们认为，人民陪审员权利行使不充分的原因体现在以下方面：主观上，部分人民陪审员参审意识不强，不会主动参与庭前阅卷和庭后合议，总把自己当成"业余选手"，在"专家"面前只要认真听着就好，有的则因为忙于本职工作，不能专门抽时间来法院阅卷，开完庭后又匆忙离开；客观上，法院补助偏低、没有专门的阅卷场所、没有提前通知、人民陪审员离法院较为偏远、交通不便等，导致人民陪审员没有参审的动力和积极性。

（三）管理机制存在的问题

人民陪审员在管理方面主要存在着选任组织和方式的不合理、培训机制不规范、考核体系不严谨、经费保障不到位等问题。

1. 培训机制不规范

关于人民陪审员是否有必要进行培训的问题，一直存在着比较大的争议。持肯定态度的人认为，人民陪审员大多是法律的门外汉，如果完全不懂法律或者相关程序以及职业规范等，在参与审判的时候就很难发挥作用，纯粹只是"花瓶"；持否定态度者则认为，人民陪审员是代表人民参与国家审判，发挥民主监督的作用，法院需要的正是人民陪审员的开阔性思维和情理性思维以弥补法官职业思维的不足。我们认为，这一问题不宜被割裂开来看，适当的培训对人民陪审员来说是有必要的。一方面，培训可以提升他们的信心，使其在案件审理过程中敢于表达意见；另一方面，培训可以提高陪审员的法律素养，宣传法律知识，发挥普法作用。然而，谁来培训、培训什么、怎么培训的问题，仍然有待进一步完善。

在调研中，有法官表示要对人民陪审员进行培训，使其具备一定的法律专业素质，才能更好地适应审判工作的需求。而大部分受访人民陪审员也认为培训有效果，只不过在培训方式上还有待进一步改进。此外，有89.6％的法官都认为加强培训有助于提升人民陪审员的履职能力。

> 某法官：人民陪审员还是要具备一定的法律基础知识，如果缺少，在处理酌定情节或是法定情节的时候，他们与我们在认识上就有很大差别，在审理中我就深有体会。作为司法人员，是从法律角度考虑被告人犯罪情节的严重性来决定量刑的高低，而人民陪审员是从感性认识、社会舆论等方面来考虑。有些行为在当地很受谴责，但不一定是违法的，人民陪审员带着这种偏见，在审理案件的时候往往就容易出现一些摩擦，所以我认为人民陪审员要有一定的法律基础知识。

2. 考核体系不严谨

从调研的情况来看，在实践中几乎没有有效的考核机制来约束人民陪审员的行为。有部分陪审员没有认识到陪审工作的重要性，会发生无故缺席审判或者中途离开庭审情况，这不仅给法院工作增加了不必要的负担，而且也给法院形象造成了不良的影响。但是法院对陪审员的这些行为并无有效的应对办法，即便建立了所谓的管理考核机制，对陪审员的威慑力也有限。此外，陪审员与法官同职同权，但是在法官需要对案件终身负责的同时，陪审员对自己的言行并不用承担类似的责任，这对法官极不公平。因此，有必要建立人民陪审员的考核机制，但如何既保证达到考核效果又不打击人民陪审员的参审积极性，以使人民陪审员作用最大限度地发挥出来，还有待探索。

3. 经费保障不到位

陪审经费是人民陪审工作顺利进行的重要保障，但是调查结果显示，T县陪审员中只有不到30％的人对陪审补助表示满意。虽然说人民陪审员参与审判工作不是为了钱，但是补助过低对于陪审员发挥参审积极性必然有消极影响。当人民陪审员因参与审判工作所支出的车费、餐费远远超过了其所得补助，得不偿失将成为绝大多数陪审员的切实感受，长久下去，这些人便不愿意再参加陪审。

第六章　H 省西部 F 县人民陪审

一、F 县及其法院概貌

F 县地处 H 省西部，湘西土家族苗族自治州南端，可视为少数民族地区的代表。该县总面积 1 758.5 平方公里，下辖 15 乡 9 镇。2013 年末全县总人口 42.3 万，由苗、汉、土家族等 18 个民族组成，少数民族人口占全县总人口的 51.4%，是一个典型的少数民族聚居县，也是国家级历史文化名城，著名的旅游胜地。2013 年，全县生产总值为 544 555 万元，同比增长 13.1%。

截至 2013 年，该县人民法院总编制 72 人，在职干警 61 人，其中审判员 33 人、法警 7 人、书记员 14 人、工勤人员 7 人。法院内设办公室、政工室、立案庭、审管办、刑庭、民一庭、民二庭、行政庭、审监庭、林业庭、执行局、纪检监察室和法警大队共 13 个机构，4 个派出法庭。曾被评为 H 省"人民陪审员工作先进单位"，还曾被 H 省高院荣记集体"二等功"。近年来，该县法院的审判工作和其他各项工作均取得了新进展。

二、选任机制

（一）选任条件

1. F 县人民陪审员来源结构

2005 年 F 县进行了首批人民陪审员的选任，2009 年选任了第二批。目前，F 县法院共有陪审员 23 名。其中拥有大学及专科以上学历的陪审员共 3 人，占总人数的 13%；拥有大专学历的陪审员共 8 人，占总人数的 35%；拥有高中及以下学历的陪审员共 12 人。占总人数的 52%，由此可知，学历在大专以上的人民陪审员的比例为 48%。同时，在这 23 名陪审员中，少数民族（主要为苗族）有 15 人，占陪审员总数的 65%；剩下的 8 人为汉族，占总人数的 35%，少数民族陪审员占比较高。另外，从职业构成来看，来自党政机关的陪审员共有11人，比例高达48%，而来自科研院校和离退休人员的陪审员为零，职业为农民（村干部）的陪审员有1名。政治面貌为共产党员的陪审员占87%（见图6-1）。党政机关是陪审员主要职业分布点，通过访谈也可以得知法院倾向于选择一些党政机关的工作人员担任陪审员，尤其是各乡镇的人大主席、人大代表。

学历分布情况

■ 高中及以下 ■ 大专 ■ 大学及以上

民族分布情况

■ 少数民族 ■ 汉族

政治面貌分布情况

■ 共产党员 ■ 民主党派 ■ 群众

职业分布情况

■ 党政机关 ■ 企事业单位 ■ 科研院校
■ 离退休人员 ■ 社区 ■ 农民（村干部）

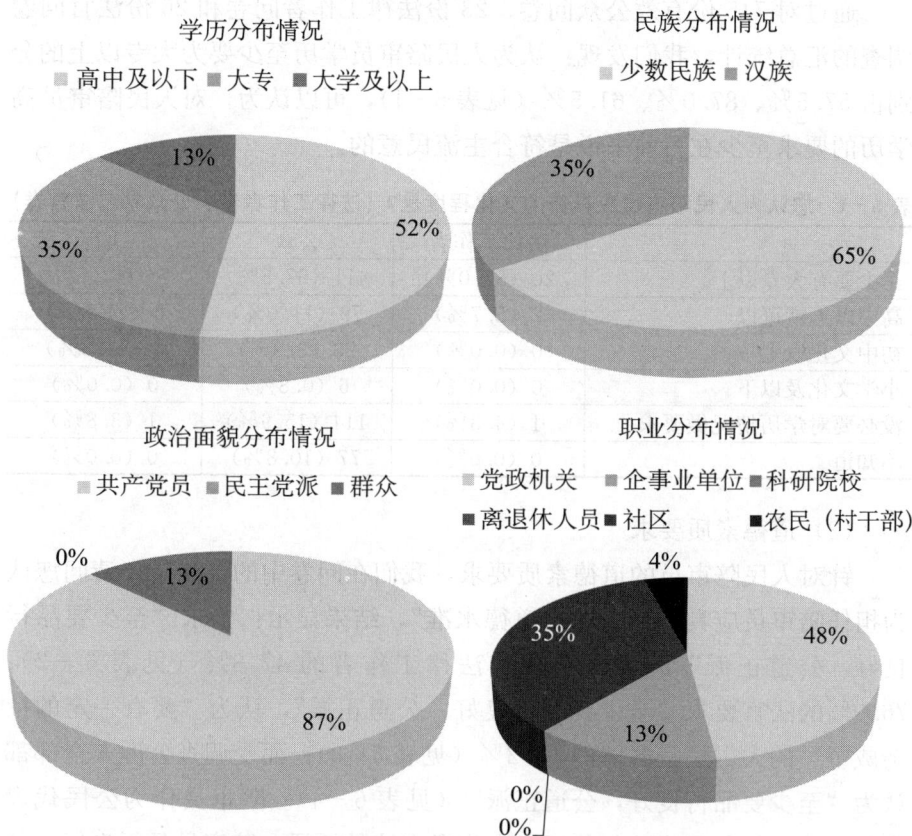

图6-1　样本地区人民陪审员学历、民族、政治面貌、职业分布情况

2. 相关主体对人民陪审员选任条件的期待

《决定》第4条和《实施意见》第2条对人民陪审员选任资格分别进行了规定。① 同时考虑到不同地区的具体情况，《实施意见》还规定"对于特殊地区陪审员达不到要求的，学历条件可以适当放宽"。在调研中，

---

① 《决定》第4条："公民担任人民陪审员，应当具备下列条件：……（二）年满23周岁；（三）品行良好、公道正派……担任人民陪审员，一般应当具有大学专科以上文化程度。"《实施意见》第2条："……对于执行该规定确有困难的地方，以及年龄较大、群众威望较高的公民，担任人民陪审员的文化条件可以适当放宽。"

我们将人民陪审员的选任标准划分为三种，即文化素质、道德素质和法律素质，并针对不同的主体分别发放了问卷，以期真实反映相关主体对人民陪审员选任标准的期待，为进一步完善人民陪审员选任制度提供第一手资料。

（1）文化素质要求

通过对 715 份有效公众问卷、23 份法律工作者问卷和 26 份法官问卷调查的汇总统计，我们发现：认为人民陪审员学历至少要为大专以上的分别占 57.5%、87.0%、61.5%（见表 6-1），可以认为，对人民陪审员高学历的要求至少在目前来说是符合主流民意的。

表 6-1　您认为人民陪审员应具备的文化程度是？（法律工作者卷、公众卷、法官卷）

	法律工作者	公众	法官
至少要有大专以上	20 (87.0%)	411 (57.5%)	16 (61.5%)
高中以上就可以	2 (8.7%)	79 (11.0%)	6 (21.3%)
初中文化以上	0 (0.0%)	28 (3.9%)	3 (11.5%)
小学文化及以下	0 (0.0%)	6 (0.8%)	0 (0.0%)
没必要对学历情况做要求	1 (4.3%)	114 (15.9%)	1 (3.8%)
不知道	0 (0.0%)	77 (10.8%)	0 (0.0%)

（2）道德素质要求

针对人民陪审员的道德素质要求，我们在问卷中的设问是"请问您认为担任陪审员应具备什么样的道德水准"，结果显示：要求"至少要品行良好，公道正派"的人占受调查法律工作者的 47.8%（见表 6-2）；76.9% 的法官要求"至少要品行良好，公道正派"，认为"要有一定的社会威望"的人占法官群体的 19.2%（见表 6-3）；而受调查公诉人全部都认为"至少要品行良好，公道正派"（见表 6-4）。陪审员作为公民代表参与司法，架起了法院与普通民众沟通交流的桥梁，陪审员品行良好，公道正派才有利于真实反映民众的诉求，增强民众对司法效果的认可，提升司法的公信力。综上，我们不难发现，道德素质要求是陪审制度参与主体对陪审员公认的硬性指标。

表 6-2　请问您认为担任陪审员应具备什么样的道德水准？（法律工作者卷）

		频率	百分比	有效百分比	累积百分比
有效	只要没有犯罪记录就行	3	13.0	13.0	13.0
	至少要品行良好，公道正派	11	47.8	47.8	60.9
	无意见	9	39.1	39.1	100.0
	合计	23	100.0	100.0	

表6-3　　您认为担任人民陪审员应具备什么样的道德水准？（法官卷）

		频率	百分比	有效百分比	累积百分比
	只要没有犯罪记录就行	1	3.8	3.8	3.8
	至少要品行良好，公道正派	20	76.9	76.9	80.8
有效	要有一定的社会威望（如人大代表、公认有威望的长者）	5	19.2	19.2	100.0
	合计	26	100.0	100.0	

表6-4　　您认为担任人民陪审员应具备什么样的道德水准？（公诉人卷）

		频率	百分比	有效百分比
有效	至少要品行良好，公道正派	4	100.0	100.0

（3）法律素质要求

通过对715份有效公众问卷、23份法律工作者问卷、26份法官问卷和4份公诉人问卷调查的汇总统计可知：只有3.5%的公众认为陪审员"稍微懂一点（法律知识）就行"，仅有1.1%的公众认为陪审员"懂和不懂（法律知识）没有什么关系"，只有8.7%的律师、法律工作者认为陪审员"稍微懂一点（法律知识）就行"（见表6-5）。

值得注意的是，在公众、律师和法律工作者、公诉人问卷中，认为陪审员"要有较高的法律素质，最好跟法官一样"和"要懂得基本的法律知识，明白基本的法律程序"的人数比例相差并不大；但是在法官群体中比例相差非常大，认为"要有较高的法律素质，最好跟法官一样"的法官仅占15.4%，远低于"要懂得基本的法律知识，明白基本的法律程序"的法官所占的84.6%。

表6-5　　　您认为陪审员应具备的法律专业素质是？

	公众	律师、法律工作者	法官	公诉人
要有较高的法律素质，最好跟法官一样	277（38.8%）	12（52.2%）	4（15.4%）	2（50%）
要懂得基本的法律知识，明白基本的法律程序	329（46.1%）	9（39.1%）	22（84.6%）	2（50%）
稍微懂一点就行	25（3.5%）	2（8.7%）	0（0.0%）	0（0.0%）
懂和不懂没有什么关系	8（1.1%）	0（0.0%）	0（0.0%）	0（0.0%）
不知道	74（10.4%）	0（0.0%）	0（0.0%）	0（0.0%）

此外，通过对12名参加过庭审的当事人的电话访谈来看，对"您认为陪审员要不要像法官那样，具备专业的司法能力"问题的回答中，有33.3%的当事人认为陪审员应该和法官一样，具备法律专业知识和优秀的

庭审技能，仅有 8.3% 的当事人认为不需要（见表 6 - 6）。综上，人民陪审员具有基本法律素质是各类社会主体的主流期待。

表 6 - 6　您认为陪审员要不要像法官那样，具备专业的司法能力？（当事人卷）

		频率	百分比	有效百分比	累积百分比
有效	有必要	4	33.3	33.3	33.3
	没必要	1	8.3	8.3	41.7
	不知道	7	58.3	58.3	100.0
	合计	12	100.0	100.0	

3. 相关结论及分析

（1）陪审员学历与相关主体期待存在落差

正是由于各地区存在的差异性，因此对人民陪审员制度在不同地区的实施提出了不同要求，陪审员选任标准就是其重要体现之一。尤其是在少数民族地区，由于存在不同的民族风俗文化，法律制度的实施更加不能一刀切。

在对 F 县基层法院有关人民陪审员选任标准——学历条件的考察中，相关主体大多倾向于选择高学历的陪审员参审，但是实际情况并不都如期望那样，F 县拥有大专以上学历的陪审员不足 50%。主要原因在于：一方面，少数民族贫困地区的整体文化水平程度不高，高学历人才相对其他地区较少；另一方面，少数民族聚居地区案件类型较为特殊，具有典型的地方性，学历不高但有较高社会威望、丰富的地方知识、熟悉民族风俗习惯的陪审员相对于法官更有利于纠纷的彻底解决。因此，在保障品行良好，公道正派的前提下，放宽学历的限制，保证一定比例的低学历农民群体的陪审员代表和充足的少数民族陪审员代表，在 F 县法院的人民陪审员选任中具有相对合理性，并且未来一段时间这种趋势仍将持续。只有以最广泛的代表性为前提，陪审员才是真正的"人民"陪审员。

（2）人大代表、人大主席成为当地陪审员的"热门人选"

立法上规定应当保证人民陪审员来源的广泛性。① 但是从 F 县人民陪审员的职业分布来看，具有公职身份的陪审员占绝大多数。我们认为主要原因在于：

第一，陪审员选任主要由单位（主要是人大）推荐。单位推荐难免内部优先，这点通过对 F 县法院领导的访谈可以看出：

> 人大代表、政协委员，这两类人员在我们法院的陪审员队伍中占

———————————
① 参见《实施意见》第 9 条。

的比例比较大。一般来说，陪审员的选任主要由人大、政协的领导帮我们推荐。比如说，我们法院提出要为某一区域配一个人民陪审员，人大就会帮我们在这个区域推荐一个人选，人大给我们推荐以后，我们感觉这个人热衷陪审工作，能支持并配合我们法院工作，我们就提交他的基本情况，再由人大任命。

第二，党政机关干部、人大代表担任陪审员对法院工作有实际的帮助作用，这点从对F县某法官的访谈中也可以看出：

> 人大代表和其他党政机关工作人员担任人民陪审员确实能够起到很大帮助，邀请人大代表参审可以有效地拉近人大和法院之间的距离，让人大代表更好地了解我们法院的工作，同时也有利于提高在人大审议法院工作报告时候的通过率。

> 陪审员大多是人大代表，人大代表的道德素质还是很高的，不然也不会被选为人大代表，所以陪审员也减少了陪审员"被公关"的可能性。

第三，法官对人民陪审员"代表性"的理解出现偏差。在与F县法院某领导的访谈中，调查小组成员问"假如说有的普通老百姓钻研法律并且对陪审员工作感兴趣，他能主动申请担任陪审员吗"，该领导是这样回答的：

> 从目前来说还没有这个渠道，对陪审员的选任我们是很慎重的，因为一名普通群众申请担任陪审员，他不具有代表性，虽然他很热衷这项工作，也有一定的法律知识，但是他没有代表性，所以就目前这种情况来说，只有人大代表、政协委员具有代表性。

同样，在谈到陪审员退出的时候，该领导是这样说的：

> 我们院里并没有关于陪审员的完善的退出机制，但如果他的岗位变了，或者说他不是人大代表了，就不像现在（是人大代表）有代表性了，这样就可以免去该陪审员了。

那么，接下来的问题是，人大代表、人大主席担任陪审员是否妥当呢？

法律规定，人大常委会的组成人员不得担任人民陪审员。《答复》中规定"符合担任人民陪审员条件的乡镇人民代表大会主席团的成员，不是上级人民代表大会常务委员会的组成人员的，可以担任人民陪审员"。从形式法治的角度看，乡镇人大主席、副主席只要不是上级人大常委会的组成人员，法律并不禁止其担任人民陪审员。但是，从实质法治角度来看，我们认为乡镇人大主席、副主席不宜担任陪审员。一方面，法律禁止人大常委会成员担任陪审员，是基于实现人民陪审制度的目标，即人民陪审是人民监督司法审判的一种形式，而人大是权力机关，其常委依据相关立法已经取得了监督权，若再由自己担任陪审员，双重身份在实际上会掩盖陪审员的监督作用，从而使人民陪审制度监督司法的目的落空；另一方面，如果大量的人大代表担任人民陪审员，那么就人大代表个人来说，其将立法权、监督权和司法权集于一身，这显然与我国的政体相违背。①

虽然该少数民族贫困地区人大代表和乡镇人大主席担任人民陪审员在短时期或者个案中能够带给法院一定的利益，缓解法院对某些较为敏感的案件的压力。但是，长此以往国家权力对陪审员大众权利的侵蚀只会越来越严重，陪审制度的司法民主和监督功能将名存实亡。因此，选任过多人大代表担任陪审员的做法必须得到重视。

（二）选任方式考察

对人民陪审员的产生方式，法律有明确规定②，即组织推荐或个人申请；而无论是组织推荐还是个人申请，最后都是由法院会同司法行政机关一起开展。

1. F县人民陪审员的选任方式

如表6-7所示，在样本地区受调查的13名陪审员中，有12人是"单位或村委会、居委会等基层组织推荐的"，仅有1名陪审员当选两次，一次是自己主动申请的，一次是被推荐的。上文的访谈材料也显示，人民陪审员的产生主要是由法院根据自身情况，提出所需人民陪审员的名额，然后报由人大推荐，即由单位推荐。

表6-7　　　请问您是通过何种方式当选为人民陪审员的？（人民陪审员卷）

		频率	百分比	有效百分比	累积百分比
有效	单位或村委会、居委会等基层组织推荐的	12	92.3	92.3	92.3
	当选两次，一次是自己主动申请的，一次是被推荐的	1	7.7	7.7	100.0
	合计	13	100.0	100.0	

---

① 李平. 法律职业共同体构建路径论析. 黑龙江社会科学, 2007 (2).

② 参见《决定》第8条："符合担任人民陪审员条件的公民，可以由其所在单位或者户籍所在地的基层组织向基层人民法院推荐，或者本人提出申请，由基层人民法院会同同级人民政府司法行政机关进行审查，并由基层人民法院院长提出人民陪审员人选，提请同级人民代表大会常务委员会任命。"

2. 相关主体对人民陪审员产生方式的期待

如表6-8所示，30名律师和4名公诉人的问卷调查显示，在问到"您认为哪种陪审员的选任方式较为合理"时，82.6%的律师、法律工作者和75%的公诉人都认为"在符合条件的公民中随机抽选，临时决定"较合理。由此可以看出，律师、法律工作者和公诉人是不倾向于由所在单位和有关组织推荐产生陪审员的，而随机抽取的方式不失为一种尝试。

表6-8　请问您认为哪种陪审员选任方式较为合理？（法律工作者卷、公诉人卷）

	律师、法律工作者（百分比）	公诉人（百分比）
公民自己主动申请	8（34.8%）	0（0%）
由所在单位和有关组织推荐	2（8.7%）	0（0%）
在符合条件的公民中随机抽选，临时决定	19（82.6%）	3（75%）
无意见	1（4.3%）	1（25%）

3. 相关结论及分析

从调研反映的情况来看，F县人民陪审员的产生方式单一，单位（主要是人大）推荐占主导。究其原因，是否因为公民担任陪审员的积极性不高？表6-9显示，在720份有效公众问卷中，当问到普通公众"如果您符合担任陪审员的条件，请问您愿不愿意担任人民陪审员"？有16.9%的公众表示很愿意，有50.7%的公众表示愿意，仅有16.5%的公众表示不愿意，0.8%的公众表示很不愿意。由此可见，公民担任人民陪审员的意愿比较高，如果有机会，不排除公民自愿申请担任陪审员的可能性。

那么在F县为何由个人申请成功当选为人民陪审员的情况少之又少呢？我们认为主要原因有两个：一是F县法院在选任人民陪审员时没有进行有效的宣传。《管理办法》对此有明确规定[①]，但是法院并未落实，信息的闭塞使公民错失了个人申请成为人民陪审员的机会。二是虽然《决定》第8条有规定，对选任过程中符合条件的公民，由法院和同级司法行政机关一同审查，但是该地区司法行政机关在选任过程中不作为。该基层法院的人民陪审员选任工作由法院根据自身的需求，将陪审员名额报给各个单位，由后者推荐人选，司法行政机关在整个过程中则一直缺位。选任程序受到法院单方控制，这就为陪审员"附庸陪审"做了"铺垫"。

---

① 参见《管理办法》第9条第1款："基层人民法院应当在人民陪审员选任工作开始前1个月向社会公告所需选任的人民陪审员的名额、选任条件、推荐（申请）期限、程序等相关事项，以便有关单位推荐人选和公民提出申请。"

表 6 - 9　如果您符合担任陪审员的条件，请问您愿不愿意担任人民陪审员？（社会公众卷）

		频率	百分比	有效百分比	累积百分比
有效	很愿意	122	16.5	16.9	16.9
	愿意	365	49.3	50.7	67.6
	不愿意	119	16.1	16.5	84.2
	很不愿意	6	0.8	0.8	85.0
	无所谓	108	14.6	15.0	100.0
	合计	720	97.3	100.0	
缺失	99	20	2.7		
合计		740	100.0		

三、参审机制

（一）参审案件概况

一直以来，陪审率被认为是反映司法民主状况的风向标，由表 6 - 10 可以看出，F 县人民陪审员参审的案件数是逐年上升的，尤其是参与审判的民事案件数量上升最快；普通程序的陪审率，在 2008—2010 年期间总体处于上升趋势。总体来说，F 县普通程序的案件数在增加，陪审员的参审率也相应保持在一个高值，可见陪审员在参与案件审判中发挥着越来越重要的作用。

表 6 - 10　　　样本地区法院 2008—2010 年陪审案件、参审率统计

年度	普通程序案件数			陪审员参审案件数			参审率		
	民事	刑事	行政	民事	刑事	行政	民事	刑事	行政
2008	191	84	3	48	42	2	25.1%	50.0%	66.7%
2009	204	83	5	62	44	2	30.4%	53.0%	40.0%
2010	193	107	11	125	49	6	64.8%	87.9%	54.5%

（二）陪审员程序的启动

1. 启动方式与参审动机

《决定》第 2 条①的规定赋予了当事人申请陪审程序的启动权。此外，《参审规定》第 2 条②对此进行了细化，同时《参审规定》第 3 条③明确提出了人民法院对当事人享有陪审程序启动权的告知义务。

---

①　刑事案件被告人、民事案件原告或者被告、行政案件原告申请由人民陪审员参加合议庭审判的案件。

②　一审刑事案件被告人、民事案件原告或者被告、行政案件原告申请由人民陪审员参加合议庭审判的，由人民陪审员和法官共同组成合议庭进行。人民法院征得前款规定的当事人同意由人民陪审员和法官共同组成合议庭审判案件的，视为申请。

③　第一审人民法院决定适用普通程序审理案件后应当明确告知本规定第 2 条的当事人，在收到通知 5 日内有权申请由人民陪审员参加合议庭审判案件。

那么在实践中的成效如何呢？从表6-11中我们可以看出，在适用陪审制的案件中，绝大部分都是由法院自行决定陪审程序的启动，而由当事人主动申请启动的比例则很低。

表6-11　　　　　请问在这些案件中，启动陪审程序的通常是？

	当事人	律师、法律工作者	法官	公诉人
由法院自行决定	11（91.7%）	18（78.3%）	20（76.9%）	2（50%）
由当事人主动申请	1（8.3%）	0（0%）	0（0%）	1（25%）
两种方式比例相当	0（0%）	2（8.7%）	4（15.4%）	0（0%）
缺失	0	3	2	1
合计	12	23	26	4

那么法官自行启动陪审程序的动机又是什么呢？从法律规定来看，《决定》第2条①对适用陪审程序的案件类型有明确的规定，同时《参审规定》第1条②对其进行了补充。那么在实践中，法官自行启动陪审程序的动机是什么呢，是否严格执行相关法律规定呢？

在对法官的调查问卷中，我们设计了一道多选题目"您所在的法院自行决定启动陪审程序主要是基于什么原因"。结果显示：选择"案件涉及专业技术领域"的法官比例最少；而选择"案件涉及群体利益或公共利益等，依规定应当适用陪审程序"的最多，其次是"为达到参审率等绩效考核指标"和"相关庭室审判人员人手不够，需要陪审员组成合议庭"。从法官们反馈的数据中可以窥探他们的动机（见图6-2）。

2. 选定陪审员

《决定》第14条、《参审规定》第4条以及第5条对人民陪审员的选定都进行了相应的规定。③ 由此可见，虽然我国人民陪审员是常任制，但

---

① 《决定》第1条："人民法院审判下列第一审案件，由人民陪审员和法官组成合议庭进行，适用简易程序审理的案件和法律另有规定的案件除外：（一）社会影响较大的刑事、民事、行政案件；（二）刑事案件被告人、民事案件原告或者被告、行政案件原告申请由人民陪审员参加合议庭审判的案件。"

② 《参审规定》第1条："人民法院审判第一审刑事、民事、行政案件，属于下列情形之一的，由人民陪审员和法官共同组成合议庭进行，适用简易程序审理的案件和法律另有规定的案件除外：（一）涉及群体利益的；（二）涉及公共利益的；（三）人民群众广泛关注的；（四）其他社会影响较大的。"

③ 《决定》第14条："基层人民法院审判案件依法应当由人民陪审员参加合议庭审判的，应当在人民陪审员名单中随机抽取确定。"《参审规定》第4条："人民法院应当在开庭7日前采取电脑生成等方式，从人民陪审员名单中随机抽取确定人民陪审员。"第5条："特殊案件需要具有特定专业知识的人民陪审员参加审判的，人民法院可以在具有相应专业知识的人民陪审员范围内随机抽取。"

是在个案陪审员的选择中，采取的是随机抽取制度，实践中 F 县法院是如何操作的呢？

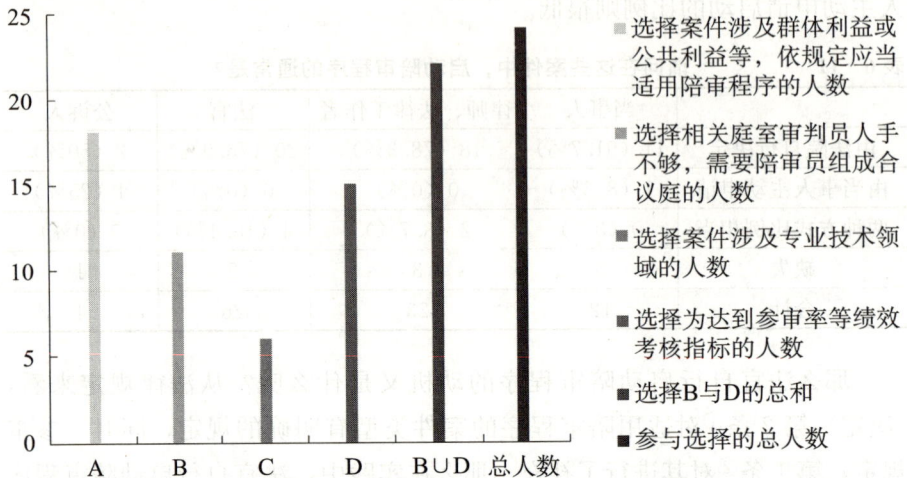

图 6-2 您所在的法院自行决定启动陪审程序主要是基于什么原因？（法官卷）

调研活动中，我们在法官问卷和人民陪审员问卷中分别设定了关于陪审员如何选定的相关问题。结果显示：选择随机抽取的被调查陪审员占27.3%；选择"被固定配置在合议庭，由主审法官安排"占18.2%；选择"没有配置到庭，由院里安排"占45.5%（见表6-12）。法官群体中，选择随机抽取陪审员的比例占21.7%，选择"被固定配置在合议庭，由主审法官安排"占43.5%，"没有配置到庭，由院里安排"占34.8%（见表6-13）。由此可知，F 县法院在选取陪审员参审案件时并没有严格采取随机抽取制度，主要是由庭室、法官自己安排。根据访谈材料同样可知。

问：在刑事案件中，法院是如何让陪审员参与到审判活动中的？人民陪审员是固定配置到各庭吗？

某刑庭法官：遇到具体案件的时候，我们会向陪审员发邀请函。各个庭室自己安排陪审员。

问：请问陪审员是否配置到庭？

某民庭庭长：我们法院历来聘请陪审员都是由全部业务庭室自己从十几个陪审员中选择，电话联系他们来参加陪审活动。

也许，陪审员自身受限于对法院启动陪审程序和选择陪审员的程序不是很熟悉，对自身如何被选定参审并不是很清楚。但是表6-12、表6-13以及对刑庭和民庭法官的访谈充分说明，陪审员主要是被配备到各个庭室，在具体陪审案件中，对陪审员的选定由各个庭室的负责人自行选择。那么，这样做就很难避免如表6-14中一些陪审员陪审案件不均衡现象的产生。

表6-12　　　　请问您一般是如何被选定参审的？（人民陪审员卷）

		频率	百分比	有效百分比	累积百分比
有效	被固定配置在合议庭，由主审法官安排	2	15.4	18.2	18.2
	未配置到庭，由院里安排	5	38.5	45.5	63.6
	随机抽取，临时确定	3	23.1	27.3	90.9
	其他	1	7.7	9.1	100.0
	合计	11	84.6	100.0	
缺失	99	2	15.4		
	合计	13	100.0		

表6-13　　　与您组成合议庭的人民陪审员一般是如何选定的？（法官卷）

		频率	百分比	有效百分比	累积百分比
有效	被固定配置在审判庭，由庭里安排	10	38.5	43.5	43.5
	未配置到庭，由院里安排	8	30.8	34.8	78.3
	随机抽取，临时确定	5	19.2	21.7	100.0
	合计	23	88.5	100.0	
缺失	99	3	11.5		
	合计	26	100.0		

表6-14　　　　　样本地区法院部分陪审员陪审情况登记表

陪审员	参审	每件补贴	共计	签名	备注
龙建文	135	30	4 050		
刘益社	7	30	210		
龙生梅	8	30	240		
王平	14	30	420		
吴金桔	7	30	210		
张军	31	30	930		
龙湘杰	4	30	120		
安炳生	21	30	630		
合计	227		6 810		

3. 有关结论及分析

（1）多由法官启动陪审程序的原因

首先，案多人少的矛盾尖锐。F县法院每年审理的案件相对于其他地区并不算多（见表6-15）。① 但是法官仍承受较大的案件压力，特别是有

---

① 图表中的数据是法院提供的，由于该基层法院条件简陋，档案管理有待完善，实际查档数量少于法院提供的数量。

的案件虽然不复杂，但是囿于司法环境和公民法律意识，单个案件可能需要花费大量的司法资源。而 F 县法院人力资源奇缺，考察时得知该法院本应有 72 个编制，但在职只有 61 个人，除去生病住院的 2 人，实际上只有 59 个人在岗工作，再除去领导和行政岗位，一线的审案法官就更少了。人员稀缺到如此地步势必加重基层法院法官的压力，为了寻求缓解的方法，吸收陪审员组成合议庭参审成为一个重要的选择。因此，案多人少也就成为推动法官启动陪审程序的因素之一。

其次，为达到陪审率指标。

> F 县法院某派出法庭庭长：假如院里没有陪审率的规定，我们开庭时就不会叫陪审员参加了。就因为院里有这个陪审率，达不到的话年底评查就会扣分。假如没有陪审率的要求，我个人是不会选择用陪审员参审的。原因在于，首先，我觉得陪审员就是个"陪衬"，有的陪审员都是有一官半职的，与他们沟通协调时间就有难度；其次，本身行政案件在该地区发生就很少，加之，行政案件由于被告比较特殊，案件本身一般都有一定程度的影响。所以，由法官组成合议庭审理可能更显得专业；最后，也是最重要的一点，在适用陪审员审判的情况下，我认为案件性质和影响程度确实是判断是否需要陪审员参审所要考虑的因素，比如有的受贿案件，涉案层面比较宽，牵扯一系列相关人员，社会影响比较大，就会请陪审员来参审；但在我们这里，是否适用陪审员，最大的原因还是在于陪审率指标和考评的要求而不在于案件性质和影响程度。

由此可知，无论是什么性质的案件，陪审率硬性指标都是法官头顶挥之不去的"乌云"，据访谈了解，案件承办人往往在审前或者审后和陪审员或其他庭室的审判员打个招呼，直接把他们的名字罗列在笔录上，形成形式意义上的合议庭，以此来达到或者提高陪审率。于是，达到甚至超过指标要求，也成为促使法官启动陪审程序的又一个重要因素。

表 6 - 15　　　　　　　　样本地区基层人民法院结案数据统计

年份	刑事	民事	行政	总计
2008	120	389	3	512
2009	95	471	5	571
2010	125	464	11	600

（2）关于是否应当赋予当事人陪审程序选择权的分析

通过表 6 - 16 可以看出，受访的 12 名当事人中只有 1 名当事人是自己申请陪审员参审的，而绝大多数案件，都是由法院依职权决定陪审程序的启动，当事人只能被动接受。而从表6-17中可以看出，访谈的12名当事人中只有2名当事人觉得陪审员参审对诉讼的结果有较大影响。

而在这12名当事人中，当被问到"假如您的一个好友要去打官司，您会不会建议他（她）申请陪审员参与审判"这个问题时，有2名回答不会，有5名回答不知道，还有一份问卷数据缺失，建议适用的只有4名，仅占36.4%（如表6-18所示）。由此也可以推断，参加过庭审的当事人对陪审程序以及人民陪审员的认同度似乎并不高。

另外，我们目前缺乏对当事人陪审程序选择权的制度保障，也就是说，当事人不能对法院启动的陪审程序说"不"。我们认为，从当事人的诉讼主体地位考虑，是否应该赋予其对陪审程序的选择权，是值得进一步思考的问题。

表6-16　　请问您是自己申请陪审的，还是由法院决定的？（当事人卷）

		频率	百分比	有效百分比	累积百分比
有效	自己主动申请的	1	8.3	8.3	8.3
	法官决定的	11	91.7	91.7	100.0
	合计	12	100.0	100.0	

表6-17　　您觉得有没有陪审员参审，对官司的结果影响大吗？（当事人卷）

		频率	百分比	有效百分比	累积百分比
有效	有一定影响	2	16.7	16.7	16.7
	没什么影响	8	66.7	66.7	83.3
	不知道	2	16.7	16.7	100.0
	合计	12	100.0	100.0	

表6-18　　　　假如您的一个好友要去打官司，您会不会建议他（她）申请陪审员参与审判？（当事人卷）

		频率	百分比	有效百分比	累积百分比
有效	会	4	33.3	36.4	36.4
	不会	2	16.7	18.2	54.5
	不知道	5	41.7	45.5	100.0
	合计	11	91.7	100.0	
缺失	99	1	8.3		
	合计	12	100.0		

（3）随机抽取陪审员比例不高，未发挥少数民族陪审员的作用

我们知道，设置人民陪审员制度主要是为了利用陪审员在一些社会影响重大或者与民生息息相关的案件上的得天独厚的优势，比如F县是个

典型的少数民族聚居地区，少数民族语言不通和当地的风俗习惯在很大程度上会影响案件审判，少数民族陪审员的加入能有效地帮助法官查清案件事实，在法律与习惯相冲突时能起到"润滑剂"的作用，促使双方当事人"化干戈为玉帛"。

　　实际上，《决定》虽然规定了人民陪审员的随机抽取制度，但根据我们的调查，F 县法院并没有充分贯彻这项规定，同时也没有发挥本院少数民族陪审员应有的优势。其原因在于：首先，法院未对陪审案件的范围进行具体划分，更不用说在涉及少数民族当事人的案件中专门引入少数民族陪审员了，有的法官基于方便的考虑，干脆将某些陪审员固定化为他们的"专用"陪审员。

　　其次，人民陪审员的本职工作与法院陪审工作的现实冲突是原因之一：

　　　　某庭长：我们院里共有 23 名陪审员，他们均是具有工作单位的，有时候我们法院确定了庭审的时间，陪审员有事情不能过来，那么我们又需要重新抽取，这多少给法院工作带来不便，久而久之，我们就倾向于选择那些时间比较充裕的陪审员，同时，我们彼此都熟悉了，也有利于工作的开展。

　　再次，法官选择的倾向性是另外一个原因。正如我们在前文对"关于人大代表、人大主席成为陪审员的'热门人选'"的分析所示，某些法官非常倾向于选择人大代表参与庭审，认为人大代表参审更有利于法院工作。综合以上原因，各庭室自行选择陪审员参审是 F 县法院的惯常做法，随机抽取的情况则十分少见。

（三）陪审员参与审判的过程

　　对于人民陪审员参与审判，法律有明确的规定。[①] 依据实践经验判断，"同等权利"是指在实体上和程序上的同等表决权，在单个案件的审判中，合议庭中的职业法官和人民陪审员对审判案件的表决实行一人一票，少数服从多数，形成合议结论。由此可以看出，陪审员的职能都是围绕庭审过程和合议而言，下面我们对 F 县人民陪审员参与审判的整个过程进行剖析，以期还原 F 县人民陪审员参审的真实情况。

1. 参审准备——庭前阅卷

　　陪审员相对于专业法官，法律知识和庭审技能都较为欠缺，陪审员庭

---

① 参见《民事诉讼法》第 39 条，《人民法院组织法》第 38 条，《决定》第 10 条、第 11 条。

前阅卷有助于提前了解案情，提高参审的效率。并且《若干意见》第 13
条对此进行了规定①，那么 F 县的陪审员庭前阅卷程序贯彻得如何呢？

　　如表 6－19 所示，在被问及人民陪审员"您一般在庭前查阅卷宗、了解
案情吗"时，受调查的 13 名陪审员中，有效回答共 10 名，其中回答"每次
都有"的有效百分比为 50％，回答"经常"的占 10％，回答"偶尔"的占
30％，回答"一次也没有"的占 10％。对 26 名法官的问卷调查中，有效回
答共 24 名，其中回答"每次都有"的有效百分比为 16.7％，回答"经常"
的占 20.8％，回答"很少"的占 54.2％，回答"一次也没有"的占 8.3％
（见表 6－20）。如果以"每次都有"和"经常"作为陪审员进行了庭前阅卷
的标准，那么陪审员自身认为其参与庭前阅卷的百分比为 60％，即占大多
数，但是通过对法官群体分析可知，该项比例只有 37.5％，反而认为"很少"
的有 54.2％，为大多数。为什么会有这样的差别？我们认为，主要原因在于
陪审员和法官在对"查阅卷宗、了解案情"具体到什么程度的理解不一样。

表 6－19　　　您一般在庭前查阅卷宗、了解案情吗？（人民陪审员卷）

		频率	百分比	有效百分比	累积百分比
有效	每次都有	5	38.5	50.0	50.0
	经常	1	7.7	10.0	60.0
	偶尔	3	23.1	30.0	90.0
	一次也没有	1	7.7	10.0	100.0
	合计	10	76.9	100.0	
缺失	99	3	23.1		
合计		13	100.0		

　　此外，关于陪审员了解案情的方式，该基层法院并没有对陪审员提出
进行庭前阅卷的硬性要求，陪审员自身也没有提出这样的要求。通过以下
的访谈材料可以看出，陪审员理解的阅卷，就是法官的简单告知。

　　　　问：通知发出以后，陪审员从接到通知到开庭这期间，他们会做
　　什么准备工作呢，法院又要求他们做什么准备工作呢？

　　　　答：一般是当天来，然后法官将有关案情介绍下，告诉他们该案
　　重点是什么地方等。

　　　　问：陪审员不会来法院提前了解案情，开庭当天才过来？

　　　　答：对，一般我是九点钟开庭，他们八点半就来了。

————————

① 参见《若干意见》第 13 条："人民法院应当为人民陪审员查阅案卷、参加审判活动提供
工作便利和条件。接到陪审通知的人民陪审员，应当在案件开庭前完成阅卷工作。"

表 6 - 20　据您所知，人民陪审员通常在庭审前是否查阅案卷、了解案情？（法官卷）

		频率	百分比	有效百分比	累积百分比
有效	每次都有	4	15.4	16.7	16.7
	经常	5	19.2	20.8	37.5
	很少	13	50.0	54.2	91.7
	一次也没有	2	7.7	8.3	100.0
	合计	24	92.3	100.0	
缺失	99	2	7.7		
	合计	26	100.0		

2. 参与庭审——庭中发问

（1）庭审发问率整体状况分析

开庭审理是人民陪审员参与审判活动的重要阶段，陪审员在庭审过程中与法官具有同等权力，陪审员可就案件基本事实、证据及案件疑点、争议焦点问题进行发问，其提问和发言不仅有助于查清案件事实，同时，也有助于实现陪审价值。

通过对表 6 - 21 的数据进行统计分析，如果以"很少问"和"没有问过"作为陪审员较少发问的标准，那么通过对陪审员、当事人、法律工作者（包含律师）、法官、公诉人的调查所知，认为陪审员很少、没有问过的比例分别为 50%、90%、85%、70.8%、50%。可以看出，陪审员在庭审中的发问情况不是很理想。

对法官群体"您认为人民陪审员在庭审中发问是否有助于查清案件事实？"的调查显示，80.8%的法官认为有助于查清案件事实，如表 6 - 22 所示。这就说明，陪审员在庭审中发问很有必要。

表 6 - 21　　　　　通常情况下，您（陪审员）会在庭审中发问吗？

	陪审员	当事人	律师、法律工作者	法官	公诉人
通常会问	5	1	3	7	2
很少问	4	4	7	15	2
没有问过	1	5	10	2	0
缺失	3	2	3	2	0
合计	13	12	23	26	4

表 6 - 22　　您认为人民陪审员在庭审中发问是否有助于查清案件事实？（法官卷）

		频率	百分比	有效百分比	累积百分比
有效	有助于	21	80.8	80.8	80.8
	偶尔有帮助	5	19.2	19.2	100.0
	合计	26	100.0	100.0	

（2）庭审发问率低的原因分析

在对陪审员的问卷调查中，我们设置了这样一个问题，即"如果您在庭审中很少或者从不发问，主要原因是?"图6-3清楚地显示，选择最多的是"我想问的法官都问到"，其次是"想发问，但又怕出错"，最后是"对涉及的法律问题不了解""对案件事实还不清楚"。由此可见：一是不存在法官不给陪审员发问机会的情况；二是陪审员自身限于法律知识、案件熟悉程度等，不够自信，不懂或者不敢发问。图6-4显示了在对"在审判过程中，您对与案件相关的事实与法律问题不清楚时，您通常会怎么办?"的回答中，绝大多数陪审员都会选择咨询法官，而选择根据生活常识和情理来处理的陪审员很少，这进一步证实了陪审员对自身的不自信，对法官权威的敬畏，因此不懂或者不敢发问，导致庭审发问比例低。

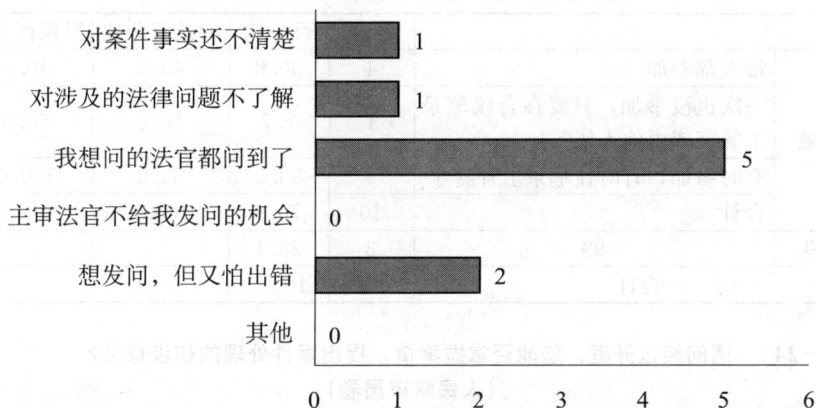

图6-3　如果您在庭审中很少或者从不发问，主要原因是?（人民陪审员卷）

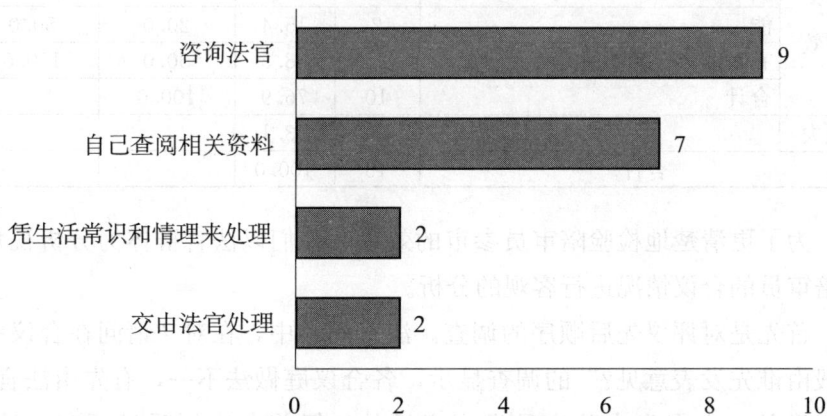

图6-4　在审判过程中，您对与案件相关的事实与法律问题不清楚时，您通常会怎么办?（人民陪审员卷）

3. 参与裁判——审后合议

合议阶段是最能检验陪审员参与庭审效果的环节，《参审规定》从第7条开始依次对人民陪审员参加合议庭评议时的权利、评议案件的范围、陪审员同合议庭其他人员产生分歧时的处理办法等进行了详细的规定。从我们调研过程中的考察也发现陪审员实际参加庭后合议的并不多，在受调查的10名陪审员中仅仅只有4名陪审员表示"每次都参加"合议（见表6-23），而进一步对陪审员"请问经过开庭，您能否掌握案情，提出案件处理的初步意见？"的问卷调查显示，确定能的占30%（见表6-24），比例并不高。结合前文中对陪审员庭中发问情况的调查，可以发现 F 县的基层法院"陪而不审、合而不议"的现象比较突出。

表6-23　　　　　　　请问您是否参加过合议？（人民陪审员卷）

		频率	百分比	有效百分比	累积百分比
有效	每次都参加	4	30.8	40.0	40.0
	一次也没参加，只要在合议笔录上签字或由他人代签	1	7.7	10.0	50.0
	有时参加，有时在笔录上补签字	5	38.5	50.0	100.0
	合计	10	76.9	100.0	
缺失	99	3	23.1		
	合计	13	100.0		

表6-24　　　请问经过开庭，您能否掌握案情，提出案件处理的初步意见？（人民陪审员卷）

		频率	百分比	有效百分比	累积百分比
有效	确定能	3	23.1	30.0	30.0
	能	2	15.4	20.0	50.0
	有时能，有时不能	5	38.5	50.0	100.0
	合计	10	76.9	100.0	
缺失	99	3	23.1		
	合计	13	100.0		

为了更清楚地检验陪审员参审的效果，我们以法官群体为分析视角，对陪审员的合议情况进行客观的分析。

首先是对评议先后顺序的调查。法官问卷中，在对"请问在合议中，一般由谁先发表意见？"的调查显示，各合议庭做法不一，有先由法官发表意见的，也有先由陪审员发表意见的，但前者比例明显更高（见表6-25）。前文提到过，F 县的陪审员在一定程度上对自身不自信，对法官权威敬畏，而如果法官先发言的话，陪审员就很难有自己独立的意见，就会倾向于与法官的意见保持一致。所以评议的先后顺序在很大程度上会影响陪审员在庭后合议的表现。

表 6 - 25　　　　　请问在合议中，一般由谁先发表意见？（法官卷）

		频率	百分比	有效百分比	累积百分比
有效	先由法官发表意见	14	53.8	58.3	58.3
	先由陪审员发表意见	5	19.2	20.8	79.1
	陪审员不发表意见	1	3.8	4.2	83.3
	以上几种情况都有过	4	15.4	16.7	100.0
	合计	24	92.3	100.0	
缺失	99	2	7.7		
	合计	26	100.0		

在法官问卷中，对"通常情况下，人民陪审员对法官的评议意见"调查显示，选择"几乎都赞成"和"赞成的多一些"占91.7%，如表6-26所示。在访谈中我们也了解到，即使有陪审员与法官意见不一致的情况发生，也会在法官的解释和引导下达成一致意见。因为陪审员与法官意见不一致而将案件提交到审委会讨论决定的情况是不存在的。

表 6 - 26　　　　通常情况下，人民陪审员对法官的评议意见（法官卷）

		频率	百分比	有效百分比	累积百分比
有效	几乎都赞成	9	34.6	37.5	37.5
	赞成的多一些	13	50.0	54.2	91.7
	赞成和不赞成的比例相当	2	7.7	8.3	100.0
	合计	24	92.3	100.0	
缺失	99	2	7.7		
	合计	26	100.0		

在随后的一对一访谈中，个别法官甚至认为陪审员在合议中的作用微乎其微。

问：我想请问一下，在合议时，陪审员会不会主动提意见？

答：不会。

问：那您觉得这是为什么呢？

答：一是因为法律专业性很强，有的陪审员不一定是法律专业，有些问题就搞不清楚。二是因为陪审员可能也没有什么意见，比较跟风，我们说什么就是什么。还有一种情况就是陪审员不参加合议。我们开完庭，主审法官就打电话和陪审员说："我是这种观点，你有什么不同的意见吗？"他们一般都会说"和你一样的"。所以通常我们都是事后给他看一下合议笔录，叫他过来签个字，走个形式。

综上所述，我们认为，人民陪审员"合而不议"的现象在 F 县是非常严重的。

4. 参审效果不佳的主客观原因分析

（1）客观原因

首先，样本地区的陪审员分布较为零散，不管是陪审员自身还是法院，在参审功能发挥上都心有余而力不足。陪审员受困于交通不便，来县法院参加一次开庭需要花费大量力气和代价，而法院也倾向于就近原则，于是该基层法院根据地域，将一些陪审员固定到某一法庭或者某一庭室，甚至专门要求居住在县城的陪审员参审，从而滋生了陪审专业户。

其次，庭前阅卷的价值得不到彰显。在考察中发现，在该基层法院并没有对陪审员进行庭前阅卷做硬性要求。因此，庭前对案件了解不足和自身法律专业缺乏难以在庭审过程中熟悉案情也成为陪审员在庭审过程中"金口难开"的重要原因之一，加之对法官权威的趋从心理，陪审成"陪衬"成为必然。

最后，高陪审率的考核指标，客观上也增加了陪审的"水分"。

（2）主观原因

其一，陪审员潜意识里并没有把陪审视为自己的一项权利。在中国的传统文化中，权力至上、集权文化长期占据了主导地位。人民对公权力充满敬畏和依赖，民众习惯将"官"与"权"联系在一起，不习惯将二者置于同等重要的地位。陪审员作为民众参与司法的代表也深受这种权力至上的文化影响。从受调查的陪审员的反馈信息来看，在陪审员的意识里，法官是官，陪审员是民，法官有权，陪审员无权，当上人民陪审员是法院赋予的一项荣誉。在长期的官本位文化的熏陶下，陪审员形成了对法官权威的趋从心理和行为惯性，对自身判断的极度不自信，对法官的知识和判断的肯定和盲目信任。这是导致陪审员"陪而不审""审而不议"的一个重要因素。

其二，法院深受根深蒂固的控权文化的影响，对陪审员的态度表现在对其积极利用和消极排斥两个方面。从法官的角度而言，由于职业法官形成的思维和行为习惯，他们已经习惯了掌握较大的权力进行审判，而人民陪审员制度作为一种分权与制衡的制度，势必会与现有的法官权力格局有所冲突，所以，"局外人"的参与显得不受欢迎。因此，法院即使不排斥陪审员，也会想方设法地控制他们，使之向着有利于法院和法官的方向发展。在访谈中我们了解到，即使是三名职业法官组成合议庭参与案件的审理，主审法官也希望能够驾驭和主导整个案件的审判过程和结果，而在陪审程序中，法官一般倾向于挑选一些自己熟悉的，能够驾驭的陪审员参与案件的审理。而该少数民族地区普通程序合议庭的组成模式都是"二法一陪"，这就是从制度上保证法官意志主导地位的一个明显例证。目前来看F县法院对陪审员的利用主要还是体现在缓解法院和法官自身压力、解决案多人少的尴尬局面以及为了达到高陪审率指标要求等方面。

四、管理机制

人民陪审员制度想要发挥成效，除了之前谈到的选任机制和参审机制外，管理机制也是必不可少的。管理机制可以说是它们的坚强后盾，更与陪审员自身息息相关。选任、参审、日常管理、培训、考核等几乎都离不开陪审员的管理机制。基于此，立法对其勾勒了一个较为完整的管理机制，无论是《决定》《实施意见》《管理办法》还是《答复》中都有涉及。立法的本意是让陪审员的管理保持陪审员的"平民性""业余性"等特征，我们对样本地区的陪审员管理机制进行考察后，试图从综合管理情况、培训情况、考核情况三方面逐一揭秘样本地区基层法院的具体运行现状。

（一）陪审员的管理

人民陪审员的综合管理包含的内容很多，涉及陪审员的方方面面，所以在立法上规定的比较翔实。《管理办法》中明确规定了各级人民法院应设立人民陪审员工作指导小组，指导人民陪审员的管理工作。人民陪审员人事管理工作由人民法院政工部门负责，人民陪审员参加审判活动的日常管理工作由人民法院根据实际情况确定具体管理部门。同时人民陪审员因参加审判活动、培训而支出的公共交通、就餐等费用，由所在法院，参照当地差旅费支付标准给予补助。① 依据法律规定，陪审员综合管理工作主要由法院的政工部门以及设立的人民陪审员工作指导小组负责。

1. 人民陪审员管理的基本情况

那么实际上该法院又是怎么做的呢？在考察中我们发现该法院并没有设立人民陪审员工作指导小组，基本上所有的管理工作都是由该院政工科负责，也未发现有司法行政机关来协助该院的管理工作。据该院政工科主任反馈，虽然该院只有20多个陪审员，但大大小小的事情都由政工科一个部门来管理，加上政工科平常的事务比较繁杂，陪审员队伍的建设和管理显得捉襟见肘，并不十分规范，这也与该法院陪审员工作的开展所出现的一些问题存在关联。

---

① 参见《管理办法》第2条、第3条、第4条、第39条。

　　另外，陪审员的补助经费虽未在立法中明确规定数目，但相较于 H 省其他县市，该院一个案子 30 块钱的补助已排在末位。

　　问：你们现在是怎么给陪审员发补助的呢？

　　答：审一个案子二三十块钱，其他的没有。年底的时候发给他们。

　　问：就是审一个案件 30 元，不包括开庭多次？

　　答：嗯，是的，不包括。反正就 30 块钱。

　　面对如此低廉的补助，我们的陪审员又是如何看待的呢？调查问卷显示，仅 20％的陪审员表示满意，认为足够（见表 6 - 27）。有些陪审员虽然未对陪审补助明确表示是否满意，但从我们随后的访谈结果可知：一个案子 30 块钱的补助根本不足以补偿他们参加陪审所产生的交通费和生活费，更不用说一些偏远乡镇的陪审员来县法院参加一次陪审所要花费的代价了。

表 6 - 27　请问您对因陪审培训获得的交通、就餐等补助满意吗？（人民陪审员卷）

		频率	百分比	有效百分比	累积百分比
有效	满意，能足额及时发放	2	15.4	20.0	20.0
	不满意，标准较低	1	7.7	10.0	30.0
	无所谓，陪审不是为了获得补助	7	53.8	70.0	100.0
	合计	10	76.9	100.0	
缺失	99	3	23.1		
合计		13	100.0		

2. 存在的问题

（1）外部监督和制约的缺位，不利于保持陪审员的独立性

从考察的实际情况可知，目前该法院的综合管理机制还没有制度化，主要是由法院的政工科一手操办，而司法行政机关一直都缺位。这种法院一手操办陪审员管理的行为让我们忧心忡忡：首先，司法行政机关的长期缺位，综合管理由法院一家独揽将会导致陪审员缺乏外部监督和制约。现实情况中，这些在陪审员的选任机制和参审机制的管理上都明显受到法院控制。法院实际上拥有提名权、审批权，当然就享有根本的决定权，加之司法行政机关不作为，选出的陪审员很容易就是法院预先设定好的。正如施鹏鹏教授所言："如果法院对陪审员的选任具有决定权，则这样的陪审制度只能是附庸陪审。"① 在法院这种"法官化"

---

① 施鹏鹏．陪审制研究．北京：中国人民大学出版社，2008：112.

管理的模式下，很难让陪审员保持自身的独立性。其次，人民陪审员本就不同于法官，他们除了人民陪审员的身份外，都有自己的本职工作，有自己的活动范围，法院简单套用法官的管理模式会让他们的身份显得比较尴尬。

（2）陪审员补助经费缺乏保障，不利于激发陪审员参审积极性

陪审员从选任到培训以及日常事务的管理都在法院的职权范围内，法院为了陪审工作的顺利开展需要一定的人力和财力进行支持，而且相关法律也规定陪审员参与审判活动的交通费和生活费等补助由法院支出。据了解，F县基层法院的公用经费主要来源于县财政拨款，但每年县财政拨付的陪审员补助只有1万块钱，而且在新的诉讼费收费办法实施后，让本就相当拮据的县法院更是雪上加霜，因此才有了调研反馈的情况——该地区陪审员一个案子的补助仅30元。虽然从某些陪审员反馈的信息来看，低廉的陪审员费用不是他们主要追求的，但若长此以往地使陪审经费得不到有效保证，无法与当地一般生活水平相匹配的话，陪审员或多或少会出现应付心理，间接或直接地影响陪审制度在当地的推行和陪审员参审的积极性。

（二）陪审员的培训

《管理办法》第20至28条对人民陪审员的培训机制描绘了一个较为完整的体系。[①] 另外，培训的形式多元，有针对性，主要采取集中授课、在职自学、庭审观摩和专题研讨等四种形式。

1. 陪审员培训的实际情况

我们可以发现立法对培训机制是十分重视的，从培训主体到培训内容再到培训形式都有着较为详细的规定。培训也一直是提高陪审员参审质量的一项不可缺少的措施。那么F县法院的人民陪审员培训的真实情况是怎样的呢？

如表6-28所示，在陪审员调查问卷中，12名陪审员中从来没有参加过培训的有3人，参加过1次培训的有5人，参加过2次培训的有4人，所占比重依次为25%、41.7%、33.3%。

---

① 《管理办法》规定了由基层人民法院和同级人民政府司法行政部门负责组织培训工作，培训又细分为岗前培训和任职期间的审判业务专项培训。岗前培训的具体内容包括法官职责和权利、法官职业道德、审判纪律、司法礼仪、法律基础知识和基本诉讼规则等内容，而陪审员在任职期间根据陪审工作的实际需要接受审判业务专项培训。

表 6-28　　请问您在当选为人民陪审员后，参加过几次培训？（人民陪审员卷）

		频率	百分比	有效百分比	累积百分比
有效	从来没有	3	23.1	25.0	25.0
	1次	5	38.5	41.7	66.7
	2次	4	30.8	33.3	100.0
	合计	12	92.3	100.0	
缺失	99	1	7.7		
合计		13	100.0		

结合我们和该法院院长的对话来看，确实存在一部分陪审员连岗前培训都没有参加过的现象。由此可见，该法院对陪审员的培训工作做得并不到位。这也引起了我们的担忧：若是该法院仍然缺乏对陪审员最基本的培训，新选任的陪审员就会因为自身法律知识的欠缺，庭审技巧的缺失，不知审判流程，不懂如何提问，在参审过程中的表现像"傀儡"一样，这无疑将加剧该地区陪审员"附庸陪审"的现象。

问：你们法院是怎么对人民陪审员进行管理的？管理是怎么分工的？

答：管理也就是政工室。

问：统一都是由政工室管理？

答：对。管理一般都是根据上面的要求，还有上岗培训。基本上我们县里没组织过培训。

问：也就是说这20多个陪审员不是每个都要经过培训才上任的？

答：第一批上岗时是进行了培训的，第二批增选的说是计划也要培训，但是没有。

参加过培训的10名陪审员在回答"请问您认为培训的效果怎么样？"这一问时，9名陪审员认为培训效果很好，对参审工作的帮助很大，仅1名陪审员认为培训效果一般（见表6-29）。而这名陪审员认为培训效果一般的原因，主要与培训时间过短有关。

表 6-29　　　　　请问您认为培训的效果怎么样？（人民陪审员卷）

		频率	百分比	有效百分比	累积百分比
有效	效果很好，对参审工作帮助很大	9	69.2	90.0	90.0
	效果一般，可有可无	1	7.7	10.0	100.0
	合计	10	76.9	100.0	
缺失	99	3	23.1		
合计		13	100.0		

　　那么与人民陪审员合作的法官们又对培训机制有怎样的评价和期待呢？带着疑问，我们在法官卷中设置了这样一问"您认为加强培训是否有助于提升人民陪审员的履职能力？"表6-30的考察结果表明100％的法官都认为加强培训有助于提升人民陪审员的履职能力。

表6-30　　您认为加强培训是否有助于提升人民陪审员的履职能力？（法官卷）

		频率	百分比	有效百分比	累积百分比
有效	有作用	25	96.2	100.0	100.0
缺失	99	1	3.8		
	合计	26	100.0		

　　为了进一步了解F县法官的想法，我们在法官卷中还设置了这样一问："您认为人民陪审员在哪些方面亟待提升？"从图6-5反映的结果来看，80.8％的法官认为人民陪审员应当在"法律法规、法学理论知识"方面提升，34.62％的法官认为应当在"庭审工作程序和技巧"方面提升，19.23％的法官认为应当在"审判职业道德和纪律"方面提升，26.92％的法官认为应当在"工作态度和责任意识"方面提升。可见，该县的法官们回答这一问题时从另一面佐证了他们希望人民陪审员应当具备基本的法律素质，而正是由于当地人民陪审员法律素质的欠缺，培训就变得必不可少了。

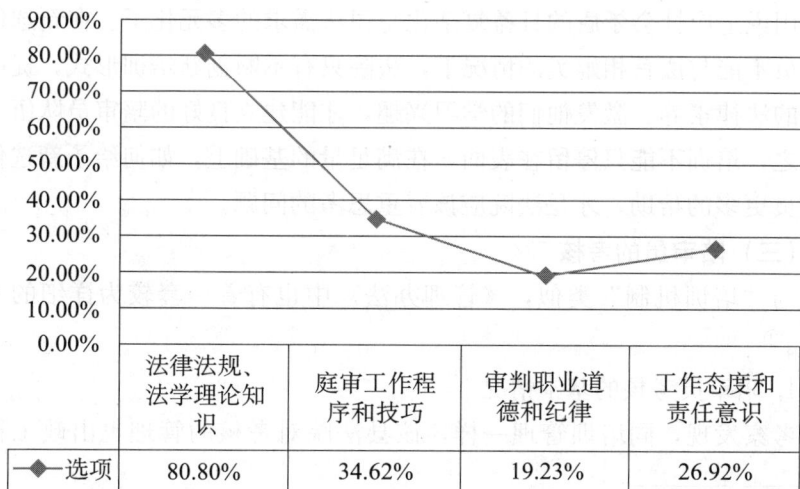

	法律法规、法学理论知识	庭审工作程序和技巧	审判职业道德和纪律	工作态度和责任意识
选项	80.80%	34.62%	19.23%	26.92%

图6-5　　您认为人民陪审员在哪些方面亟待提升？（法官卷）

2. 存在的问题

（1）培训达不到上岗要求，人民陪审员参审时信心不足

这是我们在考察了该县的培训实际情况后发现的最为严重的问题。毋

庸赘述，培训对新选任的陪审员来说至关重要，陪审员并不是"法官"，不可能在专业知识和驾驭庭审能力上与法官相媲美，新选任的陪审员通过法院安排的一系列培训不仅能提高其履职能力，而且对法律思维、素质的养成起着关键的作用。这其实在《管理办法》中有详细的规定①，实际情况是该县法院连最基本的岗前培训都保证不了，甚至寄希望于人民陪审员平时的自我学习、自我积累上。要知道样本地区是典型的少数民族贫困地区，法治水平及教育水平与大城市、发达地区有很大的差距，加上少数民族地区特有的风俗习惯，若要一个人民陪审员完全不靠法院的培训达到上岗要求，难度比较大。所以从该院人民陪审员实际的表现情况可见：正是由于缺少培训，他们的法律专业知识不够，对庭审技巧的把握不准，因此不能发挥主观能动作用，与法官之间难以形成优势互补，在一定程度上使陪审制度失去了原有的价值。正因为他们缺少培训，对自身业务不熟悉，在庭审时不知所措，对法官的知识和判断盲目信任，所以在很大程度上加剧了该地区"陪而不审"的情况。

（2）培训效果蜻蜓点水，人民陪审员培训形式创新不足

仅开展培训是不够的，更为重要的是培训的效果要好。据受访的陪审员反馈，该县法院对陪审员进行培训的形式主要为法院内部讲座、简单的庭审观摩等。从培训形式就可以看出，此种培训是难以达到应有效果的，更不用说适应社会矛盾的日益复杂化与司法需求的多元化了。在新选任的陪审员不能与法官相媲美的情况下，法院只有不断创新培训形式，提高陪审员的法律素养、激发他们的学习兴趣，才能建立良好的陪审员队伍。总而言之，培训不能只停留在表面，在满足量的基础上，如何给予新选任的陪审员更多的帮助，才是法院应该着重思考的问题。

（三）陪审员的考核

与"培训机制"类似，《管理办法》中也有着一套较为详细的考核规定。②

1. 陪审员考核的基本情况

考察发现，同培训管理一样，该县法院对考核的管理也由政工科负

---

① 《管理办法》第 26 条："人民陪审员岗前培训的面授时间一般不少于 24 学时，任职期间的审判业务专项培训每年应不少于 16 学时。"

② 从中概括出对人民陪审员执行职务情况进行考核的是基层人民法院和同级人民政府司法行政机关，考核的形式为平时考核和年终考核相结合，考核的内容包括陪审工作实绩、思想品德、工作态度、审判纪律、审判作风和参加培训情况等方面。考核结果作为对人民陪审员进行表彰和奖励的依据。

责，而司法行政机关一直未参与。据实地考察的结果来看，虽然有关规定中一再强调"着重就陪审案件的数量、出庭率、陪审能力、审判纪律、审判作风等内容"进行考核，但该县法院并没有参照《管理办法》中的考核内容来考核，而是简单地将"陪审员的参审率"作为主要的考核目标，且没有在考核完成之后给予相应的奖励或惩处，更有甚者干脆不进行考核，这一点从我们和政工室主任的对话中可以看出。

　　实际上我们对有些陪审员并没有进行过考核，因为我刚才说了我们的义务和权利应该是相等的，我们给他们很少补助又要他们承担这么大的责任，我觉得是不公平的。可能别的地方对陪审员进行过追究，但我感觉要求有些太高了，也许大城市，比较发达、先进的地方，这么要求可能行得通，但是我觉得在咱们法院肯定是行不通的，陪审员会说："大不了我不来了，我不帮你审，你怎么追究我？"

此外，当问及"当事人是否满意有陪审员参审案件的结果"时，只有26.9％的法官认为当事人对有陪审员参审案件的裁判结果表示"满意，基本都能服判息诉"，而57.7％的法官则认为当事人的满意度"与没有人民陪审员参与的情况差不多"（见表6-31）。虽然人民陪审员中认为其参审有助于提高案件当事人对裁判结果满意度所占比例为60％（见表6-32），但从案件的直接利害关系人——当事人反馈的情况来看，"满意""不满意"的比例分别为58.3％和41.7％，差别不大（见表6-33）。

表6-31　　您认为当事人满意有陪审员参审案件的结果吗？（法官卷）

		频率	百分比	有效百分比	累积百分比
有效	满意，基本都能服判息诉	7	26.9	26.9	26.9
	不满意，上诉、申诉情况更多	2	7.7	7.7	34.6
	与没有人民陪审员参与的情况差不多	15	57.7	57.7	92.3
	不知道	2	7.7	7.7	100.0
	合计	26	100.0	100.0	

表6-32　　据您了解，当事人满意您所参审案件的裁判结果吗？（人民陪审员卷）

		频率	百分比	有效百分比	累积百分比
有效	满意，基本都能服判息诉	6	46.2	60.0	60.0
	不满意，上诉、申诉情况更多	1	7.7	10.0	70.0
	没关注过	3	23.1	30.0	100.0
	合计	10	76.9	100.0	
缺失	99	3	23.1		
合计		13	100.0		

表 6 - 33　　　　　　请问您对案件的处理结果满意吗？（当事人卷）

		频率	百分比	有效百分比	累积百分比
有效	很满意	1	8.3	8.3	8.3
	还算满意	6	50.0	50.0	58.3
	不太满意	3	25.0	25.0	83.3
	很不满意	2	16.7	16.7	100.0
	合计	12	100.0	100.0	

从调研情况来看，法官、当事人都认为有陪审员参审并不能显著提升当事人的满意度，产生这种结果或许与当事人的程序选择权被虚置有关，当事人对陪审员制度的认同度并不高。况且陪审程序一旦启动，从选任到参审之间的一系列费用最终都是落在法院和当事人身上。民事诉讼案件本身的复杂性也加剧了审判的复杂性。法院的司法资源有限，当事人能承担的诉讼费用、能够消耗的时间也有限。而制度上缺乏对当事人陪审程序选择权的规定，导致有些民事案件不必要陪审却仍然采用陪审程序，成为浪费司法资源、降低司法效率的一个重要因素。

那么，是否有必要对陪审员实施"错案追究机制"呢？从考察的结果来看，如表 6 - 34 所示，该县法院参与调查的 26 名法官有 46.2％认为"有必要"对人民陪审员实行错案追究，有 30.8％的法官则认为"虽有必要，但难以追究"；还有 23.1％的法官则对此予以否定，认为"没必要"。由此可见，绝大部分的法官都支持对人民陪审员实行错案追究机制。

表 6 - 34　　　您认为是否有必要对人民陪审员实行错案追究机制？（法官卷）

		频率	百分比	有效百分比	累积百分比
有效	有必要	12	46.2	46.2	46.2
	虽有必要，但难以追究	8	30.8	30.8	76.9
	没必要	6	23.1	23.1	100.0
	合计	26	100.0	100.0	

与此同时，在陪审员的调研问卷中，高达 83.3％的人认为即使实行错案追究机制也不会影响自己担任人民陪审员的积极性；仅有 8.3％的人则对此表示忧虑，认为"不愿意，没办法负责任"（见表 6 - 35）。可以看出，陪审员自身也希望能对所审理的案件负责。

表 6 - 35　　　　　　请问如果实行人民陪审员错案追究机制，
您还愿意担任人民陪审员吗？（人民陪审员卷）

		频率	百分比	有效百分比	累积百分比
有效	愿意，没什么影响	10	76.9	83.3	83.3
	不愿意，没办法负责任	1	7.7	8.3	91.7

续前表

		频率	百分比	有效百分比	累积百分比
有效	无所谓	1	7.7	8.3	100.0
	合计	12	92.3	100.0	
缺失	99	1	7.7		
合计		13	100.0		

2. 存在的问题

（1）考核缺乏监督约束措施

在调研中我们发现有些陪审员的责任心不强，法院通知其参审时间，到了开庭日其却因自己临时有事没能按时出庭，导致案件延期审理。据某些法官反映，某些陪审员在庭审时不注意庭审纪律，随意离席接听电话，影响了庭审的正常进行。更有些陪审员缺乏基本的保密意识，在与亲戚朋友闲聊过程中将自己审判的案件，甚至将合议庭的讨论意见作为谈资。对上述行为的考核在现有法律法规中并未有提及，而法院内部的规章制度对陪审员更是鞭长莫及。在上节提到，无论是法官还是陪审员都是愿意实行错案追究机制的，但是现有法律对陪审员应该负什么责任、怎么负责并没有相关规定，这意味着法院在对人民陪审员考核监督的过程中法律处于缺位状态，缺少法律的强制性约束也缺乏追究责任的依据。

（2）考核奖惩退出机制缺失

有考核才会有对比，奖励优秀的陪审员，惩罚不称职的陪审员，秉承"优胜劣汰"原则，人民陪审员队伍的建设才会有序、充满活力。就F县法院的实际情况来看，法院对人民陪审员的奖励或惩处并未形成常态，全院23名人民陪审员任职至今，法院仅依据参审的案件数量对其进行考核，未曾对其陪审质量和效果进行全方位考核，也未实行奖励措施，更不用说淘汰"不称职"的陪审员了。若一直对表现优异的陪审员不激励，对不称职的陪审员不处罚，久而久之，不排除某些陪审员在心态上发生变化，降低陪审工作的积极性，消极应付陪审工作，把陪审当做"额外的负担"。

第七章 H省西南部X县人民陪审

一、X县及其法院概貌

样本地区X县为H省的相对欠发达地区，地处湘西南边陲，下辖18个乡镇，477个行政村，总面积2 812平方公里，全县总人口60.4万人，其中汉族占97.35%，还聚居着瑶、苗、壮、侗、回等26个少数民族。该县历史文化悠久，气候宜人，风景秀丽，资源丰富。X县是个农业县，农业产值占到全县工农业生产总值的80%以上，主要农产品有粮食、生猪和柑橘等。2011年全县国内生产总值（GDP）530 747万元，同比增长11.7%；2012年全县国内生产总值597 105万元，同比增长11.8%。

X县人民法院在编干警94人，其中法官52人，其他工作人员42人；内设政工科、办公室、立案庭、刑事审判庭、民事审判一庭、民事审判二庭、行政审判庭、林业审判庭、执行工作局、司法警察大队、审判管理办公室等11个机构，5个派出法庭。该院有多项工作进入省、市先行列，曾被H省高院评为"省一级档案管理先进单位""H省法院立案信访文明窗口单位"，被共青团H省委授予"青年文明号"等称号。

二、选任机制

人民陪审员的选任是陪审机制运行的第一步，直接决定着陪审制度的主体来源，从而影响整个陪审员参审过程，其重要性不容小觑。通常来说，人民陪审员的选任应当包含两层含义：一是各级人民法院候选名单中人民陪审员的选任问题，这可称为一般选任；二是具体案件中人民陪审员的选任问题，这可称为个案选任。① 我们将要重点考察的是人民陪审员的一般选任，具体又涉及来源结构、选任方式、选任主体、选任标准、选任

---

① 张永和，于嘉川，等．武侯陪审——透过法社会学与法人类学的观察．北京：法律出版社，2009：81.

流程等问题，以下将逐一进行分析。

自《决定》颁布以来，X县法院共进行了三次人民陪审员选任工作，分别是在2005年、2008年和2009年，其中2009年选任的人数最多，达22名，目前该院登记在册的人民陪审员共有30名，相当于该院全体法官人数（52）的57.69%。实证考察中，针对这30名人民陪审员发放问卷后有效收回的问卷数为10份，占问卷发放总数的33.33%，为保持数据的真实性与分析的客观性，本章行文所至仅以实际收回的问卷及其他调研所得资料为样本。

（一）人民陪审员来源结构

立法规范当中并没有对人民陪审员的来源加以明确规定，《实施意见》第8条中提到，"确定人民陪审员人选，应当注意吸收社会各阶层人员，以体现人民陪审员来源的广泛性"。因此，我们将分别通过性别、民族、年龄、学历、职业、政治面貌等方面对人民陪审员的来源结构进行梳理。

1. 年龄结构

《决定》第4条规定了担任人民陪审员的年龄下限（年满23周岁），却未对其上限加以明示，实践中有沿用担任公务员的年龄上限为标准的做法，即60周岁以下。在调研过程中，我们设置了23至30岁、31至40岁、41至50岁、51至60岁、60岁以上这五档年龄范围来进行考察。调查数据显示：23至30岁人数为0；31至40岁有6人，占20%；41至50岁为16人，占53%；51至60岁为8人，占27%；60岁以上人数为0。可见，中年人是X县陪审员的主力军。

2. 学历结构

依据《决定》和《实施意见》的规定，担任人民陪审员一般应当具有大专以上文化程度。然而调查显示，样本地区6岁及以上人口中，文盲为25 798人，占5.1%；接受小学教育的146 089人，占28.8%；接受初中教育的232 046人，占45.9%；接受高中教育的75 634人，占15%；接受大学以上教育的26 279人，占5.2%。而在该地区的30名人民陪审员中，大学本科学历的有6人，占20%；大学专科学历的为6人，占20%；高中学历的有15人，占50%；中专学历的有2人，占7%；初中学历的为1人，占3%。既有研究显示，全国绝大多数省（区、市）大专以上学历的陪审员比例都在80%以上，有的甚至接近100%。[①] 由此可见，虽然关于陪审员学历设置的门槛较高，且不少地区能够达到这一要求，但对于

① 参见廖永安，刘方勇．社会转型背景下陪审员制度改革路径探析．中国法学．2012（3）．

X 县来说显然不符合该地学历现状。

3. 政治面貌

在考察人民陪审员的政治面貌时，我们设置了中共党员、共青团员、民主党派人士、无党派人士、群众这五种类型。从统计结果来看，在 X 县的人民陪审员中，中共党员有 28 人，占陪审员总数的 93%；群众 2 人，占 7%；其他类型人数为零。显然在该地陪审员的选任中，党员群体得到了更多的关注。

4. 职业结构

除《决定》第 5 条①的否定性规定之外，对陪审员职业无其他特殊规定，这意味着陪审员的职业结构可以多样化。X 县陪审员的职业分布如下：党政机关干部 4 人，占 13.3%；事业单位工作人员 1 人，占 3.3%；社区、乡村基层干部 21 人，占 70%；公司、企业工作人员 2 人，占 6.7%；退休人员 2 人，占 6.7%；个体工商户、下岗职工、农民、行业协会这四类人员没有占比（见表 7-1）。可见，样本地区人民陪审员的职业分布非常集中，社区、乡村基层干部和党政机关干部这两类干部人员所占比例达到 83.3%，如果加上事实上参照公务员管理的事业单位的陪审员，则比例高达 86.6%。

表 7-1　　　　　　　　　　X 县人民陪审员职业分布情况

职业	人数	所占百分比
行业协会	0	0
农民	0	0
退休人员	2	6.7%
下岗职工	0	0
个体工商户	0	0
公司、企业工作人员	2	6.7%
社区、乡村基层干部	21	70%
学校、医院等事业单位工作人员	1	3.3%
党政机关干部	4	13.3%
合计	30	100%

总体而言，样本地区的陪审员主要特征为：中年（40 岁以上）、高中以上学历、党员居多、干部为主。可见，X 县陪审员的多样性并未得到体现与保障。

---

① 《决定》第 5 条规定："人民代表大会常务委员会的组成人员，人民法院、人民检察院、公安机关、国家安全机关、司法行政机关的工作人员和执业律师等人员，不得担任人民陪审员。"

（二）选任方式

可以说，人民陪审员的产生方式是陪审员制度中需首要面对的问题，因为人民陪审员候选人的产生为陪审制度的运行提供了主体。选任方式将影响人民陪审员的质量以及后续的发展与推进，系陪审制度考察的重点内容，而我国选任人民陪审员的方式与途径在应然与实然的相互比对中皆有出入。

1. 现有立法及其目的

目前，我国对陪审员选任问题的立法已有较为明确的规定：《决定》第 8 条规定"符合担任人民陪审员条件的公民，可以由其所在单位或者户籍所在地的基层组织向基层人民法院推荐，或者本人提出申请"；《实施意见》第 6 条规定"符合担任人民陪审员条件的公民，可以由其所在单位、户籍所在地或者经常居住地的基层组织在征得本人同意后，以书面形式向当地基层人民法院推荐，也可以由本人向户籍所在地或者经常居住地的基层人民法院提出书面申请"；《管理办法》第 10 条规定"公民所在单位、户籍所在地或者经常居住地的基层组织需征得公民本人同意后，方可向当地基层人民法院推荐其担任人民陪审员。公民个人可以向户籍所在地或者经常居住地的基层人民法院直接提出担任人民陪审员的申请"。简而言之，基层组织推荐与本人申请构成了两种法定的陪审员产生方式。

有学者认为，不同的产生方式能够体现不同的政治伦理价值。而人民陪审员制度其本来的价值取向为实现司法民主与司法公正等，但在上述两种方式中并不能完全体现出来，至少没有涵盖公认的最具民主特性的选举方式。[①] 众所周知，民主选举为我国宪法所规定的选举方式，它具有一定的合理性。具体到人民陪审员的选任上，是否可以考虑比照采用此种"海选"的方式来保证陪审员构成的广泛性与代表性？事实显然与之相左。一个值得深思的现象是：几乎所有法院都认识到选聘是人民陪审员产生的应有方式之一，实施者却寥寥无几。[②]

究竟立法为何要如此规定，这的确是一个值得我们深入思考的问题。如果能够正确把握其中的机理，或许能够为我国人民陪审员制度中选任方式的完善提出相应对策。

立法为何规定了组织推荐与自荐两种方式？首先，人民陪审员的产生

---

① 张永和，于嘉川，等 . 武侯陪审——透过法社会学与法人类学的观察 . 北京：法律出版社，2009：76.

② 海选人民陪审员观察：司法改革的"鲶鱼"试验 . 东方早报，2008 - 01 - 14.

方式体现了一定的政治伦理价值。它对于保证司法公正、促进司法民主、保障司法为民、防止司法腐败以及维护司法权威等都具有积极作用。党的十七大报告提出"扩大公民有序的政治参与"，两种方式的并行正是对此项政策的响应。其次，为了满足法院的审判需求。由于立法规定了特定类型的一审案件必须由法官与人民陪审员组成合议庭进行审理，并且规定人民陪审员在合议庭中所占人数比例不应少于 1/3①，又出于节约司法资源的考虑，制定者规定了这两种方式来吸收人民陪审员。尤其是组织推荐的方式，能够快速有效地实现陪审员参审数量的要求。最后，个人自荐的方式又能最大限度地保证人民陪审员参审的积极性，降低"陪衬员"的出现几率。

立法为何没有将"海选"的方式纳入其中？其实，在实践中很多基层法院都在积极探索更为合理的产生方式，如南京下关区法院"海选"人民陪审员的方式，就是有关人民陪审员产生方式的一次良性实验。② 实验所取得的效果也是极为可喜的。可这样一种在一定范围内值得借鉴与引入的方式并未见诸立法且推广开来。首先，这或许可从民众并不了解该制度或是即便了解但积极性不高等方面找到答案。其次，"海选"方式推行起来较为复杂，须经多轮面试、复试方可产生最终名单，这必然要花费一定的人力、财力与物力。

2. X 县实际状况

在对样本地区人民陪审员选任方式进行考察时，考虑到有的人民陪审员存在连任的情形，而连任之下又可能出现组织推荐与个人自荐并存的状况，因而我们设计了组织推荐、本人申请以及两种方式兼有这三个选项。从问卷调查的结果来看，受访的 10 名人民陪审员无一不是由单位或村委会、居委会等基层组织推荐产生的，组织推荐百分比达到 100%。

该地区陪审员选任方式皆由组织推荐"一家独揽"的状况显然是极具代表性的，这或许与民众主动申请报名的积极性较低不无关系。结合访谈材料我们可知，单位或村委会、居委会等组织推荐的方式构成了陪审员的主要甚至唯一选任方式。同时我们也了解到，所谓的组织推荐方式并没有在真正意义上体现陪审员的广泛性，换言之，X 县法院在选任陪审员时部分实行了"定向选择"或"指定选任"的方式，即从特定行业、特定行政区域等产生指定数额的陪审员，如该县法院在确定陪审员员额时，为图城

---

① 参见《决定》第 2 条、第 3 条。
② 海选人民陪审员观察：司法改革的"鲶鱼"试验. 东方早报，2008 - 01 - 14.

区法院与地方法庭审判的方便，分别在这两片区域附近集中分配陪审员指标。

（三）选任程序

选任程序是整个选任制度的核心，关系到陪审员选任的过程与结果，因此具有动态性。我们将重点考察陪审员选任主体、选任标准及具体的选任流程。

1. 选任主体

《决定》第8条规定，"……由基层人民法院会同同级人民政府司法行政机关进行审查，并由基层人民法院院长提出人民陪审员人选，提请同级人民代表大会常务委员会任命"。其中提到了人民陪审员的选任主体为基层人民法院、司法行政机关以及人民代表大会常务委员会，三方主体分工合作、各履其职，并最终选定人民陪审员。

具体来说，《实施意见》对基层人民法院在陪审员选任中所应发挥的作用进行了说明，即关于陪审员的名额、选任条件、程序等相关事宜均由法院负责；《管理办法》亦规定，人民陪审员的人事管理工作由人民法院政工部门负责。根据这些规定，陪审员经组织推荐或个人自荐后，应当先由法院审查后初步确定人选，而后报送司法机关征求意见，有必要时再由前述两个机关进行调查，最终法院确定陪审员人选并报请人大常委会任命。可见，基层人民法院在陪审员选任程序中占据了极其重要的位置，几乎参与了所有流程。司法行政机关发挥作用的核心则在于"协助"二字。人大常委会的主要职责是对法院提交的人民陪审员名单进行审核、任命以及颁发聘书。

在考察中我们发现，人民法院基本能够发挥应有的作用，而司法机关由于本身权限不多，积极性较低。值得注意的是，X县人大常委会在陪审员选任当中似乎起着较之法律规定的更为重要的作用，这从我们对该县人大内司委某主任的访谈中可以看到：

问：请问关于陪审制度我们人大主要是做哪些方面的工作？

答：……从我们人大这一块来说，主要工作就是对人民陪审员（进行）的选任，这些（人民陪审员）要经过人大常委会的通过和任命。一般来说是我们人大的联工委和法院的政工科一起，从各个层面挑选一些合格的人作为考察对象。然后，我们再经过一个决策，通过人民代表大会常委会的任命，正式成为陪审员。就是这样的一个过程。

问：人民陪审员基本是人大和法院一起去考察，这个最初的考察名单是法院提出来的吗？

答：这个最初的名单不是法院提出来的，我们 X 县好像是由联工委摸底，候选人主要是人大代表和各行业的精英人士。

2. 选任标准

关于人民陪审员的选任标准，国内的立法规范主要见诸 2006 年修订的《人民法院组织法》第 37 条①，《决定》第 4 条、第 5 条、第 6 条②，以及《实施意见》第 2 条。③ 根据调研所得数据，X 县法院的选任标准符合《决定》的要求。该地区的人民陪审员均年满 23 周岁，兼顾道德品质与学历要求，同时不在排除性规定之列。当然，从前文中人民陪审员来源结构的各项数据来看，尽管立法精神提出要保证人民陪审员来源的广泛性，但由于这种粗泛的规定不具可操作性，加上不同地区之间存在的差异性，X 县人民陪审员并不具有社会各阶层的代表性。例如，样本地区女性陪审员比例极低、青年陪审员缺失严重、陪审员职业偏向明显、党员陪审员几乎占据全额等。

在调研中，我们也深入人民法院的政工部门、司法行政部门及人大常委会了解实际的操作情况。如人大内司委某主任提到，在挑选人民陪审员时，一般从广泛的人民群众中选取素质较高的人来参加审判，这些人包括各级人大代表、各行业精英、农村德高望重的人，而该县人民陪审员的候选人又以前两种为主。此外，我们也向公众、律师及法律工作者、法官、公诉人获取了他们对人民陪审员文化、道德、法律素质方面的一些期待，后文将有所提及。

3. 选任流程

人民陪审员的选任流程主要包括以下四个环节：第一环节，公告。

---

① 《人民法院组织法》第 37 条："有选举权和被选举权的年满 23 岁的公民，可以被选举为人民陪审员，但是被剥夺过政治权利的人除外。"

② 《决定》第 4 条："公民担任人民陪审员，应当具备下列条件：（一）拥护中华人民共和国宪法；（二）年满 23 周岁；（三）品行良好、公道正派；（四）身体健康。担任人民陪审员，一般应当具有大学专科以上文化程度。"第 5 条和第 6 条则通过排他的方式分别规定"人民代表大会常务委员会的组成人员，人民法院、人民检察院、公安机关、国家安全机关、司法行政机关的工作人员和执业律师等人员，不得担任人民陪审员"；"下列人员不得担任人民陪审员：（一）因犯罪受过刑事处罚的；（二）被开除公职的"。

③ 《实施意见》第 2 条："根据《决定》第 4 条第 2 款的规定，公民担任人民陪审员，一般应当具有大学专科以上文化程度。对于执行该规定确有困难的地方，以及年龄较大、群众威望较高的公民，担任人民陪审员的文化条件可以适当放宽。"

《实施意见》第 5 条规定，基层人民法院应当在人民陪审员选任工作开始前一个月，向社会公告人民陪审员的名额、选任条件、程序等相关事宜。具体来说，公告一般通过张贴海报或电视、网络等电子媒介刊登等方式进行。第二环节，报名。《实施意见》第 6 条规定了组织推荐和本人申请构成了报名的两种基本方式。第三环节，审核。《实施意见》第 7 条规定，对于被推荐和本人申请担任人民陪审员的公民，由基层人民法院依照《决定》第 4 条、第 5 条、第 6 条的规定进行审查，初步确定人民陪审员人选后，将人选名单及相关材料送同级人民政府司法行政机关征求意见。必要时，由基层人民法院会同同级人民政府司法行政机关到公民所在单位、户籍所在地或者经常居住地的基层组织进行调查。第四环节，任命。《实施意见》第 8 条规定，基层人民法院根据审查结果及本院人民陪审员的名额确定人民陪审员人选，并由院长提请同级人民代表大会常务委员会任命。

在考察中我们得知，X 县法院首先主要通过张贴海报的方式进行公告，由于这种方式很难使得符合条件且有意向的民众知悉，该院也向相关单位和组织发出邀请，建议或要求他们推荐陪审员人选。其次，数据表明组织推荐为该地陪审员当选的唯一方式，这从侧面印证了该法院发布公告不够积极的现象。最后，关于人民陪审员的审查和任命，司法机关几乎没有参与整个陪审员的选任过程，而人大常委会却几乎参与了包括名单的提出、审查以及任命的全过程。

此外，《决定》第 9 条规定人民陪审员的任期为 5 年。实践中 X 县法院也大多比照此规定加以落实，但依然存在已经当选过的人民陪审员没有被罢免而自动续任的情形。

（四）存在的问题

1. 来源结构不够合理

从样本地区所获数据及访谈资料来看，X 县人民陪审员在来源结构方面显然有不够合理之处。具体表现在：

首先，学历要求过高。虽然高学历的要求与立法规定十分契合，但却同该县总人口中同等学历人口所占的比重形成了巨大的反差。国家统计局的数据表明，截至 2010 年 11 月，全国人口中具有大学文化程度（指大专及以上）的人口为 1.2 亿，占全国总人口的比重仅为 8.93%。[①] 而截至同一时间，样本地区所有人口中接受大学以上教育的有 26 279 人，占

_____

[①]　参见中华人民共和国国家统计局.2010 年第六次全国人口普查主要数据公报（第 1 号）.2011 - 04 - 28.

5.2％。也就是说，样本地区整体文化水平相比于全国平均水平要低得多。为何在此种文化水平下，立法规范一方面强调要保证人民陪审员中社会各阶层的广泛性和代表性，另一方面又规定陪审员一般应具有大专以上文化程度？虽然这一规定并非不可突破，但其显然具有极强的引导性，这从样本地区陪审员中具有大专以上文化程度的人口占比 70％ 即可得到印证。过高的学历要求既不符合我国的整体国情，也无益于陪审价值的体现。

其次，陪审员精英化趋势明显。从职业结构数据可以看出，党政机关干部、社区及乡村基层干部、可视为公务员的事业单位工作人员三类群体的总比为 77.7％。据来自样本地区人大常委会、人民法院各审判庭、检察机关、律师事务所等群体以及陪审员本身的访谈材料可知，当地人大代表、政协委员、各村支书、各行业精英成为陪审员中的主力军，而农民及农民工、城镇无固定职业居民人数为零。这种两极分化的趋势显然不符合当地的实际情况，且无法保证陪审员来源的广泛性，更难以实现司法的民主化以及民众对司法的监督。

最后，陪审员性别、年龄、政治面貌比例失衡。在性别方面，所有登记在册的 30 名人民陪审员中女性仅占 1 席；在年龄结构上，40 岁及以下的陪审员占比 20％，30 岁及以下人数为零；所有陪审员绝大部分为中共党员。

2. 选任方式过于单一

样本地区人民陪审员全部通过单位或村委会、居委会等基层组织推荐，显示出该地陪审员选任方式的极度单一性。

一方面，相比于立法规定的组织推荐与本人自荐两者并行的选任方式，X 县的陪审员选任方式过于单一。当然，造成这种现象的原因是多方面的：首先，组织推荐的方式能够最快速地满足陪审人数的要求。其次，它能够为法院提供来自各行业、各单位的精英人士，协助法官审理案件。最后，便于与陪审员取得联系以及对其进行管理。总而言之，这些因素归根结底仅方便了服务人民法院。并且，这种所谓的组织推荐，容易在实践中发展为法院指定陪审员。

另一方面，没有将民主选举纳入陪审员的选任方式之列，也是现实中的一大遗憾。组织推荐和个人自荐两者并存的选任方式，从表象上看并非不具有合理性，但是现实中自荐方式几乎形同摆设。因此，对民主选举方式加以考虑也不失为一种良策，实践中也出现了这样的良性探索且取得了一定成效。"普选"（或称为"海选"）的方式显然能够在更大程度上拓宽陪审员的来源。

3. 选任程序流于形式

样本地区人民陪审员的选任程序存在的另一个问题是"流于形式"。具体而言，我们需要结合陪审员的选任主体与选任流程来分析。从选任主体的权限划分上来看，立法明确规定人民法院、司法机关、人大常委会三主体通过行使不同的职权来主导人民陪审员的选任流程，以达到三方制衡。然而样本地区的实际情况与立法规定大相径庭，形式大于实质意图。法院在整个过程中发挥的作用最大，但其部分职权也被人大常委会替代行使了；司法行政机关几乎缺席整个陪审员的选任过程。从选任流程来看，X县法院发布选任公告时，如果只是单纯通过在院内张贴公告而不创新其他形式，则实质上并不能起到公告的作用。此外，人民陪审员的五年任期制也没有得到严格的贯彻和执行。

三、参审机制

（一）陪审员参审概况

对样本地区人民陪审员参审机制的考察，我们拟先从整体上进行分析，通过对陪审员整体的参审率、参审面以及个人的参审情况作简要分析，进而对陪审员参与调解和执行的情况作初步总结，以便于更好地理解后文中参审的实质性阶段。

1. 陪审员整体参审概况

第一，关于陪审员的参审率。自《决定》实施以来，各地法院的陪审案件数量纷纷上涨，样本地区法院也不例外。对陪审员参审率的透视，可以通过查阅该县法院 2007—2010 年度刑事、民事、行政案件案卷[①]所得数据得到启示。在该县法院已审结的 2 969 件民事案件中，采用普通程序审理的有 862 件，占 29.03%，其中适用陪审审判的案件有 435 件，占普通程序案件的 50.46%；已审结的 594 件刑事案件中，采用普通程序审理的有 420 件，占 70.71%，其中适用陪审审判的案件有 266 件，占普通程序案件的 63.33%；已审结的 31 件行政案件中，采用普通程序审理的有 31 件，占 100%，其中适用陪审审判的案件有 17 件，占普通程序案件的 54.84%（见表 7 - 2）。上述数据表明，样本地区民事、刑事、行政陪审

---

① 通过查阅案卷，收集该县法院 2007—2010 年度刑事、民事、行政案件总结案数、采用合议制审理案件数、适用陪审审判结案件数、适用陪审案件调解结案数、上诉数、改判数、发回重审数，并结合到该县法院审管办收集的近年来刑事、民事、行政案件收结数、上诉率、调解率、发回重审、改判率进行比较。

案件数均达到了对应类型合议案件数的 50% 以上，数字极其可观。尤其刑事案件的陪审率更是达到了 63.33%。

表 7 - 2　　X 县法院 2007—2010 年度民事、刑事、行政普通程序案件统计分析表

案件类型	查档案总数	合议案件数	合议庭组成方式			适用陪审案件			
			三名法官	一法二陪	二法一陪	调解	上诉	改判	重审
民事	2 969	862	427	85	350	257	48	8	1
刑事	594	420	154	1	265	8（刑附民）	18	2	0
行政	31	31	14	0	17	17	2	0	1
总计	3 594	1 313	595	86	632	282	68	10	2

　　第二，关于陪审员的参审案件范围在《决定》第 2 条以及《参审规定》第 1 条、第 2 条中均有规定。但由于立法的实际操作性不强，各地法院做法不一。X 县法院并没有制定更为细致的规则，仅以现有立法为根据。该县法院刑事审判庭某法官在受访时曾提到，在刑事案件中，除法律规定应当适用简易程序以及由普通程序转为简易程序这两种情况外，其他均被划分为适用普通程序之列，而适用普通程序审理的案件 90% 都有陪审员参审。具体案件类型并未有强制性规定，但主要集中在故意伤害、盗窃、抢劫、寻衅滋事等刑事案件中。

　　总的来说，样本地区并没有具体的参审范围规定可供参照，实践中一方面以立法规定为准，另一方面也考虑陪审率的要求、案多人少的实际状况等。

　　2. 陪审员个人参审情况

　　就人民陪审员的个人参审概况而言，我们仅对其参审频率进行了考察。并且由于多种原因，所获的统计数据不够全面、完善，不足以作为系统性分析的样本，但从相关访谈资料中依然可以获取部分有价值的信息。以下是对该县法院刑事审判庭某法官的访谈内容：

　　问：参审比较集中在哪几个陪审员身上？

　　某法官：没有强制固定，事实上就陪审员的具体情况而定。有些人方便，从乡里面过来路费比较少的，参审率就高些；而有些乡里面距离这有几十公里，来一次不容易，参审的案件就少一些。随时通知就可以过来的，近一点的陪审员，参审率相对高一些。

　　问：在您的印象中，去年参审最多的陪审员参审了多少案件？

　　某法官：四五十件。

　　问：少的呢？

　　某法官：在我们刑庭，少的也就几件，不可能所有案件都参加。

　　问：参与陪审十件以上的陪审员多不多？

　　某法官：在刑庭，就几个人超过了十件。虽然有些地方有随机的抽选机制，但是可能最终还是落到这几个人身上。

而该县法院民事审判庭某法官在受访时如是说：

　　问：我们查档发现，在民庭，总是固定的几个陪审员陪审，像X某和Y某都成"黄金搭档"了，特别是2008年的民事案件，基本上都是这两个人陪审。

　　某法官：有的人因为总是有时间来陪审，慢慢的关系就亲密了，而有的人总没有时间。

　　问：他们几个能经常来陪审，是什么原因呢？工作原因？住得近？交通方便或者其他原因呢？

　　某法官：都有吧。

　　…………

　　问：有没有陪审员每年至少陪审几次的硬性要求呢？

　　某法官：没有，但一般每个陪审员我们都会考虑到，除非通知他们的时候他们不来，那是他们自己的原因。

　　可见，X县法院并没有关于陪审员参审率的硬性要求。法院会考虑尽量让每个陪审员都有参审机会，但事实上总是出现某几个陪审员陪审率特别高的情况，也即我们通常所说的"陪审专业户"。造成这种现象的原因一般来源于陪审员自身，如交通便利、联络方便、时间充裕等因素。

（二）陪审程序的启动与陪审员的选定

　　陪审程序的启动和陪审员的选定是案件正式进入审判前的准备工作。本节重点要解决的问题是：陪审程序究竟是如何启动？由谁启动？具体案件中的陪审员又是如何选定？由谁选定？

　　1. 陪审程序的启动

　　关于陪审程序的启动，《参审规定》第2条提到"第一审刑事案件被告人、民事案件原告或者被告、行政案件原告申请由人民陪审员参加合议庭审判的，由人民陪审员和法官共同组成合议庭进行。人民法院征得前款规定的当事人同意由人民陪审员和法官共同组成合议庭审判案件的，视为申请"；第3条规定"第一审人民法院决定适用普通程序审理案件后应当明确告知本规定第二条的当事人，在收到通知五日内有权申请由人民陪审员参加合议庭审判案件。人民法院接到当事人在规定期限内提交的申请后，经审查符合本规定的，应当组成有人民陪审员参加的合议庭进行审判"。

在样本地区，我们通过对当事人、律师及法律工作者、法官、公诉人四类群体进行问卷调查，获取了关于陪审程序启动的相关数据。在对样本地区56名当事人进行电话访谈时，明确回答其案件有人民陪审员参审的人数为47人；在对47人进行陪审启动方式的追问时，其中44人认为陪审程序的启动是由法院主动决定的，所占比例高达93.6％；2人是主动申请适用陪审的，所占比例为4.3％；1人是在律师、代理人的建议下申请的，所占比例为2.1％（见表7-3）。如果将在律师、代理人建议下申请适用陪审制度的情况视为当事人主动申请，则申请启动所占比6.4％，但与法官决定适用陪审制度的启动方式仍然不具有可比性。

表7-3　　请问您是自己申请陪审的，还是由法院决定的？（当事人卷）

		频率	百分比	有效百分比	累积百分比
有效	自己主动申请的	2	3.6	4.3	4.3
	在律师、代理人的建议下申请的	1	1.8	2.1	6.4
	法官决定的	44	78.6	93.6	100.0
	合计	47	83.9	100.0	
缺失	99	9	16.1		
合计		56	100.0		

在对该县33名律师（含法律工作者）、30名法官、6名公诉人进行问卷调查后也获得相应数据，其中33名律师（含法律工作者）、30名法官、6名公诉人均回答在其参与审理的陪审案件中所有案件都是由法院决定适用人民陪审员，比例均为100％（见表7-4）。

表7-4　律师及法律工作者、法官、公诉人对陪审程序启动方式的统计表[1]

启动方式 考察对象	律师、法律工作者（33）		法官（30）		公诉人（6）	
	频率	百分比	频率	百分比	频率	百分比
当事人主动申请[2]	0	0	0	0	0	0
法院（法官）决定	33	100	30	100	6	100
以上两种方式差不多	0	0	0	0	0	0
缺失	0	0	0	0	0	0

---

　　[1]　统计表格乃依据样本地区律师、法律工作者卷、法官卷、公诉人卷关于同一问题所得反馈数据综合制成，三份问卷中的提问方式及选项设置均不完全相同，但基本大同小异，我们是在不影响数据实质性内容的基础上进行合成。
　　[2]　在律师、法律工作者卷以及法官卷中，该选项表述为"当事人主动申请"；在公诉人卷中，该选项表述为"被告人申请"。为了表格制作的方便，我们将其统一表述为"当事人主动申请"。

可见，四类受访对象均认为，人民法院主动决定适用陪审制度的情况占据所有陪审案件中的绝大多数，当事人主动申请的情况少之又少或者可忽略。

2. 陪审员的选定

具体案件中人民陪审员的选定，即个案选任。陪审员个案选任的方式以及在各法院中的配备方式是此处要重点阐述的问题。《决定》第 14 条、《实施意见》第 3 条、《参审规定》第 4 条及第 5 条、《管理办法》第 5 条、《答复》第一、二、三点均是对陪审员个案选任及配备方式之规定。综合而言，即人民陪审员不应当长期固定在同一审判业务庭或合议庭，参加案件陪审的人民陪审员，应当综合本辖区审判工作的实际需求，采取电脑生成等随机抽取的方式来确定。

我们在对样本地区 30 名法官、10 名人民陪审员的问卷调查中获知：

30 名法官中，认为人民陪审员被固定配置在合议庭，由承办法官安排的有 1 人，占 3.3%；认为人民陪审员被固定配置在审判庭，由庭里安排的无一人；认为人民陪审员没有配置到庭，由院里安排的有 23 人，占 76.7%；认为人民陪审员是采用随机抽取、临时确定的方式的有 6 人，占 20%（见表 7 - 5）。

10 名人民陪审员中，分别选择如上四种陪审员选定方式的人数及百分比为：2 人及 20%；4 人及 40%；3 人及 30%；1 人及 10%（见表 7 - 5）。

表 7 - 5　关于法官、人民陪审员对个案选任中陪审员选定方式的统计表[①]

考察对象 \ 选定方式	法官（30）		人民陪审员（10）	
	频率	百分比	频率	百分比
被固定配置在合议庭，由承办法官安排	1	3.3	2	20
被固定配置在审判庭，由庭里安排	0	0	4	40
没有配置到庭，由院里安排	23	76.7	3	30
随机抽取，临时确定	6	20	1	10
不知道（或其他）	0	0	0	0
缺失	0	0	0	0

显然，在样本地区人民陪审员的选定方式上，无论法官还是人民陪审员均认为采用随机抽取、临时确定方式的情况很少，至多不超过 20%。尽管两类主体对于另外三种方式所占比例的反馈差距较大，但这并不影响

---

① 统计表格乃依据样本地区法官卷、人民陪审员卷关于同一问题所得反馈数据综合制成。

我们对关键问题的剖析。总之，我们侧重于考察的随机抽取方式在样本地区并没有得到很好的落实。

（三）陪审员参审流程

《决定》第 10 条、第 11 条对人民陪审员参审的问题进行了明确规定。陪审员参与案件审理的过程是整个人民陪审员制度运行的核心，参审质量的好坏是评价人民陪审员制度能否在实质上发挥作用的标准。目前，有学者也认为饱受诟病的"陪而不审""审而不议"实为伪命题，究竟在实践中是否如此，我们从庭前阅卷、庭中发问以及庭后合议三方面对样本地区进行了考察。

1. 庭前阅卷

庭前阅卷是为陪审员进入庭审提供准备。调查显示，10％的法官认为人民陪审员每次庭审前都会查阅卷宗、了解案情；26.7％的法官认为陪审员经常查阅案卷；而 60％的法官认为陪审员很少庭前阅卷；3.3％的法官认为一次都没有（见表 7-6）。

表 7-6 据您所知，人民陪审员通常在庭审前是否查阅案卷、了解案情？（法官卷）

		频率	百分比	有效百分比	累积百分比
有效	每次都有	3	10.0	10.0	10.0
	经常	8	26.7	26.7	36.7
	很少	18	60.0	60.0	96.7
	一次也没有	1	3.3	3.3	100.0
	合计	30	100.0	100.0	

与此相比，从对 10 名人民陪审员的问卷调查结果来看，高达 70％的人民陪审员认为庭前阅卷是其参审前的必做功课之一，此外，自认为经常、偶尔以及一次都没有开展庭前阅卷工作的人民陪审员各占 10％（见表 7-7）。

表 7-7　　　请问您一般在庭前查阅过卷宗、了解案情吗？（陪审员卷）

		频率	百分比	有效百分比	累积百分比
有效	每次都有	7	70.0	70.0	70.0
	经常	1	10.0	10.0	80.0
	偶尔	1	10.0	10.0	90.0
	一次也没有	1	10.0	10.0	100.0
	合计	10	100.0	100.0	

通过对比以上两组数据，我们发现，法官与人民陪审员自身对于陪审员是否庭前阅卷、了解案情一问给出了截然不同的答案。这引发了我

们的思考：造成此种差异的原因何在？首先，我们当然不能否认不同主体间对同一问题产生的看法存在差别；其次，受访的10名陪审员相较于该县法院总计30名陪审员而言，在履职积极性方面普遍偏高，这就不难理解为何上述数据之间存在偏差；最后，该问题的设定与受访群体的履职状况息息相关，在进行自我评价时无法避免受其主观性或其他因素的影响。

2. 庭中发问

当案件进入庭审阶段，则意味着人民陪审员开始真正发挥作用，而庭中发问环节是对陪审员参审状况最为直观的反映。调查结果显示：56名受调查当事人中，23人认为在庭审中陪审员没有发问，占41.07%；17人认为陪审员很少发问，占30.36%；4人认为陪审员庭审时通常都会发问，占7.14%。受访的33名律师或法律工作者中，9人认为庭审时陪审员没有发问过，占27.27%；21人认为很少发问，占63.64%；仅3人认为通常都问了问题，占9.1%。在受调查的30名法官中，认为陪审员从来没有发过问的无一人；23人认为很少发问，占76.67%；认为通常都会问的人数有7人，占23.33%。而6名受访的公诉人中，全部表示陪审员很少在庭审时发问。在对10名人民陪审员进行设问时，没有人承认自己没有发问过；有7人表示很少在庭审时发问，占70%；仅仅3人认为自己通常都会提问，占30%。

以上数据表明，各受访主体，甚至包括陪审员自身在内，大多认为陪审员在庭审中很少发问甚至没有发问过，其中持此项意见的检察官竟达100%之多。但若仔细观察，法官、检察官以及陪审员这三类主体中均没有一人认为存在从没问过的情形，也就是说陪审员或多或少也出现过庭审提问的情形。当然，反观在庭审时通常都会提问的比例，陪审员居所有受访者之首，法官次之，再者为律师及当事人，检察官无一人，但这种差距并不十分明显。

至于陪审员发问对于案件审理的影响，46.7%的法官以及83.4%的检察官认为陪审员庭中发问只是偶尔有助于或是完全无助于查清案件事实。虽然有53.3%的法官认为肯定有助于查清案件事实，但整体来说持这种观点的与认为偶尔有助于的比例相当，偏向并不十分明显（见表7-8）。从两类主体的反馈情况可知，陪审员庭中发问的作用可大可小，并没有绝对化。

此外，庭前阅卷较少导致的对案件事实不清、对案件所涉及的法律问题不够了解、基于自身原因而怕提问出错以及基于法官原因不给发问机会等也是造成人民陪审员庭审提问不多的潜在因素。

表 7-8　　　　您认为人民陪审员在庭审中发问是否有助于查清案件事实？
（法官卷、公诉人卷）

考察对象 \ 发问效果	法官（30）		公诉人（6）	
	频率	百分比	频率	百分比
有助于	16	53.3	0	0
无助于	0	0	1	16.7
偶尔有帮助	14	46.7	4	66.7
说不清	0	0	1	16.7

3. 庭后合议

《参审规定》第 7 条至第 10 条是对陪审员在庭后合议中的权利、评议范围、发言顺序以及在与法官发生分歧时的处理方式所作的规定。庭后合议是陪审员参审的重要内容之一，也是评价陪审员是否起到应有作用的一项重要标准。考察中，我们按照合议的大致流程对不同主体设置了问题。

首先，陪审员是否参与了庭后合议？收集到的 10 份陪审员卷中有 1份显示数据缺失。其他 9 名陪审员中，有 2 人认为每次都会参加合议，占 22.2%；有 7 人表示有时会参加，但也不排除仅在笔录上补签字的情形，占 77.8%（见表 7-9）。可见，样本地区陪审员对自身参与合议的反馈情况并不理想，陪审员参与合议的权利未能得到很好的保障。

表 7-9　　　　　　请问您是否参加过合议？（陪审员卷）

		频率	百分比	有效百分比	累积百分比
有效	每次都参加	2	20.0	22.2	22.2
	有时参加，有时在笔录上补签字	7	70.0	77.8	100.0
	合计	9	90.0	100.0	
缺失	99	1	10.0		
合计		10	100.0		

其次，合议阶段中，一般由谁先发表意见？30 份有效法官问卷显示，80% 的法官选择的是由法官先发表意见；13.3% 的认为是先由陪审员发表意见；陪审员完全不发表意见的情况没有；而 6.7% 的认为三种情况都出现过（见表 7-10）。8 份有效陪审员问卷显示，62.5% 的认为是先由法官发表意见；认为全部先由陪审员发表意见的无一人；37.5% 的认为两种情况兼而有之（见表 7-11）。由此得知先由陪审员发表评议意见的立法规定，在样本地区实行得并不理想。

表 7 - 10　　　　　请问在合议中，一般由谁先发表意见？（法官卷）

	频率	百分比
由法官发表意见	24	80
先由陪审员发表意见	4	13.3
陪审员不发表意见	0	0
以上几种情况都有过	2	6.7

表 7 - 11　　　　　请问在合议中，一般由谁先发表意见？（陪审员卷）

	频率	百分比
先由法官发表意见	5	62.5
先由陪审员发表意见	0	0
以上两种情况都有	3	37.5

　　一般情况下，陪审员对法官的评议意见持何种态度？有效问卷表明，26.7%的法官、25%的人民陪审员认为陪审员对法官的评议意见几乎都赞成；73.3%的法官、75%的人民陪审员认为总体而言赞成的情况居多（见表 7 - 12）。这种现象反映出样本地区受访陪审员中陪审员与法官意见相左的情况并不多。

表 7 - 12　通常情况下，人民陪审员对法官的评议意见？（法官卷、陪审员卷）

考察对象＼对法官意见所持态度	法官（30）		陪审员（8）	
	频率	百分比	频率	百分比
几乎都赞成	8	26.7	2	25
赞成的多一些	22	73.3	6	75
不赞成的多一些	0	0	0	0
赞成和不赞成的比例相当	0	0	0	0

　　最后，当陪审员与法官意见产生分歧时，一般如何处理？在法官卷中，该题为多选题，至少50%的法官认为其会通过直接按照少数服从多数的原则进行表决或者向陪审员解释法律问题再表决（见表 7 - 13）。而在陪审员卷中，该题为单选题，12.5%的陪审员认为是直接按照少数服从多数的原则表决，12.5%的认为法官会做陪审员的工作，说服其接受，75%的认为法官会向陪审员解释法律问题再表决（见表 7 - 14）。从中我们基本可以判断，X 县法院的法官对于合议中与陪审员产生分歧时的处理方式，一般还是较为合理，很少会直接说服陪审员同意法官的观点。不过少数服从多数原则下达成的意见，也与合议庭组成方式有很大关系，对此我们需要另作分析。

表 7 - 13　　人民陪审员与法官意见相左时法官通常如何处理？（法官卷）（多选）

	频率	百分比
直接按少数服从多数的原则表决	15	50
做陪审员工作，说服他接受	1	3.3
向陪审员解释法律问题，然后再表决	20	66.7
不理睬陪审员意见或其他	1	3.3

表 7 - 14　　人民陪审员与法官意见相左时法官通常如何处理？（陪审员卷）

	频率	百分比
直接按少数服从多数的原则表决	1	12.5
做陪审员工作，说服他接受	1	12.5
向陪审员解释法律问题，然后再表决	6	75
不理睬陪审员意见或其他	0	0
合计	8	100

（四）存在的问题

1. 陪审程序是否启动主要由法院控制

按照立法的精神与意旨，陪审程序的启动有法院主动适用与当事人申请适用①这两种方式。在实践中虽然难以避免出现此起彼伏、此多彼少的情况，但两者至少应保持一定的比例，或者说，体现当事人意志的当事人启动方式应当占必要比例。然而，调研结果清晰表明，只有不到一成的当事人表示是由自己主动适用陪审程序的，其余九成以上的当事人以及所有受访律师、法官、公诉人均认为是由法院主动适用的。此外，访谈材料中有法官反映，该法院一般由立案庭决定启动陪审程序。虽然《参审规定》第2条有关于"视为申请"的表述，但不能完全排除所有法院主动适用陪审的案件存在征得当事人同意的情形，整体来说，这种包含不确定因素的现象依然堪忧。

造成这种现象的原因不难获知。首先，适用陪审程序审理的案件绝大多数是由案件本身所决定的。也就是说，案件符合立法规定之适用陪审的范围，法院只是依法作出决定。其次，当事人本身可能并不知晓人民陪审员制度或者即便听说过但对陪审员可能发挥的作用心存疑惑。我们从对当事人的电话访谈中获悉，绝大多数陪审员参审案件的当事人认为，有无陪审员对案件的处理结果并无实质性影响。并且，法院怠于告知当事人有申请陪审员参审的权利，导致当事人对此项权利毫不知情。最后，法院基于上级要求以及自身司法资源匮乏而决定适用陪审的情形不在少数，上级法

---

①　此处将"第一审刑事案件被告人、民事案件原告或者被告、行政案件原告"统称为当事人。

院规定的陪审率指标以及法院案多人少的困境，是造成其主动适用陪审程序的原因。这也是我们认为最直接、最现实的决定性因素。

2. 陪审员选定难以落实"随机性"

个案中陪审员的选定难以落实"随机性"也是样本地区陪审制度运行不佳的一处硬伤。《决定》第14条对于陪审员参审的随机抽取方式作出了非常明确的规定，为了更直接地指导实践中的做法，《实施意见》《参审规定》《管理办法》《答复》纷纷细化了随机抽取的时间、具体方式、抽取范围等。

值得反思的是，X县法院使用随机抽取方式的情况并不尽人意。人民陪审员中，认为其选定是通过随机抽取、临时确定的仅占一成。而法官中，认为落实了随机抽取方式的也仅占两成。此外，法官中绝大多数认为人民陪审员没有固定配置到庭，而由法院统一安排。九成的人民陪审员认为其是由主审法官、审判庭、法院进行安排。总之，随机抽取的方式在该院几乎没有得到落实，陪审员参审具体案件全凭安排。当地律师中也有人认为，陪审员都由人民法院根据案件大小及复杂程度指定安排；法官中则有人表示，虽有随机抽取的情况存在，但最终可能还是落在少数几名陪审员身上。

究其原因，一方面是由陪审员自身原因所致，如交通不便，联络不上，时间不够充裕，缺乏责任感和积极性等；另一方面则是由法院所致，如为图自己方便而选定参审经验足、具有法学功底等有利于案结事了的人民陪审员，或认为陪审制度仅为摆设，因此选谁以及通过何种方式选定都无关紧要。

3. 陪审员参审难以避免"陪而不审"

考察过程中我们发现，陪审员"陪而不审""审而不议"等问题在样本地区依然较为突出，无论是庭前阅卷、庭中发问还是庭后合议阶段，都不同程度地反映出一些弊端。

首先，庭前不阅卷是导致"陪而不审"的前因。样本地区陪审员地域分布较广，致使多数陪审员怠于行使此项权利，路程遥远加之往返费用入不敷出都将阻碍其庭前阅卷的积极性。当然，对于陪审制度所起作用认知不够，依然是扼杀其积极性的重要原因之一。

其次，庭中发问少是"陪而不审"的直接原因与直观反映。对案件的审理必须结合案件事实与法律规定来综合评判，而庭中发问是得知案件事实最重要的手段之一。如果陪审员能够积极参与庭审过程，掌握案情进展情况，那么陪审制度将真正发挥其作用。然而现实中，因为自身法律知识欠缺导致的不自信，抑或迫于法官的权威，又或者缺乏外在约束机制，均不同程度导致人民陪审员在庭审中不能发问或不知如何发问。

最后，庭后合而不议甚至不合议是"陪而不审"的最终结果。一旦陪审员庭前不阅卷、庭中不发问，则很难在庭后合议阶段提出自己的见解，也就容易导致"审而不议"。该县法院陪审员庭后合议的比例并不高，并且合议阶段一般由法官先提出自己的意见，这使得陪审员即使有自己的观点也不敢大胆表达。虽然在考察法官与陪审员意见不一致的处理方式时，并没有出现法官说服陪审员服从其决定的情况，但少数服从多数的表决方式，显然也是基于该法院合议庭组成多为两名法官与一名陪审员的实际情况。在这种组成结构下，陪审员的意见很容易主观上趋同于法官，或者由于法官人数占优而影响其异议的表达。

四、管理机制

人民陪审员管理机制对选任机制、参审机制起着屏障的作用，与陪审员的联系最为密切。无论是人民陪审员的选任、参审，还是日常管理、培训、考核等，都能归诸陪审员的管理机制。有鉴于此，立法对其给予了高度关注，《决定》《实施意见》《管理办法》《答复》均对其进行了规定。陪审制度改革以体现司法"大众化"为导向，与之相匹配，陪审员的管理必然要以保持陪审员的"平民性"、业余性特征为依归。

（一）管理内容

在考察了样本地区陪审员管理的一般模式后，我们试图从日常管理、培训管理以及考核管理三方面一一进行分析。总体来说，该地区关于陪审员的各项管理均是以法院为核心开展的。如陪审员的数量、在法院中的配置情况、相关经费保障、对陪审员的各项培训、考核与任免等，几乎都是由该县法院一手操控。

1. 日常管理

《管理办法》第2条至第4条对人民陪审员日常管理工作作出了规定。它明确提出，各级人民法院应设立人民陪审员工作指导小组，指导人民陪审员的人事管理工作和参加审判活动的日常管理工作。人事管理工作由人民法院政工部门设立非常设机构或指定专人负责。而日常管理工作由人民法院根据实际情况确定具体管理部门。样本地区的人民陪审员日常管理工作由该院的政工科负责，法院并没有设立陪审员工作指导小组，也没有其他机关协助管理陪审员的日常工作。

日常管理涉及陪审员管理的方方面面，如陪审员参审案件数量及质量、审判作风、工作纪律、经费补贴等。在该县法院，相关部门对陪审员的日常管理基本是比照法官进行的。陪审员的经费问题也是广受关注的一个问题，在受访陪审员中分化出了两种不同的观点。一种观点认为，经费少是导致陪审员参审率低的一个重要因素，建议提高陪审员的各项补贴。另一种观点认为，经费的多少并不影响陪审员参与审判，陪审是出于个人的热情。

2. 培训管理

必要的培训是提高陪审员参审质量的一项必不可少的举措。调查结果显示，从来没有参加过培训的陪审员有 1 人，占 10%；此外，接受过 1 次至 4 次培训的陪审员分别为 3 人、1 人、3 人、2 人，所占比重依次为 30%、10%、30%、20%（见表 7－15）。

表 7－15　　请问您在当选为人民陪审员后，参加过几次培训？（陪审员卷）

		频率	百分比	有效百分比	累积百分比
有效	从来没有	1	10.0	10.0	10.0
	1 次	3	30.0	30.0	40.0
	2 次	1	10.0	10.0	50.0
	3 次	3	30.0	30.0	80.0
	4 次	2	20.0	20.0	100.0
	合计	10	100.0	100.0	

在回答"请问您认为培训的效果怎么样？"一问时，88.9% 的陪审员表示培训效果很好，并且对参审工作也有很大帮助，而认为培训效果一般的占 11.1%（见表 7－16）。至于认为培训效果不好的人民陪审员，我们追问其原因，主要有培训时间过短、培训人员素质不高、培训内容不完善、培训方式不合理等。

表 7－16　　　　请问您认为培训的效果怎么样？（陪审员卷）

		频率	百分比	有效百分比	累积百分比
有效	效果很好，对参审工作帮助很大	8	80.0	88.9	88.9
	效果一般，可有可无	1	10.0	11.1	100.0
	合计	9	90.0	100.0	
缺失	99	1	10.0		
	合计	10	100.0		

关于陪审员亟须提高的技能，30 名受访法官中，76.7% 的人认为陪审员应当在法律法规、法学理论知识上得到提升，此外，庭审工作程序和技巧、审判职业道德和纪律、工作态度和责任意识等方面也应当成为培训

中应关注的问题（见表7-17）。可想而知，法官在管理陪审员的日常审判活动时，倾向性十分明显，希望陪审员"法官化"。

表7-17　　您认为人民陪审员在哪些方面亟待提升？（法官卷）（多选题）

	频率	百分比
法律法规、法学理论知识	23	76.7
庭审工作程序和技巧	9	30
审判职业道德和纪律	8	26.7
工作态度和责任意识	9	30

相比而言，该县法院的某些资深法官在受访时则持截然不同的观点。不论是培训的力度，还是培训所取得的效果，都与陪审员的反馈意见存在较大的差异。这不得不引发我们的思考。一方面，法官认为接受培训的陪审员人数以及培训次数太少。相当一部分陪审员参审积极性较低，更别提参加培训的积极性了。而对于那些有意参加培训的陪审员，由于法院很少组织形式多样的培训，通常只能依靠自学的方式来提升其履职能力。另一方面，陪审员即便参加了培训，但由于受培训内容、培训形式、培训次数等的影响，依然没有起到很好的作用。如采取召开会议的形式对陪审员进行培训是政治意义大于实际作用的；又如培训的内容不能因人制宜，而是与法官培训极为相似，这显然也无益于培训目的的达成等。

我们分析，造成不同主体对同一问题存在巨大差异的原因，可能是接受问卷调查的陪审员一般为平常参审较积极、与法院联系较密切的一部分人员，因而对于法院组织的培训一般能响应并参加。由于参审经验足，加之本身自学能力强，也能更好地满足法官的需求。其余登记在册的陪审员由于很少参与案件的陪审，故接受培训的积极性更低了。受限于陪审员的受访面，因此，法官所持观点更为客观。

3. 考核管理

样本地区关于陪审员的考核管理，基本上是由该县法院的政工科负责，司法行政机关基本处于"放手"状态。至于考核的方式、考核的内容等，并没有具体的细则加以约束。虽然立法规定对人民陪审员的考核方式为平时考核与年终考核相结合，考核内容包括陪审工作实绩、思想品德、工作态度、审判纪律、审判作风和参加培训情况等方面。但从访谈资料可以获悉，该县法院对陪审员进行考核还是以参审率为主要考虑因素，当然也会结合陪审员的实际陪审情况和审判纪律等，评选出年度优秀陪审员。

某陪审员：我们对陪审员管理的各项制度，包括参审案件率、案件的纪要等，实时地进行总结。每年我们对陪审员的工作，包括每个人的意见进行总结，指出存在的问题和改进、努力方向。基本上我们每年评选两位优秀陪审员。

即便如此，这种考核也不具有约束力。陪审员参审与否、参审多少、参审质量及庭审表现如何均不会对陪审员产生实质性作用。这也是导致前文所说的案件陪审总是集中于少数几个人以及陪审员庭审表现不够好的原因之一。

关于是否有必要对陪审员实施错案追究机制。受访的 30 名法官中，5人认为有必要，占 16.7%；20 人认为虽有必要，但很难真正追究其责任，占 66.7%；另有五人认为没必要，占 16.7%（见表 7-18）。可见，超过80% 的法官认为对陪审员实施错案追究机制是有必要的，但多数认为，这种责任很难落到实处。

表 7-18　　您认为是否有必要对人民陪审员实行错案追究机制？（法官卷）

		频率	百分比	有效百分比	累积百分比
有效	有必要	5	16.7	16.7	16.7
	虽有必要，但难以追究	20	66.7	66.7	83.3
	没必要	5	16.7	16.7	100.0
	合计	30	100.0	100.0	

那么，如果实施错案追究机制，是否会影响陪审员的参审积极性？有法官表示，这要看陪审员的个人操守。陪审员问卷调查中，8 人认为即便实行错案追究制，仍然愿意担任人民陪审员，占 80%；明确表明怕担责而不愿意的有 1 人，占 10%；另有 1 人觉得追责与否并无所谓，占 10%（见表 7-19）。可见，绝大多数陪审员认为因案件出现实质性错误而承担应有的责任是可以接受的，错案追究并不会影响其担任陪审员的意愿。

表 7-19　　　　　　请问如果实行人民陪审员错案追究机制，
　　　　　　　　您还愿意担任人民陪审员吗？（陪审员卷）

		频率	百分比	有效百分比	累积百分比
有效	愿意，没什么影响	8	80.0	80.0	80.0
	不愿意，没办法负责任	1	10.0	10.0	90.0
	无所谓	1	10.0	10.0	100.0
	合计	10	100.0	100.0	

（二）存在的问题

1. 陪审员独立性不足

对陪审员的日常管理由法院一家独揽将不利于保持陪审员的独立性，

这是我们在考察了该县法院的实际情况后发现的一个现实问题。对于陪审员参与案件审理，法院多寄希望于陪审员能够像法官那样具备全面的法律知识。因而，在对陪审员的日常管理中，也偏向于以法官的标准去要求陪审员，实则是将陪审员当成法院的"编外法官"看待。

从法院（法官）的角度而言，虽然在实践中确实存在陪审员与法官知识互补、避免作出失衡裁判的案例，但在更多的情况下，陪审员往往被作为司法民主的点缀以及解决审判力量不足的工具。[①] 陪审员与法官同职同权配置模式下的陪审员管理，一方面使得法院对陪审员提出了更高的要求，陪审员不再是基于个人常识与社会经验来评判案件，而是在法律知识、庭审技巧、定案思维等方面都趋同于法官。另一方面，陪审员在法院的这种"法官化"管理下，很难保持自身的独立性，从而作出合乎经验常识的判断。

另外，陪审员在庭审阶段发问少、在合议阶段无法提出个人意见的现象，也与法院主导下的日常管理不无关联。陪审员为了适应这种管理模式，一般会呈现两种状态：一是减少发言，二是附和法官的意见。有法官提出，之所以参与案件审理的陪审员往往固定在少数几个人身上，是由于与他们"混熟了"，并且这几个陪审员对案件作出的判断基本上不会与法官的判断存在很大出入。此外 X 县法院在参审管理上，几乎全部采用"两法一陪"的合议庭组成模式，只有当法官人手不够时才会启用两名陪审员，这种组合方式又大大降低了陪审员提出不同意见的可能性，陪审员的独立性被淹没于这种管理模式之下。这似乎验证了我们的担忧：法院主导的日常管理模式，使得陪审员要想保持自身的独立性几乎不可能。

2. 陪审员培训功能作用发挥有限

加强对人民陪审员的培训，不仅是立法提出的要求，也是实践中法官与陪审员的共同愿望。但是样本地区人民陪审员培训所发挥的功能与作用显然并不理想。从法官的角度来说，目前的陪审员培训不太能够提高其履职能力；从陪审员的角度来看，虽数据显示多数陪审员认为培训有益于参审，但在召开陪审员座谈会时，几乎所有陪审员都对培训提出了更高的要求。可见，在目前的培训机制下，陪审员也自认为效果欠佳。

导致样本地区陪审员培训作用发挥受限的原因是多方面的。首先，培训目的不合理。培训目的决定着开展培训的形式和内容。X 县法院把陪审员培训的目的定位于提升陪审员的法律素养、参审能力以尽量符合法官的

---

① 李玉华. "陪而不审"之我见——法学教授陪审员的视角. 法律适用，2010（7）.

标准。而在实际操作中，这种目的往往落空，培训仅是出于形式的需要。其次，培训形式有待创新。X县法院对陪审员进行培训所采用的方式主要有召开陪审员会议、观摩庭审、法官集中授课等。虽然这些方式能在一定程度上实现培训的目的，但随着社会矛盾与司法需求间的变化，法院需要应对更高的要求，不断创新培训的形式，如通过增加召开陪审员经验交流会、法学教授视频授课等方式来提高培训的质量。再次，课程设置不合理，培训常常是临时性的，且次数偏少。最后，培训的深度和广度不符合陪审员的需求。

总而言之，该县法院当前的陪审员培训模式存在很大的缺陷和漏洞，导致培训的实际功能在参审中难以体现出来。

3. 陪审员考核结果欠缺约束力

陪审员的考核结果欠缺约束力，衍生出当前我国人民陪审员与法官同职不同责的问题，这成为全国多数法院普遍存在的一个问题，X县法院也不例外。司法实践中陪审员有进无出、无考核或考核缺乏约束力往往会使得陪审员参审的效果大打折扣。在这种形势下，对陪审员实施错案追究机制成为各界广泛讨论的一个问题。例如，人民陪审员在履职过程中，如果出现"被公关"的情况，或是违反审判纪律而泄露审判秘密等，是否应当对其追责？如何对其追责？这在实践中均缺乏规范性机制的约束。与之形成鲜明对比的是，如果法官面临同样的情况，将受到严厉的惩罚。可见，这是司法实践中亟待解决的问题。

造成陪审员考核机制欠缺约束力的原因何在？一方面，法院对人民陪审员基本无考核，即便有考核，考核结果也不会被纳入陪审员所在单位对其本职工作的考评体系中，因而就丧失了约束的基础。更何况，无固定工作的人民陪审员也占据一定比例。而如果将陪审员参审过程中的表现纳入本职工作的考评中，则又会引发另一个问题，那就是担任陪审员的积极性减弱。另一方面，由于陪审身份的特殊性，很难对陪审员追究其审判责任。原则上，陪审员是基于其自身的常识、常理与常情对案件作出判断，而如果将这种判断的对错与陪审员要承担的责任联系在一起，又势必会加剧陪审员"陪而不审"的情况发生。

第二篇

专题实证篇

第八章　人民陪审员遴选机制实证考察

　　自建立之初，人民陪审员制度就承载了多重价值和功能，被视为民众参与司法、践行司法监督、体现司法民主，实现司法公正的一项重要制度。既然作为体现人民民主的重要方式，制度设计就必然要求制度主体本身，即人民陪审员，要具有相当程度的"人民性"。换言之，在考虑制度设计时，应力求制度内的遴选机制能够确保人民陪审员具有相当程度的广泛性与代表性。正是基于此种考虑，有规范性文件明确规定：应当注意兼顾社会各阶层人员的结构比例，注意吸收社会不同行业、不同职业、不同年龄、不同民族、不同性别的人员，以体现其来源的广泛性和代表性。①

　　然而，立法规定能否在实践中得以落实，陪审制度又在实践运作中发生了何种变化，是否存在理想与现实的偏差，甚至是否出现了实践与制度设计初衷的背离，这些问题均值得考察和研究。而上述问题的回答，唯有赖于深入、细致的调查研究，并在充分考察制度运作实际情况的基础上，才能作出正确的判断。正是带着这样的问题意识，同时考虑到理想与现实之间或可能存在的差距甚至鸿沟，本部分将力图展示 7 个样本地区人民陪审制度的一个重要截面——遴选制度的现实运作状况，揭露其所存在的问题，分析问题产生的原因，希望为如何更好地改进以及真正地落实制度，打下牢固的实证基础。

一、遴选机制沿革

（一）制度沿革

　　早在百年前，中国就有了陪审之议，但人民陪审制度的真正确立，乃以 1954 年新中国第一部宪法的出台为标志。1954 年宪法明文规定"人民法院审判案件依照法律试行人民陪审制度"，但该制度并未能一帆风顺地发展，而是历经波折，几度浮沉。由于历史上的原因，人民陪审制在 20

---

① 参见《若干意见》第 7 条规定。

世纪 60、70 年代陷入衰落，在 80 年代虽有所恢复后但又很快淡化。直至 20 世纪末，该制度才重新得到决策层的高度重视，拉开了改革的大幕，获得了以往所不可比拟的立法、司法和财政资源投入。虽然此轮改革在制度体系的建设方面有所成就，初步实现了人民陪审制度的规则化，但有陪审之规定，却无陪审之规则。法院组织法、三大诉讼法对陪审制度仅有原则性的规定，且过于零散、粗疏、简单，甚至有所缺失。为改变这一局面，2004 年 8 月全国人大常委会《关于完善人民陪审员制度的决定》（以下称《决定》）出台。该《决定》作为新中国成立以来第一部关于人民陪审制度的单行立法，系统规定了我国人民陪审员的性质、地位、职责，陪审案件范围，人民陪审员的名额确定、产生办法，人民陪审员的培训和经费保障等内容。

由此，人民陪审的遴选机制得到初步确立。为配合《决定》的实施，在遴选机制的制度规范和建设上，最高人民法院与司法部联合颁布了《关于人民陪审员选任、培训、考核工作的实施意见》（法发〔2004〕22 号，下称《实施意见》）；同时最高人民法院政治部出台了《关于人民陪审员工作若干问题的答复》（法政〔2005〕63 号，下称《选任答复》）等司法性文件。上述规范性文件的出台，不仅使人民陪审遴选机制的制度设计基本定型，也让实践中的遴选有据可依，较大程度上促进了人民陪审遴选的规范化、合理化。

（二）遴选沿革

7 个样本地区，共有人民陪审员 297 名。其中，L 市法院在 2005 年遴选的第一批人民陪审员仅 18 名，但人民陪审员数量在 2009 年得到了较大的提升，新聘任命的 60 名人民陪审员，加上前任 10 名人民陪审员连任，人民陪审员在册人数共 70 名。后六个法院的情况与之相类似，却又有差别。在 A 县法院，首届遴选任命的人民陪审员只有 8 名，但此后不断增选，单 2009 年就增加了 15 名，加上之前连任的人民陪审员数量，在册人数共计 40 名。在 T 县法院，由于法院统计数据缺失，2005 年首届遴选的信息以及离任、继任的情况不详，但据相关资料显示，2009 年时该院遴选了 26 名人民陪审员，自此该院共有在册人民陪审员 52 名。在 F 县法院，在首届遴选任命了 10 名人民陪审员后，2009 年增选了 14 名人民陪审员，但有一名人民陪审员在任期间因犯罪而被免职，故在册人数为 23 名。在 Y 县法院，2005 年首届遴选任命了 5 名人民陪审员，2009 年增选了 18 名，但此前 5 名陪审员中有 2 名因工作调动没有继续任职，故其在册人数为 21 名。X 县法院的情况略微特殊，其分别于 2005 年、2008

年和 2009 年遴选任命了三次人民陪审员，其中 2009 年遴选最多，共任命 22 名人民陪审员，其在册数量共 30 名。在 7 个样本地区中，R 区法院的人民陪审员数量最多，2005 年首届就遴选了 31 名人民陪审员，2009 年增选了 30 名，不存在离任和辞退的情况，其在册人数为 61 名。

在调研中，调研组通过法院向样本地区的各陪审员均发放了调查问卷，但仅收回调查问卷 155 份。据调查问卷显示，155 名接受调查的人民陪审员中，居住在农村的陪审员有 24 名，居住在乡镇的陪审员有 34 名，居住在城市的陪审员有 90 名。2005 年首次被遴选为人民陪审员的有 26 名，2006 年首次被遴选为人民陪审员的有 4 名，2007 年首次被遴选为人民陪审员的有 9 名，2008 年首次被遴选为人民陪审员的有 15 名，2009 年首次被遴选为人民陪审员的有 65 名，2010 年首次被遴选为人民陪审员的有 29 名，2011 年首次被遴选为人民陪审员的有 2 名。

二、实践中的陪审员

（一）职业分布状况

《决定》与《实施意见》中并未对人民陪审员的来源作出具体规定，但《决定》对其来源进行了一定合理的限制。《决定》第 5 条规定，人民代表大会常务委员会的组成人员、人民法院、人民检察院、公安机关、国家安全机关、司法行政机关的工作人员和执业律师等人员，不得担任人民陪审员。可见，该规定对人民陪审员来源提出了排除要求，即出于公平公正的考虑，上述几类人员因职业相关性而被排除。换言之，除了以上几类人员之外，其他符合条件的职业群体都能担任人民陪审员。

调查问卷显示，在 7 个样本地区人民陪审员的职业构成中，事业单位工作人员最多，有 39 人，占比 26.7%；其次为党政机关干部，有 38 人，占比 26%；社区、乡村基层干部有 34 人，占比 23.3%；离退休干部、职工有 15 人，占比 10.3%；私营业主 7 人，占比 4.8%；公司企业工作人员 6 人，占比 4.1%；城镇无固定职业居民 2 人，占比 1.4%；农民及农民工则仅 1 人，占比 0.7%。

在 L 市法院，社区、乡村基层干部出身的人民陪审员比例最高，占 38.5%；其次为党政机关干部和事业单位工作人员，均占 17.9%；离退休干部、职工仅占 10.3%。较之其他样本地区，L 市人民陪审员队伍中还接收了部分无固定职业的居民，其好处在于该部分人时间充裕，参审更有保障，但缺点亦很明显，即可能带来人民陪审员的职业化等问题。A 县法院人民陪审员的遴选，更倾向于选择公职或事业单位人员，党政机关干部、事业单位工作人员所占比例较大，均达 42.9％；乡村基层干部、公司职业和私营业主出身的人民陪审员比例则平分秋色，各占 4.8％。这数据一定程度上反映了该县人民陪审员年龄年轻化的趋势。X 县法院人民陪审的情况与 A 县大体相同，公职人员、事业单位工作人员，所占比例达 78.6％，而社区、乡村基层干部占 14.3％。作为一个旅游城市，第三产业成为该县的主要经济支柱，而由于第一产业发展较为欠缺，公司、企业不多，故与之相适应的是，人民陪审员中并没有出身于公司职员及私营业主的人员。F 县法院人民陪审员的情况则与 L 市相似，社区、乡村基层干部较多，占 46.2％，党政机关干部与事业单位人员各占 23.1％，剩余 7.7％为离退休人员。相对于其他样本地区，Y 县的人民陪审员来源构成中有 11.1％为农民或农民工。尽管来源更显丰富，但人民陪审员的主流仍是基层社区的干部。而在 X 县法院人民陪审员的职业分布中，除了农民群体，各类职业人群均有涉及。其中，公职人员占比最多，为 33.25％；与当地迅速发展的经济状况相适应的是，公司企业工作人员所占比例也不少，为 16.7％。在 R 区法院的人民陪审员中，离退休人员所占比例最高，达陪审员总数的一半，其次是事业单位工作人员，占 22.2％，党政机关并无一人，其余为社区基层干部、公司职员等。

有研究结果显示，《决定》实施之初，基于离退休人员的时间富足且工作热情较大的考虑，各基层法院为便于管理，遴选了大量此类人员作为人民陪审员，从而导致人民陪审员来源狭窄而无法确保其所应有的开放性与广泛性。而据上述调研结果显示，这样的状况已有所改观，如在离退休人员所占人数最多的 R 区法院，其比例为 50％，但所占比例仍有待进一步降低。

还需注意的是，在 7 个样本地区法院的人民陪审员中，公职人员及参公管理人员所占比例偏高，业已成为各地区最受青睐的候选人群。在与人民陪审员及法院相关人员的访谈中了解到，这些公职人员中不少是各机关单位的一把手或直接管理人员，部分则是地方人大代表。与上述两类人群比例偏高形成鲜明对比的是，出身于农民的人民陪审员则少之又少。这一方面说明，人民陪审员的代表性仍有待提高，另一方面也折射出人民陪审员仍需要相应的履职和经费保障机制作为基础，才能在较大程度上激发人民陪审员的陪审热情，并真正保障该制度有效运作。当然，从确保人民陪审员来源广泛性和代表性的角度出发，上述各地方法院的做法都存在着不同程度的陪审专职化的倾向，这一为学界所诟病的问题值得注意，并需做进一步地改进。

（二）年龄和学历结构

1. 年龄结构

《决定》规定担任人民陪审员须年满 23 周岁，却并未对年龄上限作出要求。正因为立法的模糊，实践中做法不一。但一般而言，遴选机关通常会是以当地公务员任职上限年龄为参照，即年龄要求为 23 周岁以上且 60 周岁以下。但不少地区也吸收了不少 60 周岁以上的人员作为陪审员。

在调查时，调研组将陪审员年龄分为五个档次，即：23 至 30 岁、31 至 40 岁、41 至 50 岁、51 至 60 岁及 61 岁以上。7 个样本地区人民陪审员年龄结构的总体情况如下：41 至 50 岁区间段的人数最多，占 40.5%；31 至 40 岁区间段的人数次之，占 30.1%；51 至 60 岁区间段的人数紧随其后，占 17%；61 岁以上的占 8.5%；23 至 30 岁区间段的人数最少，占 3.9%。

分区域来看，各样本地区法院人民陪审员年龄分布情况如下：L 市法院，41 至 50 岁的人数最多，占 46.5%；其次是 31 至 40 岁的人，占 27.9%；51 至 60 岁及 61 岁以上的人占比持平，均占 9.3%；而 23 至 30 岁的人数最少，只占 7%，由此看出，L 市人民陪审员的遴选，更倾向于中年及年龄较长的人。A 县法院情况大体相同，23 至 30 岁仅占 4.5%，31 至 40 岁占 31.8%，41 至 50 岁人数最多，占 54.5%，51 至 60 岁占 9.1%，61 岁以上的则没有；T 县法院，23 至 30 岁仅占 3.4%，31 至 40 岁占 44.8%，41 至 50 岁占 27.6%，51 至 60 岁占 24.1%，61 岁以上的没有。F 县法院，并无 23 至 30 岁人民陪审员，31 至 40 岁占 53.8%，41 至 50 岁占 30.8%，51 至 60 岁及 61 岁以上的人占比持平，均占 7.7%。Y 县法院，23 至 30 岁占 5.9%，31 至 40 岁占 23.5%，41 至 50 岁 11 人，占 47.1%，51 至 60 岁占 17.6%，61 岁以上的占 5.9%。X 县法院，23 至 30 岁区间段无人，31 至 40 岁占 20%，41 至 50 岁占 60%，51 至 60 岁及 61 岁以上的人都占 10%；R 区法院，同样无 23 至 30 岁人民陪审员，31 至 40 岁占 5.3%，41 至 50 岁占 21.1%。

综上可见，各地人民陪审员的年龄，主要集中在 31 至 40 岁、41 至 50 岁这两个区间段，中年人民陪审员成为陪审的主力。

2. 学历结构

《决定》和《实施意见》规定，担任人民陪审员一般应当具有大专以上的文化程度；但执行该规定确有困难的地方，以及年龄较大、群众威望较高的公民，其文化条件可适当放宽。

从调查情况来看，样本地区的学历结构总体情况如下：初中文化程度的，占 3.3%；高中学历的占 20.4%；大专学历的占 44.7%；本科学历的占 29.7%，研究生及以上学历的占 1.3%。

分区域来看，各样本地区的学历结构情况如下：Y 县法院的人民陪审员总体学历水平最高，所有人民陪审员的学历均在大专以上；L 市法院，大专学历的占 35.7%，本科及以上学历的占 28.6%，大专以下学历的占 35.7%；A 县法院，大专学历的占 36.4%，本科及以上学历的占 50%，大专以下学历的仅占 23.6%；T 县法院，大专学历的占 57.1%，本科及以上学历的占 35.7%，大专以下学历的占 7.1%；F 县法院，大专以上学历的占 46.2%，本科及以上学历的占 23.1%，大专以下学历的占 30.8%；X 县法院，大专学历的占 50%，本科及以上学历的占 20%，大专以下学历的占 30%；R 区法院，大专学历的占 36.8%，本科及以上学历的占 15.8%，大专以下学历的占 47.4%。

总体来看，样本地区人民陪审员的大专及以上学历占据了绝大多数，基本上与立法的要求相符。

（三）性别、民族和党派情况

人民陪审员结构，还包括人民陪审员的性别构成、民族分布与党派结构等方面。以下将对各样本地区人民陪审员的性别、年龄、民族、党派的结构进行细化分析，并借此窥查全国范围内人民陪审员的总体现状。

1. 性别结构

通过对各样本地区法院相关人员的访谈我们了解到，基于在某些类型案件中对特定群体合法权益保护的考虑，如婚姻感情纠纷、侵害妇女权益、未成年人犯罪等案件，遴选机关在遴选时会注意选择一些与之相关的人员，如妇联工作人员、女教师等女性陪审员进行陪审，以便吸收更多有益的意见，从而公平公正地审理案件。尽管如此，在人民陪审员性别构成中，仍普遍存在男女比例失衡的现象。从调查的样本地区来看，人民陪审员中男性人数处于大多数，有 119 名，而女性 35 名，仅占 22.7%。

分地区来看，各法院人民陪审员的男女比例情况如下：L 市法院人民陪审员中，女性为 8 名，约占 18.6%；A 县法院女性人民陪审员为 6 名，占 27.3%；T 县法院女性人民陪审员为 5 名，占 17.3%，与 L 市法院基本持平；F 县法院女性人民陪审员为 5 名，占 38.5%；Y 县法院女性人民陪审员稍少，仅 2 名，占 11.1%；X 县法院人民陪审员队伍中的男女失衡情况最为明显，女性人民陪审员仅 1 名，占 10%；但 R 区法院情况稍有改观，女性人民陪审员有 8 名，占 42.1%。

应该说，女性人民陪审员所发挥的作用不容忽视，尤其是在一些侵害妇女儿童的案件中。但或由于社会观念、家庭事务压力等因素的存在，女性担任人民陪审员的较少。

2. 民族构成

基于调查样本代表性的考虑，调研组选择了地处少数民族自治州的 G 县法院，以及其他少数民族的混居区法院作为分析样本；而从确保人民陪审员来源的广泛性和代表性，尤其是照顾少数民族公民参审权利的角度出发，调研组也特意针对人民陪审员的民族构成进行了调查。

据调查结果显示，7 个样本地区人民陪审员多数是汉族，而少数民族人民陪审员数量较少。L 市、A 县、Y 县、X 县法院的人民陪审员均只由汉族构成，而 T 县和 R 区法院，则有部分少数民族陪审员，但所占比例不高，分别为 14.8％和 5.3％。F 县法院情况较为特殊，由于其本身为少数民族聚居区，辖区内以少数民族人员为主，因而人民陪审员中少数民族人员所占比例更多，达 75％。

3. 党派结构

立法相关文件并未对人民陪审员的政治面貌提出明确要求。但与职业来源情况相对应的是，样本地区的人民陪审员中，中共党员最多，占比 84.9％，群众占 11％，民主党派人士占 4.1％。

分区域来看，L 市法院人民陪审员的政治面貌分布情况如下：中共党员占 71.4％，群众占 23.3％，民主党派人士占 4.8％。A 县、X 县法院的情况与之大体相同。但 X 县法院情况稍显特殊，群众与无党派人士人数基本持平，不过仍是以党员为陪审员主流。T 县和 Y 县法院的情况更为突出，人民陪审员均为中共党员。而 F 县法院的人民陪审员中并无群众代表，中共党员占 91.7％，民主党派人士占 8.3％。与之不同，R 区法院的人民陪审员则是由党员和群众组成，分别占 89.5％和 10.5％。

根据上述指标，整体来看，样本地区人民陪审员的来源渠道较为狭窄，体现为"精英化"的趋势，社会主要阶层如农民、城市普通居民等难以参与进来；高学历的干部、党员成为人民陪审员的主流。由此观之，样本地区人民陪审员遴选的来源结构呈现出单一化的趋向，多样性较为欠缺，如此必然有损于制度对人员广泛性、代表性的追求以及司法民主价值的体现。

三、遴选依据、条件及名额

（一）遴选依据

在较长一段时间内，如何遴选人民陪审员，一直欠缺立法文件明确而具体的规定。2004 年出台的《决定》，在很大程度上弥补了这一缺陷，首次对人民陪审员的遴选作出一般性的规定。随后出台的《实施意见》则更为细化，对遴选的条件和程序作出了更为细致、具体的规定。此外，2006 年《人民法院组织法》第 38 条也规定，有选举权和被选举权的年满 23 岁的公民，可以被选举为人民陪审员，但是被剥夺过政治权利的除外。上述文件基本构成了人民陪审员遴选的立法规定体系。

（二）遴选条件

人民陪审员的遴选条件，即以什么标准来遴选人民陪审员，直接决定了人民陪审员的具体构成。依据《决定》的有关规定，我国公民担任人民陪审员应当具备下列条件：（1）拥护中华人民共和国宪法；（2）年满 23 周岁；（3）品行良好、公道正派；（4）身体健康。同时担任人民陪审员，一般应当具有大学专科以上文化程度，只"对于执行该规定确有困难的地方，以及年龄较大、群众威望较高的公民，担任人民陪审员的文化条件可以适当放宽"。并且，人民代表大会常务委员会的组成人员，人民法院、人民检察院、公安机关、国家安全机关、司法行政机关的工作人员和执业律师等，不得担任人民陪审员；犯罪受过刑事处罚的和被开除公职的也不能担任人民陪审员。

由此观之，我国对于担任人民陪审员的要求相对较严，较之国外陪审团"草根陪审"模式，单是学历要求便把许多文化程度较低的民众拒于门外。

在司法实践中，各地对于人民陪审员的遴选基本以立法规定的条件为标准，这可从上述人民陪审员的来源情况中得到印证，但也存在个别地区根据实际情况对遴选标准进行了相对的调适。例如，L 市在 2009 年选任陪审员时，把学历放宽到了高中，但要求从事过法律方面相关事务；又如，根据 A 县法院政工室某副主任的介绍，虽然该院在遴选人民陪审员时以大专学历作为基础条件，但更看重的还是候选人员的政治素养与个人综合素质。①

（三）名额确定

《实施意见》第 3 条规定，基层人民法院根据本地区案件数、人口数量、地域面积、民族状况等因素，并结合上级人民法院从本院随机抽取人民陪审员的需要，对本院人民陪审员的名额提出意见，提请同级人民代表大会常务委员会确定。

---

① 资料来源："人民陪审员制度考察 H 省行"访谈录音资料库。

自《决定》实施以来，样本地区法院分别于 2005 年、2009 年开展了 2 次人民陪审员的遴选，部分法院还根据自身实际情况进行过额外的补选。截至调研之时，7 个样本地区法院共有人民陪审员 297 人，其中 L 市 70 人，A 县 40 人，T 县 52 人，F 县 23 人，Y 县 21 人，X 县 30 人，R 区 61 人。结合各地人口总数，我们发现，人民陪审员的数量与当地人口总数基本呈正相关的关系：包括 A 市、A 县等在内的六个地区人民陪审员曲线与人口总数曲线基本保持一致走向，人民陪审员数量随着人口总数而变动；粗略统计，人民陪审员与常住人口之间的比例大概维持在二万分之一，即每二万人中遴选一个人民陪审员。R 区的情况则稍有不同，R 区虽然总人数并不多，但遴选的人民陪审员与常住人口之间的比例却比其他地区的更高，大约为一万分之一。究其原因，R 区地处省会城市，经济文化发达，辖区内人口密度较大，纠纷数量与类型偏多，在受案数明显偏多的情况下，法院在遴选人民陪审员时也相应地增加人员数量。

（四）存在的问题

1. 遴选条件标准不一

虽然《决定》明确了人民陪审员的遴选条件，但由于各地实际情况及人口素质差异，在遴选中往往对遴选条件进行了一定的变通。我们在调研中发现，各地在人民陪审员的遴选中，公开的遴选条件除了《决定》中规定的几条之外，还额外增加了遴选要求，比如说要求人民陪审员有法律专业知识背景或从业经验等。如据 A 市司法局直接参加过遴选的某主任介绍，A 市遴选人民陪审员时对学历要求有一定的放松，高中以上即可，但是需要从事两年法学方面的工作。法官作为专职的裁判者通常都是具有法律专业知识并通过法律专业资格考试的人，他们熟悉法律法规并能熟练地运用法律条文审理案件。但是作为专职的裁判者，法官在一定时间过后可能会形成某种定式的职业思维，而一个案件的圆满处理有时候并不是简单适用法律就能解决的，需要考虑到法律效果与社会效果的统一①，而在这时，引入人民陪审员，利用其作为普通民众所具备的情感与情理为法官在审案时注入新的视角与思路便成了立法者设立人民陪审员制度的初衷之一。因而，虽然司法裁决是一项专业性极高的工作，需要有一定的专业背景知识或相关的从业经验才能胜任，但是引入人民陪审员参与案件的审理并非是要求人民陪审员像专业法官一样用法律逻辑来裁决案件，而是要求其利用普通民众的情感与情理来协助法官审理案件，所以，专业的法律知

---

① 李红．法律活动专业化与陪审制度的民主价值．河南社会科学，2008（5）．

识并不是成为人民陪审员所必须具备的条件，在遴选人民陪审员时以此作为陪审员的准入门槛无疑有悖于人民陪审员制度的立法初衷，也导致了司法民主价值的难以实现。从以上的几点即可以看出，我国在人民陪审员的遴选中各地的做法纷繁复杂，标准高低不一，难以保证遴选制度的公平公正。

2. 学历标准过于严苛

《决定》中明确规定担任人民陪审员，一般应当具有大学专科以上文化程度。虽然在《实施意见》中对学历标准进行了放宽，但也只能适用于执行学历条件确有困难的地方以及年龄较大、群众威望较高的公民。从调研法院人民陪审员总体的学历构成来看，大部分人民陪审员达到了大专以上的学历背景，只有 23.7% 的人民陪审员不具有大专以上学历。就我国目前人民陪审员制度的遴选现状而言，这一标准显然过于严苛且不利于人民陪审员制度的价值理念的实现。[①]

首先，人民陪审员的高学历标准不符合我国现阶段人口受教育程度的国情。自改革开放以来，我国人口受教育程度有了质的飞跃，九年义务教育在全国范围已基本落实，有部分地区甚至已经开始探索十二年义务教育，但总体而言，我国还是一个发展中国家，尚处于社会主义的初级阶段，人口的平均受教育程度并不高。[②] 截至 2010 年 11 月，全国和 H 省 6 岁及以上人口中，具有大专以上学历的人口比重分别为 8.73% 和 7.60%。[③] 考虑到我国特殊的城乡二元经济结构及地区经济文化发展差异，某些地方的比重甚至更低。因而可以看出，若以大专学历作为遴选人民陪审员的硬性标准，其可选范围是十分狭小的，那么从如此小范围的人群中遴选出来的人民陪审员又如何保证其广泛的代表性呢？即使把代表性放在一边，这样的学历标准使得 90% 以上的人直接无资格参加人民陪审员的遴选，使得人民参与司法成为少数人的垄断，这也是对大部分普通民众参与司法权利的赤裸裸的剥夺。而且人民陪审员制度从本质上来说也就是一种草根民主，民主性的要求之一即在于不对其来源进行过多的限制，让普通的群众可以担任人民陪审员；而其草根性则在于通过引入普通群众担任人民陪审员参加案件的审理，防止精英化的法官对司法进行过度的垄

①　刘哲玮. 人民陪审制的现状与未来. 中外法学. 2008（3）.

②　中国统计局. 中国统计年鉴. 北京：中国统计出版社，2003.

③　资料来源：国家统计局发布的《2010 年全国人口普查主要数据公报（第 1 号）》和《H 省 2010 年第六次全国人口普查主要数据公报》。

断，防止整个司法制度的过度精英化。① 且由于大专以上文化程度人口比重较小，而人民陪审员的需求又大，也从另一层面增加了遴选机关的工作难度。高标准的遴选条件导致自荐人数稀少，所以部分法院为了减轻工作任务直接要求一些单位与组织推荐合格人选，因而不难理解为何在走访的七个基层法院中人民陪审员有大部分是机关、事业单位的领导了。

其次，我国设立人民陪审员制度的初衷是让民众参与司法、监督司法，实现司法公正和司法公开，这一目的的实现与人民陪审员的学历背景并无实际联系。有些支持高学历的人强调，司法是一项精英化的活动，要想让民众参与司法起到切实有效的作用，就必须遴选高素质的人担任人民陪审员。就现实情况而言，高学历并不等同于高素质，严格以学历来区分素质高低并不科学，且在我们的实地调研中，人民陪审员的履职状况与学历高低并无直接关联，一些学历偏低的村干部在农村纠纷审判中所发挥的作用甚至高于部分高学历陪审员，"文化素养高的人未必是德行高的人，而凡夫俗子则有可能是忠实憨厚的"②。职业法官审案多了容易形成思维定式，固化审理案件，引入陪审制度使普通老百姓参与司法审判，也是为了给案件的审理注入新的思维和视角，避免法官的"职业病"，从而达到真正意义上的司法公正。因而从这一层面说来，陪审员其实只需要基本的常识和朴素感情即能参审案件实现陪审功能，因而高学历的遴选条件实为多余。③

最后，遴选条件的高标准与一般的通行做法不相符合。④ 陪审制度最先是从西方发源，经过几个世纪的发展与变迁已经形成逐渐成熟的标准与模式，现代沿用陪审制或参审制的国家为了保证陪审员的广泛代表性，无一从学历上对陪审员提出过高的要求，只要求陪审员具备基本的读写能力即可。大部分国家是从选民名单中随机抽取，将大部分公民纳入候选名单，从而最大限度地确保陪审员来源的广泛性以及对民意的代表性。我国实行的是组织推荐和本人自荐的方式遴选人民陪审员，本已缩小了人民陪审员的遴选范围，而再以高学历作为门槛则更加削弱了人民陪审员的代表性。

---

① 周涌坤. 人民陪审员不宜精英化. 法学，2005（10）.
② 茅于轼. 中国人的道德前景. 广州：暨南大学出版社，2003：22.
③ 刘晴辉. 对人民陪审制运行过短的考察. 北大法律评论，2007（1）.
④ 陈艳. 两大法系陪审制度的比较研究——兼论我国陪审制度的模式选择. 前沿，2008（7）.

四、遴选方式

（一）实践样态

《决定》第8条规定，符合担任人民陪审员条件的公民，可以由其所在单位或者户籍所在地的基层组织向基层人民法院推荐，或者本人提出申请。由此，人民陪审员的遴选方式可以分为组织推荐与本人申请两种。在接受调查的155名人民陪审员中，自己主动申请担任人民陪审员的有29人，占比18.7％，而由组织推荐担任的人民陪审员有114名，占比73.5％。由于《决定》实施以来已进行过两届公开遴选，有部分人民陪审员属于连任但参与的方式却并不一样，因而设计问卷时特别针对此种情况设置了一个选项，即当选两次，一次是自己主动申请，一次是被推荐的，接受调查的陪审员中有12名选择了此选项，占比7.7％（见表8-1）。

表8-1 　　　　　　　　　人民陪审员的当选方式

		频率	百分比	有效百分比	累计百分比
有效	自己主动申请的	29	18.7	18.7	18.7
	单位或村委会、居委会等基层组织推荐的	114	73.5	73.5	92.3
	当选两次，一次是自己主动申请的，一次是被推荐的	12	7.7	7.7	100.0
	合计	155	100.0	100.0	

分地区来看，L市人民陪审员中，67.4％的人是由单位或村委会、居委会等基层组织推荐产生，且占据大多数，25.6％的人表示是自己主动申请的，两种情况皆有的人民陪审员占7％；L市人民陪审员中，77.3％的人民陪审员为单位推荐产生，13.6％的人民陪审员为主动申请产生，而两种情况皆有的人民陪审员比例为9.1％；T县情况与L市情况大体相同，单位推荐人数占总人数的73.3％，主动申请的人数所占比例为16.7％，两种皆有的为10％；X县陪审员问卷中在陪审员当选方式这一问题上只勾选了两个选项，单位推荐的为92.3％，主动申请的为7.7％；Y县情况较为特殊，参与问卷调查的人民陪审员均为单位推荐，并无主动申请的人民陪审员；X县人民陪审员当选方式则与L市等大体相同，但相对均衡一些，单位推荐的为55.6％，主动申请的为27.8％，两者皆有的为16.7％；R区则与X县相似，只勾选了两个选项，单位推荐的为73.7％，自己主动申请的为26.3％。

从总体上来看，各样本地区的人民陪审员中单位推荐担任陪审员的占比较大，绝大部分人民陪审员均是通过此种方式选出的。这与我们在对法院等遴选主体的访谈中了解到的情况基本相符，相较于公民自己申请，遴选主体更青睐由一些单位或基层组织推荐的人选。通常而言在接受公民自己申请的同时，他们也会向相关单位发出邀约要求推荐，甚至多地法院均未向社会公开遴选而完全由法院自己物色或是由人大、社区等基层组织进行推荐，在有了一个初步名单后相关遴选主体再进行审核。

（二）存在的问题

《决定》规定了两种陪审员的遴选方式，但是在样本地区的实践调研中我们发现，绝大部分的人民陪审员是由单位推荐担任人民陪审员的，主动申请的情况极为稀少，这突出显现了人民陪审员遴选方式的单一。

而造成这一局面的原因是多方面的。首先是主动报名担任人民陪审员的人员较少。虽然人民陪审员制度在我国已有长久的历史，但正式规范的实施还是从 2005 年《决定》生效之后开始，加上宣传不到位等的限制，公众对于人民陪审员制度还是稍有陌生，所以少有人主动报名参选。其次是因为遴选主体比较青睐单位推荐的遴选方式。单位或组织推荐通常已将不合格的人选排除在外，减少了遴选主体的工作量，同时，遴选机关在委托单位推荐的过程中已将详细要求等详细告知，且推荐单位通常是从员工中择优推荐，这样比较利于选出"听话"的陪审员，从而在参审中更利于法院工作的开展。

主要依赖单位推荐的单一遴选方式存在两个方面的危害，即无法确保人民陪审员的广泛性与民主性。由于单位推荐的方式通常而言已将不符合条件的人员排除在外，在初期遴选人民陪审员时一定程度上减轻了遴选主体对报名人员进行资格审核的工作量。但是，一般而言，遴选主体指定的推荐单位通常都是党政机关单位或是参照公务员管理单位，因而推荐的人员也就都集中于上述部门，这从样本地区人民陪审员的职业构成表中也能得到印证，故而从职业分布来看，人民陪审员的广泛性已难以保证。且在单位推荐的过程中，由于人民陪审员制度所具有的政治性，在大部分人看来，担任人民陪审员可算是一种社会荣誉与政治资本，因而单位往往是择优推荐。我们在对法院政工部门的访谈和与人民陪审员的交谈中也发现，在职的很多人民陪审员是所在单位的领导或管理人员，那么从社会分层的角度而言，草根阶层的代表性根本无从谈起。而人民陪审员制度的核心价值之一即推进司法民主。我们在对多名经单位推荐的人民陪审员的访谈中了解到，单位并未公开进行组织推荐的过程，而是由相关领导直接选定人员，询问过当事人的意见后即报送遴选机关，并未经过任何的民主测评与推选，且遴选机关出于对推荐单位的信任往往不会再进行相关的考核而照单全收，其民主性程度可见一斑。

五、遴选主体

（一）实践中的遴选者

人民陪审员的遴选主体，是人民陪审员遴选制度的实施者，关系到整个制度的落实。《决定》第8条规定，"符合担任人民陪审员条件的公民，可以由其所在单位或者户籍所在地的基层组织向基层人民法院推荐，或者本人提出申请，由基层人民法院会同同级人民政府司法行政机关进行审查，并由基层人民法院院长提出人民陪审员人选，提请同级人民代表大会常务委员会任命"。由此可以看出，依据法律的规定，基层人民法院、司法行政机关及人大常委会三个部门共同构成了人民陪审员的遴选主体，且三主体之间相互协作、分工明确，法院与司法行政机关负责对候选人民陪审员进行审查，人大常委会负责对人民陪审员进行任命。

1. 人民法院

人民法院不仅是人民陪审员的遴选机构，同时还是人民陪审员的用人机关，这是其区别于其他两个主体的特别之处。从整个人民陪审员制度的运作来看，法院贯穿于各个环节，包括遴选、管理、参审、考核等，虽然法院没有最终的任命权，但其主要负责选拔与考察，提出最后的候选名单，因而也可以说法院是三大遴选主体中最重要的一个。我国的陪审员遴选、培训、考核等相关事务通常由法院的政工部门主管。但是由谁来决定哪一个陪审员参与到哪一个具体案件的审判，各地法院均有不同，有些是由政工部门统一安排人民陪审员参与案件的审理，有些则是将人民陪审员均衡分配到各个庭室并由庭室自行安排。

在访谈中，我们发现，不管有无司法行政机关参与，法院基本上主导了包括遴选条件设定、公告、考察、提名、任命在内的整个遴选过程。

问：法院在遴选过程中主要负责哪些工作？

L市某法官：全部由我们负责，司法局只是协助工作。

T县某法官：司法局只在考察时派几个人过来，其余的都是我们在负责和决定。

X县某法官：我们将遴选条件告知人大，由人大向我们推荐候选的陪审员，我们挑选出符合条件的人选再交由人大常委会任命。（追问：全部由法院负责，司法局没有参加吗？）对，全部工作由我们负责。

2. 司法行政机关

司法行政机关在遴选环节主要是与法院一起对报名人员进行考察，提出候选名单，故而该主体也就是起一个辅助性的作用，协助法院对候选人员进行考察。而考察的形式有多种，主要是去报名人员的居住地了解其相关信息，比如品格、声誉等信息，以评估其是否适合担任人民陪审员的职务，有部分则是去报名人员的单位或是向其单位领导了解报名人员的工作情况及平时表现。在我们的实地调研中还了解到，有些地区的考察是委托给了当地的社区组织，由社区组织对报名人员进行评估并提出参考意见交由遴选机关作为考察依据。这样做的好处是在候选人员较多时，省去了遴选机关一一走访所耗费的人力和物力，节省了司法资源。同时因为候选人员常年居住在社区组织的辖区内，因而社区组织所提供的参考意见更具真实性与可信性。由于司法行政机关在整个人民陪审员制度运行中参与较少，因而其并没有内设专门的机构负责陪审员的遴选工作，一般是派出几个工作人员与法院一同进行考察。但司法行政机关毕竟并非直接的"用人单位"，且与人民陪审员制度之间的关联不大，因而司法行政机关在履职过程中并不十分积极，在调研中我们甚至发现部分地区的司法行政机关完全未参与人民陪审员的遴选，缺位现象严重。

L 市司法局相较于其他几个样本地区的司法行政机关而言属于参加较积极的，直接参与了人民陪审员的遴选。同时据 L 市法院的某位副院长介绍，每年法院召开陪审员专题会议时都会邀请司法局的人参加，他在访谈时讲到，理论上，好像司法行政机关在围绕一些司法基础工作、辅助工作来做，但是实际上，由于这些和它实际的利益没有多大的关系，它的工作管理肯定是不到位的，所以法院就要主动去做一些工作，比如说主动邀请司法局参加遴选与座谈。而我们在对 L 市法院政工部门与人大内司委访谈时，相关人员都谈到，司法局完全没有参与遴选，完全是法院一家在负责。其他几个样本地区情况也大体相同。而在 X 县司法局访谈时，相关领导则直言他们不管人民陪审员的问题。

3. 人大常委会

为了彰显人民陪审员的地位与作用，法律规定人民陪审员需要由法院提请同级人大常委会进行任命，同时这也是对人民陪审员遴选进行把关与监督。法院与司法行政机关共同进行考察，确定人选后将名单提交给人大常委会，人大常委会对名单审核后进行任命，并颁发聘书给人民陪审员。

　　但在相关的法律法规中并没有对人大在人民陪审员的遴选中的具体职能及操作规程进行详尽的规定。在调研中我们了解到样本地区之间人大参与的形式与程度各有不同。L 市人大常委会在人民陪审员的遴选和管理中除了对名单进行审议外，主要负责在经费方面通过财政预算对人民陪审员制度给予保障。Y 县人大在考察时便介入与法院一起对候选人民陪审员进行考察，考察后确定了陪审员名单提交主任会议研究，之后再交由人大常委会进行任命。而 X 县人大甚至包揽了人民陪审员的推荐工作，由法院依据遴选要求向人大发放推荐函，人大则依条件向法院推荐合适的人选，再交由法院进行选择。

　　而对于法律规定的人大常委会对人民陪审员名单的最终审核工作，人大反而只是一种形式审核，通常是照单全收。在对多地法院政工部门相关人员进行访谈时，他们均提到，名单提交到人大后，人大并不会再去仔细审核人员情况，一般都会通过，不会出现大的变动，

　　　　问：提交给人大常委会的名单都能通过吗？有没有不批准的情况？

　　　　X 县某法官：没有，名单里的人本来就是人大推荐给我们的，一般他们都不会再审核，都直接任命的。

　　　　Y 县某法官：一般不会，我们提交过去后，一般都会通过。

　　　　X 县某法官：没有，还没出现过这种情况，名单提交到人大常委会后通常都会通过。

（二）存在的问题

　　有权力就必须有制约，严格限制权力在合理范围与空间内运行，才能保障社会的有序与稳定，权力与权力之间只有相互制衡和牵制才能避免权力的滥用。[①] 人民陪审员的遴选制度也是如此，从立法的初衷来看，虽然人民陪审员制度属于司法的一部分[②]，仅为人民法院审案所用，但由于人民陪审员制度的民主与公正价值，为了保障其有效运行，立法者在立法时将司法行政机关、人大常委会与法院一起列为人民陪审员制度的遴选主体，为的就是引入多方主体达到三方制衡，从而遴选出最符合制度需求的人民陪审员。[③]《决定》规定，在遴选人民陪审员时，由司法行政机关会同人民法院对候选者进行考察，一起商定拟任名单，最后交由人大常委会

①　姜淑华．司法社会化与人民陪审员制度的完善．山东社会科学，2006（11）．
②　李阳河．从司法公正论人民陪审员制度之完善．西南政法大学硕士论文．
③　王燕慧．从宪法纬度解读陪审制．甘肃联合大学学报，2006（4）．

进行审核任命。但在实践调研中，我们频频发现，多地的司法行政机关表示很少甚至完全不参与人民陪审员的遴选过程，即使参与也只是走形式附和法院的意见。但是人民陪审员参与案件的审理除了承载司法民主与司法公开的应有价值之外，本身还蕴涵着监督司法的职能。陪审员与法官一起组成合议庭，陪审员享有单独且完整的一票，与法官一起分享司法权决定案件的裁决，以保证司法的公正，同时，陪审员全程参与案件的审理，可以全程监督法官审案，有效地避免司法腐败。然而由于司法局的严重缺位，法院在遴选陪审员时独揽大权，最终形成了法院对人民陪审员"既选又用，既是裁判员又是运动员"的尴尬局面，使得人民陪审员制度的监督作用成为一纸空谈。

出现这一状况的原因主要是三大遴选主体之间的分工不够明确和具体。在《决定》第 8 条中仅原则性地规定，由基层法院会同同级人民政府司法行政机关进行审查，并由基层人民法院院长提出人民陪审员人选，提请同级人民代表大会常务委员会任命，而具体在进行审查时，审查的内容及两机关之间具体的职能分工却未有提及，以致在审查过程中司法局往往因职能不明确而怠于履职。在调研中，我们在对司法局负责人民陪审员遴选的相关人员进行访谈时也提到了该项问题，相关负责人员谈到由于人民陪审员的使用权与管理权都集中在法院，与司法局之间除了遴选环节之外并无过多的关联，司法局方面对于人民陪审员制度并不十分清楚和了解，且由于没有利益上的牵扯，其对该制度的实施也并不热衷和关心。他们参与到遴选环节完全是因为法律的规定，所以在遴选过程中，司法局通常都是派出一至二名工作人员协助法院，有些地方的司法局甚至只是挂名并无实际参与，而将所有其需要做的事项与权力都交给了法院。同时，某些地方的司法局则认为，法院才是人民陪审员的用人单位，交由他们自身来遴选人民陪审员就犹如按图索骥，如此才能按需求遴选出符合职位要求的人民陪审员，更好地行使陪审的权利。① 因而从总体来说司法行政机关在整个遴选过程中都是比较被动的，并不直接决定人民陪审员的最终候选名单，而只是辅助法院展开某些遴选工作。而对人大常委会而言，其对于该制度的适用则更加生疏，只是按照基层法院院长提交的人民陪审员名单进行任命，对于法院提交的候选名单，人大常委会一般都只是进行形式审核而不再作细致的复核，简单浏览过后除个别极特殊的情况往往都是照单全收。作为人民陪审员的直接用人单位与受益单位，在司法局并不热心且人

---

① 高一飞. 陪审制度的价值取向. 检察风云，2006 (17).

大也无心多管的情况下，法院则容易集中权力，进而垄断陪审员的遴选。人民陪审员与法官组成合议庭时，除了不能担任审判长外和法官享有同样的权利，在合议案件时人民陪审员有单独且完整的一票，能够影响到案件的最后裁决。尤其是在合议庭中人民陪审员人数占多数或法官意见相分歧、需由人民陪审员投票以决定案件裁决的情况下，陪审员的意见则尤为重要。而法院为了最大限度保证其司法权力的完整性，则更倾向于选择能与其保持一致且便于管理的人民陪审员，因而，在遴选陪审员时，出于此种需要，法院往往抢占主动地位，揽遴选大权为己所用，以期选出"最佳陪审员"①。

六、遴选程序

（一）遴选程序的实践运作

根据相关文件规定，人民陪审员的遴选通常分为公告、审核、任命、任期四个环节。

1. 公告

《实施意见》第 5 条规定，基层人民法院应当在人民陪审员遴选工作开始前 1 个月，向社会公告人民陪审员的名额、遴选条件、程序等相关事宜。一般来说，公告面向的应是社会大众，公告的方式可以是张贴海报或电视发布或网上发布等，而在司法实践中，各地的公告方式则各有不同。通过对样本地区法院政工部门相关人员的访谈，我们大概了解了一下样本地区法院的通常做法。如 L 市法院与 T 县法院采取的是网上公告与传统媒体发布相结合的方式，将遴选通知挂在了其官方网站及当地报纸上进行公开招选，受众较广。在召开陪审员座谈会时就有陪审员介绍到自己就是因为在 L 市日报上看到公告在招人民陪审员才报名参加的。而多数法院选择的均是传统的公告方式即张贴海报，但是张贴的地点一般都是法院门口公告栏，受众范围有限。但有个别法院则完全缺少公告的程序，并未向社会发布任何遴选通知，而是单方面向各相关单位或居委会要求其推荐合适人选。如 X 县法院副院长在接受访谈时明确表示该县人民陪审员的遴选并未向社会公开进行，而是要求人大推荐，然后从中进行选择。

2. 审核

审核由人民法院会同司法行政机关（即司法局）进行，审核的基本内容如《决定》第 4 条、第 5 条和第 6 条的规定，但具体的审核方式和审核

---

① 李超玲 . 我国人民陪审制度的价值反思与制度修补 . 法制与社会，2006（4）.

标准并不详尽。通过对样本地区法院政工部门负责遴选人民陪审员的相关人员的访谈，我们了解到，通常来说，经过报名和推荐后，法院会确定一个基本的候选名单，再由遴选机关对这些人员进行考察。有些是由遴选机关组成考察小组去候选人员的居住地或单位走访，了解候选人的相关情况，如 L 市在 2009 年的换届遴选时即采取这种方法，由法院与司法局的人一起根据候选名单去各个乡镇走访进行调查；而有些则是直接由推荐单位代替遴选机关进行考察并出具意见，再由人民法院决定提交任命的名单，如 L 市法院的相关人员谈到，某些单位推荐的人民陪审员是由推荐单位进行考察并告知法院，法院再决定提交任命名单产生人民陪审员；有的则是组织进行相关的考试选拔，如 Y 县则是通过考察加考试的方式来遴选人民陪审员；也有缺乏审核的情况，如 X 县法院的遴选并未向社会公开，而是向人大及党政机关发放推荐函，再从推荐人员中按地域或职业等进行选择，由于来源较特殊，所以遴选主体也并未再对候选人员进行相关的考察，而是直接提交任命。至于审核的内容，样本地区的做法则相对比较统一，除了《决定》规定的内容，基本围绕候选人的政治素质、职业、居住地、交通便利情况、参选热情和参审时间能否得到保障等方面来进行。

3. 任命

人民陪审员的任命权在人大常委会，人民法院会同司法局考察过后，依据考察结果决定候选名单，然后由法院院长提交至人大常委会，人大常委会审核通过后进行任命，再颁发人民陪审员证书。人大的任命是人民陪审员身份正当性的依据。该环节 7 个样本地区的做法与法律规定基本一致。

4. 任期

《决定》第 9 条规定，人民陪审员的任期是 5 年，而对连选连任等问题没有作详细的规定。由于人民陪审员是经过人大常委会任命的，因而在任期方面也与人大代表等保持了一致，那么较长的任期是否会影响人民陪审员参审的积极性？我们在针对陪审员的问卷中设置了一道关于任期的题目，即 5 年的任期是否会影响他们任职的积极性，93.9% 的人都认为 5 年任期并没有影响到其积极性，仅有 6.1% 的人认为有影响（见表 8-2）。因而从人民陪审员自身来看，他们对于 5 年的任期并无异议。但由于《决定》与《实施意见》中对连选连任问题并未进行详细规定，在实践操作中是允许人民陪审员连选连任的。纵观各地人民陪审员的遴选情况，连任的人民陪审员也不在少数。据各样本地区法院提供的两届遴选的数据，L 市有 10 名人民陪审员连任；A 县有 3 名连任；T 县由于首次遴选数据缺失无法进行精准统计，但依据其第二次遴选人数及现在职人数可以推出至少有 26 名陪审员连任；F 县法院有 10 名；Y 县法院有 3 名；X 县法院由于总共进行了三次遴选且前两次的数据都缺失，因而无法进行统计；R 区法院首届遴选的 31 名人民陪审员则全部连任。总之，从人民陪审员的连任情况来看，相较于国外陪审团制及参审制的任期而言，我国人民陪审员的整体任期较长。

表 8-2　　　　　　　五年任期是否会影响人民陪审员参审的积极性

	请问您认为 5 年任期会不会影响您参审的积极性？				
		频率	百分比	有效百分比	累计百分比
有效	没有影响	138	89.0	93.9	93.9
	有影响	9	5.8	6.1	100.0
	合计	147	94.8	100.0	
缺失	99	8	5.2		
合计		155	100.0		

（二）存在的问题

1. 公告范围受限

《决定》规定，基层人民法院应当在人民陪审员遴选工作开始前一个月，向社会公告人民陪审员的名额、遴选条件、程序等相关事宜，而对于公告的具体方式及持续时间等并未作详细的规定，一般可选的公告方式有电视媒体、网络宣传、杂志刊登和张贴公告等。[①] 7 个样本地区中多数公告方式单一，甚至有个别法院并未按照规定公开进行遴选，因而直接导致了公告发布范围狭窄，受众较少，而这也与遴选方式不平衡之间存在着千丝万缕的联系。前文中已就样本地区人民陪审员的遴选方式进行了单独的考察，大部分人民陪审员都是通过单位推荐而担任的，仅有少部分为自己主动申请，对于人民陪审员制度的陌生以及未曾见过遴选公告都有可能导致主动申请人较少。

自 2005 年《决定》实施以来，虽然全国各地法院均开展过不同规模的宣传活动，但社会公众对人民陪审员制度依然还是知之甚少。在我们对公众进行的随机调查中，没有听说过我国的人民陪审员制度的占到了43.9%，而还有 11.2% 的人表示虽没听过人民陪审员制度但对于西方的陪审团制度倒是有所耳闻（见表 8-3）。借助遴选人民陪审员向社会公告

---

① 马晨刚. 对我国陪审制度的思考. 江西社会科学，2006（5）.

的契机广泛宣传陪审员制度，不仅能使遴选程序实现公开化，而且能起到司法宣传的作用，提高公众对人民陪审员制度的知悉度。

表 8 - 3　　　　　　　　　是否听说过我国的人民陪审员制度

		频率	百分比	有效百分比	累积百分比
有效	听说过	2 127	43.7	44.9	44.9
	没听说过	2 079	42.7	43.9	88.8
	虽然没听说过人民陪审员，但听说过国外的陪审团	531	10.9	11.2	100.0
	合计	4 737	97.4	100.0	
缺失	99	127	2.6		
合计		4 864	100.0		

人民陪审员的遴选公告起到的不仅是招聘及公开的作用，更是对人民陪审员制度的一种宣传作用。通过我们在街头对公众的随机调查可以发现，相比其他的途径，法院自办的宣传栏或通过报纸等媒体所作的宣传更能让民众了解人民陪审员制度（见表 8 - 4）。

表 8 - 4　　　　　　　　公众听闻人民陪审员制度的来源

听闻人民陪审员制度的方式	频率
报纸等媒体及法院的宣传	1 357
亲戚朋友说过	341
到法院旁听过陪审员庭审	287
影视文学作品	868
其他	505

2. 任期过长

我国人民陪审员的任期为 5 年，且法律并未对连选连任作出具体规定，因此在司法实践中，常常会出现任期超长的人民陪审员。虽然较长的任期对于人民陪审员的任职并没有产生消极的影响，但这些陪审员长期参与案件的审理，逐渐演变为法院的"编外法官"，且因为频繁参与案件的审理，其思维方式、道德标准也逐渐地向职业法官靠拢，从而变得"法治观念太强，司法性格太重，守经有余，权变不足"[1]。同时，过长的任期使得陪审员长时间的陪审，会逐渐降低其对于陪审的热情，不愿陪审、陪而不审的问题则势必明显，而最为严重的则是，由于长期在法院任职，陪

---

[1]　马英九. 法律人你为什么不争气？——法律伦理与理想的重建（序）. 北京：法律出版社，2007：1.

审员很容易与法官之间形成一种朋友或熟人关系，导致人民陪审员监督法官和制衡法院司法垄断的作用难以发挥，同时也使人民陪审员贪污受贿的司法腐败现象成为可能。① 另外，人民陪审员制度为民众提供了参与司法的机会，但过长的任期使少数人长期担任人民陪审员，导致其余公众无法参与到制度中来，缩小了制度的适用范围，同时也限制了制度作用的发挥。

---

① 施鹏鹏. 陪审制研究. 北京：中国人民大学出版社，2008：199.

第九章 人民陪审员参审机制实证考察

参审机制作为人民陪审制度的核心环节，其运作效果直接决定了该制度所承载的司法民主、司法监督等功能和价值能否实现以及可以在多大程度上实现。关于当前人民陪审员的参审状况，既有研究多用"陪而不审，审而不议""陪衬员""陪审专业户""摆设"等词来概括和描述其长期存在的制度问题。尽管上述研究评价和结论有助于从整体上对人民陪审制度形成正确的质性认识，但由于与实践考察结合不足，或缺少客观、翔实的实践数据做支撑，多数研究的说服力有所折扣，不利于决策者从更微观的层面掌握人民陪审员参审的各个细节，客观评估人民陪审员参审的实际效果，进而作出更有针对性的改革决策。

正基于此，本部分以第一手的实证数据资料、访谈资料和档案资料作为基础，运用统计分析的手段，客观描述人民陪审员的参审现状，细致展示参审机制运作的各个环节，考察参审的实际效果，剖析实际效果与预期目的差异较大的原因，从而为当前进行的人民陪审制改革提供有益的实践经验和决策基础。

一、陪审程序的启动

陪审程序的启动是指具体案件适用人民陪审员的决定方式。根据立法的相关规定，适用人民陪审员参审的决定方式主要有两种：一是人民法院依法定情形决定适用；二是依第一审普通程序的民事案件原、被告，刑事案件被告人和行政案件原告的申请决定适用。[①]

（一）考察方式及情况

由于审判案卷不会专门载明人民陪审程序启动方式的有关信息，因而从调查法官和当事人的质性认识着手，就成为一个次优选择。针对这一问题，调查组在 7 个样本地区发放法官调查问卷 252 份，回收 252 份；电话

---

① 参见最高人民法院《关于人民陪审员参加审判活动若干问题的规定》第 1~3 条。

访谈了 403 个当事人。

据表 9-1 可知，有 90.9% 的法官认为，选取人民陪审员组成合议庭审理案件主要是由法院自行决定的；仅有 2.1% 的法官认为，程序的启动主要由当事人主动申请。

表 9-1　　　　　请问启动陪审程序的通常是？（法官卷）

		频率	百分比	有效百分比	累积百分比
有效	主要由法院自行决定	221	87.7	90.9	90.9
	主要由当事人主动申请	5	2.0	2.1	93.0
	两种方式比例相当	17	6.7	7.0	100.0
	合计	243	96.4	100.0	
缺失	99	9	3.6		
合计		252	100.0		

据表 9-2 可知，91.3% 案件是由法院法官依法定情形决定适用的，当事人主动申请或其在律师、代理人建议下申请适用的只占 8.7%。

表 9-2　　　请问您是自己申请陪审的，还是由法院决定的？（当事人卷）

		频率	百分比	有效百分比	累积百分比
有效	自己主动申请的	30	7.4	7.9	7.9
	在律师、代理人的建议下申请的	3	0.7	0.8	8.7
	法官决定的	347	86.1	91.3	100.0
	合计	380	94.3	100.0	
缺失	99	23	5.7		
合计		403	100.0		

由上述数据可见，适用人民陪审员参与审理的案件绝大多数都是由法官依法决定的，而当事人主动申请的很少。

（二）原因分析

造成此现象的原因是多方面的，主要有：

第一，参审率指标的直接影响。目前，基层法院在行政管理上普遍存在直接影响到法院和法官利益的考评机制，审结案件的参审率就是其中绩效考核的重要指标。在此考评机制的影响下，法官不仅会在满足法定条件的案件中积极适用人民陪审员参审，而且会在不少没有必要适用人民陪审员参审的案件中也同样适用，甚至个别地区基层法院明确要求法官"凡适用普通程序的案件必须有人民陪审员参加"。

第二，当事人对人民陪审制度知悉不足。从电话访谈的情况来看，一方面，大多数人在审理之前并不知晓人民陪审员制度，也不知道陪审员具体要履行哪些职责，即使有所接触，也不明白人民陪审员在案件中所发挥的功能和作用。另一方面，一审案件当事人对其享有申请适用人民陪审员制度的权利，同样不甚清楚。在此情况下，申请适用人民陪审员参审的比例极低也就成为必然。

第三，法院告知当事人权利程序流于形式。根据立法规定，人民法院应当明确告知案件符合适用条件的当事人有申请人民陪审员参审的权利。然而，在司法实践中，一方面，向当事人双方送达立案通知书、举证通知书等法律文书时对当事人的权利提醒不足。对一般当事人而言，他们并不会仔细阅读；即便阅读了，他们也难以理解申请人民陪审员参审对案件的意义，且不知道该如何主动行使申请人民陪审员参审的权利。而另一方面，法官很少会口头明确告知当事人有申请人民陪审员参审的权利并对该权利进行一定程度的释明。这些因素，都进一步降低了当事人主动申请适用人民陪审员参审的可能性。

二、陪审员的选定

根据立法规定，具体案件的人民陪审员的选取，应当采取电脑生成等随机方式确定。人民陪审员的"随机抽取"作为一种"等概率"的选取方法，是指被选任的人民陪审员都有同等被抽中担任某具体案件人民陪审员的可能，而这种可能完全依照机会均等的原则进行。

（一）基本情况

人民陪审员的选取活动在法院完成，当事人、律师、法律工作者、公诉人以及人民陪审员均不会也不能参与到选取过程中。在既有法律规定下，法院并不接受当事人对具体某一人民陪审员担任本案陪审员的申请。

根据上述发放 252 份法官调查问卷的反馈情况，7 个样本地区人民陪审员的选取方式有四种，分别为人民陪审员被固定配置在合议庭，由承办法官安排；人民陪审员被固定配置在审判庭，由庭里安排；人民陪审员没有固定，统一由院里安排；随机抽取，临时确定。四种方式的采用比例，从图中可以看出，比例差异仍非常明显（见图 9－1）。

不过，我们在参与调研过程中，形成了不同地区的基层法院对人民陪审员选取方式侧重不同的认识。我们将人民陪审员的选取方式与地区结合起来分析时，形成了表 9－3，从数据统计上看，L 市和 R 区人民陪审员基本被固定配置到庭，分别有 72.6％和 93.1％的参审案件由承办法官或审判庭安排人民陪审员；T 县和 Y 县大多数是统一由法院安排人民陪审员参审，比例分别高达 81.8％、76.6％；Y 县是随机抽取人民陪审员比例最高的地区，达到了 56.5％；A 县、F 县关于人民陪审员选取方式各

表9-3　人民陪审员的选取方式

地区			与您组成合议庭的人民陪审员一般是如何选定的？					合计
			被固定配置在合议庭、由承办法官安排	被固定配置在审判庭、由庭里安排	没有配置到庭，由院里安排	随机抽取，临时确定	不知道	
L市	计数		11	26	1	13	0	51
	地区中的%		21.6%	51.0%	2.0%	25.5%	0.0%	100.0%
A县	计数		7	8	10	11	1	37
	地区中的%		18.9%	21.6%	27.0%	29.7%	2.7%	100.0%
T县	计数		0	4	36	4	0	44
	地区中的%		0.0%	9.1%	81.8%	9.1%	0.0%	100.0%
F县	计数		0	10	8	5	0	23
	地区中的%		0.0%	43.5%	34.8%	21.7%	0.0%	100.0%
X县	计数		1	0	23	6	0	30
	地区中的%		3.3%	0.0%	76.7%	20.0%	0.0%	100.0%
Y县	计数		3	3	4	13	0	23
	地区中的%		13.0%	13.0%	17.4%	56.5%	0.0%	100.0%
R区	计数		7	20	1	1	0	29
	地区中的%		24.1%	69.0%	3.4%	3.4%	0.0%	100.0%
合计	计数		29	71	83	53	1	237
	地区中的%		12.2%	30.0%	35.0%	22.4%	0.4%	100.0%

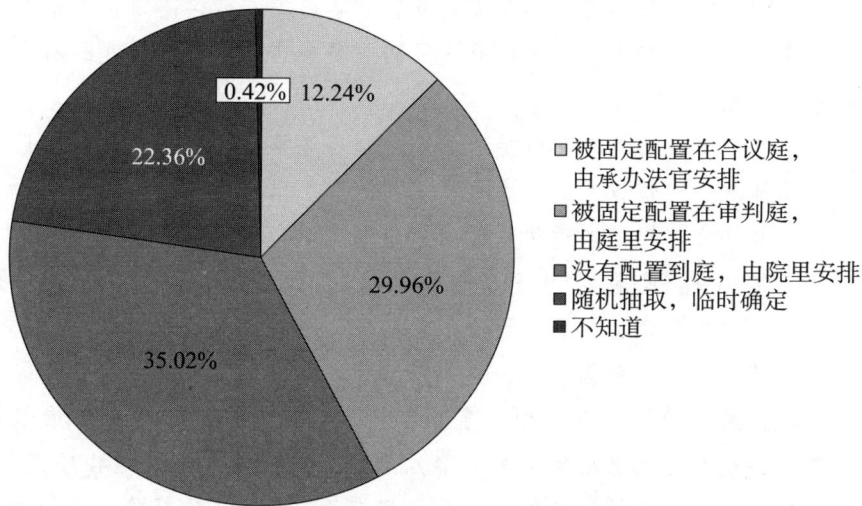

图 9-1　具体案件确定人民陪审员的选取方式

个比例差异不是特别明显。① 显然，多数样本地区确定人民陪审员的选取方式有一定规律性；除个别地区外，采取随机抽取方式的比例不高。

（二）随机抽取比例不高的原因

其一，法院辖区广，资源配置不经济是随机抽取无法落实的重要原因。调研涉及的 7 个样本地区的法院，除 R 区法院外，管辖的地域范围都很广，各地区的地理面积都超过了 1 700 平方公里，交通状况不一，且目前各基层法院的人民陪审员数量增多，随机抽取存在实际困难。假若在机关开庭的参审案件，随机抽取的人民陪审员需要花费两三个小时才能到达乡镇，即使人民陪审员愿意参审，但对于参审案件来说，一般情况下开庭时间为半天或一天，路途花费的时间多了，相应的参审案件的审理时间就少了。显然，简单随机抽取在基层法院适用时不经济。所以，多数法院和法庭采用分区域为主、方便为辅的分层抽取方式。

> 某法官：若严格按照法律规定，在开庭前三天告知当事人合议庭组成人员，并通知陪审员的话，在 70 名陪审员中的随机抽取就很复杂了……每个乡镇都选任了一至二个陪审员，法庭审案需要时从辖区范围内的人民陪审员中选择……在机关法庭，我们采用相对固定，再随机抽取的方式，则符合实际。

---

① 关于人民陪审员选取方式与地区的关联性的说明。在 SPSS 数据统计软件的运用中，对样本大于 40 的两个或以上因素关联性的检查主要是卡方检验，而卡方检验的渐进值小于 0.05 时，两个或以上比较因素间存在关联性。

　　某法官：我们陪审员是固定配置到各庭室，两名陪审员参审的比较多……民一庭大多数案件有人民陪审员参审，组成合议庭的陪审员也两两相对固定。

　　某法官：虽然有随机抽选的制度，但事实上，主要依据陪审员的具体情况，参审方便的，庭室就安排这几个陪审员参审。

　　某法官：我们在适用人民陪审员制度时，一般以方便为原则。

　　某法官：R区有60多个陪审员，为方便工作，从实用出发，把陪审员作为刑事、民事、行政三大组分到各个庭室，相对固定。

　　某法官：刑庭固定下来4位陪审员，且他们之间两两组合，固定搭配，采取两名陪审员和一名法官组成合议庭；民二庭有7位陪审员，一般都是两名陪审员与一名法官组成合议庭审理普通程序案件；行政庭现在固定的是2位陪审员，都有行政单位工作经验，一般由一名陪审员和两名法官组成合议庭；陪审员分配到各庭室是随机的，陪审员由审判庭负责，相对固定。

　　某陪审员：我在某镇上工作，来法院比较多，其他地方陪审员来这不方便，一般是法庭的法官开庭前一天电话通知我，一般有时间就过来参审。

　　其二，人民陪审员参审义务无强制性，是随机抽取无法完全落实的直接原因。虽然《决定》规定了人民陪审员参与审判既是权利，也是义务，但这种参审的义务并不具有强制性，人民陪审员可以以工作或其他事由推脱参审，在从该地区的人民陪审员名单中进行随机抽取本就复杂的情况下，还有可能需要进行二次或多次随机抽取，加剧了随机抽取方式的落实难度。在案件数量逐年增多，案件类型多样化的情况下，为提高审判效率，不论是基层法院，还是承办案件的法官，都不愿花费过多精力徘徊在多次随机抽取人民陪审员的程序上。

　　某法官：随机抽取是实行人民陪审员制度的初衷，但实际执行存在一定难度，人民陪审员还没有将参审作为一种法律义务的意识，随机抽取的人民陪审员可能因个人或工作原因不参与审理……

　　某法官：对人民陪审员的参审安排采取随机抽取的方式，存在具体问题，目前而言，法院随机抽取的某一个陪审员，可以因为工作原因而不能参与案件审理，如果继续随机抽取，陪审员还是有可能不能参审。

　　某法官：（基层法院）没有强制固定人民陪审员，事实上依人民陪审员的具体情况而定，有时间的、方便的，参审的就多一些。

　　某法官：陪审员具体排期由立案庭负责，但具体到庭里，经常发生变更。联系排期的人民陪审员，多以自己事情多、走不开为由，不能参审。

其三，人民陪审员制度形式作用大于实质作用，是随机抽取无法落实的现实原因。被访谈的法官群体中，有相当一部分法官认为目前人民陪审员制度仅仅是"形式""摆设"，是为了完成参审率而不得不适用的制度。只要形式上有人民陪审员参审，体现了司法民主参与就好，至于如何决定适用人民陪审员参审，如何选取人民陪审员并不重要；另外，个别样本地区法院的法官直言不讳地指出，出于照顾无工作而担任人民陪审员的法院家属的目的，选择相熟的、方便的、有时间的人民陪审员参审是常态，也致使随机抽取无法实现。

　　某法官：虽然有个随机抽选的机制，同时案件选择哪个陪审员由立案庭按规定排期，但可能最终还是落到这几个人（熟悉的几个人民陪审员）身上。

　　某法官：虽然没有刻意划分固定的人民陪审员，但每个庭室有几个经常用的。陪审员具体排期由立案庭负责，但具体到庭里，联系人民陪审员时其多有事走不开，庭里不得已要变更陪审员。有些人民陪审员总没有时间，有些人民陪审员一叫就到，慢慢的关系密切了，就总是这几个陪审员参审了。

　　某法官：人民陪审员发挥蛮大作用倒是没有，不过上面有参审率的要求，不叫陪审员，只叫法官，会增加法官的工作强度……陪审员参审案件，很多也不能发表意见，只是个形式问题……为了完成任务，我们这个地方（人民陪审员参审的案件）至少还要有人（人民陪审员）坐在这里（法庭）……

　　某法官：实际上，法官只是希望人民陪审员来陪，而陪审员自身也没有要参与进来的意思……真正想要审案的人民陪审员还是很少的……没有工作的，为了解决部分经济收入问题而参审的也比较多。

　　某法官：案多人少，审判力量不足，人民陪审员确实能解决部分人员不足的困难……基层法院工作量大，凑数的心态也有……

（三）小结

虽然7个样本地区在地域范围、经济发展状况、交通便利程度、民族多样化、风俗习惯等方面存在差异，但不可否认的是，在适用人民陪审员参审的决定方式上，绝大多数情况下都是由法院或法官依法决定的，当事人申请适用的情况极少。这是由目前法官仍在审判程序中占主导地位、参审率考核指标的限制、人民陪审员制度宣传力度不够，以及当事人不知晓有此种权利且法院的告知程序流于形式等原因共同作用的必然结果。多数案件依法由法官决定适用人民陪审员参审并无不妥，不过，加大宣传人民陪审员制度，明确告知当事人申请人民陪审员参审的权利，增加当事人申请适用的案件数量，是人民陪审员制度体现司法民主的题中之意。

7个样本地区的基层人民法院在人民陪审员的选取方式上主要是从分区域、方便参与审判的角度出发，选取方式有相对固定配置到庭、院里统一调配、法官自主联系的差别。明显的考察的样本地区都没有完全落实人民陪审员制度规定的随机抽取方式，即使调查问卷上选择"随机抽取，临时确定"答案，以及访谈中提到由庭室、院里"随机抽取"人民陪审员参审的都是存在前提条件的，这种"随机抽取"被限定在一定范围内，要么人民陪审员先被随机地相对固定地分配到庭室或审判线，要么是从居住或工作在辖区，时间较充裕，参审方便的人民陪审员当中随机抽取。

2010年，最高人民法院政治部《关于人民陪审员工作若干问题的答复》（以下简称《答复》）中提到，基层法院可以按人民陪审员的行业背景、地域分布及陪审案件类型进行适当分类，按电脑生成等方式随机抽取，人民陪审员不应当长期固定在同一审判业务庭或合议庭。实现整个地区人民陪审员名单的随机抽选的确不现实，但长期将人民陪审员固定在庭室和审判线的方式，同法官直接联系几个固定的人民陪审员的做法，都不妥当。如何强化人民陪审员参审的义务性、有效衔接本职工作单位与法院参审工作、发挥人民陪审员参审的实质作用，或可使随机抽取方式达到《答复》中依案件专业性程度、案件来源地、案件类型等几个可操作的标准，实现分层随机收取。[①]

三、参与审判的过程

人民陪审员成为合议庭组成人员后，须在约定时间、地点参与具体案

---

① 分层随机抽取，类比于分层抽样，亦称分类抽样或类型抽样。适用于总体量大、差异程度较大的情况。先将总体单位按其差异程度或某一特征分类、分层，然后在各类或每层中再随机抽取样本单位。分层抽样实际上是科学分组或分类与随机原则的结合。分层抽样有等比抽样和不等比抽样之分，当总数各类差别过大时，可采用不等比抽样。来源于百度百科词条。

件的审判，这是人民陪审员履行职责的过程。对人民陪审员参与审判过程的考察，是判断人民陪审员是否有效参审的重要论据。本章将从参审准备、参与庭审、参与审判三个环节详细探讨人民陪审员参与审判的过程、存在什么样的问题以及出现这些问题的原因。

（一）参审准备——审前阅卷

目前，大多数法院都提倡将案件一步到庭，以避免法官先入为主，维护审判的公正性，但人民陪审员毕竟不同于职业法官，多半没有专业的法律知识背景，也不一定拥有与案件相关领域的知识，仅靠正式开庭审理时认真听审并不能保证其每次参审都能准确地把握基本案情，在事实认定和法律适用上可能存在困难，审前阅卷及相关法律知识的准备是人民陪审员正确参审的重要前提。需要说明的是，具体案件的审前阅卷是可以通过人民陪审员与法官直观感受而量化统计的环节，而人民陪审员为参审所做准备在调研中主要是通过访谈、座谈方式自我说明，没有在问卷中体现，无法进行统计说明，故在本章中涉及审前阅卷及准备时稍有提及，不另作探讨。

1. 样本地区人民陪审员审前阅卷的概况

7个样本地区共收集法官问卷252份，关于人民陪审员审前阅卷一题，缺失值为7份，有效问卷为245份。从法官问卷的总体情况看，只有37.6％的人民陪审员能较好地履行审前阅卷、了解案情的职能，55.5％的人民陪审员很少在开庭前进行审前阅卷，更有6.9％的人民陪审员坦承从来没有在审前阅卷过（见表9-4）。可见，多数人民陪审员并未意识到审前阅卷以了解具体案情对其行使参审权的重要性。

表9-4　据您所知，人民陪审员通常在庭审前是否查阅案卷、了解案情？（法官卷）

		频率	百分比	有效百分比	累积百分比
有效	每次都有	34	13.5	13.9	13.9
	经常	58	23.0	23.7	37.6
	很少	136	54.0	55.5	93.1
	一次也没有	17	6.7	6.9	100.0
	合计	245	97.2	100.0	
缺失	99	7	2.8		
合计		252	100.0		

7个样本地区共收集人民陪审员问卷155份。从人民陪审员问卷的总体情况看，66.4％的人民陪审员认为自己能经常甚至是每次都能在开庭审理前做好查阅案卷、了解案情的工作，23.5％的人民陪审员参审时偶尔几

次进行了查阅案卷、了解案情的准备工作，另有 10.1% 的人民陪审员从未在审前阅卷（见表 9-5）。由此得出，大部分人民陪审员认为自己为正确行使与法官共同认定事实、适用法律的职权，发挥人民陪审员参审的作用，能很好地进行审前阅卷的准备工作。

表 9-5　　请问您一般在庭前查阅过案卷、了解案情吗？（人民陪审员卷）

		频率	百分比	有效	累积百分比
有效	每次都有	65	41.9	43.6	43.6
	经常	34	21.9	22.8	66.4
	偶尔	35	22.6	23.5	89.9
	一次也没有	15	9.7	10.1	100.0
	合计	149	96.1	100.0	
缺失	99	6	3.9		
合计		155	100.0		

不过，我们将两组统计数据对比发现，对于人民陪审员是否能在庭审前查阅案卷、了解案情，法官群体和人民陪审员群体总体情况存在相反看法，即法官认为人民陪审员只有少数能做到审前阅卷，而人民陪审员则认为多数都做到了审前阅卷。我们认为，法官是对其审判工作中接触过的多个人民陪审员的总体印象进行评价，而人民陪审员则是针对自身在庭审前查阅案卷、了解案情的情况的个人表现进行评价。个体的自我评价与他人对部分整体的评价存在差异是再正常不过了。

2. 人民陪审员审前阅卷的可行性评价

从我们访谈获得的资料来看，法官对人民陪审员享有审前阅卷的权利是无异议的，但多数法官认为要求人民陪审员提前一天或几天到法院查阅案卷并不现实，要求人民陪审员审前阅卷的不实际体现在：

　　"陪审员不像法官全天候在法院，只有安排他参审才会过来，再说阅卷的工作量很大，尤其是刑事案件，有时法官都不一定能阅完"；"负责的陪审员会看下案件，即使（陪审员）偶尔阅卷，也不会很仔细地翻阅和查看资料"；"有的陪审员会提前和我们商量阅卷，刑案与民案不一样，某些案件虽看上去比较复杂，但其中问题不大，有的陪审员会在庭中阅卷，有的会在庭中询问"；"开庭前陪审员一般都有自己的工作，不会提前过来了解案情，除非有特别的事情来法院，可能会提前来了解下"；"人民陪审员参审案件才发那么几十块钱，也不可能要求他们提前来阅卷"。

当然，有极少数法官对陪审员审前阅卷有不同的看法，认为人民陪审员就是要以平常人的思维与视角来评判案件，陪审员在审前阅卷可能会影响这种作用的发挥，主要体现在：

> "案件在开庭之前进行了证据交换，查阅档案（本案案卷）获得的信息可能会（导致人民陪审员）先入为主……而开庭就是要通过质证确定证据后再判断……一旦有人说了自己的想法，就可能妨碍其他人的思考和判断，尤其是院长或副院长参加的案件"；"我赞成陪审员和法官在开庭前对整个案件都不发表看法……开庭前法官与陪审员将案件相关的法律条款进行沟通就好了"。

虽然接受访谈的大多数法官都认为人民陪审员在审前阅卷，对参审把握案情有很大帮助，然而基于实际情况，不方便对人民陪审员提前查阅案卷作出硬性要求。不过，人民陪审员群体对其是否可以提前介入查阅案卷满怀期望。在 7 个地区的人民陪审员座谈会上，有些陪审员提出"平时工作忙，参审案件并不多，提前熟悉案卷、了解案情、查阅资料、充分思考的经历并不多"；有些陪审员并不清楚自己可以审前阅卷，"关于陪审员提前阅卷，我本人是非常愿意介入的，但恰恰没有介入的权利"；那些经验丰富、参审较多的陪审员也表示，"前几年开始搞人民陪审时，开庭之前都要去看案卷，现在也会提前半个小时到法院，提前了解下案情，不过刑事案卷太多一般都没有时间来阅卷"，甚至人民陪审员建议"建立开庭前阅卷制度，能够事前了解整体情况，结合自己的知识，与法官沟通、交流对案件的看法，实现优势互补"。

可以看出，人民陪审员还是希望能在开庭前查阅案卷、了解案情，不过，现实条件确实不可能强制所有人民陪审员在庭审前查阅案卷，但可以灵活处理，有条件的、时间充裕的人民陪审员可以提前查阅案卷，无法提前阅卷的，承办法官可将基本案情和相关法律法规通过电话、电子邮件等方式与该案的人民陪审员进行沟通。

（二）参与庭审——审中发问

开庭审理期间是人民陪审员参与审判活动的重要阶段，人民陪审员在开庭审理过程中的提问和发言情况是诉讼当事人、其他诉讼参加人和旁听者直观的、看得见摸得着的"窗口"，是他们判断"人民陪审员是否有效参审"的主要判断依据。

1. 陪审员审中发问的概况

关于人民陪审员庭审提问情况，参与过开庭的法官、公诉人、律师和法律工作者、人民陪审员、当事人群体的问卷中都有涉及，不过，各个群体是从不同的角度进行评价的，大概可分为三类：第一类是人民陪审员对自己参审多个案件的庭审提问的自我评价；第二类是法官、公诉人、律师和法律工作者对其经手案件接触的多个人民陪审员庭审提问表现的整体评价；第三类是当事人对其个人案件的特定的人民陪审员的庭审提问表现的个案评价。我们从这三个方面介绍样本地区的庭审提问情况。

20.8%的人民陪审员认为自己每次参审都会在庭审中提问，33.6%的人民陪审员认为自己经常提问，42.3%的人民陪审员坦言很少提问，甚至有3.4%的人民陪审员称从来不提问（见图9-2）。总体来说，人民陪审员群体一半左右认为自己经常地在庭审中提问，另一半左右自认为在庭审中很少或没有提问。

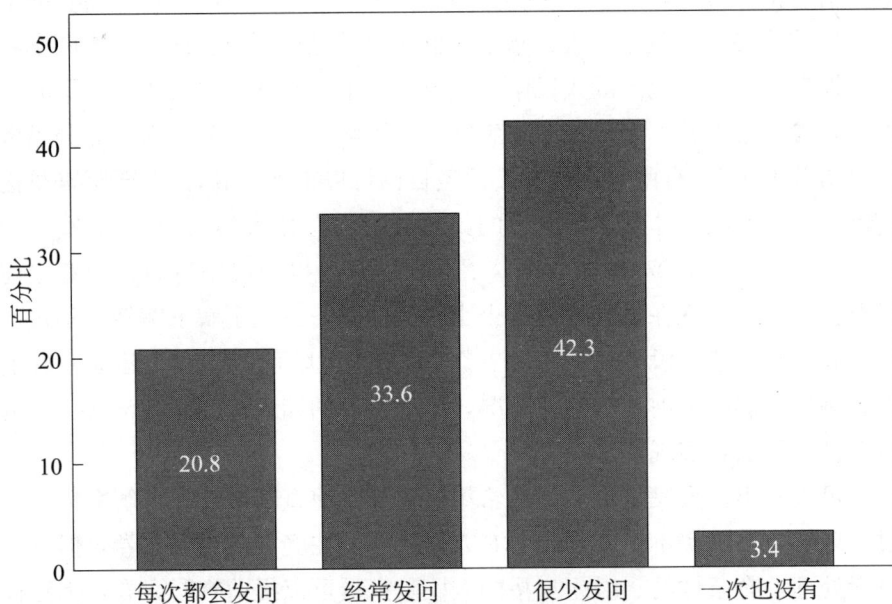

图9-2　人民陪审员庭审发问情况

从总体上看，大多数的法官、律师和法律工作者以及公诉人都表示人民陪审员在庭审中很少提问，比例分别占64.9%、66.4%、57.4%（见表9-6）。不同地区的不同群体对该问题的整体印象基本一致，不过，值得我们注意的是，在Y县，法官、律师和法律工作者、公诉人都表示人民陪审员在庭审中都有提问，只是人民陪审员中提问少的是多数，经常提问的相对要少。并且，Y县三个群体对人民陪审员经常提问的比例明显高出其他地区的比例，分别占到Y县参与调查的47.8%、47.1%、100%（见表9-6）。

表9-6　各地区公诉人、律师和法律工作者、法官对人民陪审员审中发问的认知

地区	发问情况	公诉人 (47)			律师、法律工作者 (446)			法官 (245)			
		通常会问	很少问	没有问过	通常会问	很少问	没有问过	通常会问	很少问	没有问过	记不清
L市	频数	3	6	0	5	44	10	18	32	2	0
	频率	33.3%	66.7%	0.0%	8.5%	74.6%	16.9%	34.6%	61.5%	3.8%	0.0%
A县	频数	0	3	3	2	24	10	9	26	4	1
	频率	0.0%	50.0%	50.0%	5.6%	66.7%	27.8%	22.5%	65.0%	10.0%	2.5%
T县	频数	1	4	0	6	14	4	16	29	2	0
	频率	20.0%	80.0%	0.0%	25.0%	58.3%	16.7%	34.0%	61.7%	4.3%	0.0%
F县	频数	2	2	0	3	7	10	7	15	2	0
	频率	50.0%	50.0%	0.0%	15.0%	35.0%	50.0%	29.2%	62.5%	8.3%	0.0%
X县	频数	0	6	0	3	21	9	7	23	0	0
	频率	0.0%	100.0%	0.0%	9.1%	63.6%	27.3%	23.3%	76.7%	0.0%	0.0%
Y县	频数	9	0	0	8	9	0	11	12	0	0
	频率	100.0%	0.0%	0.0%	47.1%	52.9%	0.0%	47.8%	52.2%	0.0%	0.0%
R区	频数	0	6	2	26	177	54	7	22	0	0
	频率	0.0%	75.0%	25.0%	10.1%	68.9%	21.0%	24.1%	75.9%	0.0%	0.0%
合计	频数	15	27	5	53	296	97	75	159	10	1
	频率	31.9%	57.4%	10.6%	11.9%	66.4%	21.7%	30.6%	64.9%	4.1%	0.4%

调研共收集当事人问卷 403 份，其中，38.2%的当事人认为开庭审理期间该合议庭的人民陪审员没有向当事人提问，认为其偶尔提问的占24.8%，认为其经常提问的仅有 17%，另有 20%的当事人已记不清陪审员是否提问（见表 9-7）。从常理分析，若个案的人民陪审员经常向当事人提问，当事人对人民陪审员的印象理应较深刻，一般不会记不清楚，由此，我们可以推断，记不清的 20%的当事人的案件中人民陪审员或是很少提问，或是没有提问。因此，总体上，当事人认为个案中绝大多数的人民陪审员在庭审中很少或者没有提问。相应的，通过与各个地区进行比较，Y 县的当事人认为人民陪审员经常提问的比例仍然是最高的，这也从个案角度再一次支持了 Y 县参与审判的各个主体认为 Y 县人民陪审员的参审活动相对较有成效。

表 9-7　　　　　　　各地区当事人对人民陪审员庭审提问的个案评价

| | | | 请问陪审员在庭审中有问过您问题吗？ | | | | 合计 |
			问过多次	偶尔会	没有问过	不记得了	
地区	L 市	计数	10	9	29	9	57
		地区 中的%	17.5%	15.8%	50.9%	15.8%	100.0%
	A 县	计数	12	19	26	8	65
		地区 中的%	18.5%	29.2%	40.0%	12.3%	100.0%
	T 县	计数	6	5	2	9	22
		地区 中的%	27.3%	22.7%	9.1%	40.9%	100.0%
	F 县	计数	1	4	5	2	12
		地区 中的%	8.3%	33.3%	41.7%	16.7%	100.0%
	X 县	计数	4	17	23	12	56
		地区 中的%	7.1%	30.4%	41.1%	21.4%	100.0%
	Y 县	计数	26	15	24	11	76
		地区 中的%	34.2%	19.7%	31.6%	14.5%	100.0%
	R 区	计数	8	29	42	28	107
		地区 中的%	7.5%	27.1%	39.3%	26.2%	100.0%
合计		计数	67	98	151	79	395
		地区 中的%	17.0%	24.8%	38.2%	20.0%	100.0%

2. 审中发问的必要性

我国赋予人民陪审员与法官共同认定事实、适用法律的权利，也就是对人民陪审员在开庭审理中提出了参与庭审、补充提问和发言的要求。人民陪审员开庭审理期间的参审活动是根据所掌握的案情、争议焦点和提交的证据，在审判长的主持下，进行补充性提问和发言，从而与法官共同查清案件事实，准确核准证据。① 目前在人民陪审员制度的实际运行过程中，由于陪审员自身认识不够，多数法官认为该制度流于形式，人民陪审员"只陪不审"的各种情况都存在。例如，人民陪审员只在开庭时坐坐，不提问、不发言、不表决，人民陪审员根本不参与庭审，事后笔录上补签字，人民陪审员在庭审、合议中简单地重复法官的意见等，这些表现形式中人民陪审员仅是"摆设"的玩偶，虚有其表，毫无内涵。人民陪审员只有在庭审中真正做到勇于将自己对案件的疑问抛向诉讼方，不管提问是否专业、是否为核心争议焦点，只有把自己当做判断案情是非曲直的司法人员，才能真正深入案件实质，行使法律赋予人民陪审员的各项职权。

人民陪审员庭审发问是否必要呢？参与调查的 251 名法官中 64.9％认为人民陪审员在庭审中提问肯定有利于查明案情，30.3％的法官认为人民陪审员的提问偶尔对案件查明有帮助（见表 9-8）。总体来看，大多数的法官认为从查明案情的角度出发，人民陪审员在庭审中补充提问确有帮助。

表 9-8　您认为人民陪审员参与案件审理是否有助于查清案件事实？（法官卷）

		频率	百分比	有效百分比	累积百分比
有效	有助于	163	64.7	64.9	64.9
	无助于	3	1.2	1.2	66.1
	偶尔有帮助	76	30.2	30.3	96.4
	说不清	9	3.6	3.6	100.0
	合计	251	99.6	100.0	
缺失	99	1	0.4		
合计		252	100.0		

为提高数据分析的可靠性，在对公诉人群体作分析时，我们增加了刑事法官对该问题的认知以与公诉人进行对比。毕竟，有公诉人参加的刑事陪审案件，绝大部分都是由刑事法官主审的。我们共收集了 35 份刑庭法官问卷和 47 份公诉人问卷，57.1％的刑庭法官和 31.9％的公诉人认为人民陪审员补充提问和发言可以帮助合议庭查明刑事案件的案情，40％的刑庭法官和 51.1％的公诉人认为人民陪审员的提问只是偶尔有助于查明案情（见表 9-9）。综合来看，绝大多数的刑庭法官和公诉人都认为人民陪审员的庭审提问是有助于查明刑事案情的，只是在提供帮助的程度上存在一些差距，即近 60％的刑庭法官认为一定有帮助，而过半数的公诉人认

---

① 参见张永和，于嘉川，等．武侯陪审：透过法社会学与法人类学的观察．北京：法律出版社，2009：116．

为只在个别案件上有帮助。总而言之，不论是法官，还是公诉人，大多数都认为人民陪审员提问是有助于合议庭查明案情的。

表 9 - 9　　　　刑庭法官与公诉人对人民陪审员庭审中发问认知的对比表

		频率		百分比		有效百分比		累积百分比	
		刑庭法官	公诉人	刑庭法官	公诉人	刑庭法官	公诉人	刑庭法官	公诉人
	有助于	20	15	57.1	31.9	57.1	31.9	57.1	31.9
	偶尔有帮助	14	24	40	51.1	40	51.1	97.1	83.0
	无助于	0	3	0	6.4	0	6.4	97.1	89.4
	说不清	1	5	2.9	10.6	2.9	10.6	100.0	100.0
	合计	35	47	100.0	100.0	100.0	100.0		

3. 庭审中较少发问的原因分析

其一，人民陪审员对人民陪审员制度认识不深刻，不重视庭审中补充提问和发言的权利。相当一部分人民陪审员默示人民陪审员的工作只是配合法官，对参审不主动、不热情，认为庭审就是听法官怎么审理。实际上，人民陪审员要真正参审，就必须融入合议庭审理，光靠听并不能完全融入。人民陪审员只有主动参与，积极思考，并在庭审中提出自己的疑问，经过当事人质证和辩论，才能查明案件事实。

　　某人民陪审员：……陪审员要进一步提高热情和积极性。刚才谈到了，若不主动，这个（参审）工作就搞不好。

　　某人民陪审员：……要充分调动人民陪审员的积极因素……人民陪审员接到任命书后，要积极主动地钻研法律知识和审判业务……要尽可能地参与庭审，这个是最重要的。

　　某人民陪审员：……（人民陪审员）要尽快进入角色，不要总是在"陪"，而要在参与庭审的过程中，达到析法明理、定分止争、案结事了的目的和作用。

其二，人民陪审员审判技能和参审经验不足，怕闹笑话。各个地区尽管都意识到并努力创造条件加强对人民陪审员的实务审判培训，但由于经费限制，难以进行大范围、长时间的培训，大多数人民陪审员主要依靠自学，参审能力不强。而各个地区都存在参审次数非常少或者每年参审案件达一两百件的人民陪审员。很显然，参审多的人民陪审员可能有一定的法律知识背景或专业背景，并且有多次参审而积累的丰富经验，这些使其能熟练地应对庭审中的各种问题。而参审少的人民陪审员怕法官不认同，怕说外行话，在庭审中只能沉默不言。

　　某人民陪审员：……在人民陪审员参加陪审工作的时候，法院存在管理方面的不足。很多人民陪审员都需要进行培训，他们在法律知识方面是有所差异的……

　　某人民陪审员：……人民陪审员要敢于参加陪审，敢于说出自己的观点，这是最重要的。因为人民陪审员主要是根据自己的社会经验对这个事情（案件）的判断来影响案件的审理……

　　某人民陪审员：……要进一步加大对人民陪审员的培训力度……培训的内容和资料要齐全……培训的规格要高……

　　某人民陪审员：人民陪审员要变陪为审……只有熟悉了法律知识，丰富了庭审经验，才能真正变陪为审。

　　其三，缺少相关的细化考核措施，无法形成对人民陪审员行使庭审发问等职能的外在约束机制。虽然各个地区都有人民陪审员考核制度，定期对其工作进行考核，但没有形成考核资料或档案，并且对人民陪审员"参审表现"不是一案一考核，而是定期由政工部门向法官询问人民陪审员的总体表现，这种笼统式的考核方式不能对人民陪审员形成约束，其在庭审过程中发不发言都不会影响考核结果。实践中几乎不存在因人民陪审员参审次数少而免除其职务的案例，也说明法院对人民陪审员的管理相对宽松，人民陪审员庭审发问的职能行使全靠其主观意愿。

　　某人民陪审员：法院要加大对人民陪审员的考核力度……

　　某法官：（人民陪审员）坐在那里（合议庭），不单只是陪，必须要审，审完以后还要考核，搞错了还要追究……

　　4. Y县庭审发问比率较高的原因分析

　　Y县是我们考察的7个地区中，人民陪审员庭审提问比例最高的地区，不论是法官、公诉人、律师和法律工作者，还是当事人，认为人民陪审员在庭审中经常提问的百分比均占50%左右，是人民陪审员参审活动最突出的地区。我们通过仔细研读Y县法官、律师、人民陪审员等的访谈资料，发现人民陪审员积极参审、积极提问发言的原因主要是：

　　其一，Y县人民陪审员都有相关法律基础知识，更容易在庭审中发挥作用。该地要求选任的人民陪审员法律知识扎实，或从事过法律相关工作，且需要通过人大组织的岗前考试，最终选任的陪审员大部分是法律大专以上文凭的。陪审员比例结构比较合理，各行业、各部门分布比较匀称。另外，该地选任人民陪审员时严控领导干部的比例，将工作流动性大、工作任务重、时间不充裕的领导干部排除在人民陪审员队伍之外。

政工室某主任：公告向全社会公开，他可以自己报名……我们当时有意要各个部门、各个行业、各个系统推荐，这样使得分布比较匀称……先规划出一个大概名单，然后推荐的各个行业，最好包括一些带有专业性质的，比如医生、妇联的、基层干部……反正就是对机构和比例有一个初步设想，再通过行业推荐来考察……人大举行一次岗前考试，最后通过考试成绩综合考虑后定人选……我们一般要求法律大专毕业的，要求法律知识比较扎实，或从事过法律工作，或法律知识有一定基础……

前政工室某主任：有些领导干部我们是不要的……特别是某些领导干部，他们流动性大，不怎么稳定，一到开庭了，他可能在开会……另外，他的工作经常调动……没有实际履行（人民陪审员）的职责，所以领导干部我们不是不要，只是有意识地少要一些。

某法官：要求他是大专学历，还要经过考试培训，最基本的法理还是要懂的，不是说随便一个普通老百姓都拉过来陪审的。

其二，Y县对人民陪审员每年参审频率有硬性要求，随着参审次数增多，人民陪审员的经验增加，庭审中补充提问与发言自然增多。Y县基层人民法院要求人民陪审员每人每年至少参与审理两个案件。法院从两个方面来保障：一是规定法院所有适用普通程序审理的案件，要求有人民陪审员参加；二是要求各庭审在案件排期时，先依陪审员名单轮流进行参审，人民陪审员完成两个案件的参审后，再依其时间是否充分、灵活来安排参审。

某法官：我们要求每个人至少参与审理两个案件……一般来说要轮流一遍，至少参审两个案件，至于其他的，考虑的是时间是否比较充分……人大也来督导这个事。作为陪审员，你至少要安排好时间，要不然没时间参审，我们就免掉你的陪审员资格……如果我们只安排两个案子你都保证不了的话，那么干脆你这个陪审员不当算了。

某法官：（人大）会参与（人民陪审员）的座谈会，而且他们会反复强调陪审员至少要保证办几个案件，如果连几个案件都办不了，这个陪审员就让别人来当，这不是虚的东西，这是必须实实在在地干事情的。

其三，Y县注重对人民陪审员的培训，尽可能地提高人民陪审员的审判能力。Y县法院除了对人民陪审员进行岗前培训外，每年还组织大概一半的人民陪审员到中院培训，选一两个人民陪审员轮流参加高院的全省培训；另外，法院内部诸如司法大讲坛、法官论坛等法官的业务课也通知陪审员参加，但不作强制性要求。同时，法院也给每个陪审员发放了陪审员工作手册、法律汇编，每人每年发放 600 元资料费。

> 政工室某主任：任命后到上岗前有差不多一个星期的培训时间……每个人都必须参加……每年组织一些人到中院进行组织培训，大概有一半的人会参加，然后选一两人参加省高院的全省培训，这是一些集中的形式；另外我们法院内部的一些活动，如中院办的司法大讲坛、我们的司法论坛，在讲业务课的时候我们都会通知他们（人民陪审员），愿意来的就和我们一起听课。这虽然没有强制性要求，但我们都会通知他（人民陪审员）。

> 某法官：……这个绝对没有人民陪审员没有参加过一次培训的情况。我们每个庭的人民陪审员必须至少要轮流一遍……

> 某法官：我们每人每年还要给他们（人民陪审员）600 块钱资料费，让他们自己买法律书籍、资料……原来也买过一些书籍送给他们……原来我们给每个人都发了陪审员工作方面的手册……就是一本法律汇编……来要求他们（人民陪审员）加强学习……

（三）参与审判——审后合议

庭审结束后的合议庭评议阶段，是对案件作出实质性审判意见的中心环节，是人民陪审员参审发挥作用的核心步骤。由于合议评议阶段只有人民陪审员和合议法官参与，合议对外保密，我们无法知晓合议的进行情况。尽管调研人员查阅档案时可以查阅存档的"合议庭笔录"或"合议庭讨论"，但由于案件的多样性、复杂性，调研活动的时间和精力有限，再加上合议庭笔录经书记员文字处理过，与合议庭评议过程有一定差异，我们没有也不可能对合议庭评议过程进行还原。

为了解人民陪审员在合议庭期间的真实状况，我们在法官问卷和人民陪审员问卷中设计了"合议评议阶段一般谁先发表意见""人民陪审员对法官评议意见的赞成程度"以及"人民陪审员与法官意见发生分歧，法官通常的处理方式"这三个问题，期望从通过这些数据的整理和访谈获得的信息侧面对合议评议阶段进行认识。

1. 考察的基本情况

（1）谁先发表意见

根据《参审规定》第 8 条，在合议评议中，承办法官先介绍案件涉及的相关法律、审查判断证据的相关规则，然后由人民陪审员及合议庭其他组成人员充分发表意见，审判长最后发表意见并给予总结。也就是说，在评议阶段，合议庭应先由人民陪审员充分发表其对案件的意见。

整体上看，34.8％的人民陪审员表示在其参审案件中都是先由法官发表意见，14.8％的人民陪审员表示合议中法官都让人民陪审员先发表意见，而50.4％的人民陪审员表示在合议中两种情况都有（见表9-10）。

表9-10　　　　　　　人民陪审员：合议中，一般谁先发表意见

		频率	百分比	有效百分比	累积百分比
有效	先由法官发表意见	47	30.3	34.8	34.8
	先由陪审员发表意见	20	12.9	14.8	49.6
	以上两种情况都有	68	43.9	50.4	100.0
	合计	135	87.1	100.0	
缺失	99	20	12.9		
	合计	155	100.0		

55.6％的法官在合议评议案件时选择由法官先发表意见，23％的法官在合议评议时让人民陪审员先发表意见，而法官中任由人民陪审员当陪衬，不发表意见的只占2.1％，另有19.3％的法官表示合议时几种情况都出现过（见表9-11）。

表9-11　　　　　　　　法官：合议中，一般由谁先发表意见

		频率	百分比	有效百分比	累积百分比
有效	先由法官发表意见	135	53.6	55.6	55.6
	先由陪审员发表意见	56	22.2	23.0	78.6
	陪审员不发表意见	5	2.0	2.1	80.7
	以上几种情况都有过	47	18.7	19.3	100.0
	合计	243	96.4	100.0	
缺失	99	9	3.6		
	合计	252	100.0		

显然，实践中合议时并没有按照《参审规定》，完全做到由人民陪审员先发表意见，或者可以说，多数情况下，合议庭评议时由法官先发表意见。

（2）对法官评议意见的赞成度

人民陪审员对法官评议意见赞成度的高低，并不代表人民陪审员发表意见时独立与否。不过，在多数人民陪审员参审案件中先由法官发表评议意见的现实情况下，我们无法判断人民陪审员评议意见受到法官评议意见影响的程度。实际上，人民陪审员和法官两个群体对法官评议意见赞成度的评价基本一致，大多数的人民陪审员对法官评议意见赞成的多一些，相

当一部分的人民陪审员几乎都赞成法官的评议意见，仅有少数人民陪审员赞成与不赞成比例相当（见图9-3）。

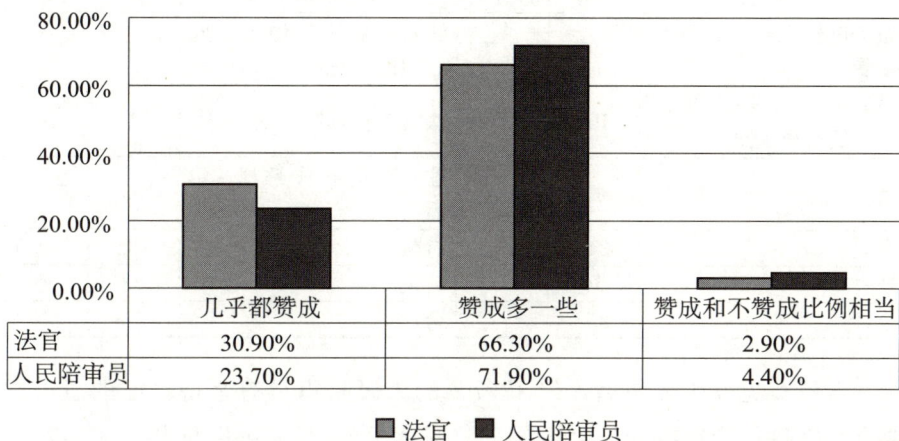

	几乎都赞成	赞成多一些	赞成和不赞成比例相当
法官	30.90%	66.30%	2.90%
人民陪审员	23.70%	71.90%	4.40%

■ 法官　■ 人民陪审员

图9-3　人民陪审员对法官意见的赞成程度

（3）合议意见分歧时的解决方法

尽管人民陪审员合议时大多数情况是赞成法官评议意见的，但是法官和人民陪审员两个群体的审判基于两种不同的思维角度，评议意见存在分歧不可避免。法官通常采取何种处理方法消除分歧，人民陪审员又是否始终坚持自己的评议意见，两者之间的博弈可侧面反映人民陪审员有效参审的程度。

在处理合议意见分歧时，62%的法官选择向人民陪审员解释相关法律问题，再进行表决，45%的法官采取直接按少数服从多数的原则投票决定，3.7%的法官倾向于做人民陪审员工作，说服他接受法官的意见，还有5.8%的法官希望通过其他方式消除分歧。从人民陪审员角度看，他们的回答与法官的选择基本是一致的。大多数的法官会选择向人民陪审员解释再表决，相当部分法官会直接按少数服从多数表决，仅个别法官选择说服陪审员同意或者直接不理会陪审员意见（见表9-12）。

表9-12　　　　　　　合议分歧时法官通常的处理方法①

处理方式 （法官卷）	频率	有效 百分比	处理方式 （人民陪审员卷）	频率	有效 百分比
直接按少数服从多数的原则表决	109	45.0	直接按少数服从多数原则表决	29	22.0

---

①　需要说明的是，法官卷与人民陪审员卷对该问题设计存在差异。法官卷可选择多个处理方法，而人民陪审员卷为单选，所以，法官卷的处理方法有效百分比合计不等于100%。该表为我们根据SPSS软件输出的法官和人民陪审员关于分歧处理方法的表格，结合整理制成。

续前表

处理方式 （法官卷）	频率	有效 百分比	处理方式 （人民陪审员卷）	频率	有效 百分比
做陪审员工作，说服他接受	9	3.7	法官会做工作说服我同意他的意见	9	6.8
向陪审员解释法律问题，然后再表决	150	62.0	法官不会理睬我的意见	1	0.8
其他	14	5.8	法官会向我作解释，然后再表决	93	70.5
有效	242		有效	132	100.0
缺失	10		缺失	23	
合计	252		合计	155	

合议意见发生分歧后，仅 17.7％的人民陪审员有坚持自己的意见并要求将案件提交审委会处理的经验（见表 9 - 13）。可以推测，大多数的人民陪审员经法官采取解释相关法律、少数服从多数、说服陪审员等处理方法后能最终达成一致合议，形成案件处理意见。

表 9 - 13　　　　意见分歧时，人民陪审员要求将案件提交审委会的情况

		频率	百分比	有效百分比	累积百分比
有效	有过	23	14.8	17.7	17.7
	没有	107	69.0	82.3	100.0
	合计	130	83.9	100.0	
缺失	99	25	16.1		
合计		155	100.0		

结合上述情况，合议阶段大多数情况下先由法官发表意见，人民陪审员多赞成法官的评议意见；即使意见发生分歧，法官也会采取作解释、少数服从多数、说服陪审员等处理方法，使人民陪审员接受法官的评议意见；人民陪审员仅少数人有坚持自己意见而将案件提交审委会的经历。不过，我们所做的考察仅能得出人民陪审员在合议评议阶段有可能受到法官权威意见影响，而不能做出人民陪审员合议评议不能独立发表意见的判断。

2. 合议多能达成一致意见的原因

其一，大多数的简单合议案件，人民陪审员依自身基础法律知识、常理及社会经验做出的判断与法官的处理意见基本相同，合议庭评议能较快地达成一致意见。

某法官：人民陪审员参与合议评议，提出自己的观点……基本上

大部分的案件，一般陪审员能与主审法官、审判长达成基本一致。

　　　某人民陪审员：我从 2005 年担任陪审员，一般来讲，我们和法官是有共识的……规范化量刑后，基本上我们与法官是达成一致的。

　　　某人民陪审员：非常简单的（民事案件），（我们与法官意见一致）不需要进行合议，直接表决……

其二，发生分歧的合议案件所占比例不大，人民陪审员与法官的分歧往往不是针对案件事实和案件定性，主要是在案件处理结果上存在争议，这种争议经过法官的解释、说服等，一般也能达成一致。

　　　某法官：人民陪审员在（刑事案件）事实认定上，基本上（与法官）是保持一致的，他们最多会在量刑上提自己的意见。特别是去年（2010 年）量刑规范化出台后，量刑上基本不会有太多异议。

　　　某人民陪审员：稍微复杂的案件，合议庭进行合议，基本上来讲，法官都是非常尊重我们（陪审员）的意见的。

　　　某人民陪审员：我是 1997 年就开始参审……在民一庭参审案件时，自己主见多一点，刑庭的案件自最高人民法院制定了量刑指南后，我们与法官的意见基本上都能达成一致……（曾经）一个父亲强奸女儿的案件，我要求重判，与法官发生分歧，后来案件提交审委会讨论，最终支持了我们陪审员的意见。

其三，法官主导庭审的模式下，人民陪审员审判技能和参审经验不足的，不自觉地会受到法官权威影响，接受法官评议意见，最终使合议庭评议达成一致意见。

　　　某法官：由于人民陪审员法律专业知识还有些缺陷，附议的多，一般都同意审判长、审判员的意见。

　　　某法官：各种社会矛盾多发，案件越来越难办……人民陪审员还没有达到精英化水平，有的人提不出意见……包含法律关系比较复杂时，人民陪审员发挥作用很小。

　　　某法官：合议中，人民陪审员一般不会主动提意见。一是（人民陪审员）不懂这个东西（如何评议），二是可能也没有什么意见。

　　　某人民陪审员：合议时，首先是人民陪审员发表意见。法官会根据法律条文先给一些指导性意见，在庭审结束后合议之前陪审员会确定自己的审判意见……对案件的争点，有时可以自己总结出，有时做不到，基本还是靠法官。

（四）小结

人民陪审员参与审理的程序主要包括审前阅卷与准备、庭审提问与发言、合议评议发表意见三个阶段。审前阅卷与准备是人民陪审员参审的准备环节，庭审提问与发言是参审的直观表现环节，合议评议发表意见是有效参审的核心环节。

从 H 省 7 个样本地区调研情况分析来看，该省各地区基层法院的少部分人民陪审员能做到参审前进行阅卷与相关准备工作。这与现实条件有关，大部分法官赞成审前阅卷，但由于人民陪审员的兼职性质、补助标准较低、法院无法严格管理与约束、部分案件的复杂程度、人民陪审员时间不充裕，以及少部分法官提倡一步到庭的审理模式等原因，确实不可能强制所有人民陪审员在庭审前查阅案卷。不过，我们可以灵活处理，有条件的、时间充裕的人民陪审员可以提前查阅案卷，无法提前阅卷的，承办法官可将基本案情和相关法律法规通过电话、电子邮件等方式与该案的人民陪审员进行沟通。

大多数人民陪审员庭审中很少提问，主要有两方面原因：一是人民陪审员自身因素，对人民陪审员制度认识不深刻而不重视庭审提问，自身审判技能和参审经验不足，使其无自信进行庭审提问；二是相关细化考核的缺失，无法形成对人民陪审员庭审提问的外在制约，陪审员没有必须在庭审中提问与发言的心理压力。

虽然合议中大多先由法官发表意见，且大多数人民陪审员多赞成法官的评议意见、最终与法官达成一致处理意见，但这并不意味着人民陪审员没有独立发表意见，不过，可以推断人民陪审员合议中可能受到法官评议意见的影响。合议能达成一致主要是因为多数简单案件，人民陪审员依常识经验与基本法律知识就能与法官达成一致；有分歧的案件多为在案件处理结果上的分歧，通过解释、说明等方式可以达成一致；少数不自信的人民陪审员受法官权威的影响，也易于与法官意见达成一致。

四、参与审判的效果

关于人民陪审员的参审效果，各个相关主体的看法不一，这也对人民陪审员参审机制改革提供了思路。

（一）两种评价

图 9-4、图 9-5、图 9-6 和图 9-7 分别展示了法官、人民陪审员、法律工作者和公诉人对人民陪审员制度是否有存在必要的讨论，这也从侧面反映了其对人民陪审员参审效果的态度。显然，接受调查的各个主体绝大多数都相当一致地认为人民陪审员制度继续存在"有必要"或"有必要

但还需要改革"，同时我们也必须看到仍然有部分主体认为人民陪审员制度无须再存在。也就是说，对人民陪审员参审效果存在两种不同的评价。

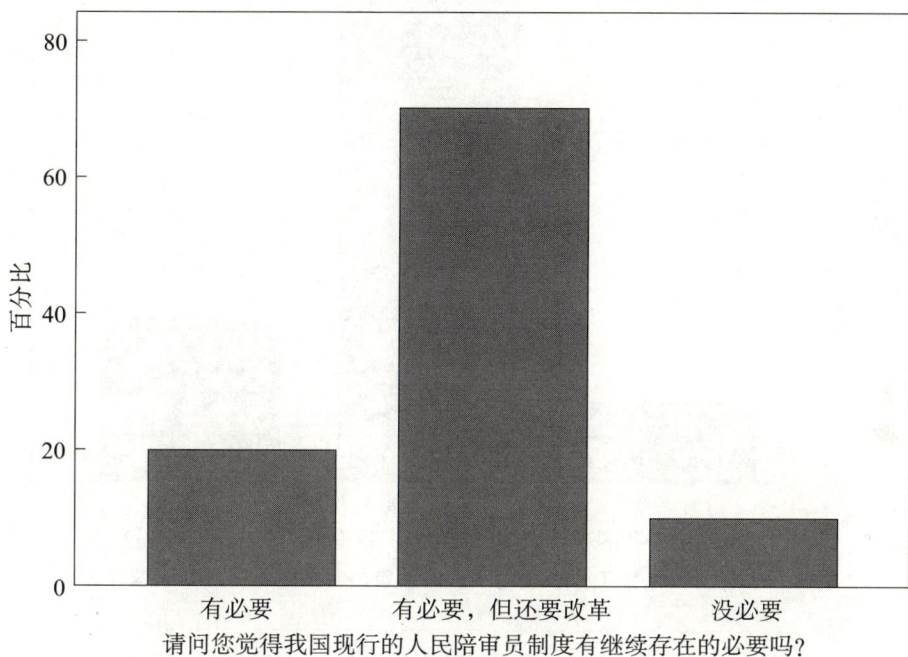

图 9-4　法官视角下人民陪审员制度是否有必要继续存在

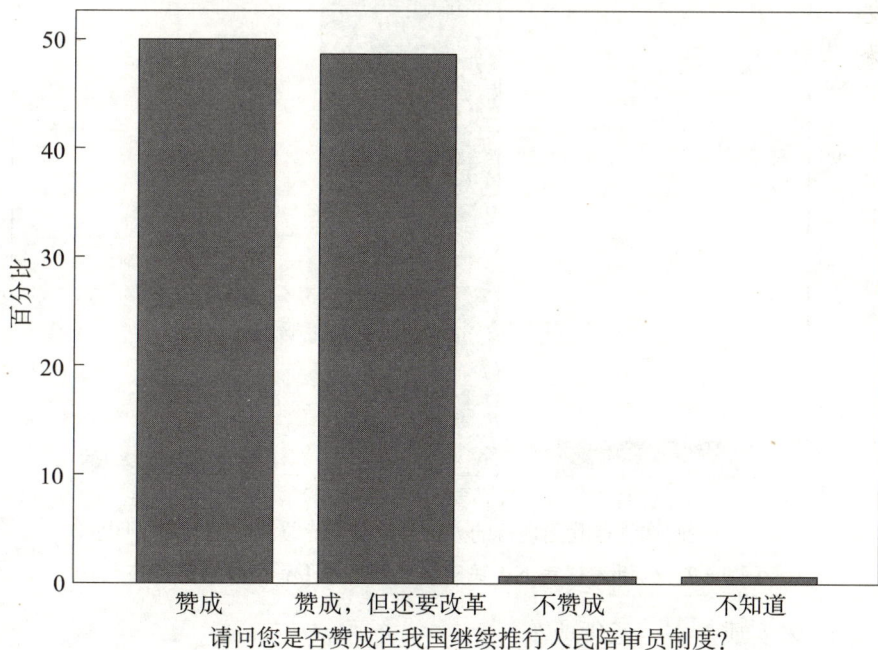

图 9-5　人民陪审员视角下人民陪审员制度是否有必要继续存在

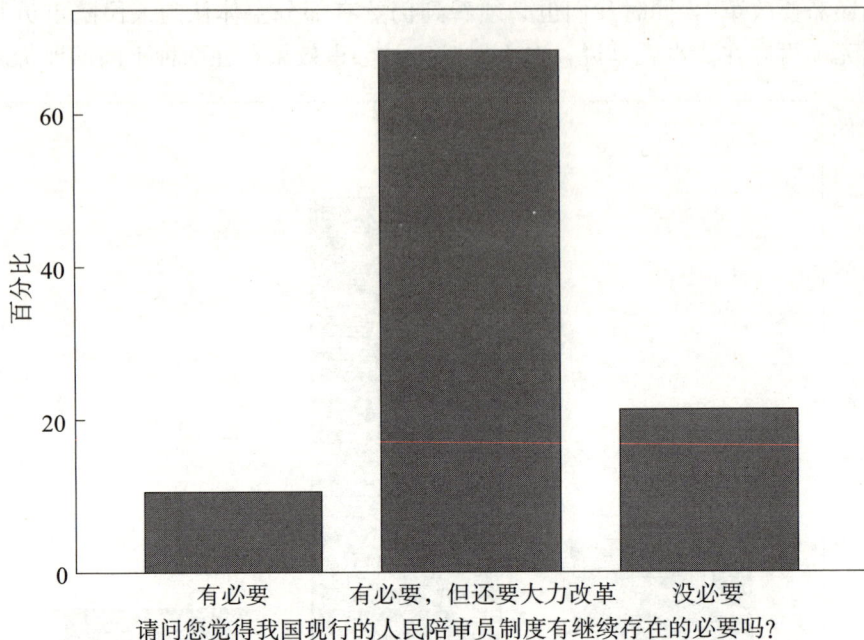

请问您觉得我国现行的人民陪审员制度有继续存在的必要吗？

图9－6　律师、法律工作者视角下人民陪审员制度是否有必要继续存在

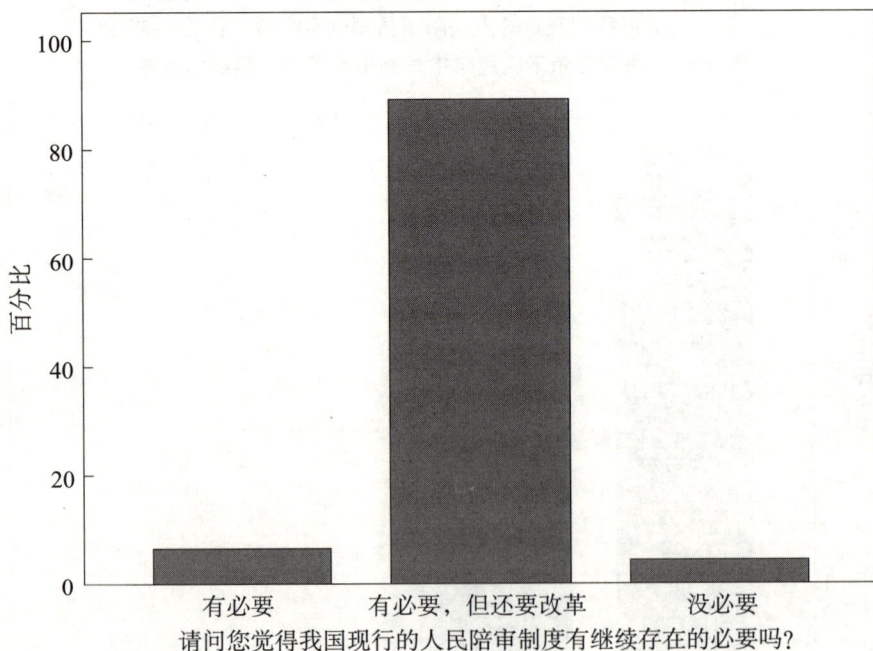

请问您觉得我国现行的人民陪审制度有继续存在的必要吗？

图9－7　公诉人视角下人民陪审员制度是否有必要继续存在

1. 未实质参审，亟须改革

上示四图中，大多数人都选择了"有必要，但还要改革"选项，首先肯定了人民陪审员制度的实行对地区司法工作的开展有一定的积极影响，一定程度上"缓解了法院案多人少的矛盾，节约司法资源"，"增大审理案件的透明度，促进案件公开公正"，"还负担了向外界宣传法院形象的功能"；但运行中也存在着诸如"事实上，人民陪审员制度设置的初衷与现实有很大差距"，"人民陪审员很多，但实质性参与案件审理的陪审员又比较少……（个别）经常参审的，看待问题比较准确，经验也丰富，但多数人民陪审员参审比较少，不太专业，对案件认识很不够"，"业务庭与人民陪审员的沟通交流不够"，人民陪审员自身"把陪审员身份当做荣誉，认为只是协助法官处理案件"，"不具备法律专业知识，参审中对法律问题发表看法有畏缩感"，"个别陪审员只是为了经济补助，缓解自身经济压力"等问题，人民陪审员制度必须循序渐进地改革。

2. 流于形式，效果甚微

调查中选择人民陪审员制度"没有必要"继续存在选项的，认为人民陪审员制度纯粹是为了应付上级考核检查的形式，这部分人觉得"陪审工作流于形式……有些只是把陪审员的名字挂上去"，"陪审员主要还是一种形式，陪审员要胜任必须要具备基本的法律知识"，"上面对陪审率有要求……即使陪审员参审案件，很多也不能发表意见，这也只是形式的问题"，"陪审员工作就是形式，陪而不审……参审案件的查明事实与陪审员参加没有任何关系"，某些陪审员认为"陪审员的权利义务规定不明确，使得人民陪审员对参审案件仅仅只是'陪'，走一下过场的形式而已"，看不到什么效果。

（二）整体评估

人民陪审员的参审过程与参审效果是直接体现人民陪审员制度在审判活动中作用大小的方向标。而目前从 H 省 7 个地区的人民陪审员制度运行的实际调研情况及数据分析可以看出，人民陪审员在参审过程中存在一些问题，主要表现在：人民陪审员大部分未能落实随机抽取；在参审准备阶段，不了解案情；在庭审过程中很少提问；在合议评议中多数会受到法官意见的影响而赞成法官的评议意见；在事实认定和法律适用时也存在明显不足。影响人民陪审员在审判活动中参审效果不佳的因素是多方面的，但最为明显的影响因素体现在人民陪审员和法官两大主体的参与程度上。

1. 自我评价

虽然人民陪审员都表示"法院和法官对我们很客气，尊重我们的意见"，但从他们"愿意提前介入，要求审前阅卷权利，了解案情"，"加强培训，目前陪审员培训没有实质作用，仅限于熟悉业务，对审判技能无多大提高"，"提供陪审员到法院工作的便利性条件"，"一天几十块钱确实偏少，要提高经济补助标准"等自我认知来看，人民陪审员目前对自己的参审表现不太满意。另外，在谈到如果人民陪审员也"适用错案追究机制，是否还愿意担任时"，多数人民陪审员表示"参审工作只是我的兼职工作"，"我们原本不具备法律专业知识"，"如果因为我主观上的故意造成的错案，我还是愿意承担……如果是因为我的知识不够，最终造成错案，那责任还是太大了"。也有个别陪审员表明，"我是单位推荐当陪审员的，我把它当做工作，如果单位不推荐我不会申请担任，还要错案追究的话，那更不可能了"。尽管大部分人民陪审员期望能实质性地参与审判，但是对可能要承担责任仍有顾虑。

（1）人民陪审员对人民陪审员制度认知程度制约其参审效果

虽然我国的人民陪审员制度在革命根据地时期开展得如火如荼，但是自 1954 年《宪法》确认以来，人民陪审员制度只是在司法系统及理论研究上被人所认知，并经历被中止、恢复的特殊阶段，人民陪审员制度的宣传范围是极窄的。现如今人民陪审员制度有了新的发展，但了解该制度的群众基础还是有所欠缺。选任的人民陪审员，尤其是大多数被推荐而任命的人民陪审员，也只有模糊的看法，多数人民陪审员在接受采访时，都表达了"参与"案件审理、"促进"司法公开、"监督"法院工作的看法，这种"参与""促进"和"监督"直接表明了人民陪审员认为其在法院的审判工作中处在"配合"法官的地位，也就制约了人民陪审员在案件审理中的履职表现。既然是"配合"，法官没有要求审前阅卷，我就不去好了；既然是"配合"，法官不同意我的意见，我就接受好了；既然是"配合"，法官在法律适用上很专业，我就赞成他的意见好了。

（2）人民陪审员法律专业素质的欠缺制约其参审效果

从 H 省 7 个地区了解的情况来看，尽管被任命的人民陪审员的学历几乎都在大专以上，甚至个别地区的在本科以上，但不可否认的是，绝大多数人民陪审员没有法律专业学习的背景。而法院的审判活动是严肃而严谨的，人民陪审员能以普通人的常识、情理以及涉及自身专业知识来判断案情，但不能仅通过岗前几次培训、观摩及履职前个人的了解与自学，就要求人民陪审员能完全胜任认定事实和适用法律的审判工作。没有基本的法律专业知识，尤其是法律程序知识，人民陪审员就不能完全明白为何要赋予人民陪审员诸如法庭提问、合议评议的充分发表意见及独立行使表决权及认定事实和适用法律的职权，也就不能明白人民陪审员要如何"陪"如何"审"。法律专业知识的欠缺，直接决定了大部分人民陪审员在审判活动中的不知所措，从而只能使其被动地选择当"陪衬员"①。

（3）本职工作的繁忙程度直接制约人民陪审员的参审效果

调研数据反映，每个地方或多或少都会有一年陪审几十甚至上百个案件的"陪审专业户"，也有一年到头"零陪审"或陪审一两个案件的"荣誉陪审员"。这种现象是由多种主观和客观因素共同影响形成的。从人民陪审员方面来看，多个地区的人民陪审员的身份都是带"长"的"官"②，本职工作的繁忙使其兼职审判工作分身乏术，每年陪审的案件自然也就少之又少，就算参与了案件的陪审，也没有过多的精力在审前专注于案件相关法律知识的了解，庭审中也就更多倾向于从情理、常识发表意见，法律适用也基本无从谈起。而较为清闲的人民陪审员，尤其是有极高陪审热情的人民陪审员，参与审理的案件多，多次实战观摩法官审前的准备、庭上提问、争议焦点的归纳及节奏掌控，合议评议的法律思维方式等，逐渐掌握了如何在审判活动中履职。多次配合的默契，使得法官乐于与相熟的人民陪审员组成合议庭，"陪审专业户"由此产生。可见，人民陪审员本职工作的繁忙程度是人民陪审员能否认真履职的重要因素之一。

2. 法院及法官的评价

目前大多数人民陪审员难以实质性地参与审判，与法院及法官对推动并落实人民陪审员制度并无多大动力有关。人民陪审员制度自 1998 年复苏以来，一直是自上而下推行的，虽对该制度进行过论证，但由于我国幅员辽阔，各地经济、交通、民俗风情等存在较大差异，司法环境也相应受到影响，人民陪审员制度的运作逐渐演变为应付上级量化检查的"参审率"的手段和标榜法院突出成绩的特色，人民陪审员参审效果当然不容乐观。另外，由于法官主导庭审，陪审员对程序运作影响不大，即使陪审员确实能起到实质作用，部分主审法官出于驾驭庭审的专业本能及错案追究的责任制度，也会把庭审控制权牢牢掌握，让陪审员服从法官的权威。不过，适用人民陪审员制度带来的"缓解法院案多人少的压力，节约司法资源"以及"对外宣传法院形象，树立司法权威"等这些非制度原本预期的作用，却是法院和法官在需要时适用人民陪审员参审的小小甜头。

---

① 李玉华．"陪而不审"之我见——法学教授陪审员视角．法律适用，2010（7）．
② 从调研搜集的各地人民陪审员花名册得出，各地多数人民陪审员都有行政职务，即使农村人口较多的 X 县也多为村主任、村支书，"官"化明显。

（1）法官对人民陪审员制度的认知程度直接影响人民陪审员能否实质性参审

在肯定人民陪审员制度促进司法民主的同时，相当一部分法官对人民陪审员在实际审判工作中能否发挥作用表示质疑。有法官指出，"人民陪审员就是陪着审，很多案件法官都不能确定，要仔细琢磨，相互讨论，没有法律专业背景的人民陪审员不可能搞清楚"，"上面为实施人民陪审员制度确实花了大工夫，目的很美好，但在我看来，这只是个形式上的东西，没什么作用……"更多的法官直言不讳地指出，人民陪审员制度不管设置初衷如何，实际上在缓解法院案多人少的压力方面效果显著。另外，该省直接将一审案件的陪审率作为法院绩效考核的一项硬性指标，法官选择适用人民陪审员参与案件审理有迫于绩效考核压力的嫌疑。对人民陪审员制度认知的各种偏差，使得法官适用陪审审判缺乏内在动力，而外在压力使人民陪审员参与审判多流于形式，也就谈不上其如何在法官的引导下认真履职。

（2）法官主导庭审的模式间接影响人民陪审员的参审效果

法院的庭审正由法官职权主义模式向当事人对抗模式发展，然而在实际审判中，法官仍然是主导者，掌控庭审的整个节奏。法官主导模式一方面让其无暇顾及何时指导人民陪审员审前阅卷、庭审提问，另一方面为保障合议结果与个人判断的一致性，有些法官并不太希望人民陪审员积极发挥作用。基于这种心理，法官在适用陪审审判时就会出现几种情况：没有提醒人民陪审员在审前可以翻阅案卷，了解案情；没有在开庭时关注人民陪审员对案件是否真正了解清楚；没有在合议评议时说明相关证据采信、认定的规则，没有让人民陪审员先发言，也没有一律将不同意见记入笔录，而是选择先向人民陪审员解释。在法官主导庭审的心理以及对人民陪审员的实际履职指导不到位或缺位时，人民陪审员似乎很难在庭审中发挥实际作用。

（3）"同职同权"却不"同责"，法官干预人民陪审员的独立表决权

法官若判错案，有错案追究制度来认定法官审判时的过错，但如果是有人民陪审员参与的合议庭判错案，却鲜有追究人民陪审员过错的案例。一方面人民陪审员与法官"共同认定事实和适用法律"，另一方面发生错案法官要追责，而人民陪审员却事实上享有"司法豁免权"。法官只是在案件需要时选择人民陪审员参与审判，对人民陪审员没有管理权，若发生错案法官却可能会被追责。即便法官在审判时很尊重人民陪审员，合议时也尊重其合议意见，但不可否认的是，审判长在合议时会尽可能规避对其

不利的裁判风险，这可以通过合议时的发言顺序看出端倪。调研数据显示，多数情况下都是法官先发言，其发言或多或少会影响人民陪审员的判断。

3. 其他评价

（1）交通不便利客观制约人民陪审员参审积极性，审前阅卷阶段尤为明显

H省不管是经济较发达地区的法院，还是经济贫困地区的人民法院，其辖区范围都比较大，选任出的人民陪审员在具体履职时基本按照区域划分和"就近"原则，尤其是地处偏远的法庭。但"就近"选择与"随机抽取"的规定相悖。如果不"就近"，相当部分人民陪审员来回法院路途较远，交通不太便利，个别陪审员到达法院甚至需要两三个小时，案件开庭时间难免推迟。若碰上需要多次开庭的案件，人民陪审员苦不堪言，要求其审前来法院阅卷基本很难实现。在这种情况下，部分人民陪审员因交通不便、本职工作忙或其他借口而尽量少参与审判，法院也不得不接受。

（2）培训达不到上岗要求，人民陪审员参审时信心不足

"法律问题毕竟是专业问题，法律也是一门科学，如果不经专业训练而一味依靠民众良知，对于重大的问题仍然难以作出正确判断"①，虽然《决定》等对人民陪审员的岗前培训及日常任职培训，包括培训内容、培训课时、培训机构等都作了细致要求，最高人民法院还因此制定了人民陪审员的培训大纲，编译了培训教材，但在H省，这些培训都是集中的、短期的，并且多数限于本院或中院的法官走马观花式的概述或漫谈。而培训级别较高的，如省高院的培训，基本都是限定名额的，分到各个基层法院也就一两个，再加上人民陪审员上岗后大规模的集中培训一年最多也就一到两次，以及因个人原因缺席的，仔细算算法院对人民陪审员的培训时间其实很有限。比较重视的法院会给人民陪审员统一采购和发放一两套教材（如T县人民法院），每半年邀请全体人民陪审员参与法院的工作总结大会，并召开人民陪审员的座谈会，有的法院对于培训干脆就是放羊式管理，完全寄希望于人民陪审员平时的自我学习。从多数人民陪审员要求加强培训的意见来看，这种短期的、集中的培训对提高人民陪审员的审案能力没有多大的帮助，人民陪审员自然在参与审判时选择服从法官的权威，无法切实参审。

（3）存在"空挂"和"假陪审"现象，人民陪审员"被参审"

在参与调研过程中，通过查阅档案和访谈法官，我们在部分地区发现

---

① 蒋惠岭. 论陪审制度的改革. 人民司法，1995（6）.

了人民陪审员"被参审"的现象，主要是"空挂"和"假陪审"两种形式。①"空挂"是指在部分地区的法院，尤其是个别派出法庭，法官在案件排期确定人民陪审员时就与其商量好，案件是有人民陪审员参与的合议庭审理，但人民陪审员不用到庭参与庭审，合议笔录上让该人民陪审员以后补签或由他人代签。而"假陪审"则是案件自始至终都是由一个法官独任审理的，但个别法官为完成案件陪审率的指标，在档案袋信息上注明是由某人民陪审员合议审理的。这两种现象可以从侧面反映部分地区的法官对人民陪审员制度以及人民陪审员的履职能力是持否定态度的，其作为手握选择人民陪审员参与案件审理权利的人，非但不积极指导并支持人民陪审员认真参审，还制造"空挂""假陪审"的"被履职"事件，可见人民陪审员确难发挥实际作用。

（4）经济补助普遍较低，人民陪审员参审可能承担部分经济损失

从 H 省 7 个地区的情况来看，虽然《决定》实施后，各地法院积极寻求地方财政的支持，人民陪审员陪审案件的经济补助标准较以前有较大提高，但各个地区的法院仍需自行解决很大部分人民陪审员工作经费，且地区间补助差异大。某市 R 区人民法院对于人民陪审员的补助标准为每半天 30 元，每天 50 元，不足一天的按半天算，由财务室造表，按月计发；T 县人民法院对人民陪审员的补助标准由 2010 年每个案件补助 50 元提高到 2011 年每个案件补助 100 元，而 Y 县人民法院对人民陪审员的补助标准，为每件补助 30 元，虽其规定报销农村和乡镇人民陪审员的车费，但在津贴发放名册中未有体现。虽然部分人民陪审员，尤其是有行政职务的，表示"不在乎"法院发多少补助，但依然有相当部分的人民陪审员反映兼职的陪审工作不但影响本职工作，而且费时费力，有时还要贴钱吃饭、坐车，尤其是在补助本来就低的地区。可以说，经济因素在一定程度上也会影响人民陪审员的参审积极性及其参审表现。

---

① "空挂"和"假陪审"的现象是调研人员到 T 县考察，经过仔细查阅档案和访谈法官发现的。

第十章 人民陪审员培训机制实证考察

在既有关于人民陪审员制度的研究中，少有研究对人民陪审员的培训机制进行特别关注。尽管它是人民陪审员制度中容易被人忽略的一项配套机制，但其运作的情况在很大程度上决定着制度整体的发展。虽然培训作为陪审制度一项重要的配套机制，但在《决定》出台前，我国有关立法并未就这一问题进行明确规定，导致在实践中各地做法不一，且较为随意。2004 年《决定》作为人民陪审员制度发展中具有里程碑性质的立法文件，首次明确了人民陪审员培训的责任主体——基层人民法院和其同级司法行政机关，为我国现存人民陪审员培训制度奠定了基调。随后出台的《关于人民陪审员选任、培训、考核工作的实施意见》（以下简称《实施意见》），进一步细化了培训的具体承办单位、培训的内容、培训的安排和培训的费用保障等事项。2005 年最高人民法院《关于人民陪审员管理办法（试行）》（以下简称《管理办法》）则用了九个条文专门就培训制度作出了具体的规定。

上述立法规定尽管仍显粗陋，但已初步勾勒出人民陪审员培训的基本制度轮廓。在此制度框架下，尤其是在相关立法和改革文件已出台近十年的背景下，当前人民陪审员的培训在实践中呈现何种样态，是否在沿着制度设计的方向进行和发展？这些问题值得关注。为更好地了解实践情况，本部分以 7 个地区的培训实践作为样本，细致考察培训机制中培训主体、培训内容、培训方式等具体内容的现实状况，并评析培训机制的运作效果，以期对培训机制改进乃至正在进行的陪审制度的整体改革提供有益的观察和帮助。

一、培训的责任主体

（一）立法规定

2014 年《决定》第 15 条规定："基层人民法院会同同级人民政府司法行政机关对人民陪审员进行培训，提高人民陪审员的素质。"《实施意见》第 11 条规定："基层人民法院根据本院审判工作的实际情况，制定人民陪审员的培训计划，征求同级人民政府司法行政机关意见后，由人民法院培训机构具体承办。"《管理办法》第 24 条规定："基层人民法院应当会同同级人民政府司法行政部门及时提出接受岗前培训的人员名单和培训意见，报上级人民法院教育培训主管部门和法官培训机构。"上述规定尽管明确了对人民陪审员进行培训的责任主体，但并没有进一步明确基层人民法院与同级司法行政机关就人民陪审员培训事项的分工与具体责任。那么，实践状况如何呢？

（二）实践状况

虽然法院和司法行政机关是我国相关法律明确指定的陪审员培训主体①，或者至少司法行政机关应该是参与其中的一个主体②，我们姑且不论其重要性如何，但实际情况是怎么样的呢？在我们进行调研的湖南省 7 个不同地区呈现了不一样的风景。

在访谈 A 县人大常委会某领导时，我们了解到：

> 人大常委会某领导：司法局确实没有介入，主要是法院一家在负责。陪审员方面司法局完全没有管，也没有进行监督；实际上，它也不好管……人民陪审员的管理方面，除非是出了什么问题，一般来说人大不会怎么去关注它，司法行政机关更加不用讲——人民陪审员这一块它根本就没有管。实际上只有法院一家在管，包括陪审员的选任、管理、培训、考核等，这是现状。

不仅客观事实如此，而且一些基层法院法官认为人民陪审员的培训应该是法院独家的"分内之事"。在我们调研的 T 县，该基层法院的某法官认为：对于人民陪审员的培训，如果说人民法院已经将其吸收为人民陪审员的话，那么对人民陪审员培训肯定只能由人民法院来进行，不可能再推到其他部门进行。而实际上在其他几个地区，司法局也没有参与陪审员的培训。

（三）评价

虽然现行法律规定对于陪审员的培训，基层人民法院和同级司法行政机关共负其责，但实际情况是：在我们调研的 7 个地区，司法局无一例外

---

① 《决定》第 15 条："基层人民法院会同同级人民政府司法行政机关对人民陪审员进行培训，提高人民陪审员的素质。"

② 《实施意见》第 11 条："基层人民法院根据本院审判工作的实际情况，制定人民陪审员的培训计划，征求同级人民政府司法行政机关意见后，由人民法院培训机构具体承办。"

地没有参与到对陪审员的培训工作中来，更遑论对陪审员的培训共负其责。

二、培训的内容

（一）立法规定

《实施意见》第 12 条规定："对人民陪审员进行培训，应当符合人民陪审员参加审判活动的实际需要。培训内容包括法律基础知识、审判工作基本规则、审判职业道德和审判纪律等。"《管理办法》第 20 条规定："人民陪审员培训分为岗前培训和任职期间的审判业务专项培训。初任人民陪审员上岗前应当接受履行职责所必备的审判业务知识和技能培训。包括法官职责和权利、法官职业道德、审判纪律、司法礼仪、法律基础知识和基本诉讼规则等内容。人民陪审员任职期间应当根据陪审工作的实际需要接受审判业务专项培训。主要以掌握采信证据、认定事实、适用法律的一般规则和学习新法律法规为内容。"第 25 条规定："人民陪审员培训应当根据人民陪审员履行职责的实际需要，结合陪审实务进行，培训的具体内容应视不同培训对象的要求有所侧重。"上述法律条款对于培训的内容规定相对较为详尽，也具有较强的可操作性。这些法律条款不仅明确了对陪审员进行培训的具体内容，而且将这些内容进行了种类区分。《管理办法》第 20 条规定，人民陪审员培训分为岗前培训和任职期间的审判业务专项培训。更难能可贵的是，《管理办法》第 25 条还明确了对陪审员进行培训需"因材施教，因人而异"的原则。

（二）实践状况

所有的这些规定从表面上看来"煞有其事"，关于培训的内容这一块"蓝图已定，只剩出手执行而已"。然而"实践的魔幻"让我们不自觉地产生这样的疑问——培训的内容究竟是何面孔？且前文中我们在探讨培训的主体时已经感受到了实践的变幻莫测与异彩纷呈，那么，对于培训的主体实施情况与制度规定尚且如此不一，培训内容的实际情况又是怎样的呢？我们也对其进行了相关的调研。

在我们对 L 市法官的访谈中，我们得知：

问：对人民陪审员培训主要是什么内容？

某法官：主要是程序法方面的培训。

在与另一法官的访谈中，当我们问到"对人民陪审员培训的主要内容是什么"，该法院另一法官的回答是：陪审员通过学习培训，掌握了相关的基本的法律知识。

在 A 县开展的调研中，我们对这一问题进行了追问，该地区的法院工作人员和人民陪审员给出了不同的答案。该法院政工部门某领导的回答是："培训内容也不是说就是固定的，像今年三月份我们那个担任妇联主席的陪审员，她就是在湖南省高级法院参加了陪审员的业务培训。有些陪审员，就像前面讲到的那样，根本就不具备进行陪审的方法、经验。对于这些陪审员，我们主要给他们进行一下业务上的培训指导"。在 A 县举行的陪审员座谈会上，某陪审员在谈及法院给他们进行培训时说道："以前在法律方面我们每一年都会进行培训，由市中级法院各个庭的庭长讲课，这和老师的讲课有所不同，这些法官们更多的是从实务方面来讲述课程，这些其实是我们更加需要的。在量刑方面，法院给我们每个陪审员都发了一本最高人民法院制定的量刑指南，但由于家里起火那本书被烧掉了。我觉得这本书很重要，每一次开庭前我都会翻看一下，为开庭审理做好准备。"

在对 Y 县的调研中，法院法官、其他法律工作者和人民陪审员也给出了各自不同的说法。Y 县基层法院法官说："在人民陪审员任命以后，首先要组织他们进行一些庭审程序和业务方面的培训。"该地区的法律服务所的工作人员则认为应该对人民陪审员在专业知识方面加强培训，而该地区被培训的主体——陪审员则对庭审观摩表示情有独钟。Y 县的一名陪审员对我们说："我们参加过这个培训，参加了庭审观摩，我们观摩了戴院长主持的案件审判，观摩最主要的就是听取案情分析的思路和逻辑，虽然听的过程中会有一些疑惑，但总的来说受益匪浅。"

X 县是我们调研中对于人民陪审员管理做得相对比较规范化和制度化的地区。在对 X 县与人民陪审员管理制度联系最紧密的两类主体——法官和人民陪审员的访谈中，我们得到相对比较全面的答复。在该地区举行的人民陪审员座谈会上，对于"您认为对陪审员的培训应该侧重于什么？"的提问，某资深陪审员表达了这样的观点："上岗前的培训搞了几天业务知识方面的学习，还是起到了提高陪审员业务知识的作用。人民陪审员来自不同的行业，各自具有不同的情况，但是他们的实践经验和人生阅历都是比较丰富的，大部分人欠缺的还是法律知识，有些即使以前学了法律也没有具体应用过。通过法院组织培训，包括一些法律基本知识、审判纪律以及陪审员的权利义务要求，大家对陪审员应该具备的知识和素质有了一个基本的了解。"更令我们感兴趣的是该地区法院某法官提出了颇有自己想法的建议。在回答我们关于培训内容的问题时，该法官说："我认为人民陪审员应作一些区分，一部分适合刑事案件审判的从事刑事案件审判，一部分适合民商事案件审判的从事民商事案件审判。这样的区分不是临时性的，而是'受案轮流'，就是在具体审理案件时在这些人中间随机抽取陪审员组成合议庭审判案件。这样的话，在培训的时候我们就让他们相应地了解某一块的专业知识，包括相关的法律基础知识、审判工作程序和技巧知识。因为要人民陪审员熟悉所有的专业知识，那是不可能的也是不现实的。像英美法系的人民陪审员很多根本不懂法律，那么案件通过审理裁决后就不公平吗？这个答案是否定的，所以我认为专业只是一个方面，因为专业方面毕竟还有法官在把握。对于人民陪审员而言，我认为他们能够了解相关方面的法律基础知识、熟悉审判业务和程序就可以了。"

我们调研的另外三个地区大致都是按照相关法律制度规定对陪审员进行培训的。据调研过程中的切实体会和前文记载的各个主体的表述，我们可以看出，除了极个别地区，绝大多数地区的培训内容都没有做到规范和全面。当然这不排除各个主体表达时的主观心态影响以及因各个地区的具体情况不同而使得表述有所侧重。排除上述影响因素，我们客观地得出各地陪审员的培训内容存在的问题——在实践中没有清晰、规范、全面的培训内容。若论具体存在着什么样的问题以及出现这些问题的原因，留待后面在培训制度的现存弊端及其原因解读部分予以论述。

（三）评价

虽然现行法律对培训的内容作了规定，但实践中由于整个培训制度都没有得到应有的重视和资源投入，加之各个地区实际存在的其他因素的影响，培训的内容没有达到《管理办法》第 20 条规定的标准。[1] 在我们调研的 7 个基层地区，除了极个别地区，绝大部分地区的培训内容都没有做到规范和全面。一般来说，各个地区的培训内容都限定在"法律基本知识、审判纪律以及陪审员的权利义务要求"这几个方面。就《管理办法》第 20 条对培训内容所列明的种类而言，岗前培训相对来说做得比较到位，7 个地区的与陪审员培训相关的主体绝大部分都表达了岗前培训的重要性，几乎所有的陪审员都向我们描述了他们参加岗前培训的经历。相对来

---

[1]　《管理办法》第 20 条："人民陪审员培训分为岗前培训和任职期间的审判业务专项培训。初任人民陪审员上岗前应当接受履行职责所必备的审判业务知识和技能培训。包括法官职责和权利、法官职业道德、审判纪律、司法礼仪、法律基础知识和基本诉讼规则等内容。人民陪审员任职期间应当根据陪审工作的实际需要接受审判业务专项培训。主要以掌握采信证据、认定事实、适用法律的一般规则和学习新法律法规为内容。"

说，任职期间的审判业务专项培训可能落实得令人不甚满意。在我们调研过程中，几乎就没有获取过关于各个地区陪审员任职期间的审判业务专项培训的信息。这种情况其实也可以通过陪审员在审判实践中的履职状况予以印证。[①]

三、培训的方式

（一）立法规定

对于人民陪审员的培训方式，我国仅《管理办法》第 26 条予以规定："人民陪审员培训以脱产集中培训与在职自学相结合的方式进行，也可结合实际采取分段培训、累计学时的方式。培训形式除集中授课外，可采取庭审观摩、专题研讨等多种形式。岗前培训的面授时间一般不少于 24 学时，任职期间的审判业务专项培训每年应不少于 16 学时。"

虽然规定较少，但从实用主义角度而言，该条法律规定对于指导陪审员的培训还是具有现实意义的。《管理办法》第 26 条明确规定了集中授课、庭审观摩、专题研讨和在职自学四种培训形式。《管理办法》第 26 条第 2 款采取了未详尽的列举陪审员培训的方式，我们揣测立法者用意在于：一是立法无法穷尽实践中各种因地制宜而产生的培训的方式；二是鼓励各地积极探索创造各种实用的培训方式，以期更好地培训陪审员并使其更好地履行职责。

（二）实践状况

实践中法院系统会以哪种方式对人民陪审员进行培训呢？经过调研，我们发现各个地区的培训方式异彩纷呈，各有侧重。

在 A 县进行的访谈中，当我们问到培训是以什么样的方式开展的时候，该地区一名资深法官这样告诉我们："培训有两种方式，第一种是上级法院的培训，刚任命的时候的岗前培训，还有中途的短期培训。第二种方式是法院为他们提供资料。这两种方式基本不起作用。我认为培训没有实质的作用，只是稍微熟悉业务，对审判技能无多大的提高。"该地区人大领导的答复则比较实际："人大通过陪审员任命后法院还要组织培训，培训我们要请市中院法官培训机构的老师或者党校的老师，可能有时候也会请本院的一些资深法官，就是在院里工作时间比较长、工作能力比较突出的一些老法官给他们讲课，一般来说也就是向他们传授一些

---

① 实践中，各方主体对人民陪审员的履职状况普遍评价不高。参见 2011 年湘潭大学关于湖南人民陪审员制度考察的数据库资料。

陪审的经验……我们对上岗前的培训比较重视，一般最少组织三天的岗前培训。"

　　我们调研的 F 县属于国家级贫困县，经济发展水平低，财政收入少，因此他们的陪审员培训可能更多地受制于这一现实因素，我们在该地区访谈的主体对这一问题的回答都带有这一烙印。该地区法院政工部门领导谈道："第一批全部培训了一个星期，经费都是院里面出的。第二批新选任的 14 名陪审员，因为人数比较多，如果全部放在一起培训，我们没有这么多经费，所以我们采取的就是发一些法律方面的书籍还有资料给他们自学；另一方面我们会选送一些工作比较积极、表现比较好的陪审员到省里面去参加培训，这么几年来已经选送了四位陪审员到省里参加培训了。这四位陪审员培训回来带了一些资料，我们会把这些资料打印成册再分发给其他的陪审员。再一个就是我们每一年会把陪审员召集起来开两次集中的会议，一次是年初开会议布置工作，另一次就是年底总结……" F 县的一个比较有特色且实用的做法是，每一个季度会开一次总结交流会，这个总结交流会把陪审员召集起来，大家一起谈一下感想，谈谈各自发现在审判当中存在什么问题、人民陪审员要注意什么事情、作为陪审员哪些方面需要提高、一个季度下来审了多少件案件、参与陪审案件的类型等。

　　在 F 县召开的陪审员座谈会上，我们重点对与会的陪审员就这一问题展开了更深一步的询问。

　　　　问：……你们希望得到哪些方面的培训，或是怎样的学习机会呢？比如说集中培训、庭审观摩还是发放教材和资料自己进行学习？
　　　　某陪审员：发放教材和资料自己进行学习好些，当然庭审观摩是肯定要的，因为这个庭审观摩和实践运行更加接近，能够让我们更直观地学习审判程序和技巧。

　　在 R 区调研过程中，我们采访了在该地区执业的一名律师，他表达了一些不一样的观点："……要对陪审员进行更深层次的、更有效的培训，培训不能流于形式。我们之前了解到的培训可能就是给陪审员发一两本教材让他们看看。这样的观点可能不全面，但至少我们看到的现象的确如此。"

　　在我们对 L 市进行调研的过程中，该地区法官对关于陪审员培训方式的表述比较一致。该地区某法官是这样描述该地区的培训方式的："我们对他们进行了相关培训，培训方式有很多种，一是集中学习，二是组织他们旁听庭审，目的是让他们对法院的审案过程有一个更直观的认识……"该地区的某陪审员表达了近似的观点："培训是集中培训，市中院集中搞的培训，今年上半年就有一次。"鉴于陪审员培训制度并没有统一的术语以及陪审员的表达水平参差不齐，我们在随后与陪审员的自由交流环节中，特意就"集中培训"一词与该陪审员进行了探讨，最后确认其所表达的"集中培训"内容包含集中授课和组织庭审观摩。这样一来，A地区的培训方式的实际运行情况得到了法官群体和陪审员群体的相互印证，具有较高的可信度。尔后在访谈该法院某部门领导时，该领导又向我们介绍了法院为陪审员购置法律教材和资料的情况。综上所述，L市培训的主要方式有：集中授课、庭审观摩和发放资料自学。

在T县所进行的调研中，某陪审员对这一问题的回复如下：

> 问：刚才我听您讲的时候，我觉得您对证据认定、事实认定都非常的清楚。像刚刚法官提到的《刑事诉讼法》第146条或者事关回避权等内容，您也都能了解得非常清楚吗？
>
> 某陪审员：这个肯定啊，每个人都发了几本这么厚的培训教材。

而在该地区的陪审员座谈会上，这一问题再次被言及。与会某陪审员表达了这样的观点："……我当人民陪审员以后参加过一次简单的培训，开了一个会、发了两本书，但实际上我对整个制度和法律知识的了解还是比较欠缺的。"

在该地区的基层法庭调研时，这个问题同样不可回避——我们更希望了解到最基层的法庭的实际情况。

> 问：在县法院培训了一次，在派出法庭也培训了一次，是吧？
>
> 某陪审员：是的。
>
> 问：派出法庭这边也是由法官来培训吗？
>
> 某陪审员：都是由法官来培训。有些专业的法律知识我们不懂，而且太难学了。
>
> 问：您去观摩过庭审吗？
>
> 某陪审员：去过。

在随后对该基层法院陪审员的管理人员的专访中，我们也得到了有关陪审员培训方式的信息。该法院工作人员针对我们"贵法院对于陪审员是如何开展培训？"这一问题给出了如下答复："我们第一届陪审员在中院集中培训过一次，后来陪审员队伍比较大了，中院就没有组织集中培训了，但中院委托我们基层法院组织，我们一般情况下以开会替代培训；第二就是庭审过程观摩庭审自学。"

在 Y 县进行的陪审员座谈会上，一名陪审员也透露了该地区陪审员培训方式方面的信息："……作为人民陪审员是有职责的，我们参加过这个（集中）培训，参加了庭审观摩，我们观摩了戴院长主持的案件审判，观摩最主要的就是听取案情分析的思路和逻辑，虽然听的过程中会有一些疑惑，但总的来说受益匪浅。"

综上所述，L 市培训的主要方式有：集中授课、庭审观摩和发放资料自学。由于 L 市是省会城市下辖的县级市，其不论是经济发展水平还是财政收入都属省内翘楚，故而其集中授课、庭审观摩和发放资料自学都落实得比较好。A 县培训的主要方式有：集中授课和发放资料自学。A 县属于国家级贫困县，经济实力有限，故而陪审员的培训落实得不是很到位，其培训方式仅仅限于集中授课和发放资料自学。T 县培训的主要方式有：集中授课、庭审观摩和发放资料自学。T 县属于省内经济发展中等水平县市，在该地区现有的经济实力下，相对来说 T 县对于陪审员的培训方式构建得相对完整和合理，但我们访谈的资料显示该地区对于陪审员的培训并没有达到令各方主体满意的效果。F 县最主要的培训方式是发放资料自学，最值得称道和推广的是其每一季度开展经验交流会这一方式。F 县相对来说情况比较复杂，该地区既是少数民族地区，又是国家级贫困县。其以发放资料自学为陪审员主要的培训方式，是在现实条件约束下的"无米之炊"，其开展的每季度一次的经验交流会更是值得称许的"实用招式"。Y 县最主要的培训方式是集中授课、庭审观摩。关于其为何会缺失发放资料自学这一方式？据我们调研资料显示：该地区的陪审员经费紧张，没有单列这一项费用，使得资料发放没有得以落实。R 区最主要的培训方式是发放资料自学。虽然关于 R 区的培训方式的展示来源于该地区一名律师的观点，这些观点可能受制于其立场与对陪审员情况的不熟悉，但是我们认为该律师的观点是具有一定的可信性的，至少说明律师这一司法参与主体对这一制度的陌生，这也从一方面印证了我国整体上陪审员培训效果不甚理想的现实。具体关于陪审员培训效果的现实揭示，下文将接着予以表述。

（三）评价

总的来说，现行法律明确规定了集中授课、庭审观摩、专题研讨和在职自学四种培训方式。据我们收集的信息，实践中法院系统主要运用的是集中授课、庭审观摩和在职自学三种方式。除了 F 县的每一个季度会开一次总结交流会这一创新之举之外，其他调研地区都是沿用集中授课、庭审观摩和在职自学的方式对陪审员进行培训。实践中培训的方式"乏善可陈"，恐有负立法者的期待。

对于《管理办法》第 26 条规定的"岗前培训的面授时间一般不少于 24 学时，任职期间的审判业务专项培训每年应不少于 16 学时"，一般来说，岗前培训的 24 学时基本上能够得以保证，而任职期间的审判业务专项培训每年应不少于 16 学时恐怕只是仅仅停留在立法者的美好期待中。对于培训时间，实践中陪审员普遍觉得过短。

从表 10 - 1 可以得出，88.2% 的被调查陪审员认为培训时间过短。这也正印证了实践中《管理办法》关于时间的规定存在的问题：或者是其规定的时间在实践中没有得到落实，或者广大的陪审员认为他们的培训时间应该得到延长。

表 10 - 1　　　　如果培训效果不好，请问您认为主要原因是什么？
培训时间过短

		频率	百分比	有效百分比	累积百分比
有效	No	6	3.9	11.8	11.8
	Yes	45	29.0	88.2	100.0
	合计	51	32.9	100.0	
缺失	99	104	67.1		
合计		155	100.0		

四、培训的效果

（一）效果调查

现行法律中有全国人大常委会出台的《决定》第 15 条对陪审员的培训进行规定："基层人民法院会同同级人民政府司法行政机关对人民陪审员进行培训，提高人民陪审员的素质。"最高人民法院和司法部联合印发的《实施意见》中第 10 条至第 14 条也分别规定了培训的具体承办单位、培训的内容、培训的安排和培训的费用保障等事项。最高人民法院出台的《管理办法》同样用了 9 个条文专门就培训制度作出了具体的规定。在司法实践中，我国各地各级法院也纷纷对陪审员展开了各种培训，但培训的效果究竟是否符合规定制定者的期待呢？

在我们进行调研的 7 个县市地区，培训的效果呈现出了不同的图景。

在 L 市进行调研的陪审员座谈会上，某陪审员说道："……那是 2005 年 3 月份，在长沙市参加省高院组织的培训，当时选了 18 名人民陪审员在省高院统一参加培训，共培训了 5 天，当时收获确实很大。……刚开始当陪审员的时候，基本上什么都不懂，通过 5 天培训了解了一些情况。第一次开庭的时候，我确实觉得很新鲜，坐在台上开始还有点不自然——上面坐那么多参与审判的法官，下面还有一些听审的群众。经过一段时间的实践以后，慢慢地就适应了。慢慢地明白，要参加陪审光凭着一股热情是不够的，也不能单凭着自己的一些想法，还要懂得一定的法律知识。这以后，我们基本上就开始自学法律知识。培训以后会发一些书，我们通过边实践边去自学这些书籍。刚开始的时候我陪审的是刑事庭的案件，经常会碰到盗窃案或者故意杀人案等，只要遇到问题，我就会找相关的法律书籍去看。通过自学，加深了自己对法律知识方面的一些了解……"

而在我们对某陪审员进行专访时，该陪审员在回答我们"您感觉培训效果怎么样？"的问题时，给出了这样的答复："可以啊，至少我对人民陪审员的职责有了一个初步的了解。"

吊诡的是，该地区法院法官对培训效果并不持乐观态度。

问：培训能达到效果吗？

某法官：陪审员素质参差不齐，拥有专业法律知识的人很少，因此总的来说培训效果不确定。……在审案中陪审员的作用不大，只是陪衬。

另一法官：……从他们参加陪审的情况来看，通过培训之后，部分陪审员对法律的把握程度还是提高得很快，有些慢慢地对于法律的把握比较到位……

在对 A 县进行调研中，该地区各个主体对于培训效果的认识不一。在我们与该法院法官的访谈中，他们说出了自己的看法。

问：贵法院陪审员的培训工作开展得如何，您认为短期培训对提高参审能力有无帮助以及有多大的帮助？

某法官：没有帮助。培训有两种方式，第一种是上级法院的培训。刚任命的时候的岗前培训，还有中途的短期培训。第二种方式是法院为他们提供资料。这两种方式基本不起作用。培训没有实质的作用，对陪审员的审判技能并无多大的提高，最多只是能够让陪审员稍微熟悉业务。

在该地区的陪审员座谈会上，陪审员们表达了各自的观点。

某陪审员：我是 2005 年任命的陪审员，当时开展了岗前培训，我们参加了三次培训。我看到调查问卷的陪审员卷上有一个题目是"陪审员培训的效果怎么样？"我们去参加培训的态度还是非常认真的，但是培训的时间很短，我总是觉得效果不是很好、收获不是很大，可能它的作用就是指向性地告诉我们去从哪些方面加强学习而已……

另一陪审员：首先，就我自身而言，陪审员加强学习是必需的、一定的、长期的一项功课，同时对自身工作的开展也会有所帮助……我参加过两次培训，我觉得培训的时间有点短，作用不是很明显，当然这样的结局可能是我自身的原因造成的——我投入的时间和精力比较有限……

对于这一问题，我们对该地区法院法官也展开了访谈。

问：他们之前的培训没有起到很大作用吗？

某法官：没有。培训也搞过，像我们每年都搞陪审员培训，特别是针对新加入的陪审员。因为他们对案件信息、庭审程序等都不是很熟悉。

在 F 县进行调研过程中，我们针对陪审员的培训效果专门向该地区法院领导进行了访问。

问：……法律素养可以通过培训予以提高，但是就这些培训而言，条件是不是能够满足所有的培训？据说只有两位陪审员参加过培训？培训效果又怎么样呢？

某院领导：原来我们培训过。集中培训是中级法院组织的，今年中级法院也培训过一次，但我们只有一个培训名额，我们院就推了一个陪审员上去。说实在话，我认为仅仅依靠培训提高陪审员的素质还是很难的。培训最多只能让陪审员知道个程序，知道个大概，并不能让陪审员了解法律精神，了解法律知识，了解法律精神和法律知识还是得靠平时自己多学习、多积累。……当然说到底是中国的国民素质达不到这个要求，所以认为仅仅依靠培训就能够提高陪审员的素质是不现实的。其实培训我们也搞过，我们的培训就是那么些时间，一个月，没什么作用，学不了什么东西。真实地讲，说培训只是好听，你说要对法律有很深的了解，那要靠他自己平时学习，你说仅仅是培训十天半个月、一两个月作用根本就不大。尤其是一些上了年纪的陪审员，你想让他在那里认认真真去看书基本上不可能。对于他们而言，休息几天，再上一下课感觉很有味，但是培训完回来就又忘了。基本上就知道个程序，知道应该履行什么职责，但是真正的法律知识是学不到的。

在 R 区进行调研过程中，我们也就陪审员培训效果这一问题对法院法官进行了访谈。

问：⋯⋯培训效果怎么样？

某法官：效果不怎么样。说老实话，我现在 40 岁还没到，就什么都不想去了，那些退休人员 60 岁还有什么大的精力呢？

综上所述，L 市陪审员对培训效果给出了肯定的意见，而法官的观点却认为培训效果不容乐观。A 县的法官和陪审员则在这一问题上取得了一致——他们都对培训效果持否定态度。F 县、T 县、Y 县和 R 区由于信息的缺乏，我们只得到了法官群体对这一问题的态度：这四个地区的法官对陪审员培训的效果一致地给予了较低的评价。这样的结果在我们调研过程中的无记名调查问卷中同样得到了印证。

在我们的调查问卷之人民陪审员卷中，当被问及"请问您认为培训的效果怎么样？"时，陪审员的回答如表 10-2、表 10-3 所示。

表 10-2　　　　　　　　请问您认为培训的效果怎么样？

		频率	百分比	有效百分比	累积百分比
有效	效果很好，对参审工作帮助很大	124	80.0	87.3	87.3
	效果一般，可有可无	12	7.7	8.5	95.8
	效果不好，对参审工作帮助不大	6	3.9	4.2	100.0
	合计	142	91.6	100.0	
缺失	99	13	8.4		
合计		155	100.0		

表 10-3　　　　您认为加强培训是否有助于提升人民陪审员的履职能力？

		频率	百分比	有效百分比	累积百分比
有效	有作用	230	91.3	92.4	92.4
	没作用	6	2.4	2.4	94.8
	不知道	13	5.2	5.2	100.0
	合计	249	98.8	100.0	
缺失	99	3	1.2		
合计		252	100.0		

从表 10-2 中我们可以看出，87.3% 的被调查陪审员认为"效果很好，对参审工作帮助很大"，"效果一般，可有可无"和"效果不好，对参

审工作帮助不大"的分别占 8.5％和 4.2％。这样的结果正好与我们的访谈录音所展示的情况相互印证。它们共同说明了大部分陪审员对于培训效果还是满意的。

在调查问卷之法官卷中我们没有设计法官认为陪审员培训效果如何的问题，但表 10-3 涉及的问题同样颇值玩味。从表 10-3 中我们可以看出，有高达 92.4％的法官对于加强培训是否有助于提升人民陪审员的履职能力都给予了肯定的回答。我们认为这样的结果与访谈中法官群体普遍对培训效果持否定态度并不相悖。原因在于"您认为加强培训是否有助于提升人民陪审员的履职能力"这一问题的设置偏重的是法官群体主观上的看法，而访谈中法官群体普遍对培训效果持否定态度涉及的是培训的实际情况。但这个表格中值得我们深思的是，为什么在法官群体有这样的主观认知的情况下，还会出现访谈中法官群体普遍对培训效果持否定态度这一事实。我们认为这样的背离和反差正好说明两个问题：一是现实中陪审员培训的效果也许确实不令人满意；二是现实中出现了一些不以法官群体的意志为转移的因素，影响了培训的效果，尽管法官群体是陪审员培训的管理者和实际操作者。至于这些因素是什么，它们是如何影响了陪审员培训的效果，这些问题我们将在下一节的原因解读中予以清晰地展示。

（二）效果评价

在描述关于培训的效果之时，我们拟将培训的效果分为形式效果和实质效果。形式效果是指培训是否能够满足培训的形式要件，诸如能否按照法律规定或者培训计划规定的内容进行、其主要内容在于能否保证每个陪审员都参与到培训以及他们参与培训的次数等；实质效果是指培训之后能否起到提高陪审员素质、提升其履职能力和对案件审判结果产生实质影响的作用。就实质效果而言，法官和陪审员群体形成了尖锐交锋的意见，不管是我们的访谈录音还是调查问卷统计结果①都显示大部分陪审员对于陪审效果还是满意的。形成鲜明对比的是，法官群体则几乎无一例外地对培训的实质效果给予了否定性的评价。

1. 就形式效果而言，实践中并不是所有的基层地区都能保证每个陪审员都能参加培训，其次是培训的次数一般相对较少，并不能达到良好的效果。

从表 10-4 可以看出，有 6％的陪审员从来没有参加过培训，即不管

---

① 表 10-2 "请问您认为培训的效果怎么样？"得出的统计结果。

因为何种原因①，都意味着有 6% 的陪审员从来没有被培训所"眷顾"过。也许从百分比的角度来说，6% 可以说是非常低的比例了，甚至从满足法院陪审任务的角度而言，这样的低比例也基本上不会对陪审任务产生大的影响，但就我们所着眼的陪审员培训的形式效果而言，这不能不说是一个极大的纰漏。陪审员的培训本应该是一件严肃的工作，况且有《实施意见》第 10 条的明确规定在前。② 在这样的情境下这个 6% 的比例其实是不容小视的。上表中参加一次培训的也高达 26.8%。如果我们做这样的限定：岗前培训至少一次，任职期间审判业务培训至少一次③，我们就可以得出结论：至少有 26.8% 的陪审员没有达到规定应有的培训次数。在调研中，我们得知的实际情况是，大部分地区的陪审员岗前培训还是得以坚持——在陪审员任命之后上岗之前，各地法院还是组织了岗前培训。那就只能解释为 26.8% 的陪审员在任职期间的审判业务专项培训只是"镜中月，水中花"，只存在于各地法院的总结材料上而从未真实地落实过。我们就以参加两次以上培训为达标标准，从表 10 - 4 中我们可以看出，也只有 67.1% 的陪审员达到了这一标准。而如果对这一数据加以陪审员任职年限这一因素交叉考量的话，我们会得出更有深刻含义的信息。

表 10 - 4　　　请问您在当选为人民陪审员后，参加过几次培训？

		频率	百分比	有效百分比	累积百分比
有效	从来没有	9	5.8	6.0	6.0
	1 次	40	25.8	26.8	32.9
	2 次	42	27.1	28.2	61.1
	3 次	28	18.1	18.8	79.9
	4 次	10	6.5	6.7	86.6
	5 次	4	2.6	2.7	89.3
	5 次以上	16	10.3	10.7	100.0
	合计	149	96.1	100.0	
缺失	99	6	3.9		
合计		155	100.0		

我们假设期待陪审员每年都培训一次，再加上每一位陪审员上岗之前

---

① 在调研中，也有极少数的陪审员因为工作与培训时间冲突无法参加培训，当然也有极个别陪审员"恶意"缺席培训。

② 《实施意见》第 10 条："人民陪审员经任命后、依法参加人民法院的审判活动前必须经过培训"。

③ 实际上，法律也是如此规定的。《管理办法》第 26 条第 3 款规定："岗前培训的面授时间一般不少于 24 学时，任职期间的审判业务专项培训每年应不少于 16 学时。"

的岗前培训一次，这样的话任何一年选任的陪审员理论上应该得到的培训次数应该是该陪审员的任职年数加上一，比如 2005 年选任的陪审员就应该参加过 6 次或 6 次以上培训。截至我们调研的时间，2005 年、2006 年选任的陪审员都已届满 5 年任期，那以此标准我们只能选取其参加过 5 次以上的培训予以考量，而这两年选任的陪审员能够满足参加培训 5 次以上的仅仅只有 5 人。2007 年选任的陪审员现已任职 4 年要求参加培训 5 次或者 5 次以上，2008 年选任的陪审员现已任职 3 年要求参加培训 4 次或者 4 次以上，2009 年选任的陪审员现已任职 2 年要求参加培训 3 次或者 3 次以上，2010 年选任的陪审员现已任职 2 年要求参加培训 2 次或者 2 次以上，由于 2011 年选任的陪审员任职时间不足 1 年，故只限定其参加 1 次和 1 次以上即可。经核查满足这些要求的人数分别为 1 人、1 人、26 人、18 人、2 人，总共算起来满足我们假设条件的人数仅为 53 人，占表 10 - 5 中有效基数 144 人的比例约为 36.8%。从这个角度而言，我们可以看出这一问题的严峻性——仅有略多于 1/3 的陪审员能够得到每年一次的培训机会，更不论每年一次的培训究竟能起多大的作用。这样以时间为轴来考察，我们还会发现一个信息：自《决定》出台后的第二届陪审员任职时间 2009 年以来，其每一年能够保证一次培训的陪审员占当年所选任的陪审员的比例在不断升高，分别为 40.6%、69.2%、100%，这也说明这一问题在不断地得以缓解。

表 10 - 5　　您首次被任命为人民陪审员的年度 ＊　请问您在当选为人民陪审员后，参加过几次培训？

计数

		请问您在当选为人民陪审员后，参加过几次培训？						合计
		从来没有	1 次	2 次	3 次	4 次	5 次	5 次以上	
您首次被任命为人民陪审员的年度	2005 年	0	5	10	3	1	3	3	25
	2006 年	0	2	0	0	0	0	2	4
	2007 年	1	3	1	3	0	0	1	9
	2008 年	3	3	2	5	1	0	0	14
	2009 年	4	16	18	12	6	0	8	64
	2010 年	1	7	11	4	1	1	1	26
	2011 年	0	2	0	0	0	0	0	2
合计		9	38	42	27	9	4	15	144

2. 就培训的实质效果而言，不论是我们的访谈录音还是调查问卷统

计结果①都显示大部分陪审员对于陪审效果还是满意的，但我们不得不考察的是形成鲜明对比的法官群体的观点：法官群体几乎无一例外地对培训的实质效果给予了否定性的评价。其实就陪审员的观点而言，我们也有理由质疑：其认为效果好与坏带着太多的个人观感。我们认为若要真正考量培训的实质效果，还是要从我们给出的实质效果的定义出发来考量陪审员的履职状况。这个可以通过与陪审员群体没有直接利益关系冲突的三类主体的观点进行说明。②

从表 10-6 可以看出，54.2%的当事人、57.6%的律师及法律工作者、45.7%的公诉人在回答"您觉得有没有陪审员参审，对官司的结果影响大吗？"时都回答为"没什么影响"，这至少可以在一定程度上说明陪审员经过培训之后其履职状况并没有得到改善，也没有对案件审判结果产生实质影响。

表 10-6　　　　您觉得有没有陪审员参审，对官司的结果影响大吗？

问卷类型		当事人卷			
		频率	百分比	有效百分比	累积百分比
有效	有很大影响	13	3.2	3.3	3.3
	有一定影响	83	20.6	20.9	24.2
	没什么影响	215	53.3	54.2	78.3
	不知道	86	21.3	21.7	100.0
	合计	397	98.5	100.0	
缺失	99	6	1.5		
合计		403	100.0		

问卷类型		律师、法律工作者卷			
		频率	百分比	有效百分比	累积百分比
有效	有很大影响	19	4.2	4.2	4.2
	有一定影响	146	32.2	32.6	36.8
	没什么影响	258	57.0	57.6	94.4
	不知道	25	5.5	5.6	100.0
	合计	448	98.9	100.0	
缺失	99	5	1.1		
合计		453	100.0		

---

① 表 10-2 "请问您认为培训的效果怎么样？"得出的统计结果。

② 前面讨论的陪审员与法官观点迥然不一，恐怕也无法逃脱"公说公有理，婆说婆有理"这一魔咒。

续前表

问卷类型		公诉人卷			
		频率	百分比	有效百分比	累积百分比
有效	有一定影响	22	46.8	47.8	47.8
	没什么影响	21	44.7	45.7	93.5
	不知道	3	6.4	6.5	100.0
	合计	46	97.9	100.0	
缺失	99	1	2.1		
合计		47	100.0		

五、培训机制的整体反思及其问题

在描述人民陪审员培训制度的现状以后，我们也抽象了其现存的运行弊端。现在我们需要重点讨论和思考的是，是什么原因造成人民陪审员培训制度存在这些弊端。虽然我们的调研无法穷尽培训制度运行弊端的所有原因，但我们认为至少下述原因值得我们深思。

（一）立法缺陷

虽然说关于陪审员培训的情况我国已经有几部法律文件予以了规定，但真的细数起来关于培训的法律规定总共只有 14 个法条。《决定》第 15 条规定："基层人民法院会同同级人民政府司法行政机关对人民陪审员进行培训，提高人民陪审员的素质。"这一规定奠定了我国现存人民陪审员培训制度的基调——我们应该对人民陪审员进行培训，同时它也规定了培训的主体——基层人民法院和其同级司法行政机关。而对人民陪审员管理机制更为详细的规定是最高人民法院和司法部联合印发的《实施意见》，其中第 11 条至第 14 条分别规定了培训的具体承办单位、培训的内容、培训的安排和培训的费用保障等事项。《管理办法》则用了 9 个条文专门就培训制度作出了具体的规定。

尽管初看起来，14 个法条把培训的"大厦已经建筑起来"，但细细揣摩我们就会发现现行法律规定的遗漏与模糊。对于培训的主体，现行法律的规定是要求法院与同级司法行政机关共负其责①，或至少要求司法行政机关协助同级法院开展陪审员的培训工作。② 正是这样模糊不清的规定导

---

① 《决定》第 15 条："基层人民法院会同同级人民政府司法行政机关对人民陪审员进行培训，提高人民陪审员的素质。"

② 《实施意见》第 11 条："基层人民法院根据本院审判工作的实际情况，制定人民陪审员的培训计划，征求同级人民政府司法行政机关意见后，由人民法院法官培训机构具体承办。"

致了实践中培训的主体"界定不清"，从而凸显了法院在陪审员培训工作中的"委屈与孤独"——法律明明规定陪审员的培训工作还有一个司法行政机关共负其责或共同参与，但实际上只是法院一家在"苦苦支撑"。对于培训的内容，虽然我们不得不承认其法律规定相对比较完善和科学，但我们认为其缺陷恰恰在于其"过于"规范与科学的规定。《管理办法》第20条规定："人民陪审员培训分为岗前培训和任职期间的审判业务专项培训。初任人民陪审员上岗前应当接受履行职责所必备的审判业务知识和技能培训，包括法官职责和权利、法官职业道德、审判纪律、司法礼仪、法律基础知识和基本诉讼规则等内容。人民陪审员任职期间应当根据陪审工作的实际需要接受审判业务专项培训，主要以掌握采信证据、认定事实、适用法律的一般规则和学习新法律法规为内容。"这样的规定基本上就是对法官培训内容的要求了，这样的要求对于陪审员的培训而言，是否那么实际的操作？我们认为，对于这样的要求，现实中的培训主体在面临着这么大的工作压力下恐怕无法做到，就连陪审员对这样的培训目标也会"望洋兴叹，怯而止步"吧？在我们调研地区的实践中，不但法官群体会因巨大的审判案件压力而疲于奔命，而且陪审员中除离退休人员以外，大多数为体制内或基层自治组织内拥有领导职务的人员，其工作压力本也不小。对于陪审员培训的方式，现行法律规定的缺陷就更加明显了：首先，在法条数量上，就仅有《管理办法》第26条予以了规定。[①]其次，其规定的培训方式也不科学合理——只规定了集中授课、庭审观摩、专题研讨和在职自学四种方式，这样的规定至少有两个问题。一是规定的培训方式太少，根本不能够满足实践的需求。最典型的例证说明就是 F 县每一个季度开展一次的总结交流会。二是在职自学被写进陪审员培训的方式里面恐怕不那么规范。再者就算在职自学能够算入培训的方式，那其培训的效果如何考核？最后，其关于培训时间的规定——"岗前培训的面授时间一般不少于24学时，任职期间的审判业务专项培训每年应不少于16学时"，按每天培训8小时计算，即岗前培训的面授时间一般不少于3天，任职期间的审判业务专项培训每年应不少于2天。对于参加陪审工作的陪审员而言，我们认为这点培训时间还是太少了。

---

① 《管理办法》第26条："人民陪审员培训以脱产集中培训与在职自学相结合的方式进行，也可结合实际采取分段培训、累计学时的方式。培训形式除集中授课外，可采取庭审观摩、专题研讨等多种形式。岗前培训的面授时间一般不少于24学时，任职期间的审判业务专项培训每年应不少于16学时。"

（二）法院重视不足

对于人民陪审员的培训，各地各级法院的认识不同，这必然导致各地各级法院对陪审员培训的重视程度不同，但这不同的重视程度亦有一个共同点：法院对于陪审员培训的重视程度普遍不充分。对于这种现象，我们将其分为两种：一种是"主动不充分重视"，另一种是"被动不充分重视"。前者是指法院相关工作人员本身就不重视人民陪审员的培训，甚至本身就不重视抑或排斥陪审员群体及其相关制度。后者是指法院相关工作人员由于自身工作任务重，受到组织陪审员培训后收效甚微等结果的"打击"继而不充分重视陪审员培训的情况。我们调研的七个地区的情况可以为这种现象做注脚。在我们问到培训对提高参审能力有多大的帮助时，A县法院的一位领导是这样回答的："没有帮助，培训有两种方式，第一种是上级法院的培训即刚任命时的岗前培训和中途的短期培训；第二种方式是法院为他们提供资料。这两种方式，基本不起作用。"总的来说，培训没有实质的作用，只是能够让陪审员可以稍微熟悉业务，对他们审判技能的提高起不到明显、有效的作用。无独有偶，对于这一问题F县法院的一位领导表述了他的观点："说实在话，我认为培训很难提高陪审员的审判能力，培训只是知道个程序，知道个大概，并没有让他们真正地了解法律精神。"这样的情况并非仅是在A县、F县两地区，其他五个调研地区的情况亦是大同小异。具体情况可从以下关于各个地区法官的访谈录音中对"培训对提高陪审员的参审能力有多大的帮助？"这一问题所给的回答制成的表格中详细得出。

从表10-7可以看出，除F县没有明确表达以外，有四个地区直接表达了否定或者消极的观点，只有A县和Y县两个地区的法官认为培训对提高陪审员的参审能力有一定的效果。这样的观点可以比较充分的说明法院对于陪审员培训不够充分重视是现今陪审员培训制度运行效果不佳的缘由之一。

表 10-7　　　　　　培训对提高陪审员的参审能力有多大的帮助？

地区	A	T	L	X	Y	F	R
法官回答的主要观点	有部分人民陪审员对法律的把握程度把握得比较好……	没有帮助……	培训以后，陪审员对案件还是不是很熟悉……	说实在话，我认为培训很难提高陪审员的审判能力……	专业知识方面的加强有待于对人民陪审员进行培训……	没有明确表达	说老实话，效果不怎么好……

（三）培训工作落实不到位

目前，人民陪审员的培训在实践中主要由人民法院负责，而由于种种原因，法院主持的培训工作一则没有满足当初立法者的预期，二则也没有真正起到提升陪审员陪审能力、提高陪审案件审判质量和效率的作用。而法院培训工作为何落实不到位，各个地区法院基于自身的具体情况有各自不同的缘由，但总结来说，下面几个原因是法院培训工作落实不到位的"罪魁祸首"：（1）各地法院普遍存在着审判人员不足，审判人员工作任务重，工作压力大的实际情况，这使得法院没有足够的精力来落实陪审员的培训工作。（2）现存的培训制度存在着不科学、不合理之处。首先培训的主持者没有明确规定，尽管《决定》第15条规定了由基层人民法院与同级司法行政机关共同负责，但是在实践中，基层人民法院与同级司法行政机关共同负责的局面还是难以避免陷入"有利人人负责，无利无人负责"的魔咒中。虽然法院基于自身地位坚守了其在陪审员培训中的"阵地"，但对于司法行政机关还是颇有微词。培训主体规格悬殊较大，师资力量差异也较大。在《管理办法》中，基层人民法院、中级人民法院、高级人民法院以至最高人民法院都可以作为陪审员培训的主体，从目前我国实际情况来看，各级别法院由于规格之差，存在的资源和条件的差异不可小视，这必然造成培训效果悬殊、条件比较差的基层或中级法院根本就无力彻底而有效地落实陪审员培训制度。另外，陪审员培训的师资也存在着不小的问题。实践中，陪审员培训的主体要么是各级法院的领导、审判员，要么是法学院校的法学教师，甚至还会出现政府领导或者人大工作人员。总之，目前这一问题并没有得到妥善科学的处理。（3）法院的经费也是限制法院陪审员培训工作落实效果的一个因素。具体内容我们将其放入后面相关配套制度的构建滞后部分予以论述。

（四）陪审员的认知亟待提高

陪审员对陪审制度的认知是指人民陪审员对陪审制度相关法律规范、陪审制度运行情况以及陪审员应有的权利义务等的一种整体上的认识和知觉。陪审员对陪审制度的认知是其法律意识的一种表现，主要是指人们对法律现象的内在领悟及领悟到的感知、观念和态度等心理观念因素[1]，其内容主要包括陪审员对陪审制度相关法律规范的看法，对陪审制度运行情况的了解和评价，对陪审员权利义务的认识等。从我们调研获取的资料来看，陪审员对陪审制度的认知的三部分都亟待提高：（1）陪审员对陪审制

---

[1]　张文显. 法学基本范畴研究. 北京：中国政法大学出版社，1993：227.

度相关法律规范的看法。从上文可知，我国关于陪审员制度的相关立法数量明显不足，且规格和质量都没有达到应有的层次，在这样的立法现状下，职业法官、甚至专门负责陪审员工作的领导都对这些立法表现出了陌生感觉。一个典型例证就是：某县的一位分管陪审员工作的领导甚至认为由两名陪审员和一名审判员组成的合议庭方式是不合法的，在他看来，适用陪审制审理，只能允许一名陪审员参审。法官尚且如此，那么由法官培训和指导出来的陪审员，对法律法规又能有多少了解呢？陪审员学习有关陪审的法律渠道不外乎两种，一种是主动自学，另一种是被动接受培训。根据实地调研的情况来看，这两种情况在实践中运行得都不甚理想。（2）对陪审制度运行情况的了解和评价。从总体而言，陪审制度运行情况包括遴选制度、培训制度、考核制度、保障制度、监督制度及最为核心的参审制度，我们对于这些运行情况的认识都需要进一步的提高。（3）提高对陪审员权利义务的认识。

（五）相关配套制度欠缺

选任、考核、保障、监督与培训制度作为人民陪审员管理制度的五大组成部分，它们之间的关系既相互独立，又相互影响。对于整体而言，我们认为考核与保障制度产生的影响比较大。

本章的考核仅仅描述的是对于陪审员的日常考核，主要包括培训考核、履职考核等。这里仅仅论述培训考核制度的缺陷对于培训制度运行的影响：（1）考核主体界定不清。立法层面规定由基层人民法院与同级人民政府司法行政部门共同负责，但这明显存在不足：没有明确法院与同级司法行政机关的分工与责任，导致司法实践中法院的纪检、监察部门几乎成为了唯一的考核主体，同级司法行政机关基本不曾参与考核工作。（2）考核内容严重倾斜。① 立法层面规定考核内容应包含陪审员陪审工作实绩、思想品德、工作态度、审判纪律、审判作风和参加培训情况等方面，但是据我们实地考察发现，考核内容严重倾斜至"参审案件数"，即法院考核的重点只是关注陪审员陪审案件的数量。这样做的后果主要有：一方面"参审率"等绩效考核指标简化为人民陪审员参审案件数量，而不注重

---

① 《实施意见》第 15 条规定："……考核内容包括陪审工作实绩、思想品德、工作态度、审判纪律和审判作风等。中级人民法院、高级人民法院在其所在城市的基层人民法院人民陪审员名单中随机抽取人民陪审员参与本院审判工作的，应当将人民陪审员在本院执行职务的情况通报其所在的基层人民法院，作为对人民陪审员进行考核的依据之一。"《管理办法》第 30 条第 1 款规定："对人民陪审员的考核内容包括陪审工作实绩、思想品德、工作态度、审判纪律、审判作风和参加培训情况等方面。"

其参审质量；另一方面，目前缺少科学合理的综合性指标来有效地考核人民陪审员参审的质量。（3）考核方式不甚合理。立法层面规定考核方式包含平时考核和年终考核两种，而据我们的调研情况，平时考核基本上就是个形式，而遑论针对培训情况的平时考核。

相较于考核制度，我们认为保障制度对于培训制度运行的影响更大。这里的保障制度，我们将之定义为为保障陪审员制度正常运行的必要的投入、协调和保护制度，具体而言主要包括经济保障、陪审员陪审（含培训）与工作之间矛盾的协调以及陪审员的人身安全保护等三部分。从我们调研地区的实际情况来看，经济保障的缺口比较大。如 F 县每年陪审员的经费总共只有一万余元，根本就无法保障陪审员制度运行的需求：首先每人陪审一个案件的费用就要 50 元左右，这部分就要占去 80％左右的经费，剩下的费用根本就无力顾及陪审员的培训。

而陪审员陪审（含培训）与工作之间矛盾的协调对陪审员培训制度运行的影响也不容忽视。实践中，这一因素甚至在很大程度上决定着陪审员培训制度是否能够良好地运行。根据考察情况，各个地区陪审员陪审（含培训）与工作之间矛盾的难以协调在其缺席陪审的原因当中占有一席之地。陪审工作尚且如此，更何况"重要性"和"严肃性"远不及之的陪审员培训。

第十一章　人民陪审员的自我认知

评价一项制度设计和运行的优劣，最有发言权的莫过于具体执行该制度的主体，这些主体对该制度的看法也最能真实地反映问题。然而，长期以来，学界关于人民陪审的研究主要集中于制度本身，而对制度的参与主体关注不多。即便部分研究对其进行了深入研究，也主要把焦点放在了法院、法官和人民陪审员的关系上，而很少专门讨论人民陪审员群体本身。

虽然人民陪审制的实践运作涉及多方主体，如作为管理主体的法院、司法局，以及陪审案件中的公诉人、当事人及其诉讼代理人和社会大众等，但法官和人民陪审员作为共同的裁判者，是其制度的核心主体，而人民陪审员更是重中之重。事实上，自2004年《决定》实施以来，人民陪审员制度预设的功能是否得到实现，尚存哪些困难和障碍，其完善的进路何在，上述问题大都可以通过对人民陪审员群体的认知的考察得到较大程度的反映，并获得启示。因此，以人民陪审员及其认识现状为对象的实证研究具有重要的研究价值和现实意义。

本部分基于实证调研所获取的录音访谈资料以及调查问卷等素材，客观描述了人民陪审员对制度运行认知以及自我认知的状况，同时对影响人民陪审员认知的因素进行了分析，揭示了制度实践中存在的问题，进而从人民陪审员的认知中归纳、提炼相关启示，为进一步改革制度提出具体建议，以推动人民陪审员制度不断完善。

一、人民陪审员对陪审制度的认知概述

认知内容反映认知主体的价值追求，并受多种因素的影响。考察人民陪审员的认知情况，首先，必须明确陪审员是认知的主体，应当基于陪审员群体表达或反映的内容进行分析，而不应当过多加入调研人员和其他主体的主观看法；其次，陪审员的认知既包括其对陪审制的立法、价值、原理、规则等的认知，也包括对陪审制运行的实际效果和现有问题的认知，还包括对其本身作为陪审员的角色定位的认知等多方面的认知因素；最

后，陪审员的认知并非一成不变的，不同的地区、不同的知识水平、不同的年龄或性别，以及不同类型的案件中的陪审员都有着不同的认知，甚至同一个陪审员在不同时期，也可能有着截然不同的认知情况。

（一）陪审员认知的概念

认知是指人们的系统性认识，它的范畴可包括知觉、判断、信念、价值、态度等，认知是心理活动中最一般和最广泛的范畴。同时，认知也是一个动态的、发展的认识过程。[①] 目前对于认知论的研究，主要集中在哲学、心理学等领域，也取得了不少的成果，但在法学领域，对于法律观念形态运用认知论进行相关研究的尚属空白。研究人民陪审员的认知情况，旨在了解目前我国人民陪审制所存在的问题以及对法治进程产生的影响。

现代"认知心理学之父"耐瑟认为，认知通常被简单定义为对知识的获得，如果没有认知过程，一切科学创造活动都是不可能完成的。在我国心理学领域，"认知"和"认识"概念都用于表征人类个体反映客观世界的心理活动过程及结果。之所以采用"认知"这一动态性概念，是因为"认知"是系统性、理性的认识，具有结论性、观点性，"认识"的感情色彩倾向于形象、粗浅地知悉，"认知"则具有一定的深度和自洽的逻辑性。陪审员对人民陪审员制度的认知是指人民陪审员对法律规范、法律现象本质的一种整体上的感受和知觉，其认知过程是对有关法律信息进行收集，通过思维的加工和整理，从而形成对制度感性或理性的认识。同时，人民陪审员的认知也是其法律意识的一种表现，法律意识是社会意识的一种形式，主要是指人们对法律现象的内在领悟及领悟到的感知、观念和态度等心理观念因素[②]，其内容包括对法的作用的看法、对现行法律的评价、对自己权利义务的认识等相关法律知识。[③] 因此，陪审员的认知同样遵循法律观念的一般理论和规律。

（二）陪审员认知的特征

通过对陪审员特征的分析，我们可以对陪审员的主观世界有更清晰的认识和把握。具体说来，陪审员的认知情况有以下几个方面特征。

1. 非职业性

人民陪审制是公众参与司法的一种途径，人民陪审员是普通公民，来自社会的各行各业，其价值判断、生活经验、知识水平等必然参差不齐。

---

① 韩明安. 新语词大词典. 哈尔滨：黑龙江人民出版社，1991：392.

② 张文显. 法学基本范畴研究. 北京：中国政法大学出版社，1993：227.

③ 李茂管. 试论社会主义法律意识. 学习与探索，1983（3）.

与从事法律工作的法官、检察官和律师等多数专业的法律职业体相比，他们未接受过系统的法学理论学习，同时也并不以此为职业，因此，陪审员的"非职业性"特征表现得尤为明显。很多陪审员都曾表示，担任陪审员只是其本职工作之外的社会工作，他们并不依靠陪审案件的经费补助来养家糊口。

2. 被动性

如果认同陪审员非职业性的特征，那么不得不承认这种非职业性导致陪审员在认知过程中处于被动地位。虽然我国人民陪审员与法官"同职同权"，但如果缺乏一定的法学专业基础知识，即便进行过系统的培训，也不能完全保证其对案件有比较清晰的认识。正是因为这样，有些陪审员就不自信，怕当众出丑，从参审开始就跟着法官的思路走，对事实的认定和法律的适用不能发表自己的独立见解，这无疑让陪审员陷入了被动的境地。

3. 经验性

陪审员来自普罗大众，社会经验更为丰富，因此在参审案件的过程中可以充分发挥其社会经验丰富的优势。陪审员以普通人的生活经验判断法律事实，将"民间智慧"引入案件的审理过程之中，和职业法官形成优势互补，法律原则和群众认知得到统筹兼顾，有助于更加广泛地化解社会矛盾和纠纷。[①]

4. 多元性

多元是相对于单一而言的，而陪审员认知的多元性主要是指陪审员站在自己的立场对案件进行剖析，其认识的内容是有所不同的。目前我国的陪审员主要分为两大类——自荐型陪审员和推荐型陪审员，加上陪审员源于社会各行各业，不同的阅历、年龄、职业、地域、学历等因素也影响到了陪审员的认知情况，这都体现出陪审员的认知是多元的，而不是单一的。

（三）陪审员认知的内容

作为一名普通公民，人民陪审员的法律观念包罗万象。但作为一名陪审员，考察其认知范围就应当框定在其对人民陪审制度本身、制度的运行情况、陪审制的其他参与者以及自身的角色定位这几个方面进行研究。可

---

① 杨维汉，郑良．让普通群众协助司法、见证司法、掌理司法——最高人民法院常务副院长沈德咏谈人民陪审员制度．http：//www．court．gov．cn/xwzx/fyxw/zgrmfyxw/201005/t20100517_5106．html．

以说，研究陪审员的认知，本身就要研究陪审员对人民陪审制的全部法律观念，但本章则是限定在"陪审制本体论"，即对陪审是什么、陪审制度规范有哪些、陪审制的意义和原理等这一狭义层面的陪审员认知进行观察，即陪审员从一开始接触陪审制到进入陪审制运行的管理范围，再到实际参与到陪审制的实质环节，其对陪审制这样一个重要的诉讼制度所产生的体系认知（静态），以及正在发生或已经发生的认识上的改变（动态）。相对于人民陪审员对陪审制本体论的认知而言，其对陪审制运行现状的认知更多的是一种评价。陪审制运行的实际情况在陪审员心目当中是怎样的、有效与否、其障碍何在、动力何在，现实与理想、司法与立法之间的差距体现得如何等。因为陪审员身处制度的最核心，这些问题在他们眼中所呈现出的景象是值得我们关注的。人民陪审员的自我认知其实也就是陪审员的自我定位。陪审员究竟在参审中适合发挥什么作用，不宜发挥什么作用，身为局外人的我们常常有自己的看法，这是否与陪审员自己内心深处的感受一致呢？人民陪审员对这份工作怀有的功利心、神圣感、使命感、权利义务感各占几成？让陪审员自己说话，站出来讲述其参加遴选、接受任命、通过培训甚至考核以及参与审理的各种感受，这最能反映真实的陪审制度，这就涉及陪审员的自我认知。

二、人民陪审员认知的现状描述

以人民陪审员的视角认识陪审制及其自身具有重要的意义。正如本章开头所言，评价一项立法的优劣及对应制度运行的好坏，最有发言权的莫过于具体执行该制度的主体或与自己有利害关系的主体。人民陪审制作为一项追求民主、公正的制度设计，无论是在遴选的覆盖面上，还是在案件的适用范围上，都具有其他司法制度所无法比拟的广泛性。该制度的贯彻执行涉及包括职业法官和来自各行各业的人民陪审员在内的多方主体，而从认知论方面考量该制度的运行情况，最核心、最直接的认知主体莫过于人民陪审员本身。

研究陪审员的认知并不是漫无目的、不加限制的，不能把陪审员对所有与司法相关的认识都纳入我们的考察范围内。我们认为，考察人民陪审员群体对陪审制及其运行现状的认知至少要从以下几个方面进行：对陪审制规范体系的认识、对陪审制运行现状的认识、对陪审制涉及的其他主体——主要是法院和职业法官的认识和陪审员对自身角色定位的认识。下面将结合调查问卷数据分析和访谈内容来反映陪审员各方面的认知情况。

（一）对我国陪审制规范体系的认知情况

人民陪审员对陪审制规范体系的认识是所有认知的基础和前提，它解决的是一个普通公民经过遴选成为一名人民陪审员之后，对于"陪审"是什么，陪审的价值、任务和目的是什么，陪审的运作机制等在法律上是如何规定的认识问题。由此衍生出来的还有陪审员对陪审制的生发原理、发展规律和趋势的认识情况。实际上，对陪审制度体系的认知更适于从陪审员对每一个具体环节和具体问题表达的观点来考察。因此，本部分重点是陪审员对陪审制的法律规定情况的认知。

到目前为止，H 省司法系统开展人民陪审工作所依据的规范性文件有：全国人民代表大会常务委员会《关于完善人民陪审员制度的决定》（以下简称《决定》），最高人民法院、司法部《关于人民陪审员选任、培训、考核工作的实施意见》（以下简称《实施意见》），最高人民法院《关于人民陪审员管理办法（试行）》，财政部、最高人民法院《关于人民陪审员经费管理有关问题的通知》，最高人民法院政治部《关于人民陪审员选任工作若干问题的答复》，最高人民法院政治部《关于选用人民陪审员的两个问题的答复》，最高人民法院《关于人民陪审员参加审判活动若干问题的规定》，最高人民法院政治部《关于人民陪审员工作若干问题的答复》，最高人民法院办公厅《关于认真做好贯彻落实〈关于人民陪审员参加审判活动若干问题的规定〉和〈关于人民陪审员工作若干问题的答复〉工作并抓紧开展新一轮人民陪审员选任工作的通知》，H 省财政厅、H 省高级人民法院《关于人民陪审员经费管理有关问题的通知》。其中，只有2004 年 8 月 28 日第十届全国人民代表大会常务委员会第十一次会议通过的《关于完善人民陪审员制度的决定》属于法律，司法解释也只有一部，即 2009 年 11 月 23 日由最高人民法院审判委员会第 1477 次会议通过的最高人民法院《关于人民陪审员参加审判活动若干问题的规定》，其余都属于其他规范性文件。除去三大诉讼法的相关规定，上述文件就构成了我国人民陪审工作所依据的全部立法。

然而，因为立法不足，且规定的内容较为粗疏，所以在实践中很多职业法官甚至专门负责陪审员工作的领导都对这些立法表现出了陌生。某县的一位分管陪审员工作的领导甚至认为由两名陪审员和一名审判员组成的合议庭方式是不合法的，在他看来，适用陪审制审理，只能允许一名陪审员参审。

法官尚且如此，那么由法官培训和指导出来的陪审员，对法律法规又能有多少了解呢？陪审员学习有关陪审法律的渠道不外乎两种，一种是主动自学，另一种是被动接受培训。根据实地调研的情况来看，前者可能是目前陪审员了解陪审法律的最主要的渠道，因为后者的运行情况并不理想。考察人民陪审员群体对陪审法律规范的认知情况，可以从培训的内容、质量和频次方面着手。（此处存在逻辑矛盾：前面讲培训并不理想，也并非陪审员学习有关陪审的法律的最主要渠道，那么为什么要从这方面着手进行考查？）

按照《决定》第 15 条规定，对陪审员的培训是由人民法院会同同级司法行政机关进行的，但实践中对陪审员的培训通常只有法院一家参与，大部分司法局并不"涉足"陪审工作。而法院的培训目标似乎是要将陪审员培训为"准法官"，于是培训的内容和下发的为数不多的学习资料大都与案件裁判有关，三大诉讼法和重要的实体法及其司法解释成为培训的重点，而陪审制度本身的法律法规则无人问津，从而造成了陪审员群体对陪审制本身的认知不足。

其实，这种"准法官"的培训机会也并不是每个陪审员都能获得的。在一项对于陪审员设计的参与培训频次的提问中，2005 年至今没参加过 1 次培训的有 9 人，只参加过 1 次培训的（通常是基层法院组织的最初级的培训，大多只有三天左右）有 40 人，参加过 5 次或 5 次以上培训的只有 20 人（见表 11 - 1）。这种培训机会的不均衡、不充分，培训内容片面强调与案件审判相关的法律法规，以及培训的时间过短，都是造成陪审员无法通过权威渠道掌握陪审制法律规范、领会陪审制真正价值和功能的原因。

表 11 - 1　　　　　请问您在当选为人民陪审员后，参加过几次培训？

		频率	百分比	有效百分比	累积百分比
有效值	从来没有	9	5.8	6.0	6.0
	1 次	40	25.8	26.8	32.9
	2 次	42	27.1	28.2	61.1
	3 次	28	18.1	18.8	79.9
	4 次	10	6.5	6.7	86.6
	5 次	4	2.6	2.7	89.3
	5 次以上	16	10.3	10.7	100.0
	合计	149	96.1	100.0	
缺失值	99	6	3.9		
合计		155	100.0		

从另一个角度来看，陪审员遴选机制也反映了从公民到陪审员的过程中，陪审员对法律法规认知的冰山一角。根据《决定》等相关规定，当选

陪审员可以有两种途径：一是推荐，即由其所在单位或者户籍所在地的基层组织向基层人民法院推荐；二是自荐，即其本人自行提出申请。然而在调研中发现，当被问及"您是通过何种方式当选为人民陪审员的"时，73.5％的受访者是由单位或村委会、居委会等基层组织推荐的，只有18.7％的受访者是自己主动申请的（见表11-2）。

表11-2　　　　　请问您是通过何种方式当选为人民陪审员的？

		频率	百分比	有效百分比	累积百分比
有效值	自己主动申请的	29	18.7	18.7	18.7
	单位或村委会、居委会等基层组织推荐的	114	73.5	73.5	92.3
	当选两次，一次是自己主动申请的，一次是被推荐的	12	7.7	7.7	100.0
	合计	155	100.0	100.0	

出现这种情况可能有三种原因：一是大多数公民不知道自己可以申请担任人民陪审员；二是自荐型陪审员大都不符合条件，未被审查通过；三是虽然公民知道自己可以申请担任陪审员，但基于各种原因不愿或不敢申请。我们认为，最主要的原因就是第一种情况，即大多数人都不知道自己的这一权利，即使是通过遴选机制最终成为人民陪审员的公民，在第二次遴选中仍然是被推荐当选的，可见他们仍然对自己可以主动申请的权利并不知情。当然，在法院组织的遴选程序中，信息公开的程度、范围和方式也是制约公众（潜在的陪审员）获知相关法律规定的因素之一。

另外，在对陪审员的面对面访谈中，对于其之所以能够当选陪审员，很多受访者认为是工作单位或基层组织对自己工作能力或素质的一种"高度认可"，而到法院参审也是一个"学习机会"，结合大多数陪审员在参审中对法官的态度和"陪而不审"的做法，足见相当一部分陪审员并未认识到陪审法律规范对他们的要求和赋予的职权，也就更加难以对陪审的功能和价值作出恰当的理解。

（二）对陪审制运行现状的认知

前文已经指出，对陪审制运行现状的认知包括很多方面，例如陪审员的遴选机制、培训机制、考核机制、保障机制、退出机制、监督机制以及最核心的参审机制等，我们对上述问题进行分类之后，主要通过问卷了解陪审员的认知状况。

（1）对陪审制整体运行情况的认识

自我国推行人民陪审员制度以来，学界和实务界都曾对其必要性和可行性产生过颇多争论，甚至有人主张废除陪审制。那么在亲身参与制度落实的全过程的陪审员群体看来，该制度究竟是否值得继续推行呢？根据问卷调查显示，在"您是否赞成在我国继续推行人民陪审员制度"的提问中，选择"不赞成"和"不知道"的各有1人，而选择"赞成"和"赞成，但还要改革"的有148人，占所有有效问卷数量的98.7%（见表11-3）。

表11-3　　　　　　请问您是否赞成在我国继续推行人民陪审员制度？

		频率	百分比	有效百分比	累积百分比
有效值	赞成	75	48.4	50.0	50.0
	赞成，但还要改革	73	47.1	48.7	98.7
	不赞成	1	0.6	0.7	99.3
	不知道	1	0.6	0.7	100.0
	合计	150	96.8	100.0	
缺失值	99	5	3.2		
	合计	155	100.0		

由此看来，陪审员群体对于在我国继续推行陪审制显然是十分有信心的，这也可以看作其对现行陪审制运行现状的一个总体评价。然而，统计数据同时显示，有近一半的受访者认为我国现行的陪审制必须进行改革。这也说明，绝大多数陪审员对陪审制在实践中的运行现状有所思考，并有近半数的陪审员认为现有陪审制的运行存在需要正视和改革的问题。

（2）陪审员对参审机制的认识

陪审员发挥作用的环节是在法庭上与职业法官共同组成合议庭对案件的事实认定和法律适用进行审理。目前学界和实务界对此主要提出的有陪审员"陪而不审"的问题。依据现行陪审法律规定，人民陪审员和法官在审判中同职同权，但出于种种原因，陪审员在庭审中"不作为"的现象几乎是常态。调查问卷显示，在一项问及陪审员在庭审中是否发问的反馈中，一次也没有发问过的受访者有5人，占有效问卷总数的3.4%；很少发问的有63人，占42.3%；经常发问的有50人，占33.6%；每次都会发问的仅有31人，占20.8%（见表11-4）。

表11-4　　　　　　　　请问您在庭审中发问吗？

		频率	百分比	有效百分比	累积百分比
有效值	每次都会发问	31	20.0	20.8	20.8
	经常发问	50	32.3	33.6	54.4
	很少发问	63	40.6	42.3	96.6
	一次也没有	5	3.2	3.4	100.0
	合计	149	96.1	100.0	

续前表

		频率	百分比	有效百分比	累积百分比
缺失值	99	6	3.9		
合计		155	100.0		

　　我们当然不能简单地认为，在庭审中发问的陪审员才是合格的，而不发问的陪审员就一定是没有履行好法定职责的，但是需要引起注意的是，与国外陪审团制度不同，我国的陪审员既要对事实问题、证据问题进行认定，又要对法律适用的专业性问题进行判断，而遵循直接言词原则才能客观公正地发现案件事实。如果只是主审法官对诉讼参与人进行发问，而陪审员仅仅以旁观者的眼光"观察""聆听"的话，很容易给人们留下"陪而不审"的印象。当然，由于陪审员大多不具备法律专业知识，谨慎发问是应当予以支持的。

　　对于陪审员在参审期间不发问的原因，调查结果显示，有 14 人选择了"对案件事实还不清楚"，6 人选择了"对涉及的法律问题不了解"，28人选择了"我想问的法官都问到了"，36 人选择"主审法官不给我发言机会"，61 人选择了"想发问但又怕出错"，5 人选择了"其他因素"（见图 11-1）。在 150 份有效问卷中，24％的陪审员遭遇过"主审法官不给发言机会"的情况，因而不发问。

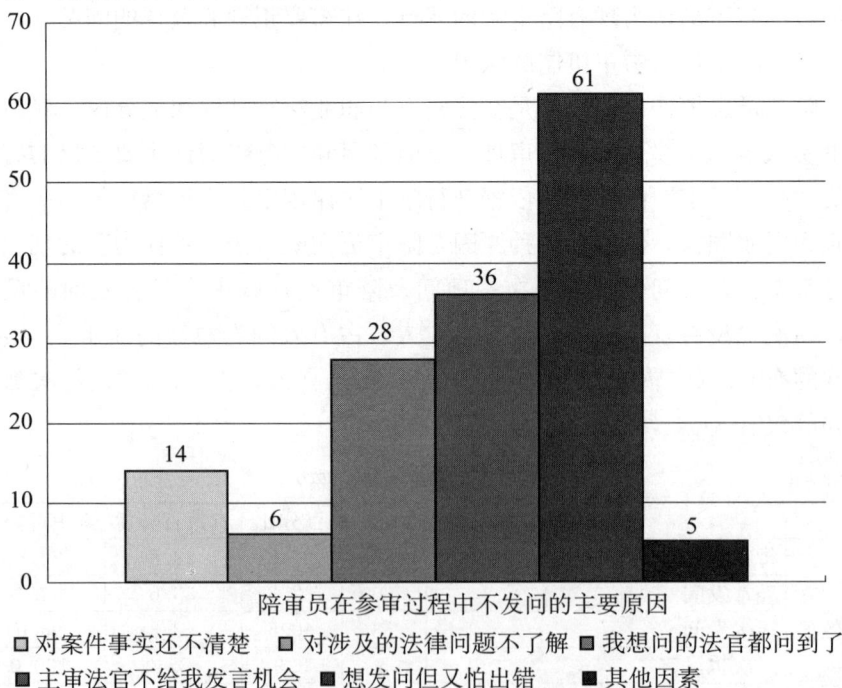

陪审员在参审过程中不发问的主要原因

□ 对案件事实还不清楚　　□ 对涉及的法律问题不了解　　□ 我想问的法官都问到了
■ 主审法官不给我发言机会　　■ 想发问但又怕出错　　■ 其他因素

图 11-1　陪审员参审过程中不发问的主要原因

可以说，在现代庭审中，发问是裁判者调查事实的主要表现形式之一，是否能充分发问，也成为衡量陪审员履行职责是否积极、表达意见渠道是否畅通的象征，而在大多数陪审员看来，"怕出错"和"法官不给机会"成为参审发问的主要障碍。

（3）陪审员对陪审制度的司法监督机制的认识

监督司法权的行使被认为是陪审制度的固有价值之一，我国陪审立法也有类似体现，2004 年 4 月 2 日在第十届全国人民代表大会常务委员会第八次会议上，最高人民法院副院长沈德咏发表关于《关于完善人民陪审员制度的决定（草案）》的说明，指出"立法完善人民陪审员制度，是增强司法活动透明度，强化人民群众对司法活动监督的现实需要。人民陪审员来自人民群众，他们参与审判，对于提高审判活动的透明度，促进司法公开，约束法官严肃执法、秉公办案具有重要作用"。

实践中，不谙法律专业知识的陪审员群体能否对职业法官进行监督也是一个值得考察的问题。我们此次调查问卷对此设计的问题是："在您发现法官的违法违纪行为时，您是如何处理的?"有效问卷共 149 份，其中认为"没发现过法官违法违纪行为"的有 125 人，占有效问卷总数的83.9%；而选择"检举揭发"的只有 6 人，仅占 4%；选择"直接向法官提出异议"的有 15 人，占 10.1%；选择"保持沉默"的有 3 人，占 2%（见表 11－5）。

表 11－5　　　　在您发现法官的违法违纪行为时，您是如何处理的?

		频率	百分比	有效百分比	累计百分比
有效值	检举揭发	6	3.9	4.0	4.0
	直接向法官提出异议	15	9.7	10.1	14.1
	保持沉默	3	1.9	2.0	16.1
	没出现过这种情况	125	80.6	83.9	100.0
	合计	149	96.1	100.0	
缺失值	99	6	3.9		
	合计	155	100.0		

实际上，对于法官违法违纪行为的监督，就连被宪法赋予了法律监督权的检察机关都未必能够做到尽善尽美，要求来自平民大众的陪审员监督法官纷繁复杂的审判行为，的确是有些为难的。但是，上述问卷至少反映了陪审员群体对自己的工作职责是否包括监督职业法官的认识情况，以及在其心目中，法官队伍的廉洁性如何。单就问卷统计反映的事实来看，形势还是值得乐观的，而通过直接访谈法官也能得到一定的印证，那就是法

官在与陪审员组成合议庭审理案件的时候，对自己的职务行为更加谨慎，增加了违法违纪行为的难度。在未被遴选为人民陪审员之前，由于受媒体报道和舆论导向的片面误导，部分人觉得法官群体的廉洁问题十分严重，但在成为陪审员与法官一同办案之后，则彻底改变了之前的看法，认为绝大多数法官都是勤勉工作、廉洁自律的，甚至有陪审员替法官"鸣不平"，认为社会舆论只关注到个别法官的负面新闻，却对大多数法官的奉献视而不见。

（4）陪审员对保障机制的认识

陪审制得以顺利发挥作用，必须有充分的保障机制来辅助落实。这些保障机制包括陪审员的培训考核、经费条件、错案追究机制和退出机制等。其中，经费短缺在大多数基层法院看来是最明显的问题，在陪审员看来则似乎并不是那么严重。

在我们设计的问卷中，有一项问道："请问您对因陪审/培训获得的交通、就餐等补助满意吗？"收回的问卷当中有 146 份是有效问卷，其中，回答"不满意"的一共有 17 人，占有效问卷总数的 11.7%；回答"满意"的有 32 人，占 21.9%；而认为补助条件"无所谓，陪审不是为了获得补助"的有 97 人，占到了 66.4%（见表 11‐6）。可以说，大部分陪审员并不看重通过陪审所能获得的物质利益，或者对现有的十分有限的补助措施已经感到满意，要求不高。

表 11‐6　　　　请问您对因陪审/培训获得的交通、就餐等补助满意吗？

		频率	百分比	有效百分比	累积百分比
有效值	满意，能足额及时发放	32	20.6	21.9	21.9
	不满意，标准较低	14	9.0	9.6	31.5
	不满意，不能足额及时发放	3	1.9	2.1	33.6
	无所谓，陪审不是为了获得补助	97	62.6	66.4	100.0
	合计	146	94.2	100.0	
缺失值	99	9	5.8		
	合计	155	100.0		

其实，这说明我国公众参与司法、担任陪审员的热情是很高的，其所具有的政治觉悟和奉献精神也同样十分令人钦佩，但我们并非暗指对补助条件不满的陪审员不够高尚，相反，我们也赞成并愿为之呼吁，应切实保障陪审员参审的经费补助和其他保障机制落到实处，且随着本地区经济发展水平的提高而适当地提高陪审员的补助。在面对面的访谈当中，很多陪审员在被问及是否满意现有的参审补助标准时，大多数受访者表现出和上

表所反映的相同的结论，即很多陪审员居住在远离法院的区域，甚至是交通不便的偏远农村，其出庭参与审理所需要支付的差旅费常常超过得到的补助金额，但是他们并未因此而不再履行陪审义务，相反会因为强烈的社会责任感和使命感以及担任人民陪审员的荣誉感而自费前来参加审理。

与经费补助条件相同，陪审员对于专业培训方面的要求同样属于保障机制的范畴。尽管我们认为现有的陪审在培训目标的定位和培训内容的选取，以及培训者的构成方面存在诸多不合理之处，诚如上文所言，对陪审员的培训较少涉及陪审法律制度本身也是导致陪审员整体认知存在偏差的原因之一，然而，陪审员群体面对"培训效果如何"的提问，则表现出出人意料的高认同度。如表 11－7 所示，87.3％的受访者认为"效果很好，对参审工作帮助很大"，只有 4.2％的受访者认为"效果不好，对参审工作帮助不大"（见表 11－7）。这个结果一方面显示了各级法院针对参审过程中需要用到的重要法律法规和司法制度培训提供了较为充足的专业知识和技能；另一方面也说明，陪审员对于自己通过为数不多的培训竟然能很快在参审思维方式上做到接近"职业法官的正确答案"表示了高度认可。

表 11－7　　　　　　　　　　请问您认为培训的效果怎么样？

		频率	百分比	有效百分比	累积百分比
有效	效果很好，对参审工作帮助很大	124	80.0	87.3	87.3
	效果一般，可有可无	12	7.7	8.5	95.8
	效果不好，对参审工作帮助不大	6	3.9	4.2	100.0
	合计	142	91.6	100.0	
缺失	99	13	8.4		
合计		155	100.0		

然而在我们看来，这并非是一种值得乐观的现象，因为即使是我国陪审制度的立法者也坦言："……人民陪审员参与审判，主要是从不同的角度分析案件，使法官听取来自业外人士的意见，丰富思维判断。同时，人民陪审员在参与审判活动的过程中，对于法官严格遵循办案程序依法裁判案件，客观上会形成一种监督和约束，这种监督作用是人民陪审员制度所固有的。"[1] 我们认为单独看这一道问卷题目并不能反映出现有的培训制度已臻完善。

对此，我们通过另一道问卷题目即可以看出问题所在，如图 11－2 所示，当被问及"培训效果不理想的主要原因"时，有 45 人选择了"培训

---

① 见《关于〈关于完善人民陪审员制度的决定（草案）〉的说明》。

内容不完善"，有 13 人选择了"培训目标脱离实际"，有 15 人选择了"培训管理不严格"。

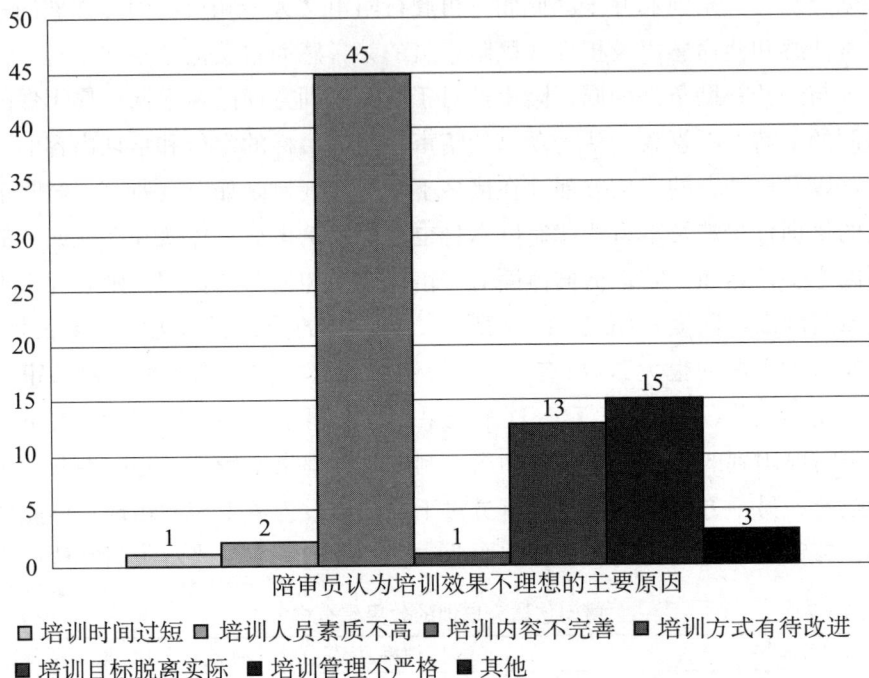

图 11 - 2　陪审员认为培训效果不理想的主要原因

　　这就说明，当不得不直接回应现有培训制度的缺陷时，大部分问题集中在培训内容上，而培训内容方面的问题主要是片面强调参审所需要的法律法规，以及内容难易程度不适宜于来自非法律专业的民众。而培训目标脱离实际，即培训意图按照法院的需要将人民陪审员培训成解决法院"案多人少"困难的编外法官，是人民陪审员群体已经意识到的问题。至于培训管理方面，通过访谈我们得知，很多陪审员并不经过培训就开始上岗参审，还有很多陪审员即使出席培训现场，也由于身兼其他工作而常常"逃课"，更有一些法院将能够到省里或者其他省市参加培训视作一种奖励措施，有限地提供给一两个优秀陪审员参加，其余大多数陪审员无法获得高层次的培训机会。

　　陪审保障机制还涉及错案追究机制的问题，因为陪审员代表人民行使的是司法权，是一种公权力，应当受到监督制约。根据公权力权责统一的原理，对于因公权力行使不当造成损害的，应当承担相应的责任，对于法官来说，目前有错案追究机制予以追究，于是，有人提出对陪审员也实行必要的错案追究机制。

对此，我们的问卷同样设计了相应的题目来了解陪审员群体对错案追究机制的看法。在 148 份有效问卷中，认为"如果实行人民陪审员错案追究机制，自己仍愿意担任人民陪审员"的有 119 人，占 80.4%；认为自己将因实施错案追究机制而不愿意担任人民陪审员，感觉负不起责任的有 22 人，占 14.9%；认为"无所谓"的有 7 人，占 4.7%（见表 11-8）。对陪审员的错案追究机制似乎和对陪审员群体的补助经费一样，在陪审员看来似乎远没有外界所预测的那么重要。究其原因，仍然是陪审员群体对自身职业道德、职业使命感和荣誉感的高度自信。

表 11-8　请问如果实行人民陪审员错案追究机制，您还愿意担任人民陪审员吗？

		频率	百分比	有效百分比	累积百分比
有效值	愿意，没什么影响	119	76.8	80.4	80.4
	不愿意，没办法负责任	22	14.2	14.9	95.3
	无所谓	7	4.5	4.7	100.0
	合计	148	95.5	100.0	
缺失值	99	7	4.5		
	合计	155	100.0		

同时，如果认为陪审是公民的一项参政议政、直接参与司法裁判、监督公权力行使的权利和义务，且公民行使这些权利义务本身要冒着在一定程度上牺牲自身更多的可期待利益的风险，并且在目前本身错案的主要责任承担主体是承办法官的话，那么陪审员的确有理由相信，是否实行错案追究机制对其参审工作影响甚微。

至于我们曾提出的 5 年任期对陪审员参审积极性的影响，在陪审员看来同样无关紧要，当问到"5 年任期是否会影响您参审的积极性"时，93.9% 的人认为没有影响，只有 6.1% 的人认为有影响（见表 11-9），而这种影响只是在 5 年时间究竟是太长还是太短上有微小的区别。

表 11-9　　　请问您认为 5 年任期会不会影响您参审的积极性？

		频率	百分比	有效百分比	累积百分比
有效值	没有影响	138	89.0	93.9	93.9
	有影响	9	5.8	6.1	100.0
	合计	147	94.8	100.0	
缺失值	99	8	5.2		
	合计	155	100.0		

在陪审员参审保障机制当中，我们认为不得不提请读者注意的问题是，在实践中，个别陪审员不仅"陪而不审"，甚至是从来或经常"不

陪"，即法院从来都不能或很少能"请的动"，多年来参审数量为 0 的陪审员也不在少数。一般情况下，陪审员缺席参审的原因多种多样，其中"本职工作忙，确实走不开"和"自己觉得去了也发挥不了作用"是两种主要原因，觉得发挥作用有限而不参审，反映了部分陪审员对陪审功能认知方面的偏差，以及相关基层法院在陪审工作方面有亟待改善之处（见图 11 - 3）。

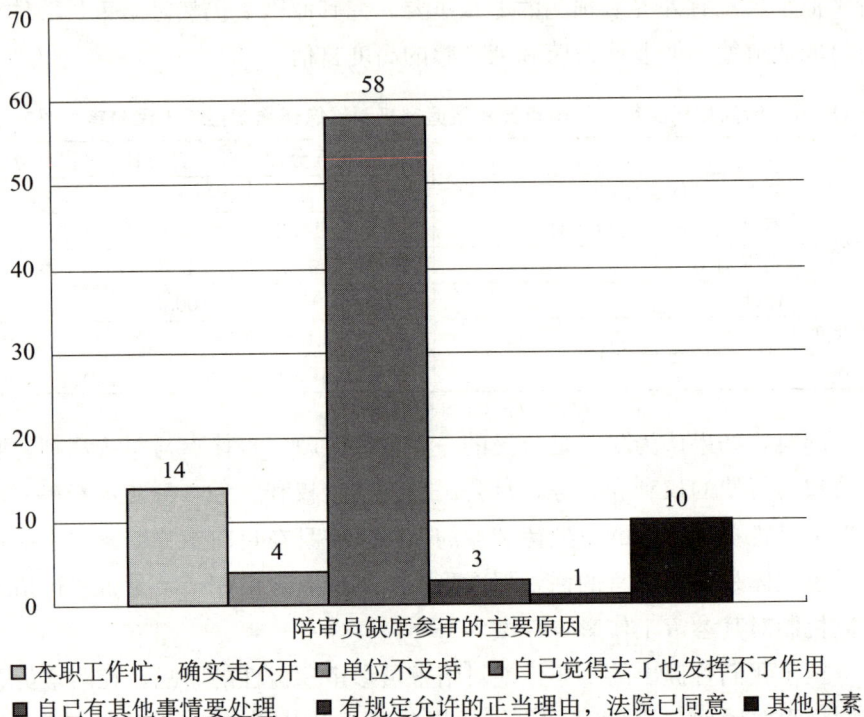

陪审员缺席参审的主要原因

☐ 本职工作忙，确实走不开　　▣ 单位不支持　　▨ 自己觉得去了也发挥不了作用
▤ 自己有其他事情要处理　　■ 有规定允许的正当理由，法院已同意　　■ 其他因素

图 11 - 3　陪审员缺席参审的主要原因

但我们认为存在的问题还不止于此，根据访谈获得的信息，现在陪审员队伍结构存在较严重的不合理现象，有的地方 70％的陪审员是各部门的领导干部，他们的缺席率高便是很容易理解的：其本身每天就有重要的工作任务和复杂的人际关系，那么在法院根据需要排期审理的案件中，自然无法保证出席参审，长此以往，法院的陪审员工作部门就主动放弃安排这些陪审员前来参审，造成部分陪审员参审数量奇低的局面。还有个别地区出现了更为荒唐的"异化"现象，有些企业家认为当选人民陪审员是一种"政治地位的象征"，是一种"荣耀和光环"，甚至觉得当了人民陪审员对于自己在面临法律纠纷的时候能够产生有利于己方的效果。尽管上述情况并不是多数，但陪审员队伍中萌生的此类认知错误都应当引起高度重视。

（5）陪审员对于职能异化的认识

陪审员的职能异化现象是近年来学界较为密切关注的一个话题，由于各国陪审制都只限于由陪审员参与案件的庭审工作和合议表决工作，只有我国各地法院发展出花样百出、形式各异的"多功能陪审模式"，因而对这些做法的褒贬就成为热议话题。

在我们看来，陪审员的职能异化现象可以概括为，陪审员所做的工作脱离了与开庭审理工作联系紧密的范围。例如许多地方基层法院让陪审员在民事强制执行当中为当事人做工作，号称"阳光执行"或"阳光司法"；还有的将陪审员变成了调解员，不仅遴选陪审员的时候要求其尽量是调解能手或有调解经验，而且大力提倡陪审员在审理案件的过程中为当事人"做工作"——进行调解；另外还有法院将大量人大代表选为陪审员，为人大了解法院工作、高票通过法院工作报告搭桥铺路。这些都是和陪审员发挥其审判功能无关或关联不大，甚至本身存在法理悖论的现象。对此，我们通过问卷设计了有关陪审员参与执行的问题。问卷调查结果显示，参加过民事陪审的受访者中，有近30%的陪审员至少参加过一次强制执行工作（见表11-10）。

表 11-10　　　　　　　　请问您参与过法院的执行工作吗?

| | | 请问您参与过哪种类型案件的审理?回答"民事案件"的 | | 合计 |
		否	是	
请问您参与过法院的执行工作吗?	参加过很多次	1	9	10
	很少参加	2	27	29
	从没参加	13	86	99
合计		16	122	138

我们认为，一项制度区别于另一项制度，是由该项制度的功能定位、价值目标和内容所决定的，如果两种制度的价值和功能相同或接近，必定会造成资源的浪费和重复建设。立法者创设陪审员制度，必然有其自身的功用，如果由陪审来解决调解制度和强制执行制度的问题，无疑是越俎代庖，而且是在陪审本职工作尚未达到理想的情况下，僭越职权，开展"业余工作"。这说明，调解和执行的制度执行存在缺陷或不力，居然还需要其他制度的主体充任"外援"，也说明许多地方的人民法院对陪审制的价值和功能定位理解并不准确。

（三）对其他参与主体的认知——以职业法官为主

陪审员对其他陪审制参与主体的认知实际上反映的是陪审员群体与其

他主体之间的相互关系和地位构造，它也是制度运行现状的一种客观反映。这些制度的其他参与主体从广义上来说可以包括陪审制所作用到、影响到的各个主体，如法官、作为公诉人的检察官、当事人双方及其代理人，甚至包括普罗大众。例如，陪审员之于法官，其视角究竟是"仰视"抑或"俯视"？权力与职责是否完全对等？面对法官，陪审员能够得到什么，或能做什么？同样，原本并非法律职业者的老百姓坐在高高在上的"青天大老爷"的法官席，面对各执一词的当事人又抱以何种视角？作为准法官，他们是否受到了律师们更多的敬畏或应有的关注？在陪审员看来，乡里乡亲与邻居街坊对其评价如何，社会反响怎样，都能反映出一些问题。其中只有与陪审员同席审判的职业法官才是和陪审员群体关系最密切、最核心的，因此对于完善人民陪审员制度而言，研究陪审员对职业法官的认知情况无疑是最具价值的。

研究陪审员对法官的认知情况，可以从两者在参审过程中发生的激烈碰撞来入手。依照《决定》等法律规范的规定，陪审员依法参加审判活动，除不得担任审判长外，同法官有同等权利；依法参审是陪审员的权利和义务，法院应当依法保障陪审员参加审判活动；陪审员参加合议庭审判案件，对事实认定、法律适用独立行使表决权；合议庭评议案件时，实行少数服从多数的原则，陪审员同合议庭其他组成人员意见分歧的，应当将其意见写入笔录，必要时，陪审员可以要求合议庭将案件提请院长决定是否提交审判委员会讨论决定。

《决定》的上述规定能否落到实处呢？问卷调查显示，在"通常情况下，您对法官的评议意见是几乎都赞成、赞成的多一些还是赞成和不赞成的比例相当"的提问中，有效答案为 135 个，无效答案或不填为 20 个，其中 95.6% 的受访者选择了"几乎都赞成"或"赞成的多一些"，只有 4.4% 的受访者选择"赞成和不赞成的比例相当"（见表11-11）。

表 11-11　　　　　　　　通常情况下，您对法官的评议意见？

		频率	百分比	有效百分比	累积百分比
有效值	几乎都赞成	32	20.6	23.7	23.7
	赞成的多一些	97	62.6	71.9	95.6
	赞成和不赞成的比例相当	6	3.9	4.4	100.0
	合计	135	87.1	100.0	
缺失值	99	20	12.9		
合计		155	100.0		

对于这种结果，我们的疑问是，这些赞成意见是否都是发自内心的，或者是在陪审员依法履行法定职责的前提下作出的。当然，对于职业法官的审判水平，我们不能吹毛求疵，或者过于相信陪审员的素质，但结合访谈来看，出现上述统计结果是认知和制度设计等多方面原因所致，下文将会对此进一步阐述。

对于在不赞成法官的意见时陪审员面临的情况，我们设计了下面的题目来考察，即："如果您的意见与法官不同，一般情况下法官会怎么处理？"这是一道单选，有效问卷是132份，其中回答"法官会向我作解释，然后再表决"的有93人，占有效问卷总数的70.5%；回答"法官会做工作说服我同意他的意见"的有9人，占6.8%；回答直接"按照少数服从多数原则表决"的有29人，占22%；回答"法官不会理睬我的意见"的仅有1人，占0.8%（见表11-12）。

表11-12 如果您的意见与法官不同，一般情况下法官会怎么处理？

		频率	百分比	有效百分比	累积百分比
有效值	直接按少数服从多数原则表决	29	18.7	22.0	22.0
	法官会做工作说服我同意他的意见	9	5.8	6.8	28.8
	法官不会理睬我的意见	1	0.6	0.8	29.5
	法官会向我作解释，然后再表决	93	60.0	70.5	100.0
	合计	132	85.2	100.0	
缺失值	99	23	14.8		
	合计	155	100.0		

与此紧密相关的题目设计是，当陪审员与法官之间的意见分歧较大，陪审员认为依法"可以要求合议庭将案件提请院长决定是否提交审判委员会讨论决定"的情形时，陪审员是否这样要求过。在130份有效问卷中，从来没有要求过提交审委会处理的有107人，占有效问卷总数的82.3%，而要求过的有23人，占17.7%（见表11-13）。

表11-13 请问您有没有因意见与合议庭其他成员有分歧，
而要求将案件提交审委会处理？

		频率	百分比	有效百分比	累积百分比
有效值	有过	23	14.8	17.7	17.7
	没有	107	69.0	82.3	100.0
	合计	130	83.9	100.0	
缺失值	99	25	16.1		
	合计	155	100.0		

　　陪审员与职业法官在参审中能否平等地发表意见、行使审判职权、进行表决和依法按照自己的真实意思处理分歧，是衡量陪审制运行现状的"活性指标"。虽然我们不能说陪审员与法官之间的分歧意见越多、越激烈就意味着陪审制运行得越好，但是，如果在法官面前，代表人民参与司法民主、实现公正以及监督司法的陪审员只会表示同意，或一言不发，以及法律明文规定的同职同权原则、意见分歧处理方式难以落实，或未加以运用的话，那么人民陪审制的价值预设、功能定位、目的追求就会落空，因为制度缺乏生机和活力，变成了一项僵硬死板的"走过场"机制。

　　结合访谈得到的信息，我们能够得出比问卷统计结果更加令人担忧的结论。我国人民陪审员制度要求陪审员既要对事实问题进行裁判，也要对法律适用问题进行判断，由于大多数的陪审员在法律上是"门外汉"，于是相当多的陪审员认为法官是自己的老师，比自己更加专业，对于法官的意见应当支持，尽管有不理解或不支持的，也会认为是自己的法律知识匮乏所致。另外，陪审员接受的培训几乎全部来自法院，培训者大都是优秀的、高级别的职业法官，难免会使得陪审员以"准法官"为目标来衡量自己的参审行为，于是，寄希望于陪审员制度可以借助普通公民的情理、经验、非法律专业知识等来矫正法律的僵硬性，进而使裁判更加接近实质正义的价值预设，在"准法官"型的培训和思维方式的冲击下，已经遥不可及。

（四）自我认知

　　陪审员的自我认知是陪审员对其陪审工作所要实现的目的和所扮演的社会角色进行的评估。陪审员自我认知包括三个方面的内容，即其角色分工是什么，客观上能起到什么作用，以及陪审工作所产生的效果如何。

　　关于陪审员的角色定位，本次调研设计的问题是，"作为陪审员参审主要是基于什么因素（可多选）"。其中，12人选择了"获得一份荣誉"，97人选择了"代表群众参审"，0人选择"得到一份补助"，56人选择"被推荐当选的"，80人选择"监督审判工作"，58人选择"对陪审感兴趣"，1人选择"法院做了工作的结果"（见图11-4）。

　　可见，很多人认识到担任陪审员能够代表群众参与司法权的行使、促进司法民主，以及监督司法权的行使，但同样有相当多的陪审员是因为被基层组织和工作单位推荐才来当选的，还有一部分人则是自己对陪审工作感兴趣，这些构成了受访者成为人民陪审员的主要动因。但正如上文所

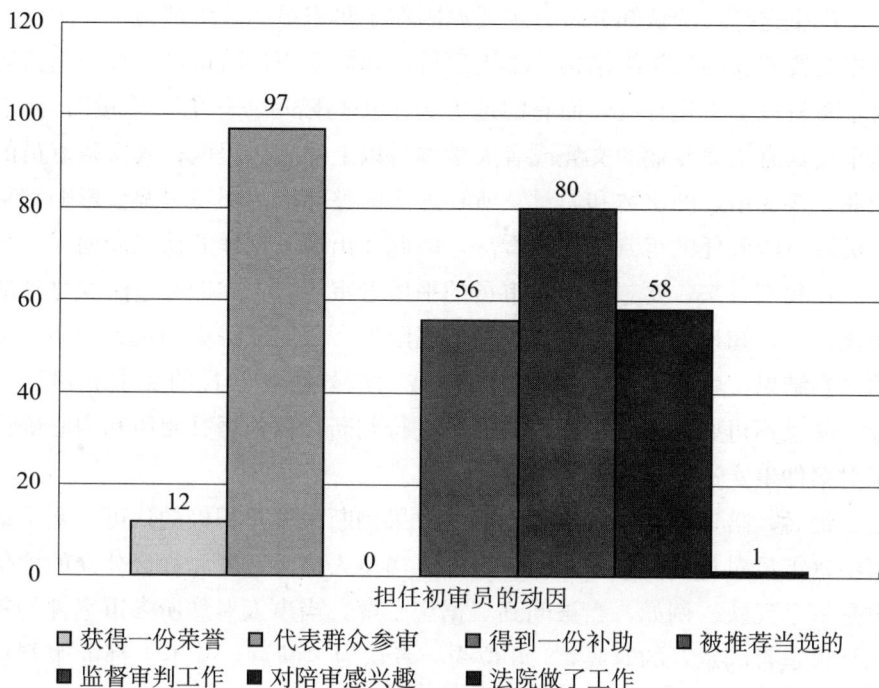

图 11 - 4　担任陪审员的动因

言，很多受访者在访谈中同样流露出对其所扮演角色的错误认识，即认为参与审理工作是来学习法律知识的，或者是帮助法院对当事人做工作等。

在陪审员对自己所能起到的作用方面，与现行立法要求既要进行事实认定又要判断法律适用的规定不同，陪审员的认识分歧较大。在我们设计的"陪审员能够胜任哪方面的审判工作"问卷调查中，有67人认为陪审员仅能够胜任事实认定工作，占全部146份有效问卷的45.9%；认为仅能胜任法律适用工作的有20人，占13.7%；认为能够既审事实认定又审法律适用的有54人，占37%；认为都不能胜任的仅有5人，占3.4%（见表11-14）。

表 11 - 14　　　您认为人民陪审员能够胜任哪方面的审判工作？

		频率	百分比	有效百分比	累积百分比
有效值	事实认定	67	43.2	45.9	45.9
	法律适用	20	12.9	13.7	59.6
	二者皆能	54	34.8	37.0	96.6
	都不胜任	5	3.2	3.4	100.0
	合计	146	94.2	100.0	
缺失值	99	9	5.8		
合计		155	100.0		

产生这样大的认知分歧，主要原因在于陪审员的队伍结构，在队伍结构中主要涉及的是学缘结构。由于现行法律规定担任陪审员一般应当具有大学专科以上文化程度，而有的地方为了提高陪审工作的"质量"，要求陪审员具有法律专业的文凭或者大学本科以上的文化程度；其次陪审员的职业、接受培训的次数和质量、所在地区的整体法治环境也都会影响到陪审员对所能胜任的审判工作的看法，因此才出现了这样的认识局面。

在我们看来，要想发挥陪审员的平民参审优势，亦即通过法律之外的情理、专业知识和经验来矫正法律的局限性，以期获得更加接近实质正义的裁判结果，就必须抛弃"准法官"或"编外法官"式的要求和培训目标，并且不再要求陪审员对法律适用进行判断，仅根据其阅历和内心确认来对案件事实进行认定。

最后，陪审员对其所发挥作用的效果判断大多是积极的认可。除了访谈中陪审员对自己的工作评价较高外，当事人的满意度和社会公众的评价也是一个反映。例如，当被问到"据您了解，当事人对您所参审案件的裁判结果是否满意"的时候，108 位受访者认为"满意，基本上都能服判息诉"，占有效问卷总数的 72.5%；认为不满意的仅有 2 人，只占 1.3%；但是也有 26.2% 的受访者表示未对自己参审案件的裁判满意度进行关注（见表 11-15）。

表 11-15　　　据您了解，当事人满意您所参审案件的裁判结果吗？

		频率	百分比	有效百分比	累积百分比
有效值	满意，基本都能服判息诉	108	69.7	72.5	72.5
	不满意，上诉、申诉情况更多	2	1.3	1.3	73.8
	没关注过	39	25.2	26.2	100.0
	合计	149	96.1	100.0	
缺失值	99	6	3.9		
合计		155	100.0		

在公众的反馈方面，我们主要是通过访谈了解的。很多受访者表示，自从自己担任了人民陪审员，生活工作圈子里的朋友、同事或邻居等都能通过自己了解到法院的工作情况，改变了以前的一些错误认识；同时，自己也常常能够以亲历的参审经验为周围的群众解答法律问题，在一定程度上实现了法院与社会的良性沟通。

（五）评价

我国陪审制的问题之多早已广为学界所诟病，由于立法不尽完善，司法实践中受到陪审员参审率等指标的影响和一些法院借陪审制追求部门利益，造成陪审员群体存在大量令人担忧的认知误区。例如，陪审员参审的最大意义是为了充实自己的法律知识，参审表决应听法官指挥，与其保持一致，甚至有的将陪审员身份视作一种光环，却既不来"陪"，又不会"审"，或者即使来了也是"陪而不审"等。这些错误认识的存在加剧了司法公信力的降低，也使得陪审制的实施意义大打折扣。

但是我们还应看到，随着法治建设不断进步，公民获取信息的渠道日益拓宽，越来越多的公民意识到担任陪审员所能发挥的作用和价值，越来越多的陪审员对自己工作的重要性予以了充分肯定。尤为欣慰的是，陪审员群体的主流是合格的、优秀的，甚至有着令人钦佩的高度使命感和社会责任感。

毋庸置疑的是，陪审员群体的认知现状，与其他主体或通过环节透露出来的问题相比，更值得学术界、司法实务界和立法者加以重视和认真研究，这些朴素的人民陪审员的看法、意见和建议必将成为完善我国人民陪审员制度的重要"内参"。

三、影响人民陪审员认知的因素剖析

通过实地调研揭示出陪审员群体的认知现状后，还要对陪审员之所以产生这样认识的原因进行分析，这样才能真正对完善人民陪审员制度，为中国陪审立法建言献策产生指导意义。

人的认识活动是复杂的，作为系统性认识的陪审员认知，其影响因素也是多方面的。我们认为，影响陪审员认知的主要因素可归纳为三个方面，即基于陪审员自身的内在因素、陪审员所处的客观环境因素以及法院或职业法官对陪审员认知产生的独特而重要的影响因素。

（一）自我内在因素

从调研问卷和访谈记录中不难发现：自荐型陪审员与推荐型陪审员对陪审活动的积极性和认识的程度与水平均明显有所不同，而不同的阅历、年龄、职业、地域、学历等因素也影响到陪审员的认知情况。同时，抱有更多功利心与坚持高度使命感、神圣感参审动机的陪审员也表现出截然不同的参审行为。这就说明，形成这样而非那样的认知，与陪审员自身的内在因素息息相关。

第一，不同职业的陪审员其认知水平有明显差异。在我们的实地调研中，退休后无业或者业余时间较多的陪审员对我们的调研表现出更高的兴趣，也对陪审制有更多的思考，其参审率也非常高。而诸如本身处于领导岗位，从事其他重要工作的陪审员，如医院的领导干部、主任医师，乡镇

的人大代表、党委领导和行政负责人则参审率相对较低，也较少能够参与我们的调研。同时，与法律工作有关的职业，或有过法律、政治、管理等学习经历的陪审员对陪审制度的理解和认识自然地高于其他职业群体。

第二，自荐型陪审员与推荐型陪审员的认知情况不同。虽然自荐型陪审员人数较少，但其主动提出申请参与陪审员遴选，本身就说明这些公民对陪审制有所了解，且在成为陪审员之后，也投入了较高的热情，抱有浓厚的兴趣。在我们的调研中，曾经有一位自荐型陪审员的发言令我们团队印象深刻，他对陪审制现存问题的思考和认识可以与学者发表的专业论文相媲美。但推荐型陪审员在这方面就表现得有些不足。由于被推荐的陪审员在内心深处更多的是基于推荐单位的鼓舞、信任甚至压力才对陪审工作投入精力，因而与自荐型陪审员相比必然有较多的被动性色彩，其对参审补助经费的要求也会较为明显。

此外，还有一批陪审员既非主动申请，也非单位或组织推荐，而是法院对口"邀请"的，例如一些人大代表、调解能手或专业领域的从业人员。这些陪审员在认识上大多是以"帮助法院"为主的，事实上也是如此。以医疗纠纷或建筑工程领域的纠纷为例，法院为了在专业而复杂的案件事实中尽快找到争议焦点，聘请专业领域的工作人士担任陪审员，与熟谙法律的职业法官一起组成合议庭，使其为法院提供专业的帮助和咨询服务，并且将这些服务紧密而及时地融入案件的审理当中。对此，有陪审员和法官提出不同的看法，认为有意识地聘请专业人员作为陪审员审理相关领域的纠纷，会令人产生职业中立性的质疑。以医患纠纷为例，本身当事人一方就是医院，而如果陪审员当中有一个来自医疗卫生系统，那么很容易使当事人认为合议庭会偏袒医院方面。我们认为，这个观点不无道理。

第三，不同的参审动机产生不同的陪审认知，这是较为浅显的道理。实践中，很多法院为了解决本院工作人员家属的工作，就聘请这些家属担任陪审员，这些陪审员更多是基于获得参审补助的动因开展参审工作，其参审率高，大多是因为可以挣得一笔在当地不算少的生活费。而对法律有浓厚兴趣或基于实现公正、促进民主的意识而担任陪审员的，则与前者有截然不同的认知。

（二）外在环境因素

任何人都是在一定的环境下存在的，环境对人的认识会产生重要的影响，但环境因素的影响具有间接性、长期性。陪审员认知的外在环境影响主要是来自其生活环境、所在地域的地方性知识、风俗习惯、社会法律文化和法治环境的作用。当然，陪审制度本身也对塑造陪审员的认知产生着框架性的作用。而陪审员耳濡目染或亲身参与的个案审判，给陪审员树立的纠纷解决观，同样不可小觑。

尤其明显的是，陪审员所在地区的经济发达程度和法治环境对其认知有重要影响。在某经济发达地区的基层人民法院，由于经济与法治环境的相互影响，该地法院在人民陪审员工作方面较为重视，其陪审员组成结构比其他地区更具广泛的代表性，因而陪审员的认知水平普遍较高，陪审员参审率也相对均衡。但是也出现了个别企业家以陪审作为"政治光环"的现象。而某偏远地区和少数民族聚居地区法院的陪审员则数量少，且代表性不够理想，陪审员在认知方面与发达地区相比有一定距离，更多的人认为自己参加陪审是为法院增加人手和帮助法院向当事人做工作。

在我们看来，我国的陪审法制建设现状本身也构成了陪审员认知的外部大环境。陪审员是在现行陪审法律体制下发挥作用的，由于我国立法者对人民陪审制的功能和价值定位尚有很多模糊地带，矛盾之处也不鲜见，司法行政机关和其他制度参与主体的缺位更加剧了制度贯彻落实的异化倾向。作为对法律专业知识了解尚浅的陪审员，只能在法院系统的指挥下，依循法院的命令和陪审政策行事，产生各种认识上的偏差也就难以避免。

（三）法院（法官）因素

前文多次谈到，在陪审制度的主体当中，最核心、最直接的主体就是职业法官和陪审员。因此，毫无疑问，在陪审制作用下的各个主体中，法院（法官）对陪审员的影响是最直接而有力的，尽管其是在陪审员被正式任命之后才开始发挥其影响力。法院从遴选、培训、管理、奖惩、参审等各个环节对陪审员的观念产生影响，甚至能够直接地改变其认识。

第一，受我国传统观念的影响，法官总像是高高在上的"青天大老爷"，而老百姓在法官面前总是带有一种畏惧感。由于没有类似美国陪审团制度中的健全的法官指示机制，作为非法律人士却担负着事实认定和法律适用双重职责的人民陪审员，在面对职业法官时总是不够自信，总是抱着"学习"的态度唯主审法官马首是瞻。

第二，我国现在的人民陪审员结构中占绝大多数的仍是通过单位或组织推荐当选的陪审员，甚至是法院根据自身工作需要"量身定做"的陪审员，通过主动申请当选的自荐型陪审员则是凤毛麟角，前者要么把当选陪审员看成是推荐单位或组织对自己的一种赏识，要么视之为对法院工作贡献力量的机会，难有正确的认知。

第三，陪审员的培训、奖惩、补助都掌握在法院手中，陪审员什么样的工作方式能够得到奖励和外出培训的"机会"，什么样的言行将招致冷落其至被免除，都由法院说了算，加之陪审员的监督管理主体普遍长期缺位，对陪审员来说，法院的进、退、奖、惩等机制本身就是一面旗帜。因此，我国陪审员的自我角色定位呈现出"向法院靠拢"的趋势，背离了陪审制度发展的原始预期，主体意识的畸形注定了陪审制"职能异化"现象的出现。

图书在版编目(CIP)数据

人民陪审员制度实证研究（2004—2014）：以中部 H 省为分析样本/廖永安等著. —北京：中国人民大学出版社，2018.8
ISBN 978-7-300-26052-5

Ⅰ.①人… Ⅱ.①廖… Ⅲ.①陪审制度-研究-中国 Ⅳ.①D926

中国版本图书馆 CIP 数据核字（2018）第 174767 号

人民陪审员制度实证研究 （2004—2014）
——以中部 H 省为分析样本
廖永安　刘方勇 等　著
Renmin Peishenyuan Zhidu Shizheng Yanjiu（2004—2014）

出版发行	中国人民大学出版社		
社　　址	北京中关村大街 31 号	邮政编码	100080
电　　话	010 - 62511242（总编室）	010 - 62511770（质管部）	
	010 - 82501766（邮购部）	010 - 62514148（门市部）	
	010 - 62515195（发行公司）	010 - 62515275（盗版举报）	
网　　址	http://www.crup.com.cn		
	http://www.ttrnet.com（人大教研网）		
经　　销	新华书店		
印　　刷	北京玺诚印务有限公司		
规　　格	165 mm×238 mm　16 开本	版　　次	2018 年 8 月第 1 版
印　　张	22.5 插页 1	印　　次	2018 年 8 月第 1 次印刷
字　　数	383 000	定　　价	70.00 元